MARGARET MOORE

La Terre des VIKINGS

Traduction française de
MARIE-JOSÉ LAMORLETTE

HARLEQUIN

Titres originaux :
PARTIE 1 : THE VIKING
PARTIE 2 : THE SAXON

Ces romans ont déjà été publiés en 2012 et 2013

HARPERCOLLINS FRANCE
83-85, boulevard Vincent-Auriol, 75646 PARIS CEDEX 13
Service Lectrices — Tél. : 01 45 82 47 47

www.harlequin.fr

ISBN 978-2-2804-1223-0

LE VIKING

1

Seul, le clapotis assourdi des avirons brisait le silence de la nuit tandis que, tel un grand serpent de mer, la proue élancée du drakkar fendait les eaux de la rivière. Dans le navire, arc-boutés sous l'effort, des hommes peinaient en ramant.

— Je n'aime pas cela, soupira l'un d'eux. Einar semble aussi nerveux qu'un renard traqué.

Siurt acquiesça d'un signe de tête. Contrairement à l'habitude qu'il avait de rester posté à l'arrière du long navire, le chef des pillards se tenait maintenant à l'avant, scrutant la rive d'un air inquiet. Avec sa longue chevelure qui flottait au vent, les lourds colliers d'or qui lui ceignaient le cou et le bracelet d'argent, qui lui ornait l'avant-bras, le Viking possédait l'allure et la noblesse d'un dieu.

Ull baissa la tête au moment où le regard d'Einar se tournait brièvement vers l'équipage, pour aussitôt se reporter sur le rivage.

— Qu'espère-t-il apercevoir là-bas ?

Tirant sur l'aviron, Siurt répliqua :

— C'est étrange, jamais nous ne nous sommes enfoncés aussi profondément dans les terres. Pourtant, Einar n'est pas homme à prendre des risques inutiles.

— Pourquoi Svend n'est-il pas venu ?

— Tu sais bien que notre capitaine n'oserait pas naviguer après s'être fait jeter à terre par son cheval. C'est un trop mauvais présage.

Subitement, Einar regagna le centre du vaisseau et ordonna à l'équipage de rentrer les avirons, avant de déclarer :

— Une fois que nous aurons investi le village, souvenez-vous de ne pas maltraiter la femme qui porte une croix d'or sertie de trois pierres précieuses. Elle doit m'être amenée saine et sauve.

— En quel honneur ? demanda Ull en caressant sa magnifique barbe rousse. Tu ne captures jamais de femmes, d'ordinaire. Et puis, comment sais-tu que celle-ci se trouvera là-bas ?

Einar se contenta de répondre par un sourire désabusé, ses yeux gris restant aussi froids que la lame d'une épée oubliée sur la neige.

— Pourquoi perdre son temps à enlever une femme réticente, alors que c'est de l'or que nous cherchons ? renchérit Siurt. Les esclaves nous causent plus d'ennuis qu'ils ne nous rendent service.

— Oui, pourquoi tous ces tracas, alors que tant de femmes brûlent de partager le lit du puissant Einar ? reprit Ull avant de partir d'un immense éclat de rire.

La main sur son épée, Einar haussa les épaules.

— Il est vrai, admit-il, qu'Ingemar me donne, pour l'heure, toute satisfaction.

— Alors, pourquoi t'entêter avec cette femme ? rétorqua Ull.

Celui-ci savait ce qu'il risquait en insistant de la sorte, mais il tenait à connaître les raisons pour lesquelles, ils s'étaient aventurés aussi loin en territoire saxon.

— Parce que je le veux, rétorqua Einar d'un ton sec. Voilà tout.

Sans chercher à dissimuler la colère qui le gagnait, il tourna les talons pour repartir vers la proue du navire. Il fallait maintenant songer à leur attaque prochaine.

Einar déplorait d'avoir dû s'enfoncer si profondément en

pays ennemi. Mais, malgré le danger que cela comportait, Svend, son capitaine, l'avait exigé. Et désobéir à Svend signifierait aux yeux des hommes d'équipage qu'il revendiquait la place de chef de clan. Ce qui ne correspondait en rien à son désir.

Au demeurant, Einar n'aimait pas dépendre d'un traître saxon, lequel était censé lui indiquer où lancer l'attaque. L'homme avait promis d'élever un feu, visible de la rivière, qui les orienterait vers le lieu d'accostage, à l'heure même où le village, déserté par ses guerriers, serait totalement vulnérable. Les Vikings pourraient alors piller tout ce que bon leur semblerait, du moment qu'ils s'acquittaient de la mission convenue. Et c'était précisément cet arrangement qui courrouçait Einar. Il ne voyait aucun honneur ni aucune gloire à tuer une femme.

Svend aussi avait hésité en apprenant le prix à payer pour s'emparer du trésor promis. Néanmoins, il avait accepté, avec l'intention de se charger lui-même de cet acte avilissant. Mais sa chute de cheval en avait décidé autrement. Ce signe des dieux présageant le pire, la direction de l'expédition avait incombé à Einar.

Planté à l'avant du vaisseau, celui-ci s'abîmait dans de sombres pensées. Svend croyait sincèrement qu'un trésor de pièces d'or, du bétail et des esclaves attendaient ses hommes. Pour Einar, en revanche, tout cela prenait l'allure d'un traquenard. Comment se fier à un homme qui trahissait son propre peuple ?

Svend possédait sagesse et intelligence ; cette fois, pourtant, il semblait que l'avidité l'emportait sur la clairvoyance.

Einar leva les yeux vers le ciel étoilé, heureux d'avoir échappé aux tempêtes qui s'abattaient habituellement sur les mers nordiques, à l'entrée de l'hiver. En remerciement, il murmura une brève prière à Aegir, le dieu de la Mer.

La pluie ne tarderait pas à venir du nord, il le savait.

Or, le traître saxon leur avait donné trois jours pour accomplir leur tâche. Le temps pressait, maintenant. Une semaine de plus, et les mers deviendraient extrêmement dangereuses à traverser. Einar attendait non sans hâte la fin de leur expédition, pour remettre le cap vers leur pays.

Derrière lui, s'élevèrent plusieurs voix étouffées qui trahissaient l'impatience de l'équipage. Pour eux, s'emparer du village ne serait qu'un jeu d'enfant — s'il ne s'agissait pas d'un piège.

Enfin, Einar repéra la lueur d'un feu sur le flanc d'une colline. Aussitôt, il se rua vers l'arrière du navire pour rejoindre Lars, qui se tenait devant le gouvernail. Sans un mot, il lui indiqua le signe lumineux. Lars hocha la tête, et le drakkar tourna lentement sa proue vers le rivage.

Sur un ordre muet d'Einar, les hommes enjambèrent le bord du navire, se glissèrent silencieusement dans les eaux peu profondes, puis gagnèrent la rive, qui en marchant, qui en nageant.

Soudain, un long cri d'alarme retentit dans l'obscurité. Interdit, Einar scruta les alentours et remarqua une silhouette qui courait au loin. Il fit alors signe à ses hommes, qui se lancèrent en avant.

Le village saxon s'élevait sur le flanc de la colline où Einar avait aperçu le feu. Entouré d'une haute et épaisse palissade de rondins, c'était l'un des plus grands qu'il ait jamais vus. Derrière, il distinguait un bois, puis d'autres collines qui se fondaient dans le noir de la nuit. Comme les Vikings approchaient en silence, Einar comprit que l'alerte avait donné le temps aux villageois de fermer une lourde porte de bois.

Sur le mur d'enceinte, aucun guerrier ne les attendait l'arc à la main ou prêt à les accueillir avec une giclée de pierres. Que leur réservait donc le traître saxon ? D'autre part, n'avait-il pas songé que l'alerte pouvait être donnée ?

Cependant, l'heure n'était plus aux questions. Il y avait

cette enceinte à franchir. Ce n'était pas le premier village ennemi que les hommes d'Einar attaquaient le long des côtes et, au premier mot de leur chef, ils abattirent un arbre en guise de bélier. Après quelques puissants coups, la porte céda et, au milieu de cris sauvages, les Vikings se précipitèrent à l'intérieur des murs.

Le village semblait désert. Déconcerté, Einar lâcha un puissant juron tandis que ses hommes forçaient déjà les maisons, à la recherche d'un butin.

Einar fit signe à son demi-frère, Hamar, ainsi qu'à Lars. Puis, d'une longue foulée nerveuse, il les entraîna entre les maisonnettes, vers un édifice plus élevé que les autres, dont il ouvrit brusquement la porte.

A la faible lumière d'un foyer situé au beau milieu de la salle, Lars et Hamar fouillèrent l'endroit, à la recherche de quelque trésor. Ils découvrirent un fût de vin et, dans de grands rires, le brisèrent de trois puissants coups d'épée.

Einar préféra ignorer leur affairement. Il cherchait une femme, celle dont le traître avait dit qu'elle se trouverait probablement là, dans une des remises, où une cachette était creusée à même le sol. Au fond de la salle, il aperçut un rideau qu'il tira vivement. Puis, il entra dans la pièce. Il y aperçut un coffre qu'il poussa de côté dans l'espoir que celui-ci dissimulerait une trappe.

Rien. Cependant, derrière un autre coffre, il remarqua une paire de pieds nus et poussiéreux. S'approchant doucement, Einar tendit le bras et saisit par la ceinture un jeune garçon terrifié.

— Mon père est le thane ! hurla alors le gamin en frappant Einar de ses poings.

Il semblait âgé d'une douzaine d'années, presque un homme en somme, mais son visage reflétait davantage l'enfance que la maturité. Dans les yeux écarquillés, Einar lut l'angoisse du guerrier sans arme qui brûle malgré tout du désir de se battre.

Attendri, il lui sourit. Mais, avant même qu'il ait le temps d'interroger le gamin, une voix féminine s'écria :

— Laissez-le !

Einar fit brusquement volte-face et, de l'ombre, vit surgir une femme dont la longue chevelure d'ébène flottait librement autour du visage. A son cou, pendait un crucifix serti de trois pierres scintillant faiblement à la lueur du feu. Entre les mains, elle tenait une épée si lourde qu'Einar douta qu'elle pût l'en menacer de quelque manière. Derrière son corps mince, il devina un autre enfant qui s'agrippait à ses basques.

Einar comprit alors qu'il venait de découvrir celle qu'il devait tuer. L'épouse du traître.

Alors qu'il avançait d'un pas, il vit, à sa plus grande surprise, la femme lever l'épée haut devant elle, avant de la rabaisser. Malgré les paroles de menace qu'elle prononça, Einar sourit et fit un autre pas vers elle. Il devinait à présent de qui le jeune garçon tenait son courage.

La femme poussa doucement derrière un coffre l'enfant accroché à sa jupe puis, les doigts violemment crispés sur la poignée de l'épée, porta sur Einar un regard vibrant de terreur et de détermination mêlées.

Vu le courage dont elle témoignait, Einar ne doutait pas un seul instant qu'elle s'apprêtait à le frapper.

De nouveau, il avança vers elle, brûlant d'envie de découvrir le visage de son adversaire qui restait à demi caché derrière une masse de cheveux noirs. Mais soudain, la tigresse trouva la force de brandir son épée et se rua sur lui.

D'un pas de côté, Einar l'évita sans peine. Entraînée par le poids de son arme, son assaillante trébucha, puis se retourna vers lui, la pointe de l'épée appuyée sur le sol, sous le regard médusé de Lars et de Hamar qui les observaient depuis l'entrée de la salle.

— Il semble qu'elle ne te porte pas en son cœur, ironisa Lars.

— C'est le moins qu'on puisse dire, rétorqua Einar avec froideur.

— C'est peut-être mieux ainsi, ajouta Hamar avec un petit rire. Ingemar ne serait pas très heureuse d'apprendre que tu fréquentes une nouvelle femme.

Profitant de la diversion, celle-ci reprit l'offensive et se jeta de nouveau sur Einar qui, en bondissant en arrière, évita de justesse la lame effilée de l'épée.

— Fuyez ! cria-t-elle alors aux enfants.

Le garçon hésita un instant, avant de saisir la main du plus petit pour se précipiter avec lui vers la porte. En vain, car Lars et Hamar leur bloquèrent le passage. L'aîné se débattit, mais la poigne vigoureuse de Lars eut vite fait de le contraindre au calme. Hamar s'occupa du plus jeune, qui se révéla être une fillette.

Recourbée sur elle-même, affolée, la femme avait à présent l'air d'un animal traqué. Pourtant, avec une force surprenante, elle brandit de nouveau la puissante épée.

— Laissez partir les enfants ou je vous pourfends !

Cette fois, Einar perdit patience. Exaspéré par la résistance inutile que montrait la Saxonne, il fondit sur elle, et tous deux roulèrent à terre. Alors, l'épée alla s'écraser sur le sol dans un lourd tintement métallique.

Enfin, Einar put découvrir le visage de son adversaire. La beauté, qui lui apparut alors, le laissa sans voix... La longue chevelure semblait aussi noire que le plumage d'un corbeau ; les yeux avaient le bleu de la mer au printemps ; et les lèvres d'un rouge chaleureux et velouté appelaient au baiser.

— Je vous en prie, épargnez les enfants ! le supplia-t-elle.

— Ils n'ont rien à craindre, promit Einar sans cesser de la tenir plaquée au sol.

Ravi de constater combien elle semblait surprise de

l'entendre s'exprimer dans sa langue, il répéta pour la rassurer :

— Nous les épargnerons.

Soulagée, elle ferma les paupières puis frémit quand, de la main, Einar lui effleura la poitrine.

Diable, les formes de cette créature semblaient aussi divines que son visage !

Lorsqu'elle rouvrit ses yeux couleur marine, Einar les trouva emplis de larmes.

— Par pitié, murmura-t-elle, ne laissez pas les enfants voir ma honte…

Einar la considéra avec stupéfaction. Au beau milieu d'une bataille qu'elle savait perdue d'avance, cette femme n'avait qu'une prière : que sa progéniture n'assiste pas à son humiliation. Et soudain, il regretta de l'avoir poussée à l'implorer de la sorte.

D'un bond, le Viking se redressa mais, lorsqu'il la prit par la taille pour l'aider à se relever, sa prisonnière tenta de le frapper de ses poings.

— Tout doux, madame ! s'exclama-t-il en lui saisissant les poignets.

Le regard fixé sur les enfants qui, pétrifiés de terreur, observaient la scène, la jeune femme se résigna.

Einar la contempla avec une insistance non dissimulée. Devait-il vraiment la tuer ? Cela lui semblait impossible. Jamais il ne pourrait se résoudre à supprimer une telle créature. Sans détacher d'elle son regard scrutateur, il décida alors de l'emmener plutôt avec eux. En la voyant, Svend comprendrait aisément.

Doucement, il l'entraîna au-dehors.

— Emmenez les gamins aussi, ordonna-t-il à Lars et Hamar qui leur emboîtaient le pas.

Le traître saxon avait exigé que l'on ne fasse aucun mal à ses enfants. Il n'hésiterait donc pas à payer une rançon pour les récupérer sains et saufs. Quant à son épouse, puisqu'il souhaitait s'en débarrasser, il ne se soucierait peut-être plus de savoir ce qu'elle était devenue.

Lorsqu'ils ressortirent, les trois hommes ne virent pas âme qui vive. Leurs compagnons s'étaient éparpillés à travers le village pour y dérober tout ce qu'ils pouvaient trouver, avant de mettre le feu aux maisons abandonnées.

Affolée, épuisée d'avoir inutilement lutté contre son ravisseur, Meradyce pouvait à peine marcher. Seul son orgueil face à ce géant aux cheveux clairs l'empêchait de s'effondrer, tandis que la présence des enfants l'encourageait à garder espoir.

Le plus jeune des compagnons du chef viking avait pris Betha dans ses bras. Trop terrifiée pour pleurer, la petite fille ne détachait pas les yeux de la hache qui pendait au cou du guerrier.

Le plus âgé, celui dont les cheveux et la barbe avaient la couleur de l'ébène, gardait une main fermement plaquée sur l'épaule d'Adelar qui cheminait à son côté, l'air stoïque, incapable de se pardonner sa tentative de fuite devant l'envahisseur.

Aux regards furtifs que l'adolescent jetait sur l'épée de celui qui l'escortait, Meradyce savait qu'il comptait bien s'en emparer à la première occasion. Toutefois, elle espérait qu'il comprendrait assez tôt l'inutilité de ce geste. Les Vikings n'hésiteraient pas à les tuer au moindre signe de rébellion. Et comme pour lui confirmer la cruauté de son peuple, le chef de la bande lui serra si fort les poignets, que Meradyce dut se mordre la lèvre pour ne pas crier de douleur.

A la lumière des flammes qui dévoraient maintenant le village, le Viking avait l'air d'un démon. Il portait un heaume qui lui couvrait le nez et ombrait ses yeux de noir. Seuls le bas de son visage imberbe et ses lèvres pleines demeuraient visibles. De longs cheveux blonds retombaient librement sur ses puissantes épaules, et il portait à la main une énorme hache qu'il balançait d'avant en arrière au rythme de ses pas. Sans se départir d'une ébauche de sourire, il entraînait le petit groupe à sa suite, d'une foulée longue et sûre.

Meradyce eut le temps d'observer les rues de son village qui se consumait et, Dieu merci, n'aperçut aucun cadavre. Le cri d'alerte, qui avait été lancé lors de l'attaque ennemie, avait donné le temps aux habitants de fuir vers les grottes alentour.

Mais comment les Vikings avaient-ils appris que les hommes avaient déserté le village ? A moins que leur attaque ne fût due qu'au plus pur des hasards ? D'autre part, comment ce géant blond qui portait un heaume connaissait-il leur langage ?

Soudain, comme ils approchaient du bateau viking, Adelar, d'un geste violent, se libéra de l'étreinte de Hamar. Dans un cri, Meradyce se dégagea à son tour et hurla :

— Cours, Adelar ! Fuis !

La surprise qu'elle créa, en échappant à son ravisseur, suffit à permettre au jeune garçon de gagner les bois, où il disparut.

— Merci, merci, murmura-t-elle dans un sanglot à l'adresse des dieux, avant de comprendre que le guerrier blond ne se préoccupait plus d'elle.

Elle aussi pouvait s'enfuir...

Pourtant, après réflexion, incapable d'abandonner la petite Betha à la merci d'hommes aussi cruels, elle renonça à toute tentative d'évasion.

Au même moment, un puissant cri retentit parmi les arbres. Adelar, traqué par les soldats qui l'avaient rattrapé, émergea affolé de la forêt, pour venir se jeter aux pieds d'Einar.

Le géant blond le saisit alors par les épaules.

— Non ! hurla Meradyce en se ruant sur le Viking pour agripper son bras vigoureux. Ne le tuez pas !

Sans se départir de son calme, son ravisseur baissa les yeux sur elle et la considéra un instant. Puis il sourit.

— Le thane pourrait être fier de vous et de ses enfants, déclara-t-il avant de lâcher Adelar. Montez sur le bateau, maintenant.

Fiévreusement, Meradyce saisit Adelar par la main et s'avança vers l'homme qui tenait encore Betha dans les bras. D'un geste ferme, elle lui enleva la fillette, la déposa à terre et la serra contre elle.

— Il faut obéir, dit-elle aux enfants avant de les guider vers le long navire.

Sans un mot, Einar ôta alors son heaume et observa la jeune femme tandis qu'elle se retournait pour regarder un instant le village ravagé par les flammes.

Puis, lentement, elle fit face à son ravisseur.

Remarquant les yeux cernés de noir du guerrier, Meradyce se rappela que les Vikings, hommes ou femmes, avaient pour tradition de se grimer la face avec de la suie. Grâce à ce maquillage, l'homme prenait une expression démoniaque. Et pourtant, il sembla qu'il lui souriait.

En même temps que l'équipage chargeait le butin sur le bateau, Meradyce se laissa docilement emmener à bord et alla s'asseoir avec les enfants, à l'écart. Résignée, elle songea que si les Vikings tenaient leur promesse de les épargner, ils finiraient tous les trois comme esclaves. Elle n'ignorait pas le sort réservé aux femmes que l'on vendait ainsi comme du vulgaire bétail.

Un sanglot lui échappa, qui lui attira le regard inquiet de la petite Betha. Aussitôt, elle se ressaisit. Elle ne devait pas montrer son angoisse aux enfants.

— Ne t'en fais pas, dit-elle d'une voix douce en embrassant la fillette. N'oublie pas que ton père est le thane. Personne ne te fera de mal.

— Qu'ils osent toucher à un seul de nos cheveux ! menaça Adelar d'une voix vibrante de fierté. Si j'avais mon épée...

— Non, non, Adelar ! s'écria sa sœur avant de lui agripper le bras. Tu te ferais tuer !

— Elle a raison, Adelar, acquiesça Meradyce en tentant d'apaiser le jeune garçon. Nous ne pouvons rien contre eux tous.

— Mais...

— Rien, Adelar.

Alors, comme Meradyce les enlaçait l'un et l'autre d'un bras protecteur, Betha se remit à pleurer doucement.

Le navire était à présent empli de Vikings qui attendaient impatiemment le départ. A son tour, le grand guerrier blond sauta à bord, un coffret sous le bras et, d'une voix forte, lança un ordre aux marins.

Tandis que le long vaisseau s'écartait lentement de la berge, Einar alla d'une démarche souple se poster à l'avant, non loin de la tête de dragon qui ornait la proue. Alors, son corps élancé et puissant se mit à se balancer avec les mouvements du navire, comme s'il faisait partie intégrante de la coque.

Les enfants serrés contre elle, altière dans sa douleur, Meradyce, les yeux fixés sur le nuage de fumée qui assombrissait le ciel au-dessus de son village dévasté, contempla le rivage qu'elle ne reverrait sans doute jamais.

— Par tous les dieux ! Regardez !

Les yeux de Kendric se tournèrent dans la direction où pointait l'arme du soldat. A l'horizon, là où se trouvait son village, des volutes de fumée noire s'élevaient dans le ciel que l'aube éclairait à peine.

Dans un cri, le thane brandit son arme et ordonna à ses

hommes de le suivre. Eperonnant son coursier au galop, il ne put réprimer un sourire de satisfaction.

Lorsqu'il avait proposé cette expédition destinée à ramener du bétail au village, ses guerriers avaient approuvé sans trop de méfiance, songeant raisonnablement, qu'à l'approche de l'hiver, jamais les Vikings n'oseraient s'aventurer aussi loin en pays saxon. D'ailleurs, il lui avait fallu beaucoup d'or pour convaincre le chef viking de lancer une telle offensive contre son village.

Heureusement, personne n'irait soupçonner son rôle d'indicateur dans cette attaque ennemie.

L'idée lui était venue lorsqu'il avait appris son infortune conjugale... Certes, avant de concevoir cette vengeance, Kendric avait bien songé à répudier Ludella quand il avait découvert qu'elle le trompait avec Orwin, un de ses soldats. Mais la crainte d'offenser son beau-père, puissant ealdorman, membre du conseil royal, l'en avait dissuadé. D'autant que si son épouse se montrait très discrète, lui-même avait toujours affiché son goût pour les jolies femmes. Ludella n'aurait eu donc aucune difficulté à persuader les siens de son innocence, n'hésitant pas à accuser Kendric de bafouer depuis toujours les liens du mariage.

Une nouvelle fois, Kendric se demanda si Ludella l'avait vu enlacer Meradyce après la naissance de leur fille, et si elle avait deviné qu'il témoignait ainsi à la sage-femme bien davantage que de la simple reconnaissance. Etait-ce pour cette raison que son épouse avait pris un amant ?

Cela semblait impossible. Dans ce geste, Meradyce elle-même n'avait pu déceler un sentiment autre que l'affection et la gratitude. Par ailleurs, tous au village savaient que cette jeune beauté portait sa chasteté comme une armure et qu'aucun homme ne parviendrait aisément à l'attirer dans son lit.

Une fois son épouse enlevée par les Vikings, Kendric serait libre de demander la main de Meradyce. Ce qui, à coup sûr, aiderait à briser le rempart derrière lequel elle se protégeait.

Toutefois, il espérait la posséder sans être obligé de l'épouser car, secrètement, il ne renonçait pas à se remarier avec l'héritière d'une puissante famille. N'était-il pas un thane riche et beau qui, lui aussi, accéderait sans doute un jour au rang d'ealdorman ?

Il ne lui restait maintenant qu'à trouver une excuse pour tuer Orwin. Ludella avait choisi le premier venu pour en faire son amant ; il ne devrait donc pas être difficile de se débarrasser de lui...

Les guerriers saxons atteignirent la colline qui surplombait le village en cendres. A présent, Kendric distinguait des habitants, qui erraient désespérément devant leurs maisons en ruine.

Bien qu'il n'eût pas payé les Vikings pour qu'ils détruisent tout sur leur passage, il restait très satisfait de ce qu'il constatait. Depuis longtemps, il désirait reconstruire le bourg, avec des habitations plus solides et une salle plus grande pour lui-même. Les villageois, par avarice, s'y étaient toujours opposés. Aujourd'hui, ils n'auraient guère le choix.

Kendric fut soulagé de n'apercevoir aucun cadavre.

La seule chose à redouter, dans un marché avec les Vikings, était qu'ils n'agissent pas selon leurs promesses. Ils avaient en effet l'art de reprendre leur parole aussi souvent qu'ils la donnaient.

Selwyn, le négociant qui servait d'intermédiaire, avait reçu l'ordre de Kendric d'allumer un feu sur la colline et de donner l'alerte lorsque le drakkar accosterait. Ainsi, les habitants avaient eu le temps de courir se réfugier dans les grottes alentour.

Tous les habitants, excepté Ludella qui, profitant de l'absence de son époux, était sûrement partie retrouver Orwin. Kendric était certain qu'elle avait passé la nuit avec lui, pour revenir juste avant l'aube afin de ne pas éveiller les soupçons. Puis, elle s'était sans doute fait capturer au-delà de l'enceinte du village, ou s'était vue contrainte d'aller se cacher dans la remise. D'une façon ou d'une autre, la jeune femme n'avait certainement pas eu le temps de trouver refuge dans les grottes. Les Vikings avaient donc localisé sans peine leur proie, la reconnaissant grâce au crucifix qui ne la quittait jamais.

Alors... Alors, ils avaient dû la tuer.

Kendric mena ses troupes jusqu'au village. Puis il sauta à terre et contempla les ravages accomplis par les Vikings. Peu à peu, il se vit entouré par les habitants qui, les uns après les autres, lui racontèrent les atrocités de la nuit précédente.

— Kendric ! lança soudain derrière lui une voix aiguë.

Stupéfait, le regard fixe, le thane se retourna lentement pour voir s'avancer vers lui sa femme, les yeux rougis par les larmes et la fumée. Sa bouche crispée lui barrait le visage d'un trait sec et sévère.

— Scélérat ! s'écria-t-elle. Tout ceci est ta faute !

Les mains sur les hanches, Kendric se prit à maudire en silence tous les Vikings que la terre portait.

— Que veux-tu dire ? répondit-il d'un ton glacial. Nous ne pouvions prévoir qu'ils nous attaqueraient alors que l'hiver est si proche !

— Pars à leur poursuite ! Retrouve-les !

— Es-tu devenue folle ? Ils doivent voguer loin sur la mer à l'heure qu'il est.

Ludella vint se planter devant Kendric, qui entrevit alors le désespoir qu'elle ressentait.

— Tu dois les retrouver ! Ils ont pris les enfants.

— Par tous les dieux, non !

Malgré la haine qu'il portait à sa femme, Kendric aimait ses enfants — son fils, tout au moins.

Ludella baissa la tête. Des larmes traçaient de pâles sillons sur ses joues teintées de suie.

— Si, Kendric. Ils ont emmené tes enfants, et Meradyce aussi.

Le Saxon demeura un instant muet de consternation, puis articula :

— Pourquoi n'étais-tu pas avec eux ?

Le visage blême, Ludella, pour la première fois de son existence, éprouva de la frayeur face à Kendric. Il la tuerait si elle lui avouait qu'elle se trouvait déjà dans les grottes, pour y rencontrer son amant, lorsque l'attaque avait commencé.

— Meradyce me suivait avec les enfants quand une poutre en flammes lui a barré la route vers les grottes, mentit-elle. Je n'ai pas pu rebrousser chemin.

Le souffle court, Ludella eut l'impression que le regard cruel de son mari lui écorchait le corps entier. Tremblante, elle se demanda encore une fois s'il soupçonnait son infidélité.

— Où est ton crucifix, femme ?

Instinctivement, Ludella porta la main à sa gorge, avant de se souvenir qu'elle l'avait confié à Meradyce.

— Je l'ai perdu, dans ma fuite.

Peu lui importait de mentir. Ce qui comptait maintenant n'était ni son mari, ni son amant, ni elle-même. C'étaient ses enfants, qu'elle chérissait tout autant qu'elle détestait Kendric.

— Kendric, il faut les rattraper.

— Impossible, répliqua-t-il en secouant la tête d'un air vaincu. Nous ignorons où ils sont partis.

A la vérité, seul Selwyn savait où trouver les Vikings, mais il avait disparu depuis, n'ayant sans doute pas envie de s'éterniser dans les environs.

— Et, en nous lançant à leur poursuite à cette époque

de l'année, ajouta Kendric, nous prendrions de trop grands risques.

S'il se révélait dangereux pour les Vikings, malgré leur expérience de marins, de naviguer aussi loin durant la saison froide, cela l'était doublement pour les Saxons.

Kendric comprit que la réalisation de son plan tournait à la catastrophe. Ses deux enfants avaient été pris en otages, sa femme vivait toujours, et l'élue de son cœur appartenait désormais aux Vikings !

— Mais ils vont se faire tuer ! hurla Ludella.

Kendric ne le voyait pas ainsi. Puisque Meradyce accompagnait Adelar et Betha, elle expliquerait aux Vikings quels enfants ils avaient enlevés, et les barbares comprendraient vite leur intérêt de ne pas les maltraiter.

Quant au sort qui attendait Meradyce, Kendric le devinait aisément. Pour odieux qu'il fût, il aiderait peut-être, cependant, à sauver Betha et Adelar.

— Je ne crois pas qu'ils leur feront du mal, répondit-il en se caressant la barbe. Ils demanderont sûrement une rançon, et je pense que nous ne tarderons pas à en connaître le prix.

— Comment cela ? interrogea Ludella, incrédule.

Aussitôt, regrettant sa maladresse, Kendric se mordit la langue. Il était impossible de parler de Selwyn à quiconque. Néanmoins, il savait que les Vikings leur adresseraient leur demande par l'intermédiaire du négociant.

— Les Vikings n'ont pas la réputation d'être très patients, tu sais. Ils trouveront donc très vite un moyen de nous poser leurs conditions.

Sur ces mots, Kendric tourna les talons et porta son attention sur ses soldats, pour ne plus entendre les suppliques de sa femme.

Déjà, l'envie de se venger de ces traîtres le rongeait. Il préparerait ses hommes et paierait ce qu'il faudrait pour construire le plus beau navire saxon qui ait jamais vogué sur les mers ! Il forcerait Selwyn à lui indiquer où se trouvait le village viking et, au printemps, il se lancerait à la recherche de ses enfants.

Alors, alors seulement, il ferait cruellement regretter à ce barbare de Svend d'avoir manqué à sa parole.

2

Après des jours d'une terrible tempête, durant laquelle les passagers du drakkar se crurent plus d'une fois condamnés à rejoindre Aegir dans son antre au fond des mers, la terre apparut enfin à l'horizon. Einar fut le plus heureux des hommes lorsque son navire, soulevé par une houle puissante, et poussé par un vent glacial, pénétra dans le leden, cette étendue d'eau située entre la côte et les innombrables îles qui bordaient son pays.

Plus intense encore fut son bonheur quand, à la nuit tombante, le vaisseau s'engagea dans le fjord. Le cœur léger, Einar adressa un lent sourire à Lars, son capitaine. Aussi épuisé que lui par cette éprouvante traversée, celui-ci s'exclama :

— Par la foudre de Thor, je ne dédaignerais pas un bon repas et quelques pintes d'ale !

Einar se tourna alors vers la Saxonne, frileusement enveloppée dans un sac de peau destiné à entreposer vivres et armes durant le jour, et dont les marins se couvraient la nuit.

Il la savait éveillée. A la vérité, il doutait même qu'elle eût un seul instant fermé l'œil durant ce voyage mouvementé. Car, non seulement elle semblait terrifiée par lui-même et son équipage, mais elle avait dû sans cesse soigner les enfants qui souffraient du mal de mer. Ceux-ci dormaient maintenant, blottis sous la cape de fourrure dont il les avait recouverts tandis que la tempête faisait rage.

Malgré la terrible épreuve de la traversée, sa prisonnière demeurait d'une digne et farouche beauté, et cette attitude ne cessait de l'impressionner.

Sans doute redoutait-elle de le voir se jeter sur elle pour la violer. D'ailleurs, les autres guerriers se demandaient probablement pourquoi leur chef n'avait pas déjà abusé d'elle. Violer une captive constituait pour eux un acte de bravoure, dont ils ressortaient en général couverts de griffures et de morsures qu'ils exhibaient avec fierté. Ils prétendaient aussi qu'une femme violée devenait une femme soumise.

Einar, cependant, préférait que ses compagnes se montrent coopératives, bien qu'il dût admettre avoir été tenté à plusieurs reprises de posséder la belle Saxonne, consentante ou non. Un soir, au plus fort de la tempête, n'avait-il pas cru surprendre chez elle un regard brillant de convoitise à son égard ? Sans toutefois s'attarder sur cette impression fugace, il avait aussitôt décidé d'offrir sa prisonnière à Svend, pour le remercier de lui avoir offert le commandement de ce navire.

En voyant une telle beauté, peut-être même que son père lui pardonnerait d'avoir transgressé les ordres en la gardant en vie. En revanche, au vu d'une telle désobéissance, chaque chef de clan le soupçonnerait maintenant de vouloir se hisser à la tête de leur peuple. Et certains, parmi ses hommes, penseraient même que tel était son réel désir.

Einar demeura songeur. Combien de fois Ull avait-il laissé entendre que Svend se faisait trop vieux pour être leur chef, sous-entendant ainsi qu'Einar devrait le remplacer ? Ull ne semblait pas comprendre que ce dernier aurait préféré mourir plutôt que de se montrer déloyal envers son père.

Non, à la réflexion, le présent qu'il rapportait en trophée chasserait sans doute les craintes que Svend pouvait nourrir à ce sujet. C'était aussi le meilleur moyen d'empêcher les autres hommes de se battre pour la Saxonne.

Et, par Thor, cette femme était digne que l'on se batte pour elle, même dans l'état de détresse où elle se trouvait en ce moment ! Rien ne pouvait amoindrir sa beauté. Une beauté qu'Einar connaissait, pour avoir touché, tandis qu'elle se défendait contre lui, les formes exquises de son corps. Il savait aussi que le calme imperturbable de cette créature pouvait dissimuler une passion sauvage. Ne s'était-elle pas battue comme une tigresse pour protéger ses enfants ?

Et Einar ne pouvait qu'admirer la façon dont elle avait su se ressaisir à l'issue de leur combat, après s'être rendu compte que toute résistance serait vaine.

Si au moins ses guerriers savaient se maîtriser d'aussi belle façon ! Tels des enfants, ils se querellaient sans arrêt à propos des esclaves ou des butins qu'ils rapportaient à bord.

Einar se tourna de nouveau vers sa prisonnière et, aussitôt, sentit son sang palpiter dans ses veines. Rien ne l'empêchait de la posséder sur-le-champ, s'il le désirait. Svend, d'ailleurs, ne s'en offusquerait pas et se demanderait même pourquoi aucun de ses deux fils n'avait déjà profité d'elle.

Cependant, ce n'était pas de la terreur qu'Einar espérait lire dans le regard de cette femme, mais du désir. Il ne voulait nullement la forcer ; il voulait qu'elle se donne à lui de son plein gré.

Et s'il ne l'offrait pas à Svend… ?

Brusquement, Hamar s'élança vers la pointe extrême de la proue.

— Gunnhild ! s'écria-t-il à l'adresse d'une jeune femme enceinte sur la rive.

Amusé par l'attitude de son frère, Einar railla :

— Qu'attends-tu pour la rejoindre ? Descends donc !

Hamar se retourna en grimaçant, conscient de sa faiblesse pour sa jeune épouse et de leur enfant à naître. Voyant qu'Einar ne le surveillait plus, il osa un nouveau signe à l'adresse de sa bien-aimée.

Mais, aussitôt, Einar le rejoignit et lui asséna une claque sur l'oreille.

— Tu es peut-être mon frère aîné, mais c'est moi qui commande ce navire. Ne t'avise pas de l'oublier.

— A ton tour, riposta Hamar, n'oublie pas non plus que tu me dois le respect sur la terre ferme.

— Je m'en souviendrai, promit Einar dans un sourire entendu.

Lars et les autres hommes d'équipage connaissaient ces fausses querelles qui opposaient parfois les deux frères. Cependant, ils savaient aussi que ceux-ci ne plaisantaient pas. Car, non seulement les fils de Svend se vouaient un respect mutuel, mais recevaient aussi celui du village entier.

— Je vois Ingemar, lança soudain Lars.

— Oui, marmonna Einar qui avait remarqué la blonde et grande silhouette auprès de Gunnhild.

Ingemar se montrait un peu trop exigeante, ces derniers temps, en prétendant vouloir devenir sa femme. Mais Einar resterait intraitable. Il ne voulait pas d'une autre épouse ; Nissa lui avait amplement suffi.

Toutefois, Ingemar restait une maîtresse agréable et se montrerait sans aucun doute fort reconnaissante à Einar des présents qu'il allait lui offrir.

Le long navire accosta enfin, et les hommes commencèrent à décharger les trésors récoltés durant leurs pillages.

Tout en s'efforçant d'ignorer la prisonnière saxonne — ainsi que son désir de la garder pour lui —, Einar surveilla les opérations d'un œil distrait.

*
* *

Tandis que les Vikings débarquaient, Meradyce se débarrassa de la couverture de peau et garda les enfants auprès d'elle d'une main ferme.

Dans un effort pour ne pas regarder les hommes qui s'activaient autour d'elle, elle observa les bateaux qui l'entouraient. A chacun des cinq embarcadères qu'elle apercevait, se trouvait amarré un navire. Loin d'être aussi long et bas que celui dans lequel ils avaient navigué, ils semblaient plus lourds et plus puissants. Malgré elle, Meradyce se prit à songer que leur traversée aurait été plus facile dans de tels vaisseaux.

Les mouvements incessants du bateau avaient rendu les enfants affreusement malades. Ils n'avaient rien avalé depuis quatre jours, et la jeune femme avait passé son temps à les soigner. Aujourd'hui, ils semblaient aussi affaiblis qu'épuisés, mais, au moins, leurs nausées avaient-elles pris fin.

En haute mer, ballottés par des vagues furieuses qui s'élevaient souvent plus haut que le dragon de la proue, les enfants avaient constamment subi le fouet glacé des vents du nord. Transis de froid, sans cesse giflés par l'eau salée, ils avaient connu la détresse la plus totale.

Un moment pourtant, au plus fort de la tempête, alors que Meradyce croyait vivre ses derniers instants, le Viking s'était longuement retourné vers elle. Sur le visage tendu, la jeune femme avait discerné de la lassitude, mais sans la moindre trace de peur.

Etait-ce parce que les Vikings avaient la réputation d'être d'excellents marins, parce qu'elle était trop épuisée pour ressentir quoi que ce fût, ou parce que le géant blond n'avait pas une fois porté la main sur elle ? Toujours est-il que Meradyce n'éprouvait à présent plus aucune crainte. Ni de lui ni de la mer.

Lorsque le bateau avait atteint des eaux plus calmes, l'équipage s'était mis à observer la Saxonne avec une insistance grandissante, et, en particulier, deux hommes à la chevelure rousse, qui se ressemblaient assez pour être frères. Certaine que, le cas échéant, ces rustres n'hésiteraient pas à la violer, Meradyce avait gardé les yeux prudemment baissés.

— Debout, vous trois ! ordonna soudain le géant blond à l'adresse de ses prisonniers.

Sans lâcher la main des enfants, Meradyce obéit.

— Sont-ils capables de marcher ? demanda-t-il en la fixant.

— Je… je crois, répliqua-t-elle en interrogeant ses protégés du regard.

A cet instant, Einar se baissa et prit la petite Betha dans ses bras. Puis il tendit le bras vers Adelar, mais celui-ci se tenait droit de lui-même.

— Suivez-moi, dit alors le Viking, le visage adouci d'un léger sourire.

Il les conduisit vers le centre du navire, d'où partait une passerelle de bois qui le reliait au quai. Meradyce la franchit d'un pas hésitant, puis regarda les collines rocailleuses qui encerclaient la baie. Elle s'était laissé dire que les terres des Vikings étaient aussi froides et stériles que leurs cœurs.

Quand son pied toucha le sol, la jeune femme vacilla, perdit l'équilibre et se rattrapa de justesse à un tonneau empli d'eau. Ce fut alors qu'elle crut entendre un rire sarcastique parmi la foule des gens venus accueillir le navire. Prudemment, elle leva les yeux, pour apercevoir une jeune femme blonde qui la contemplait d'un air amusé.

Indifférent, le Viking poursuivit son chemin avec les enfants, sans se soucier des difficultés qu'éprouvait maintenant Adelar pour marcher.

— Attendez ! s'écria Meradyce.

Lentement, Einar se retourna avec, au coin des lèvres, un sourire qu'elle trouva tout aussi insultant que le rire de la femme. Elle avait beau être prisonnière, il lui restait encore un minimum de fierté. Le Viking la toisait. Les enfants l'observaient. Tous la regardaient. Alors, la tête haute, les mâchoires serrées, Meradyce fit un pas en avant ; puis un autre, puis un troisième, pour se rendre compte que le sol ne bougeait plus sous ses pieds. Après des jours de mer, son corps avait simplement du mal à recouvrer son équilibre naturel.

Encore une fois, la femme blonde gloussa puis fit signe à un homme qui la rejoignit et lui parla à voix basse. Mais, bien trop inquiète de la dramatique pâleur d'Adelar et de Betha, la Saxonne ne remarqua pas leur manège. Elle osait seulement espérer qu'on leur offrit un peu de nourriture et un lit pour se remettre de leur éprouvant voyage.

— Je vous en prie, demanda-t-elle alors au Viking. Y a-t-il un endroit où les enfants pourraient se reposer ?

Il lui répondit d'un simple signe de tête et poursuivit son chemin, ne lui laissant pas d'autre choix que de le suivre. Après avoir franchi une colline abrupte, le petit groupe déboucha sur un village entouré d'un mur d'enceinte assez bas. A l'intérieur, s'étalaient de longues bâtisses de bois, d'où s'échappaient de lentes volutes de fumée. En découvrant un endroit aussi paisible, Meradyce se demanda comment des guerriers si cruels pouvaient l'habiter.

A croire — ainsi que le prétendait une rumeur — que les pillards vikings n'étaient en réalité que de tranquilles fermiers, qui ne prenaient la mer que durant les mois d'été ! Cela paraissait tellement étrange. Néanmoins, si tel était le cas, elle comprenait pourquoi certains Saxons cherchaient à les apaiser avec des présents.

Le petit groupe arriva devant une grande bâtisse, longue et basse. De l'intérieur, parvinrent à Meradyce des voix éraillées, et ce qui lui sembla être des hurlements de loups.

Einar poussa la porte et attendit un instant que ses yeux s'accommodent à l'obscurité enfumée qui régnait à l'intérieur. La plupart de ses hommes étaient déjà à moitié ivres et chantaient des chansons à boire.

Le chef viking fit asseoir le petite Betha sur un banc, non loin de l'entrée. Aussitôt, son frère l'y rejoignit. Puis, Einar se retourna pour s'assurer que la jeune femme les avait suivis dans la grande salle.

Bien qu'il sût à quel point elle pouvait cacher ses sentiments, et bien qu'il devinât la crainte qu'elle éprouvait, il sentait qu'elle n'était pas non plus terrifiée. Et, lorsqu'elle le regarda, Einar crut déceler de la confiance dans ses yeux bleus.

Toutefois, il ne devait pas oublier qu'elle appartenait à Svend.

Mais, pas encore. Pas encore...

Il se dirigea vers le chaudron d'eau suspendu au-dessus d'un des deux foyers pratiqués à même le sol. Là, tout en se lavant rapidement le visage et les mains, il songea qu'il était dans la maison de Svend, son père, et qu'il devait lui remettre sa prisonnière. Il n'y avait pas d'autre issue.

— Einar ! appela Svend en levant une corne ruisselante d'ale.

Einar prit la jeune femme par le bras et l'entraîna vers le centre de la salle.

— Mon fils ! s'écria le vieux chef. Ne me dis pas qu'après un pillage aussi réussi, tu ne me ramènes pas d'esclave.

Mais Svend se figea quand il aperçut la Saxonne et la croix qu'elle portait autour du cou.

— Qu'est-ce que c'est ?

Einar lâcha le bras de celle qu'il aurait dû tuer sur ordre de son père. Comme tous, il savait que Svend, bien qu'il parût trop vieux et trop gros pour se battre, pouvait encore anéantir un homme plus jeune et assez stupide pour mettre en doute sa puissance.

Il s'avança vers son père, et s'arrêta si près de lui que

seuls les fidèles amis qui constituaient son plus proche entourage purent entendre ce qu'Einar lui déclara :

— Voici celle dont les Saxons voulaient la mort. Mais, comme tu peux le constater, cela aurait été le pire des gâchis.

Einar passa alors derrière Meradyce et saisit un large pan de sa robe, qu'il enroula autour de son poing. Le corps ainsi moulé dans le fin tissu de laine pourpre, les formes voluptueuses de la jeune femme apparurent clairement aux yeux de tous.

— Je te fais présent de cette femme, annonça Einar d'une voix forte. Quant à ses enfants, nous les échangerons contre une rançon.

Les yeux de Svend, comme ceux de tous les hommes dans la salle, brillaient de convoitise. D'un geste lent, Einar lâcha l'étoffe qui retomba souplement autour du corps féminin.

Alors, Svend se leva et s'approcha de son fils.

— Par Odin, c'est une créature divine que tu m'amènes là, Einar !

Pétrifiée par la crainte, la Saxonne demeura muette.

Totalement indifférent à la détresse de celle-ci, Svend gratifia Einar d'une puissante claque dans le dos avant de s'exclamer :

— Je te suis infiniment reconnaissant de ton cadeau, mon fils, mais je ne crois pas que mes épouses le seront !

Les hommes qui les entouraient ponctuèrent la plaisanterie de rires gras, tandis qu'Einar et Svend demeuraient de glace. Ce dernier avisa alors la fillette et le jeune garçon qui tremblaient sur le banc.

— Ces enfants sont-ils les siens ?

— Oui, répondit Einar. Les siens et ceux du thane saxon.

— Par Odin, j'imagine déjà sa fureur. Mais il nous paiera un bon prix pour les récupérer. Bravo, Einar. Tu as fait preuve d'intelligence.

Pourtant, un seul regard vers son père assura à Einar que Svend dissimulait un certain mécontentement.

— Garde-la, laissa alors tomber celui-ci avant de retourner s'asseoir. Je te la laisse, en remerciement de m'avoir ramené le navire sain et sauf.

Einar considéra longuement son père, inclina respectueusement la tête puis prit la jeune femme par le bras. Comme il la conduisait vers le banc où les attendaient les enfants, il fut saisi d'un doute. Peut-être aurait-il dû la tuer. Manifestement, son père était contrarié, et Einar devinait la jalousie qui rongeait déjà ceux de leur entourage, particulièrement Ull.

Toutefois, la réaction surprenante de Svend le tourmentait bien davantage. Einar avait transgressé les ordres et rompu le marché conclu avec le traître saxon. Cela ne ressemblait guère à Svend de récompenser une désobéissance, même s'il l'estimait justifiée.

Pour ajouter à son trouble et pour son plus grand déplaisir, Einar se rendait également compte du pouvoir que la belle Saxonne exerçait sur lui.

Dans l'espoir de se rassurer, il se persuada que l'attirance, qu'il éprouvait pour cette femme, procédait de la même concupiscence qui brillait dans les yeux de chaque guerrier de l'assemblée.

Puis il vit Ingemar s'avancer nonchalamment vers lui, une corne à la main, et lui fit un petit signe de la main.

— Que désires-tu ? demanda-t-elle non sans dévisager la prisonnière d'un long regard inquiet.

— Boire, pour l'instant, répliqua-t-il.

Ingemar lui tendit la corne emplie d'ale. L'air soudain grivois, Einar plongea une main avide dans le corsage souple de la robe et caressa la poitrine de sa maîtresse. Bien trop de jours s'étaient écoulés sans une compagne à ses côtés.

Le souffle d'Ingemar s'accéléra, et Einar comprit qu'un seul geste suffisait pour qu'elle le suive à l'extérieur.

Mais, derrière lui, la petite fille se mit à tousser, et il se ressaisit.

— Peux-tu apporter un peu de pain et d'eau pour ces enfants ? demanda-t-il alors.

La jeune femme acquiesça, repoussa fièrement sa blonde chevelure, et s'éloigna, l'air triomphant.

Meradyce, toujours immobile, jeta un coup d'œil inquiet au Viking. Elle n'avait nul besoin de parler la langue de ces barbares pour comprendre qu'il venait de l'offrir au vieil homme, qui devait être le thane du village. Apparemment, pourtant, il semblait que ce dernier ne voulait pas d'elle, et Meradyce en avait ressenti du soulagement.

Si elle devait appartenir à un homme, autant avoir pour maître son propre ravisseur. Sur le bateau, au fil des jours, la jeune femme avait pu se rendre compte qu'il était différent des guerriers vikings dont elle connaissait la réputation. Il ne l'avait pas violée, il n'avait pas porté la main sur elle. Durant la tempête, il était allé jusqu'à offrir sa cape aux enfants alors qu'il devait, tout autant qu'eux, souffrir du froid. Il avait traité Adelar avec sagesse, en allant jusqu'à manifester du respect pour la fierté du jeune garçon.

Toutefois, à présent, parmi son peuple, il ressemblait aux autres Vikings éméchés dont les yeux lubriques la convoitaient avec avidité. Il avait le visage dur et froid et ses manières semblaient rudes. Pourtant, Meradyce continuait de croire qu'il ne lui ferait pas de mal. Certes, elle avait été choquée en le voyant glisser une main effrontée dans le décolleté de la jolie blonde mais, à l'expression flattée de celle-ci, elle avait compris que la coquine n'en attendait pas moins.

A cet instant, Meradyce se rendit compte que le Viking

l'observait. Elle sentit le regard glisser le long de son dos, et fit son possible pour l'ignorer.

Enfin, la blonde revint avec du pain, qu'elle lui offrit d'un air parfaitement hostile. Meradyce, qui connaissait bien la jalousie pour l'avoir trop longtemps subie, la décela instantanément sous cette agressivité.

Peut-être cette femme était-elle l'épouse du Viking, songea-t-elle alors. Mais cette idée ne lui procura guère de réconfort. Car, même si cela signifiait qu'Einar ne la toucherait pas, cela voulait dire aussi qu'il la considérerait comme n'importe quelle prisonnière et qu'il la vendrait au premier venu comme une vulgaire marchandise.

Néanmoins, Meradyce garda pour elle ses craintes et ses espoirs. Elle rompit le morceau de pain en trois et, par des paroles douces, tenta de persuader Adelar et Betha d'en manger un peu.

— Je veux rentrer à la maison, geignit soudain la fillette, les yeux écarquillés par la peur.

— Moi aussi, ma chérie. Mais nous devons rester ici jusqu'à ce que ton père vienne te chercher.

Tout en réconfortant Betha entre ses bras, Meradyce laissa son regard se promener dans la grande salle et remarqua les tapisseries qui recouvraient les murs. D'une rare beauté, elles provenaient sans doute d'un pillage, et n'étaient certes pas là pour être admirées, mais pour isoler du froid l'habitation du maître de céans.

— Venez, lui dit soudain le Viking en l'enjoignant à se lever.

A cet instant, tous les hommes autour d'eux affichèrent un sourire lubrique et se mirent à ricaner comme des demeurés.

Meradyce ne broncha pas. Elle ne voulait pas partir avec lui et refusait d'abandonner les enfants. Betha désespérément accrochée à ses basques, elle vit Adelar se lever d'un bond et menacer le Viking de ses poings levés.

— Emmenez-les avec vous, lui accorda Einar avec sécheresse.

Muette, sans un regard vers lui, Meradyce se leva lentement, prit les deux enfants par la main et suivit le Viking d'un pas hésitant.

Dehors, il faisait nuit et plus froid encore qu'auparavant. Frissonnante, la jeune femme prit Betha dans ses bras. Transie, la fillette tremblait tant que ses dents s'entrechoquaient.

Fort heureusement, la maison où les conduisit Einar ne se trouvait pas très loin de celle du thane. Là, il repoussa la tenture de peau qui fermait l'entrée et leur fit signe de pénétrer à l'intérieur. Meradyce hésita un instant puis s'exécuta. Pas une fois le Viking ne l'avait humiliée devant les enfants, et elle osait espérer qu'il continuerait à y veiller.

Dans la longue pièce, se trouvait une vieille femme qui se leva à leur approche.

— Einar ! s'écria-t-elle dans un sourire radieux.

— Voici ma mère, expliqua le Viking. Apprenez qu'elle est saxonne, comme vous.

Stupéfaite, Meradyce déposa doucement Betha à terre, jeta un bref regard à Einar puis considéra longuement celle qui lui faisait face et dont les origines expliquaient pourquoi le Viking parlait aussi le saxon.

Une jeune fille à l'épaisse chevelure rousse apparut alors et s'avança vers eux. Elle ne prononça pas un mot, n'esquissa aucun sourire, et pourtant, Meradyce devina que derrière ce visage impassible se cachait un esprit intelligent.

— Voici ma fille, dit alors Einar.

Jamais auparavant Meradyce n'avait pensé que les Vikings pussent avoir des mères ou des enfants. Cette découverte les rendit déjà moins vils à ses yeux.

— Qui sont ces gens, Einar ? demanda la vieille femme en souriant.

— Des prisonniers. Nous les rendrons contre une rançon.

Une rançon ! songea Meradyce, ulcérée. Certes, cela valait mieux que d'être pris comme esclaves, mais pourquoi pensait-il... ?

Parce qu'il les avait trouvés tous trois dans l'habitation du thane saxon ! Et Kendric paierait, au moins pour ses enfants.

La mère du Viking s'approcha d'eux et considéra gravement Adelar.

— Tu as dû avoir le plus grand mal à capturer ce jeune homme, Einar. Je devine en lui un courageux guerrier.

Adelar lui jeta un regard sceptique, et Meradyce fut tentée de lui préciser qu'il détestait être traité comme un enfant.

— Et cette ravissante petite, est-elle ta sœur ?

— Oui, répliqua timidement Adelar.

— Es-tu fatiguée ? demanda-t-elle alors doucement à Betha.

— Oui, répondit celle-ci sans lâcher la robe de Meradyce.

— Les enfants resteront ici, mère.

A ces mots, Meradyce se retourna avec appréhension vers le Viking, tandis qu'Adelar venait chercher protection contre elle. Mais son émoi échappa au géant qui entendit soudain la voix alarmée de Hamar.

— Olva ! Olva ! es-tu là ? cria celui-ci en se ruant à l'intérieur.

— Qu'y a-t-il ? interrogea Einar, surpris de l'affolement qu'il percevait dans la voix de son frère.

— C'est Gunnhild ! Elle est sur le point d'enfanter !

Inquiet, Einar regarda sa mère. Helsa, la sage-femme du village, était morte trois mois plus tôt, en emportant ses secrets avec elle.

— Olva, peux-tu venir ? supplia Hamar.

Einar devina quelque hésitation chez sa mère.

— Je ne sais pas si je vous serai d'un grand secours mais j'irai, promit-elle.

— Est-ce que… cette jeune femme a déjà ses douleurs ? hasarda alors Meradyce.

Surpris, tous se tournèrent vers celle dont ils avaient soudain oublié l'existence.

— Oui. Son terme est arrivé, précisa Olva.

— Je peux vous aider.

— Que peut savoir une Saxonne bien née sur la naissance d'enfants autres que les siens ? interrogea Einar sur un ton aussi moqueur que glacial.

— Meradyce n'est pas… ! s'exclama alors Adelar avant de s'arrêter subitement devant l'expression intriguée du Viking.

— N'est pas… quoi ? demanda Einar, soudain atterré par ce qu'il venait de comprendre.

Comment ne s'était-il pas aperçu plus tôt que les enfants n'avaient pas une once de ressemblance avec celle qui avait risqué sa vie pour eux ?

Le garçon écarquilla des yeux affolés.

— Rien ! Je… je ne voulais rien dire !

Einar vit alors la Saxonne s'approcher du garçon, un doux sourire sur les lèvres.

— Je regrette, Meradyce, soupira celui-ci.

— Cela n'a pas d'importance, répliqua-t-elle en lui passant un bras autour des épaules.

— Elle n'est pas quoi ? insista Einar.

— Je ne suis pas leur mère, expliqua Meradyce, prête à l'affrontement. Je suis seulement sage-femme.

— Vous êtes la femme du thane saxon. Vous portez sa croix sur la poitrine.

— La femme de Kendric ne sortait jamais seule du village sans me confier ce bijou pour ne pas tenter les voleurs, expliqua Meradyce en portant une main au pendentif. Et le jour de votre invasion, elle avait justement un rendez-vous à l'extérieur.

— Einar, que se passe-t-il ? implora Hamar. Olva va-t-elle venir ?

Einar ne savait s'il devait croire la prisonnière. Etait-elle une simple sage-femme de village ou l'épouse d'un noble Saxon ?

Certes, elle portait sur elle la croix du thane. Et elle avait tout de l'épouse d'un seigneur, avec sa beauté fière, son port de tête royal. Peut-être mentait-elle, dans l'espoir de s'échapper. Pourtant, où irait-elle ?

Mais, pour l'heure, la douce et bonne Gunnhild, la femme de son frère bien aimé, avait grand besoin d'aide. Et, si cette Saxonne était vraiment une sage-femme...

Einar prit sa décision.

— Garde les enfants ici, ordonna-t-il à sa mère avant d'expliquer à Hamar ce qui se passait.

Puis, il saisit Meradyce par le bras et l'entraîna au-dehors.

Tandis que, suivis de Hamar, ils se dépêchaient à travers le village, la jeune femme abreuvait Einar de questions.

— Où est celle qui, d'habitude, aide aux naissances ?

— Elle est morte.

— Avait-elle des potions, des plantes que je pourrais utiliser ?

— Oui. Personne n'a approché sa maison depuis sa mort. Tous la craignaient.

— C'est bien. Ainsi ils n'auront rien touché. Demandez-lui si sa femme saigne.

Einar s'exécuta, non sans montrer quelque étonnement devant le ton calme et tranquille de celle qui les accompagnait. « Si elle était un homme, se prit-il à songer, j'aurais tôt fait de m'en faire un allié. »

— Demandez-lui si elle a perdu les eaux, continua Meradyce.

— Pas encore, répondit Einar après avoir interrogé son frère.

— Et les douleurs ? Sont-elles très espacées ?

Enfin, ils arrivèrent devant une petite bâtisse, en dehors de l'enceinte du village, à l'orée d'un bosquet, non loin d'une rivière.

— Quel est cet endroit ? s'enquit Meradyce.

— C'est la maison des bains. C'est là que les femmes mettent leurs enfants au monde.

Sans rien ajouter, Meradyce suivit Hamar qui se ruait à l'intérieur. Cependant, elle s'arrêta à l'entrée, en constatant qu'Einar restait en retrait.

— Votre présence me sera nécessaire, dit-elle simplement.

— En quoi cela ?

— Je vais devoir lui parler, lui poser des questions.

— Soit, reprit Einar en la suivant de mauvaise grâce.

Déjà, Hamar avait chauffé les pierres afin de rendre l'air ambiant le plus chaleureux possible. Il s'agenouilla auprès de Gunnhild, allongée à même le sol, le visage tordu par la douleur. En le voyant, elle tenta un sourire qui se figea quand elle aperçut la Saxonne.

Einar lui expliqua hâtivement la situation, non sans observer avec un vif intérêt Meradyce qui, une oreille contre le ventre arrondi de Gunnhild, auscultait déjà la future mère. Puis, elle palpa doucement l'abdomen, d'une main si experte que le Viking ne douta plus un instant qu'elle fût sage-femme.

— Dites-lui de ne pas s'inquiéter, demanda-t-elle à Einar. Tout est en ordre. Elle peut me faire confiance ; j'ai mis au monde plus de cinquante enfants.

L'expression cynique d'Einar ne lui échappa guère, qui la força à ajouter :

— J'ai commencé à aider ma mère dès l'âge de neuf ans, et nous avons accouché des femmes dans tous les villages alentour.

Consciencieusement, Einar rapporta ces paroles à l'accouchée.

— Est-ce son premier enfant ? interrogea Meradyce.

— Oui, répliqua-t-il.

— C'est ce que je pensais. Dites-lui que le bébé est bien placé, mais qu'il est encore un peu tôt pour la délivrance.

Einar s'exécuta mais se détourna vite quand le visage de Gunnhild se crispa de nouveau sous la douleur.

— Dites-lui qu'elle doit respirer en haletant quand arrive une contraction, ajouta Meradyce.

Einar s'empressa de traduire, et la Saxonne joignit le geste à la parole :

— Comme ceci… Parfait. Demandez-lui maintenant de se lever.

— Comment ? interrogea-t-il, interloqué.

— Dites-lui de se lever. Elle doit marcher un peu.

— Il ne faut pas…

— A combien d'accouchements avez-vous assisté ? osa Meradyce d'une voix vibrante.

— Aucun, mais…

— C'est son premier enfant ; des heures peuvent encore s'écouler avant la naissance. La station debout favorisera la descente du bébé. Aidez-la à se lever, puis je vous demanderai, ainsi qu'à votre ami, de sortir.

Après avoir aidé Gunnhild à se mettre sur pied, Einar posa une main sur l'épaule de Hamar et, d'un signe de tête, lui indiqua la porte, soulagé qu'on n'eût plus besoin d'eux dans cette insupportable épreuve.

Ils allaient franchir le seuil, quand ils entendirent la Saxonne commander sur un ton péremptoire :

— J'aurai besoin d'un petit rondin de bois, pour le lui rouler sur les reins afin de soulager la douleur. Trouvez-m'en un.

Sans un mot, Einar acquiesça.

*
* *

Tandis que les premières lueurs du jour teintaient l'horizon de traînées orangées, Einar, assis non loin de la maison des bains, s'efforçait d'ignorer les cris de Gunnhild en proie aux affres de l'enfantement. Face à lui, Hamar attendait aussi, l'air abattu, indifférent aux morsures du froid matinal.

La Saxonne ne s'était pas trompée. Plusieurs heures interminables s'étaient écoulées depuis qu'il l'avait entraînée au chevet de Gunnhild.

Les yeux clos, le désespoir au cœur, Einar se rappela la dernière fois où il avait attendu ainsi, impuissant, au même endroit. Ce jour-là, c'était sa propre femme qui avait donné naissance à leur fille… pour mourir en couches quelques instants plus tard…

Meradyce sortit enfin. Elle avait tiré sa chevelure en arrière, mais quelques mèches rebelles collaient encore à son front humide. Les manches de sa robe étaient roulées jusqu'aux coudes, dévoilant des bras minces et pâles.

— J'ai besoin de vous, déclara-t-elle en lui faisant signe de la suivre.

Einar, qui aurait préféré se jeter dans une fosse grouillante de serpents, se leva à contrecœur.

— Dites à Gunnhild que tout sera bientôt fini, ordonna Meradyce quand il fut arrivé auprès de la future mère.

Einar parla d'une voix hachée, tout en évitant de regarder le visage convulsionné de l'accouchée.

— Dites-lui de pousser aussi fort qu'elle le pourra, à mon signal.

Gunnhild gémit alors, et Meradyce bondit vers elle pour lui appliquer une main sur le ventre. La douleur semblait s'apaiser un peu.

— Allez, dites-lui de pousser aussi fort qu'elle le pourra, répéta Meradyce.

Tandis qu'Einar traduisait et que l'accouchée obtempérait, la Saxonne, sans lâcher l'abdomen douloureux, alla se placer aux pieds de Gunnhild.

— Dites-lui que je vois la tête ! Dites-lui que le bébé a... des cheveux bruns. Dites-lui de pousser une dernière fois le plus fort possible !

Le regard soigneusement tourné vers la porte, Einar transmit l'ordre.

— Allez ! encouragea Meradyce.

Cette fois, le Viking n'y tint plus et s'enfuit en courant. Une fois dehors, il inspira à pleins poumons.

Alarmé, Hamar se leva.

— Que se passe-t-il ? Il est arrivé quelque chose ?

Comme pour répondre à la question, un petit cri, bref et perçant, déchira l'air glacé du matin. Figés d'émoi, Einar et Hamar se regardèrent en hésitant, puis, de la maison des bains, leur parvint un rire de femme. Alors, dans un ensemble attendrissant, ils poussèrent un long soupir de soulagement.

Un instant plus tard, Meradyce ressortit et sourit à Hamar mais, lorsqu'elle posa son regard sur Einar, son visage se fit grave.

— Dites-lui qu'il a un fils beau et vigoureux. Il est couché auprès d'elle, sur le sol.

A la hâte, Einar traduisit ces paroles à son frère qui, sans plus attendre, se rua dans la maison.

— Il va maintenant décider si l'enfant est bien fait, expliqua Einar à la sage-femme. S'il l'estime vigoureux et apte à vivre, il le prendra dans ses bras.

— Et... dans le cas contraire ? interrogea Meradyce, inquiète.

— Il le donnera à la mer.

Affolée, la Saxonne s'apprêtait à rejoindre Gunnhild quand Hamar apparut, un sourire triomphant sur les lèvres.

— C'est un jour magnifique, Einar ! J'ai un fils, et il est aussi beau que Balder !

— Comment vas-tu l'appeler ?

— Eric. Eric Hamarson. Qu'en penses-tu ?

— C'est un nom parfait.

Hamar assena une puissante claque dans le dos de son frère.

— Cette femme nous a été envoyée par la déesse Freya ! s'extasia-t-il à propos de Meradyce. Gunnhild ne cesse de vanter ses qualités de sage-femme. Elle prétend qu'elle est meilleure qu'Helsa, et elle sait de quoi elle parle pour avoir assisté à la naissance de tous ses frères et sœurs.

— Je n'en doute pas, Hamar.

— Einar, demanda alors gravement celui-ci. Que comptes-tu faire d'elle ?

— Le destin de cette femme ne te concerne pas, Hamar. Préoccupe-toi plutôt de devenir un bon père…

— Certes, Einar. Certes…

Sans insister, Hamar retourna voir son fils qui s'était remis à hurler à pleins poumons.

Quelques instants plus tard, Meradyce sortit en s'essuyant le front d'un revers de manche.

— Il lui faudra se reposer ici un moment, puis son mari pourra l'emmener chez eux.

— Parfait, répondit Einar d'un air absent.

Soudain prise de vertige, Meradyce vacilla. Le besoin de secourir Gunnhild l'avait aidée à surmonter son propre épuisement et sa faim. Mais, d'un seul coup, sa fatigue reprit le dessus, et ce fut en vain qu'elle tenta de lutter contre la faiblesse qui l'envahissait. Ses jambes se dérobèrent sous elle, et, la vision troublée, elle s'effondra.

Alarmé, le Viking se rua vers elle et la souleva dans ses bras. Puis, tenant fermement contre lui son précieux fardeau, il commença à marcher. Meradyce comprit alors qu'il l'emmenait vers le village.

Elle comprit aussi qu'elle n'avait plus la force de lui résister.

3

Lentement, Meradyce ouvrit les yeux et, à son grand soulagement, constata que le Viking se tenait au fond de la pièce, loin du lit où elle reposait.

Alors, elle referma les paupières, dans l'espoir qu'il la croirait encore endormie.

— Avez-vous faim ?

La captive regarda celui dont elle savait à présent qu'il s'appelait Einar. A la faible lueur d'une lampe à huile, elle vit qu'il portait une autre tunique, tissée d'une laine sombre, et qui laissait deviner une puissante musculature. Autour du cou massif brillait un collier d'or, tandis qu'un large bracelet d'argent ceignait le bras gauche, au-dessus du coude. Ses braies, de couleur pâle, se prolongeaient de guêtres de fourrure retenues par un laçage de cuir croisé.

Sans un mot, il fit signe à la jeune femme de venir s'asseoir près du feu qui brûlait au centre de la pièce. Meradyce se leva avec une lenteur extrême. En se rendant compte qu'elle avait toujours sur elle sa robe pourpre, elle remercia secrètement les dieux.

Einar la regarda prendre place sur un coffre de chêne, puis, toujours muet, lui apporta du pain et une bouteille de vin, sans doute volée lors de leurs pillages des pays saxons et francs.

Tandis qu'elle s'alimentait et s'abreuvait, Meradyce se demanda combien de temps elle avait dormi. Puis, peu à peu, elle sentit les forces lui revenir.

Elle savait se trouver dans la maison du Viking, laquelle avait tout de l'antre d'un guerrier. Les parois de pierre, comme celles de la vaste habitation où on l'avait amenée plus tôt, se réchauffaient d'épaisses tapisseries un peu poussiéreuses. Le grand lit croulait sous une masse d'oreillers, de couvertures finement tissées et de fourrures. Des armes de toutes sortes gisaient ici et là dans la pièce, et certaines pendaient même aux poutres qui soutenaient le toit. Le sol avait l'air de n'avoir pas été balayé depuis des jours, et les seuls sièges, dont Einar semblait se contenter, se limitaient aux coffres alignés le long des murs.

Près de la porte, deux molosses montaient la garde, aussi impassibles que des statues, hormis les tressaillements sporadiques de leurs babines. De sa vie, Meradyce n'avait vu de chiens aussi laids, même si le regard chargé de dévotion qu'ils réservaient à leur maître les rendait presque sympathiques.

Si seulement elle pouvait s'emparer d'une de ces armes, songea-t-elle alors. Un couteau, une dague, qu'elle pourrait facilement lever... Malgré la grande fatigue qu'elle ressentait encore, Meradyce savait qu'elle trouverait la force de s'en servir. Ce ne serait pas la première fois qu'elle se battrait contre un homme qui la convoitait.

Toutefois, si elle parvenait à s'échapper des griffes de ce Viking, saurait-elle retrouver les enfants et les emmener avec elle ? Et, qu'arriverait-il ensuite ? Où iraient-ils ?

Nulle part, malheureusement.

La mort dans l'âme, la jeune femme comprit qu'elle devrait attendre et se soumettre avant de trouver le moyen de rentrer chez eux.

Tout en contemplant sa prisonnière qui se rassasiait, Einar se demandait quel démon s'était emparé de lui.

Ne s'était-il pas abaissé à lui servir de la nourriture ? Etait-ce là l'attitude d'un guerrier ?

D'autre part, il avait montré la pire des lâchetés, en s'enfuyant comme un gamin effrayé à l'instant où Gunnhild mettait son enfant au monde.

Dégoûté, Einar avala une autre gorgée de vin.

N'avait-il pas devant lui la femme la plus belle qu'il eût jamais vue, dotée de formes plus séduisantes encore que celles d'Ingemar ? Alors qu'attendait-il pour la débarrasser de ses vêtements afin de la voir nue, et satisfaire ainsi la curiosité qui le dévorait, et pour la posséder, comme c'était la coutume chez les guerriers vikings ?

Ne lui appartenait-elle pas ? Ne pouvait-il pas faire d'elle ce que bon lui semblait ? Sans doute s'attendrissait-il trop, car ce que ressentait cette captive l'affectait bien plus qu'il ne l'aurait voulu.

Courroucé, Einar jeta sa corne dans un coin et se leva, aussitôt imité par les deux chiens. Mais, d'un seul geste, il leur intima l'ordre de se recoucher.

La prisonnière qui s'apprêtait à porter la bouteille à ses lèvres, s'arrêta.

— Reposez-la, articula lentement Einar non sans vibrer devant les lèvres purpurines de la jeune femme.

Meradyce ne cilla pas.

— J'ai dit, reposez cette bouteille ! répéta-t-il sur un ton sévère.

C'était le ton qu'il employait pour lancer ses ordres aux marins, le ton qui intimait le respect aux plus aguerris de ses hommes.

Néanmoins, Meradyce n'obéissait pas.

Il s'avança alors vers elle et lui arracha la bouteille qui alla se fracasser contre le mur.

— Dès lors que je vous ordonne quelque chose, vous devez obtempérer ! rugit-il.

Puis il la força à se lever et, tandis qu'il l'étreignait

férocement, sa bouche avide captura les lèvres qui le rendaient fou de désir.

Renonçant à toute résistance vaine, le corps de Meradyce se figea avec résignation entre les bras d'Einar. Et, lorsqu'il s'écarta pour la regarder, il vit des larmes s'écouler des yeux clos.

Mais il refusa de s'attendrir. Il était un guerrier viking et elle n'était qu'une esclave, destinée à se plier aux quatre volontés de son seigneur et maître. Ce qu'elle ressentait ne devait en aucun cas l'émouvoir. D'autant qu'il avait déjà eu à se repentir d'une telle faiblesse quelques années auparavant…

Alors, résolu à la fermeté, il saisit un pan de la robe, tira brutalement dessus, et la déchira ainsi que la chemise qu'elle portait dessous. Puis il recula et, durant une éternité, sembla-t-il, contempla sa prisonnière.

Malgré l'affreuse honte qui la submergeait, Meradyce ne tenta rien pour se couvrir.

Figé de saisissement, le Viking contempla cette femme plus belle que ce qu'il n'avait jamais osé imaginer. Une femme dont la peau avait la perfection lisse de l'albâtre, dont les seins ronds et pleins semblaient, sous l'effet du froid, tendus par le désir. Une femme à la taille d'une finesse extrême, aux membres longs et graciles, à la chevelure d'ébène qui retombait en cascade sur ses épaules nues.

Embrasé soudain par le désir, Einar la souleva dans ses bras et la déposa sur le lit. Puis, ignorant la terreur qui agrandissait le regard de sa proie, il s'apprêta à desserrer son ceinturon… pour s'arrêter aussitôt.

Non, il n'avait pas le cœur d'abuser d'elle. Cette courageuse Saxonne se révélait aussi fière qu'un homme, aussi belle qu'une déesse. De surcroît, elle avait aidé Gunnhild à enfanter, alors qu'elle aurait pu garder le silence et laisser souffrir l'épouse de Hamar.

Il ne pouvait se résoudre à la posséder contre sa volonté.

— Einar !

Etouffant un juron en reconnaissant la voix de son père, le Viking se retourna vers la porte.

— Einar ! appela de nouveau Svend avant d'entrer dans la maison.

Du coin de l'œil, le Viking vit alors la captive se couvrir d'une fourrure prélevée du lit.

Svend considéra un instant celle-ci puis demanda :

— Serais-je arrivé trop tard ?

Einar ne répondit rien.

— Hamar et Gunnhild pensent qu'elle devrait être récompensée. Ils prétendent qu'elle n'a pas son pareil pour mettre les enfants au monde, et me demandent de lui rendre sa liberté. Puisque Helsa est morte et que personne au village ne se montre digne de la remplacer, j'ai accepté.

Consterné, Einar fit un pas vers son père. Par tous les dieux, cette femme lui appartenait ! Il l'avait trouvée, amenée ici et…

— Je suis heureux que tu te ranges à leur avis, mon fils. Je sais qu'Ingemar sera contente de ma décision.

Svend allait sortir, quand il se retourna pour ajouter :

— Tu seras responsable d'elle, Einar. Une femme d'une telle beauté aura besoin de protection. Je t'aurais bien demandé de l'épouser, mais je sais que tu préférerais te trancher la gorge plutôt que de te remarier. En attendant, assure-toi que personne ne porte la main sur elle sans son consentement. Nous avons besoin d'elle, ici. Et, ajouta-t-il en s'arrêtant sur le pas de la porte, ne t'avise jamais plus d'enfreindre mes ordres.

Einar réprima une grimace. Il avait osé défier son père, et celui-ci venait de trouver le meilleur moyen de le châtier.

Sans doute était-ce aussi bien ainsi. Et puis, Ingemar n'était-elle pas toujours prête à le rejoindre sur sa couche, pour lui offrir tout l'amour qu'il désirait ?

Pudiquement protégée par la couverture de fourrure, Meradyce avait considéré le père et le fils d'un œil inquiet. Le patriarche avait-il aussi l'intention de la violer, ou venait-il seulement se délecter du spectacle ? Ou encore, regrettait-il sa décision de l'avoir cédée à Einar ? Les Vikings, racontait-on dans son pays, se battaient à propos de n'importe quoi. Peut-être ces deux-là allaient-ils s'affronter pour elle…

Comment avait-elle pu croire ce Viking différent des autres et se sentir en sécurité auprès de lui ? Et pourtant… Ne l'avait-il pas regardée avec respect, et ne s'était-il pas détourné quand il l'avait vue totalement vulnérable et désarmée devant lui ?

Le vieil homme sorti, Einar pivota sur lui-même et la contempla d'un air étrange.

— Vous êtes libre, annonça-t-il enfin.

Aussi stupéfaite qu'incrédule, Meradyce demeura sans voix.

— Vous êtes libre, répéta-t-il.

Puis il se baissa et ramassa les débris de la bouteille, tandis que son dos tanné et musclé luisait magnifiquement sous la lumière.

— Svend vous rend la liberté en récompense de l'aide que vous avez apportée à Gunnhild, expliqua-t-il en se redressant.

— Vraiment ? demanda-t-elle.

— Je ne mens jamais, répliqua Einar en la fixant de ses yeux gris acier.

— Alors… je peux partir ?

— De ma maison, oui.

— Et… de ce village ? hasarda-t-elle.

— Où donc pensez-vous aller ?

— Chez moi.

Un puissant rire s'échappa de la gorge du Viking.

— Désirez-vous réellement entreprendre un périple

plus infernal que celui que nous venons de connaître ? Il est impossible de naviguer aussi loin avant le printemps, maintenant. D'autre part, comment comptez-vous payer votre traversée ?

Un sourire insolent sur les lèvres, il attendit calmement la réponse de Meradyce.

— J'ai beaucoup de dons.

— Je n'en doute point, madame.

Intimidée par le ton qu'il employait, la jeune femme baissa les yeux, puis répliqua :

— Je gagnerai l'argent nécessaire pour notre retour. Combien cela me coûtera-t-il ?

— « Notre » retour ? Qui vous accompagnera donc ?

— Les enfants, bien entendu.

— Vos petits protégés resteront ici.

— Quoi ? s'exclama Meradyce, frappée d'horreur.

— Nous les gardons en échange d'une rançon, annonça froidement Einar.

— Je ne partirai pas sans eux, déclara-t-elle, la tête haute.

— Ce ne sont pas vos enfants, dois-je vous le rappeler ?

— Ils m'ont été confiés. Je ne les abandonnerai pas.

Dans un silence lourd, Einar rajusta sa tunique sur ses puissantes épaules. Puis, il déclara, sans même regarder la jeune femme :

— Vous êtes loyale. C'est une qualité que j'admire.

Ce n'était pas la première fois que Meradyce se voyait complimentée de la sorte, mais jamais les paroles d'un homme ne l'avaient touchée à ce point. Sans savoir pourquoi, elle avait en effet la certitude qu'Einar ne parlait pas à la légère.

Cependant, elle préféra s'interdire la moindre émotion. Seul lui importait désormais de fuir cet endroit et d'emmener Adelar et Betha avec elle.

— Vous pouvez rester auprès de ma mère, avec les enfants.

Comme Meradyce ne bougeait pas, Einar ajouta, dans un sourire cruel :

— Avez-vous l'intention de rester dans mon lit, belle Saxonne ? Dans ce cas, je me ferai un plaisir de vous y rejoindre.

Rouge de honte et de fureur mêlées, Meradyce agrippa d'une main nerveuse la fourrure qu'elle se plaqua contre le corps, puis descendit maladroitement du lit. Alors, désemparée, elle considéra sa robe déchirée.

Devant ce désarroi, Einar eut un sourire indulgent et se dirigea vers l'un des coffres, dont il souleva le couvercle pour en sortir une parure dont la beauté frappa Meradyce. Cousue dans un drap de couleur pourpre, elle avait le col richement brodé de motifs délicats.

— Tenez, dit-il en jetant près d'elle le vêtement accompagné d'une ceinture.

Totalement désorientée par l'attitude du Viking, la jeune femme n'osait croire ce qui lui arrivait. D'abord terrorisée et certaine que cet homme allait la violer, elle s'entendait annoncer qu'elle était libre. Einar la laissait partir... non sans s'être accordé auparavant le plaisir de la dévêtir entièrement, pour lui offrir ensuite la plus belle robe qu'elle eût jamais vue.

Meradyce l'accepta d'une main hésitante, tandis qu'Einar fouillait encore dans le coffre pour en tirer un linge de lin blanc.

— Si vous en voulez, passez aussi cela.

Devant l'expression stupéfaite de sa prisonnière, le Viking partit d'un rire puissant puis ajouta :

— Quand vous serez prête, je vous conduirai à la maison de ma mère.

Contrairement aux espérances de Meradyce, il n'eut pas la délicatesse de sortir pendant qu'elle s'habillait.

Aussi la jeune femme dut-elle se débattre pour passer la longue chemise blanche, tout en se protégeant de la couverture de fourrure.

L'air moqueur, Einar parut se délecter du spectacle.

— Je constate en effet que vous possédez beaucoup de dons.

Lorsqu'elle eut fini de nouer la ceinture autour de sa taille, le Viking se leva lentement et déclara sur un ton grave :

— Aucun homme ne doit porter la main sur vous sans ma permission. Si l'un tente quoi que ce soit, prévenez-moi sans attendre. Svend m'a ordonné de vous protéger, et je m'acquitterai de cette mission.

Surprise, Meradyce regarda le guerrier blond qui se tenait en face d'elle et sentit qu'elle pouvait se fier à lui.

Aveuglément.

Meradyce ignorait pourquoi, mais elle en avait la certitude. Elle pouvait faire confiance à ce barbare car, sans nul doute, il la respectait plus qu'aucun homme ne l'avait jamais fait.

Einar se dirigea vers la porte, et la jeune femme le suivit à distance. Comme elle passait devant les chiens en évitant soigneusement de s'en approcher, il sourit. D'un sourire presque enfantin qui, sur le visage d'un guerrier, lui parut étrange.

— N'ayez crainte, articula-t-il sur un ton paternaliste. Ils n'attaqueront jamais sans mon ordre.

Devant une telle assurance, la jeune femme s'enhardit et tendit une main prudente vers les animaux, qui se levèrent et s'approchèrent pour venir lui lécher la paume.

Les bras croisés, forcé de constater avec quelle habileté la Saxonne avait su les amadouer, Einar grommela alors un ordre qui renvoya les chiens se coucher à leur place. Puis, sans un mot, il sortit de la maison et parcourut le village sans vérifier une seule fois si Meradyce le suivait.

Derrière lui, celle-ci souriait et félicitait intérieurement sa mère de lui avoir transmis ses dons de sage-femme et son père de lui avoir enseigné l'art d'apprivoiser les animaux.

Quelques instants plus tard, quand Adelar et Betha aperçurent Meradyce, ils se précipitèrent dans ses bras.

— Elle va demeurer avec toi et Endera, annonça Einar à sa mère. Svend lui a rendu sa liberté pour avoir aidé Gunnhild à mettre son fils au monde.

— Va-t-elle vraiment rester ici, Einar ? s'étonna Olva dans un sourire chaleureux.

— Oui. Elle est sous ma protection.

Avant de sortir, Einar se tourna vers Meradyce pour la fixer longuement. Durant un instant, la jeune femme retint son souffle sous l'intensité du regard qui l'enveloppait. Un regard où se mêlaient regret et fierté, qu'elle n'avait vu qu'une seule fois sur le visage d'un homme : celui de Paul, avant qu'il ne s'impose de la quitter.

C'était impossible. Elle devait se tromper.

Elle avait adoré Paul, alors que ce Viking l'avait arrachée à son pays.

Il avait aussi pris les enfants en otages, et, cependant, ne leur avait fait aucun mal.

Il avait eu l'intention de la violer puis s'était ravisé, alors qu'elle se montrait totalement vulnérable devant lui.

Néanmoins, il restait un Viking.

Et, quel qu'il fût, quoi qu'elle pût ressentir envers lui, il demeurait son ennemi.

4

Dans la maison d'Olva, Meradyce s'éveilla en sursaut et fixa le plafond noirci de fumée. Puis, lui revint à l'esprit le souvenir atroce des derniers jours. Le pillage de son village, le terrible voyage en mer, les hommes… le Viking.

Elle était certaine, à présent, d'avoir imaginé l'expression qu'elle avait cru lire, la veille, sur le visage d'Einar. Car c'eût été un sacrilège de trouver quelque ressemblance entre ce barbare et le doux Paul.

Doux, mais loin d'être faible. Paul avait, au contraire, montré trop de courage en reconnaissant ce que tous deux éprouvaient l'un pour l'autre. Et Meradyce avait prié, supplié, crié que beaucoup de prêtres épousaient celle qu'ils aimaient. En vain.

— J'ai fait vœu de célibat et je ne le romprai pas ! avait déclaré Paul.

Mais, avant qu'il sacrifiât leur amour, Meradyce avait discerné dans ses yeux la même lueur que chez Einar. Une lueur qui trahissait le regret, mais aussi la détermination à se conformer à l'exigence de son devoir.

Paul était resté fidèle à son vœu jusqu'à son dernier soupir.

Non, ce Viking ne ressemblait en rien à Paul.

Si Paul était d'or, lui était de fer, un païen qui n'obéissait qu'à ses instincts primitifs, alors que Paul était un prêtre chrétien, dont le refus de céder à son amour l'élevait au rang de saint.

Néanmoins, au souvenir de ce Viking à demi nu et vibrant de désir pour elle, une chaleur indescriptible s'empara de Meradyce. Et quand, saisie de honte, elle tenta de se rappeler les pâles yeux bleus de Paul, elle ne vit que des prunelles gris acier cernées de noir.

Agitée, en proie au désarroi le plus profond, la Saxonne se tourna de côté et se rendit soudain compte que Betha n'était plus allongée auprès d'elle. Puis, elle aperçut Endera, la fille d'Einar, assise devant le foyer, qui remuait quelque nourriture dans une marmite pendue au-dessus du feu.

— Où sont les enfants ? demanda Meradyce en se levant.

La jeune fille restait étrangement immobile. Bien qu'elle eût l'air aussi jeune qu'Adelar, son attitude la faisait paraître plus âgée.

Enfin, Endera cessa de tourner sa cuiller de bois et déclara doucement, en saxon :

— Olva les a emmenés voir traire les chèvres.

— Est-il tard ? hasarda Meradyce.

— Près de midi.

Elle avait dormi bien longtemps mais, pour la première fois, se sentait reposée depuis le terrible soir où les Vikings l'avaient enlevée. Une senteur délicieuse lui chatouilla les narines et éveilla son appétit.

— Que fais-tu cuire ? demanda-t-elle doucement.

— Du ragoût de mouton. En veux-tu un peu ?

— Oui. Cela sent si bon.

Recevant le compliment sans l'ombre d'un sourire, l'adolescente alla prendre dans une niche un bol de bois. Puis elle servit à Meradyce une louche pleine d'épais morceaux de viande. Affamée, la Saxonne dut se retenir pour ne pas se jeter sur la nourriture.

Le ragoût lui parut excellent. Il était cuit à la perfection et développait un arôme succulent.

Accroupie, Endera rajouta du bois dans le feu, tout en repoussant les braises de côté afin de ne pas surchauffer le fond de la marmite et brûler la viande. Puis, elle s'assit et observa Meradyce.

Celle-ci trouva le regard insistant d'Endera presque aussi insoutenable que celui de son père. Toutefois, elle continua de manger comme si de rien n'était, ne levant les yeux que par instant sur sa silencieuse compagne. Cette dernière ne ressemblait pas à Einar, avec ses yeux verts, sa chevelure rousse et son petit visage rond. Ce n'était pas encore une beauté, mais elle le deviendrait avec les années.

Endera portait une chemise plissée, froncée sous le cou par une cordelette. Par-dessus, retombaient deux longs pans d'une étoffe plus grossière, que retenaient des lanières nouées sur la gorge à l'aide de larges broches. Jamais Meradyce n'avait rien vu de tel.

Lorsqu'elle eut fini, la Saxonne posa le bol par terre.

— Merci, articula-t-elle.

Alors, Endera ébaucha un sourire. Devinant qu'il s'agissait là d'un témoignage fort rare de sympathie, Meradyce en ressentit une joie intense.

Sans un mot, Endera prit le bol vide et alla le laver dans un baquet d'eau, près de l'entrée, le moindre de ses mouvements, rapide et habile, ne cessant d'intriguer Meradyce qui l'observait à la dérobée. Puis, avisant non loin d'elle un métier à tisser, celle-ci s'abîma dans la contemplation de l'étoffe aux magnifiques tons de rouge et de bleu, et au tissage d'une extrême finesse.

Endera, qui l'avait surprise en train d'admirer l'ouvrage, déclara :

— Grand-mère et moi, nous travaillons ensemble. Elle fabrique de beaux tissus.

— Qui a fait le ragoût ?

— C'est moi, avoua-t-elle avant de baisser timidement les yeux.

— Tu es une excellente cuisinière, la félicita Meradyce. Ton père doit être très fier de toi.

La jeune fille tourna subitement le visage, néanmoins Meradyce eut le temps d'y capter une expression douloureuse. Mais aussitôt, elle songea que ce qui se passait entre Einar et sa fille ne la regardait en aucune façon.

Celle-ci vint se rasseoir auprès du feu et tendit à Meradyce une corne emplie d'hydromel.

— Gunnhild t'a demandée. Elle désire te faire un présent.

Meradyce esquissa un sourire. Peut-être ce présent lui permettrait-il de payer son voyage et celui des enfants... Lorsqu'elle leva les yeux vers Endera, elle s'étonna de ne plus y déceler la moindre trace de chagrin.

— Cette naissance a été facile, dit-elle simplement.

— Ce n'est pas ce que prétend Gunnhild.

— C'était son premier, lui rappela Meradyce. Mais on oublie très vite les douleurs de l'enfantement.

— Vraiment ? s'étonna Endera.

— C'est ce que prétendent les jeunes mères.

La jeune fille remua le feu d'un geste automatique, puis demanda, tête baissée :

— Beaucoup de femmes meurent-elles en donnant naissance à leur enfant ?

Meradyce demeura un instant songeuse. Où était la mère d'Endera ? Peut-être était-elle morte en couches, ce qui expliquerait alors la question de la jeune fille.

— Cela arrive parfois, si le bébé ne se présente pas bien ou si l'on ne peut arrêter les saignements de la mère.

Curieusement, Endera cessa son interrogatoire, et, se dissimulant derrière sa longue chevelure rousse, elle se leva lentement.

— Je vais te conduire à la maison d'Helsa, annonça-t-elle. Mon père m'a dit que tu voulais regarder s'il reste des remèdes.

— C'est vrai. J'imagine que j'y trouverai quelques potions utiles. N'y a-t-il aucune autre sage-femme dans la région ?

— Non...

— Dis-moi, Helsa se faisait payer en nature ou en argent ?

Endera jeta à Meradyce un regard intrigué.

— Je voudrais gagner de quoi retourner dans mon pays, expliqua doucement celle-ci.

— Dans ce cas, tu peux demander ce que tu veux. Mais nous serons toutes bien marries de perdre une sage-femme.

— Je pourrai enseigner ce que je sais à l'une d'entre vous, offrit Meradyce qui, malgré son ardent désir de partir, n'avait pas l'intention de laisser les femmes du village sans aide aucune.

Endera sortit alors de la maison, et fit signe à la Saxonne de la suivre.

Tandis qu'elles traversaient le hameau, Meradyce frissonna dans l'air humide et glacé. Et, pour ajouter à son inconfort, la robe que lui avait donnée Einar lui moulait si étroitement le corps, que les hommes la regardaient comme si elle déambulait entièrement nue. L'un d'eux, celui dont elle avait remarqué l'épaisse chevelure rousse, à bord du navire, montait un immense cheval gris et semblait attendre quelqu'un devant l'entrée d'une maison. En passant à ses côtés, Meradyce tenta de l'ignorer, incapable toutefois de réprimer un frisson de dégoût alors qu'il la dévorait du regard.

Heureuse de se soustraire à la concupiscence de ces barbares, Meradyce reprit son souffle dans l'habitation d'Helsa, malgré l'odeur de renfermé qui prenait à la gorge.

Son soulagement alla en grandissant lorsqu'elle fouilla parmi les pots de terre et les petites boîtes, bien à l'abri dans des niches pratiquées dans les murs de la maison. Les nombreux remèdes, que possédait la sage-femme, indiquèrent à Meradyce que les Vikings n'hésitaient pas à voyager loin pour se procurer des herbes. Et, si elle put reconnaître la plupart de ces plantes rares, c'était sans nul doute grâce à ce que Paul lui avait enseigné.

Endera demeura près de la porte et contempla en silence la Saxonne qui ouvrit un à un les récipients, goûta du bout de la langue le contenu de certains, et se contenta d'en humer d'autres.

Intriguée, la jeune fille cherchait à savoir pourquoi son père avait ramené cette femme. Il faisait d'ordinaire peu de cas de la beauté des esclaves que ses guerriers capturaient pour les vendre aux marchands qui remontaient du sud. N'avait-il pas maintes fois assuré que les esclaves représentaient un embarras dont il se passait fort bien ? De ses pillages, il rapportait plutôt des objets de valeur, beaucoup plus faciles à transporter ou échanger.

Endera soupçonnait aussi son père de ne jamais prendre d'esclave parce que sa grand-mère Olva, emmenée de force pour servir dans la maison d'un riche Saxon, ne se cachait pas des malheurs qu'elle avait endurés.

Alors, pourquoi Einar avait-il ramené cette femme ?

Certes, il la prétendait intelligente, généreuse, courageuse et loyale. Et les enfants l'aimaient, n'hésitant pas à relater comment elle s'était battue pour les protéger des Vikings. Oui, de toute évidence, le jeune Adelar l'admirait, tandis que la petite Betha l'adorait.

Assurément, cette femme était bonne. Oubliant l'épuisement que lui avait causé son voyage en mer, elle n'avait pas hésité à offrir son aide à Gunnhild, qui, depuis, semblait convaincue que Meradyce était une déesse. Car elle montrait, malgré les épreuves, une vitalité et une bonne humeur exceptionnelles.

Endera restait d'ailleurs certaine que son père n'avait jamais touché la Saxonne. Ses hommes n'affirmaient-ils pas sans cesse qu'ils croyaient Einar trop orgueilleux pour posséder une femme sans son consentement ?

Peut-être le Viking l'avait-il emmenée avec lui simplement parce qu'il avait senti que cette femme ne le craignait pas. Ce qui constituait, aux yeux d'Endera, un véritable prodige, car son père la terrifiait au plus haut point. Un regard sévère de ce dernier, et la jeune fille se retrouvait au bord des larmes, en croyant que c'était à elle qu'il en voulait personnellement. Pourtant, elle savait aussi qu'il abhorrait la lâcheté.

Soudain, une exclamation de la Saxonne la tira de ses pensées.

— C'est extraordinaire ! Je n'ai vu cette herbe qu'une seule fois, dans un monastère !

Endera réprima un frisson de crainte. Elle avait entendu parler des monastères, ces lieux où les prêtres saxons vivaient dans le luxe, soutirant d'énormes sommes d'argent aux paysans, après les avoir menacés, s'ils refusaient de payer, de les vouer aux démons et aux flammes éternelles.

La jeune fille porta une main à sa gorge où pendait une amulette, l'effigie du marteau de Thor. Elle ne toucherait rien de ce qui venait d'un monastère.

En revanche, elle se promit d'apprendre en regardant Meradyce opérer. Elle n'espérait nullement être belle un jour mais, si elle savait montrer quelques dons en médecine, peut-être parviendrait-elle à inspirer un peu d'admiration chez ce père qui l'avait toujours détestée.

Dans un soupir, Endera se prit à songer que, si les Saxons l'enlevaient un jour, Einar ne le remarquerait même pas.

D'abord, Adelar avait montré un vif intérêt devant les chèvres dont Olva lui citait les noms les uns après les autres. Betha, quant à elle, ne cachait pas son enthousiasme tant elle adorait les animaux. Elle avait même trouvé un chaton près d'un entrepôt à grains, avec lequel elle semblait fort bien s'entendre.

Tandis qu'Adelar regardait sa sœur, il se prit à regretter

son pays et sa maison. Du moins le croyait-il, car il grimaça en repensant aux dernières semaines passées auprès de ses parents. Il se souvint des trop nombreuses querelles qui opposaient ceux-ci, des disputes au beau milieu de la nuit, des accusations à peine murmurées, des larmes de sa mère. Il se rappela comment Betha se bouchait les oreilles de ses petites mains et, vite imitée par son frère, courait trouver refuge dans les bras de Meradyce.

Meradyce était son amie, sa gouvernante, son réconfort, et, plus que tout au monde, il avait désiré la sauver des griffes des Vikings. Mais il avait échoué, bien que la jeune femme fût libre à présent. Il ne lui restait qu'à tenter de la protéger comme il le pouvait.

Adelar espérait sa mère assez raisonnable pour ne pas céder au désespoir. Comme lui, elle devait savoir que, tant qu'ils exigeraient une rançon, ces rapaces de Vikings ne les tueraient point.

Son père paierait, pour eux trois, tout ce que ces barbares demanderaient.

Olva, qui s'était mise à traire les chèvres, faisait gicler de temps à autre du lait tiède sur le museau du chaton, pour le plus grand plaisir de Betha qui partait alors d'un petit rire cristallin. Puis, une vieille femme les rejoignit, pour entamer avec Olva une conversation dans cet étrange langage qu'était le viking.

Adelar essaya de saisir quelques mots, mais les deux amies parlaient bien trop rapidement pour qu'il pût comprendre quoi que ce fût.

Alors, il se mit à observer les alentours. Le pré était clos par un mur de pierre relativement bas. De l'autre côté, se trouvait une pinède, assez clairsemée car l'on voyait courir loin le sentier qui la traversait.

Deux hommes, portant chacun un arc et un carquois, enjambèrent le muret pour se diriger vers le bois, et Adelar les observa non sans surprise. Les guerriers saxons parlaient toujours des haches et des épées des Vikings. Ignoraient-ils donc que ceux-ci utilisaient aussi des arcs ?

Une voix les appela de derrière les arbres, et les deux chasseurs pressèrent le pas. Adelar songea qu'ils devaient s'entraîner à tirer. Rapidement, il jeta un regard de côté. Olva continuait de traire tout en bavardant avec la vieille femme, et Betha taquinait le chaton avec un coin de sa robe.

Discrètement, le jeune garçon enjamba le muret et se mit à courir en direction de la pinède. Après l'avoir traversée, il déboucha sur un grand champ désert et se dissimula derrière un buisson. Là, il aperçut un petit groupe d'hommes tenant chacun un arc à la main. A leurs gestes maladroits, Adelar comprit qu'ils apprenaient à se servir de cette arme. Devant eux, se trouvait un homme dont l'arc était bandé, prêt à tirer.

A quelques mètres de lui, Adelar distingua plusieurs flèches fichées dans le sol, au pied d'un arbre solitaire.

Subitement, le jeune garçon sentit une main lui agripper l'épaule.

— Mais, qui voilà ? demanda en saxon une voix familière.

Einar fit pivoter Adelar devant lui, puis le lâcha. Son visage ne montrait aucune colère, plutôt de l'amusement.

Cependant, Adelar n'aimait pas que l'on se moquât de lui.

— Vos amis sont de bien piètres tireurs, lâcha-t-il, furieux.

— Ils n'ont pas encore l'habitude de cette arme, vois-tu, reprit Einar sur un ton paternaliste.

— Les arcs et les flèches ne servent de toute façon qu'à la chasse, précisa le jeune garçon avec mépris.

— Vraiment ?

Adelar considéra Einar d'un air surpris. Jamais il n'aurait cru qu'un homme qui se prétendait noble pût utiliser un arc à d'autres fins que la chasse. Néanmoins, il était clair que ce barbare n'avait pas le même point de vue.

Alors, seulement, Adelar songea que le Viking préférait peut-être l'efficacité. Au cœur d'une bataille, qui songeait à la noblesse d'esprit quand le seul objectif restait d'en sortir vainqueur ?

— Veux-tu te joindre à nous ? demanda Einar d'un air solennel.

Adelar acquiesça, fier non seulement de la proposition du Viking, mais aussi de la façon dont celui-ci le considérait. Il n'y avait cette fois plus la moindre trace de raillerie dans son expression.

Lorsqu'ils rejoignirent le groupe d'hommes au milieu du champ, Adelar préféra ignorer les regards hostiles qui se posèrent aussitôt sur lui. Il savait que seule la présence d'Einar les forçait au silence.

Ce dernier prit un arc des mains d'un des guerriers et le tendit au jeune garçon.

— Essaie celui-ci, si tu veux.

Sans un mot, Adelar accepta l'arme. Taillée dans le souple bois de l'if, celle-ci était d'une extrême finesse.

Lorsque Einar lui tendit une flèche, quelques ricanements s'élevèrent autour d'eux, qu'Adelar refusa d'entendre. Il prit position face à l'arbre solitaire, leva son arc, tendit la corde en ramenant la main droite contre sa joue, visa. De nouveau fusèrent quelques rires de mépris, qu'il continua d'ignorer, tant lui importait seulement de se concentrer sur la cible.

D'un bref relâchement des doigts, le jeune Saxon libéra la corde. La flèche partit en sifflant, pour se planter, dans un bruit sec, en plein centre du tronc.

Adelar sourit. Il se savait comblé par la nature qui lui avait donné un bras puissant et un regard d'aigle. Jamais il n'en avait été plus heureux qu'en ce moment.

— Parfait, dit simplement Einar d'une voix où l'on devinait aisément le respect.

Dans un sourire, Adelar lui rendit l'arc.

— Non, tu peux le garder, reprit le Viking. A une condition, seulement : promets-moi de ne jamais t'en servir contre moi.

Adelar médita la requête. Cet homme était l'ennemi de son peuple, un Viking cruel qui les avait enlevés à leur pays et, cependant, il n'avait pas une seule fois porté la main sur Meradyce ou Betha.

— Je le promets, articula-t-il sur un ton solennel, conscient qu'un lien indestructible se créerait ainsi entre eux.

Einar acquiesça sans rien ajouter, puis se tourna vers les autres hommes, qui ne riaient plus du tout.

Ce fut cet instant que Betha choisit pour surgir parmi eux. Saisissant la manche de son frère, elle demanda, au bord des larmes :

— Que fais-tu ici ? Je croyais que tu t'étais perdu !

— J'étais fatigué de regarder les chèvres, répondit-il avant de repousser la main de sa sœur.

Olva les rejoignit, tout essoufflée, et posa sur Einar un regard interrogateur.

— Il s'entraîne avec nous, dit simplement celui-ci. Il peut rester comme bon lui semblera.

Si Olva fut surprise, elle n'en laissa rien paraître. Se tournant vers Betha, elle déclara :

— Viens avec moi, petite. Adelar va rester avec Einar.

Une main dans celle d'Olva, Betha repartit, rassérénée, vers l'enclos des chèvres. Elle sentait qu'Adelar serait en sécurité avec cet homme. Bien qu'il fût un Viking, elle le croyait sincèrement bon. Car, d'instinct, et sans même pouvoir se l'expliquer, elle savait si quelqu'un était bon. Ou mauvais.

Autre chose encore chez Einar avait frappé Betha. Il paraissait, tout comme Meradyce, solitaire et triste. Et, lorsque la jeune femme se trouvait dans cet état, la petite ressentait toujours le besoin de l'embrasser pour la consoler.

Cependant, elle ne croyait pas qu'il existait quelqu'un pour étreindre Einar lorsqu'il était triste.

Ull se tourna vers Siurt en grimaçant.

— Qu'en penses-tu, hein ?

Siurt considéra le jeune Saxon qui se tenait à côté d'Einar.

— Il est très bon au tir à l'arc.

Ull laissa alors échapper un grognement de dégoût.

— C'est une arme pour enfant, voilà tout. Un vrai Viking ne l'utilisera jamais pour batailler. On ne voit pas les yeux de celui contre qui l'on se bat.

— C'est vrai, admit Siurt dans un haussement d'épaules.

Le regard d'Ull se porta alors sur Einar.

— On dirait qu'il apprécie ce garçon.

— Sans doute est-ce parce qu'il n'a pas de fils.

D'un geste pensif, Ull se massa longuement la barbe puis murmura en se penchant vers son frère :

— C'est peut-être aussi bien ainsi. Il va être déjà assez difficile de contenter tous les autres fils de Svend.

— Einar ne veut toujours pas devenir le chef ?

— Non, repartit Ull d'un air dégoûté. Les hommes le suivraient pourtant comme un troupeau. Tout le monde sait que Hamar est trop faible pour commander, et Svend trop vieux. Quant à ses autres fils, ils sont trop jeunes. Mais moi je serais prêt à suivre Einar.

— Et pourtant, il ne veut pas devenir notre chef.

— Alors, un autre doit le devenir à sa place, affirma Ull dans un regard qui en disait long.

Après avoir rempli un grand sac de remèdes, Meradyce et Endera quittèrent l'habitation d'Helsa. Dehors, la Saxonne ne vit plus trace de l'homme aux cheveux roux et laissa échapper malgré elle un soupir de soulagement.

De retour chez Olva, elle resta un instant figée de surprise. La maison grouillait de femmes. Elle chercha des yeux les enfants, et finit par trouver Betha tranquillement assise sur une chaise basse, qui caressait un chaton endormi sur ses genoux. En revanche, Adelar resta introuvable.

Olva la rejoignit, puis l'aida à se frayer un chemin parmi la foule des visiteuses.

— Meradyce ! Comme vous pouvez le constater, tout le monde vous connaît déjà.

— Où est Adelar ?

— Avec Einar.

Que voulait-il donc à Adelar ? Ce n'était encore qu'un garçon, bien qu'à douze ans, il commençât à devenir un homme. Ou croyait en être un…

Soudain, son cœur bondit d'effroi lorsqu'elle se rappela une conversation entre Kendric et ses hommes. Ceux-ci racontaient à voix basse de quelle façon les Vikings se distrayaient en mer, quand le temps leur semblait trop long sans femme.

Son visage dut la trahir, car Olva s'empressa de la rassurer :

— Il est en sécurité avec Einar.

Ne sachant si elle devait la croire, Meradyce alla rejoindre Betha. Depuis longtemps, elle savait la fillette douée d'une intuition infaillible pour deviner la véritable personnalité de chacun. Pour son plus grand soulagement, Betha sourit et dit simplement :

— Adelar apprécie Einar. Mon frère a choisi de rester avec lui.

Meradyce lui rendit son sourire puis regarda autour d'elle. Elle aperçut Gunnhild, assise non loin de là, qui allaitait son enfant. Le visage de celle-ci s'éclaira lorsque ses yeux rencontrèrent ceux de la Saxonne. C'était une très jolie jeune femme, ce que Meradyce n'avait pas eu l'occasion de remarquer durant l'accouchement.

Elle s'adressa alors à la Saxonne, en langage viking, qu'Olva s'empressa de traduire.

— Pour vous remercier de votre aide, Gunnhild vous a apporté ceci.

Devant Meradyce extasiée, la vieille femme déplia une magnifique pièce d'étoffe. Comme la chemise d'Endera, le vêtement comportait de longues manches plissées, se resserrait en plis autour du cou, maintenus par une fine cordelette, et tombait jusqu'aux pieds. La jeune femme le trouva merveilleux.

— Dites-lui que je la remercie infiniment, articula-t-elle, bouleversée.

Olva s'exécuta, puis se tourna vers Meradyce.

— Les femmes sont grandement soulagées de votre arrivée au village. Depuis la mort d'Helsa, elles redoutaient toutes de devoir mettre un enfant au monde sans assistance.

— Je serai heureuse de les aider, si je le peux, dit Meradyce avant de se lever.

Lentement, elle se dirigea vers une toute jeune femme qui se tenait à l'écart, les mains nerveusement nouées. Guère plus âgée qu'Endera, elle semblait déjà bien avancée dans sa grossesse. Totalement immobile, elle laissa Meradyce lui palper le ventre. Le bébé bougea légèrement sous sa main, et la Saxonne eut un sourire admiratif.

— Olva, dites-lui que l'enfant vient de me donner un coup de pied. Il est déjà bien vigoureux !

En entendant les paroles d'Olva, la jeune femme rougit de plaisir puis se mit à parler rapidement.

— Asa voudrait savoir si c'est un fils qu'elle attend, précisa Olva.

— Dites-lui que je ne puis en être sûre, mais elle porte l'enfant haut, et ses hanches ne sont pas encore très écartées. Il est bien possible que ce soit un garçon.

Lorsque Olva acheva de lui rapporter les paroles de la

sage-femme, Asa s'illumina d'un air heureux. Cependant, Meradyce, une main toujours sur le ventre de la jeune femme, fronça soudain les sourcils. Sous sa paume, elle sentait quelque chose d'inhabituel. Alors, elle appliqua une oreille contre l'estomac de la future maman, et écouta longuement. Enfin, elle se redressa.

— Depuis combien de temps est-elle enceinte ?

— Environ sept mois, répondit Olva.

A présent, Meradyce, en était certaine. Asa attendait des jumeaux. Plus de deux petits pieds battaient sous la peau tendue, et l'abdomen d'Asa était déjà bien arrondi alors qu'il lui restait encore deux mois de grossesse.

— Dites-lui que, si elle ressent des douleurs particulières, dans le bas-ventre ou les reins, elle doit immédiatement me faire appeler. Le bébé est très fort et, souvent, ceux-là sont plus impatients de sortir.

Meradyce ne voulait surtout pas effrayer la jeune Asa. Le plus souvent, des jumeaux qui arrivaient plus tôt se révélaient trop petits pour survivre. Toutefois, il restait de bonnes chances pour que les enfants naissent vigoureux, aussi Meradyce jugea-t-elle inutile d'alarmer la future maman.

Olva retransmit à celle-ci les paroles de la Saxonne, vers laquelle elle se tourna ensuite.

— Je lui ai dit que ce petit frère d'Einar aurait de qui tenir. Einar est arrivé un mois en avance, et quel enfant solide c'était ! Alors qu'il n'avait que quelques jours, il m'a heurté la bouche de son petit poing, et j'en ai saigné !

Le petit frère d'Einar ? Meradyce demeura interloquée par cette révélation. Comment cette toute jeune femme pouvait-elle porter en son sein le frère d'Einar, si Olva elle-même était la mère de ce dernier ? Elle avait dû mal comprendre.

Puis, elle se rappela les idées des Vikings sur le divorce, et se souvint d'avoir entendu raconter qu'ils pouvaient prendre plusieurs femmes à la fois. Ces histoires qui couraient à leur propos s'avéraient donc.

Cependant, Meradyce jugea inutile de perdre du temps à essayer de comprendre les coutumes des Vikings. Après tout, les origines d'Einar ou ses liens de parenté ne la regardaient nullement.

Elle passa le reste de l'après-midi à examiner d'autres femmes enceintes, afin de déceler chez elles des problèmes éventuels ou leur annoncer au contraire que tout allait bien.

Toutes lui parurent finalement en bonne santé. Meradyce leur recommanda de manger autant que bon leur semblait, spécialement des légumes, car il était connu que ceux-ci enrichissaient le sang. Cependant, elles ne devaient plus avaler ce qui les dérangeait habituellement, même si elles en étaient friandes. De plus, la Saxonne leur conseilla de porter une amulette autour du cou, non pas par superstition, mais parce qu'elle comptait sur cette coutume pour les aider à rester confiantes.

A la nuit tombée, dans la maison quasiment vide, Olva s'installa devant son métier à tisser. Betha, qui avait laissé le chaton filer dehors, regardait, fascinée, les doigts de la vieille femme courir sur la trame. Tandis qu'Endera préparait le repas du soir, un arôme délicieux s'échappait de la marmite au-dessus du feu.

Meradyce sourit à la seule femme restée en leur compagnie, qu'Olva lui avait présentée sous le nom de Reinhild, en précisant que la jeune femme s'était trouvée enceinte après la mort d'Helsa et donc n'avait jamais été examinée. Lorsque Meradyce lui eut confirmé que tout se passait pour le mieux, Reinhild, satisfaite, se leva pour partir. Ce fut alors qu'un bruit provenant du seuil les figea toutes deux.

Einar entra, avec sur les bras un coffre qu'elle se rappela avoir aperçu chez lui. Avant même qu'elle eût le temps de demander des nouvelles d'Adelar, le garçon passa en trombe devant Einar et se précipita vers elle, un grand arc dans les mains.

— Regarde ce qu'il m'a donné ! s'écria-t-il. Et je suis le meilleur tireur ! Meilleur que tous les autres !

Ravie pour le jeune garçon, Meradyce aurait cependant voulu disparaître sous terre lorsque le Viking s'approcha à son tour. La présence de Reinhild et son regard curieux la gênaient. Pour ne rien montrer de son embarras, elle feignit d'être fascinée par l'arme qu'Adelar brandissait.

— Hamar voudrait que je vous remercie encore, déclara Einar en posant le coffre dans un coin.

Meradyce ne broncha pas.

— Il vous faut d'autres vêtements, ajouta-t-il avec brusquerie. Cette robe est indécente.

— A qui la faute ? répliqua-t-elle avec hardiesse. Que je sache, vous ne m'avez pas laissé le temps de réunir mes effets avant de m'enlever.

Ignorant l'expression surprise d'Olva, Meradyce préféra soutenir le regard de celui qui la toisait, furieuse de lui devoir la désagréable impression d'être exposée comme un article à vendre sur un marché.

De surcroît, si les femmes vikings se révélaient aussi cancanières que les Saxonnes — l'après-midi passé en leur compagnie en avait d'ailleurs convaincu Meradyce —, la nouvelle du cadeau offert par Einar se répandrait rapidement dans tout le village. Une fois de plus, elle deviendrait un sujet de bavardages et de spéculations. Même ici, Meradyce ne serait pas épargnée.

— Permettez-moi donc de faire amende honorable, articula Einar dans un sourire crispé.

Fort heureusement, il n'en dit pas davantage et se retira.

Olva reprit son tissage, mais Reinhild dévisagea Meradyce comme si elle était devenue folle, tandis qu'Endera paraissait tout aussi choquée. Betha, quant à elle, souriait.

— Meradyce ! lança soudain Adelar sur un ton grave. Je suis même meilleur que lui ! Meradyce, tu m'entends ?

— Oui, Adelar, je t'entends, répondit-elle distraitement. Et je suis fière de toi.

Malgré cette affirmation, Adelar demeura rongé par un sentiment de frustration, de plus en plus conscient que ce Viking accaparait un peu trop les pensées de la jeune femme.

Et pourtant, il n'était pas digne d'elle, songeait l'adolescent, la rage au cœur. Meradyce restait une Saxonne, après tout ! D'une beauté altière qui compensait largement son manque de noblesse. Et elle représentait l'amour de sa vie.

5

Après le repas du soir, Einar, Hamar et Svend se retrouvèrent chez ce dernier pour une importante discussion.

— Cent pièces d'argent ne suffisent pas, déclara tranquillement Svend avant d'avaler une longue gorgée d'ale.

— Père, répliqua Hamar sur le même ton, nous avons dérobé tout ce qui avait de la valeur dans le village saxon. Ils auront le plus grand mal à réunir cent pièces d'argent.

Svend lâcha un puissant rot avant de répliquer :

— Cet homme nous a payé cinq cents pièces pour faire tuer sa femme. Ses enfants — son fils — valent bien au moins cette somme.

— Peut-être pourrions-nous demander deux cents pièces pour le garçon, et cinquante pour la fille, suggéra Hamar.

— Sa famille doit être riche, reprit Svend. Demandons cinq cents pièces pour le garçon, et cent pour la fille.

— Je maintiens que c'est trop, père. Mieux vaut obtenir une faible rançon que point du tout. Si elle est trop élevée, le Saxon pourrait nous laisser les enfants sur les bras. Après tout, c'est le meurtre de sa femme qu'il exigeait.

— Il ne voudrait pas risquer de faire tuer Adelar, intervint enfin Einar. Ce garçon possède toutes les qualités qu'un homme désirerait trouver chez son fils.

Hamar jeta à son frère un bref regard de surprise, puis se détourna. Songeur, Svend porta sa corne d'ale aux lèvres, et se prit à contempler sa progéniture avec fierté. Einar avait pour lui la témérité et l'intelligence, tandis qu'Hamar se montrait sage et avisé. A eux deux, ils sauraient parfaitement diriger son peuple quand il partirait pour le Valhalla.

— Combien faut-il demander, dans ce cas ?

— Mille pièces d'argent.

Hamar faillit s'étrangler de surprise tandis que Svend s'affaissait dans son fauteuil en dévisageant son fils.

— Et si le Saxon ne peut pas payer, nous tuerons le garçon ?

— Non.

Svend leva un sourcil surpris mais, au fond de lui-même, la satisfaction le remplissait de joie. Depuis trop longtemps, il craignait qu'Einar ne se souciât d'avoir ou non un fils. Après que son épouse fut morte en donnant naissance à une fille, tous avaient cru qu'il se remarierait sans attendre. Pas une seule jeune femme dans le village n'aurait refusé de prendre la place de Nissa, de lui apporter le bonheur d'avoir enfin à ses côtés une compagne fidèle et douce.

Dotée d'une magnifique chevelure d'or, Nissa avait été très belle. Il n'existait pas un guerrier qui n'eût envié Einar le jour de leur mariage. Peu à peu, cependant, sa jeune épouse lui avait fait clairement entendre qu'elle détestait se retrouver seule au lit pendant qu'il s'absentait. Les dieux avaient donc jugé préférable qu'elle mourût en couches car, un jour ou l'autre, Einar, blessé dans son orgueil de mâle, aurait fini par la châtier de ses infidélités. En la tuant.

Mais voilà qu'Einar, loin de toutes ces considérations, débordait aujourd'hui d'admiration pour le fils d'un ennemi. Et, de surcroît, il semblait quasiment fou de la très belle Saxonne. Aucune autre raison, en effet, n'aurait pu le pousser à désobéir aux ordres de son père. Et Svend ne comprenait que trop bien ce sentiment.

A la vérité, ce dernier aurait même été déçu de constater que son fils pût ignorer une telle femme. Une femme dotée d'une admirable beauté et de qualités tout aussi merveilleuses. Une femme qui saurait sûrement donner naissance à de beaux enfants. Ne ferait-elle pas une épouse idéale pour Einar ?

— Et pour la sœur du garçon ? interrogea soudain Svend en se ressaisissant.

— Demandons cinquante pièces.

— Et, si le Saxon refuse de payer ces cinquante pièces, je crois que nous pourrons la vendre aux négociants qui remontent du sud. C'est une belle enfant.

— Olva l'aime beaucoup.

Cette fois, Svend se montra réellement surpris. Einar, qui semblait à peine conscient de l'existence de sa propre fille, se montrait soudain inquiet pour cette petite étrangère, tout en laissant croire qu'il voulait la garder pour plaire à Olva.

— Parfait, reprit Svend. Nous demanderons mille pièces d'argent pour le garçon, et cinquante pour la petite. S'il refuse de payer, nous dirons au Saxon que nous les vendrons comme esclaves. A présent, qu'a décidé notre nouvelle sage-femme ?

Svend avait posé cette question de l'air le plus naturel du monde, non sans observer soigneusement le visage d'Einar.

— Elle voudrait repartir chez elle au printemps, répliqua celui-ci. Elle croit pouvoir gagner assez d'argent pour payer son voyage en bateau.

— Dans ce cas, reprit Svend en avalant une nouvelle gorgée d'ale, nous devrons nous assurer qu'elle enseigne à une des femmes comment mettre les enfants au monde. Je crois qu'Endera se montrerait bonne élève.

— Endera est trop jeune, riposta Einar.

— C'est déjà presque une femme, fit remarquer Hamar.

— Si tel n'est pas ton désir, dit calmement Svend, je n'insisterai pas. Mais peut-être songes-tu à marier ta fille ?

Svend réprima non sans mal un sourire devant l'expression éberluée d'Einar. Manifestement, le temps courait trop vite pour son fils. Il n'était peut-être pas inutile de lui rappeler que jamais il ne rajeunirait et qu'il n'était pas immortel, comme les dieux.

— Ull, peut-être ? proposa alors son père.

— Quoi ? s'exclama Einar en bondissant.

Les hommes qui dînaient encore dans la salle levèrent les yeux.

— Assieds-toi, mon fils. Ce n'était qu'une suggestion, et je constate qu'elle est très mal venue.

— J'accepte que la Saxonne enseigne ce qu'elle sait à Endera, articula Einar en se rasseyant.

— Parfait, dit Svend en portant sa corne aux lèvres pour s'empêcher de rire.

Jamais Einar ne serait tombé d'accord, à moins de se voir offrir une autre solution pire. Cependant, il devait bien reconnaître qu'Endera était, selon les dires d'Olva, une fille intelligente et attentive aux autres.

— Qui portera aux Saxons la demande de rançon ? interrogea Hamar en rompant le silence qui s'était installé entre eux.

— Puisque Einar parle le saxon, il se rendra à Hedeby. Il est encore temps de se lancer dans un court voyage avant le début de l'hiver. Il faut retrouver celui qui nous a apporté le message du Saxon. Il saura comment lui transmettre notre demande.

— Et s'ils n'acceptent de payer la rançon que pour un seul des deux enfants ? hasarda Hamar.

— Ce sera les deux ou rien, rétorqua Einar. Le garçon ne quittera pas sa sœur.

— Comment peux-tu te montrer aussi affirmatif ? demanda Svend.

— Si j'étais à sa place, je penserais la même chose, répondit simplement Einar en évitant soigneusement les regards de ses deux interlocuteurs.

Il comprenait leur surprise de le voir ainsi s'intéresser à ces enfants, car lui-même aussi s'en étonnait.

Il était vrai qu'Adelar possédait toutes les qualités qu'un père pût souhaiter pour son fils. Son courage dans le village saxon avait forcé l'admiration d'Einar, tout comme ses efforts pour cacher le mal de mer qui le terrassait, son désir farouche de protéger Meradyce, et ses qualités de tireur à l'arc. Cet après-midi-là, tandis que l'entraînement continuait, Einar avait même éprouvé quelque jalousie pour le thane saxon, au point de regretter de ne pas avoir un fils à lui.

Jusqu'à ce jour, jamais le besoin d'avoir un héritier ne l'avait aiguillonné. Son mariage avec Nissa, en lui apportant une longue suite de contrariétés et de déceptions, l'avait dissuadé de reprendre femme. Einar avait eu ensuite de nombreuses compagnes, mais aucun de ses rejetons — excepté Endera — n'avait survécu plus d'un an. Les années passant, il s'était durci le cœur pour se persuader enfin qu'il n'avait nullement besoin d'un fils.

Aujourd'hui pourtant, Einar savait qu'il se trompait. Peut-être les dieux lui avaient-ils envoyé ce garçon afin de remplacer celui qu'il n'avait jamais eu.

Cependant, son cœur ne l'entendait pas ainsi.

Les dieux ne lui avaient-ils pas aussi envoyé une femme pour qu'elle fût la mère de ses enfants ?

A cet instant, le barde prit place au centre de la pièce. Les guerriers s'installèrent confortablement pour l'écouter déclamer des poèmes qui relataient les aventures des dieux et des grands héros vikings, tandis qu'incapable de se concentrer sur ces récits, Einar continuait à méditer sur les derniers événements.

Au bout d'un instant, il vit Ull le rejoindre et l'interpeller :

— Reinhild m'a dit que tu avais offert, cet après-midi, un cadeau à la Saxonne.

Le barde interrompu tourna vers lui un visage irrité, mais la salle demeura silencieuse.

Lentement, Einar répondit à Ull :

— C'est vrai. Et j'ai encore beaucoup de robes et de bijoux à offrir aux femmes qui me plaisent. Mais, dis-moi, Ull, pourquoi me rapportes-tu ces bavardages ? N'as-tu donc rien de mieux à faire pour t'occuper ?

— La veux-tu pour compagne ?

— Peut-être, répliqua Einar évasivement.

Ull hésita, ne sachant point jusqu'à quelle limite il pouvait pousser l'indiscrétion. Enfin, il jugea plus prudent de s'en tenir là. Sans rien ajouter, il porta sa corne aux lèvres cependant que le barde, non sans jeter un regard de reproche au fauteur de troubles, reprenait son récit sur le vol du marteau de Thor.

Einar avala une nouvelle gorgée d'ale. S'il avait offert un présent à la belle Saxonne, cela ne regardait que lui. Néanmoins, il aurait préféré que personne ne fût témoin de sa générosité.

Il restait responsable de cette femme, et celle-ci avait besoin de vêtements autres que cette robe trop moulante qui attirait l'œil de tous les hommes. Si Einar ne voulait pas passer son temps à la protéger — comme Svend le lui avait ordonné —, il lui fallait des atours plus appropriés.

Il aurait dû cependant se douter, cet après-midi, que toutes celles qui attendaient un enfant se précipiteraient chez Olva pour consulter la nouvelle sage-femme.

Malheureusement, depuis qu'il avait découvert cette Saxonne dans le village qu'ils pillaient, Einar semblait avoir perdu tout sens des réalités.

Son regard balaya longuement la salle. Tous les guerriers de Svend étaient présents, qui écoutaient le barde et buvaient. Plusieurs femmes aussi déambulaient pour servir bière ou hydromel, et parmi elles, Ingemar.

Elle s'arrêta devant le Viking pour lui verser une pinte

de son breuvage favori, et lui sourit d'un air engageant. Il ne répliqua rien, mais la regarda s'éloigner en ondulant des hanches.

Ingemar était une compagne des plus agréables. Alors que la Saxonne, malgré sa grande beauté, semblait aussi froide que les montagnes de glace flottant sur les eaux. Cet après-midi, pas une fois elle n'avait levé les yeux sur lui, excepté lorsqu'elle avait osé le défier.

A ce souvenir, Einar ne put réprimer un sourire. Jamais aucune de ses compagnes n'avait eu le courage de l'affronter ainsi. Elle lui avait parlé d'égale à égal, et il comprenait soudain que pareille hardiesse lui plaisait infiniment.

Puis Einar se rappela que les femmes ne servaient qu'à procurer du plaisir physique. Mieux valait donc se débarrasser l'esprit de Meradyce jusqu'à en oublier totalement l'existence.

Ingemar repassa devant lui, mais, cette fois, Einar la saisit par le poignet et la fit asseoir sur ses genoux. Alors, une main l'enlaçant par la taille et l'autre lui remontant sur la cuisse, il l'embrassa furieusement.

Dans un rire de gorge, Ingemar s'écria :

— Ah, voilà que je retrouve mon Einar ! Je commençais à croire que tu n'étais qu'un troll égaré dans notre village.

— Je me ferai un plaisir de te prouver que je suis bien un homme.

Les bras autour du cou de son compagnon, elle se pressa voluptueusement contre lui.

— Ne te fais pas prier, lui murmura-t-elle à l'oreille avant de lui en mordiller le lobe.

Dans l'espoir d'oublier la Saxonne, et pour s'assurer que sa fièvre soudaine n'avait rien à voir avec celle-ci, Einar souleva Ingemar par la taille et l'emmena au-dehors.

De nouveau interrompu, le barde jeta un regard courroucé vers la porte qui grinça en s'ouvrant. Parce qu'il s'agissait d'Einar, cependant, il attendit patiemment que la porte se refermât.

En voyant ce dernier sortir avec Ingemar dans les bras, Lars réprima un soupir et avala une nouvelle lampée d'hydromel. Tant que la jeune femme éprouverait cette attirance pour Einar, il savait qu'il n'avait aucun espoir de l'épouser. Il devrait donc garder un peu plus longtemps son secret dans son cœur.

Ull, assis au fond de la pièce, ne perdit cependant rien de la déception de Lars. Il donna un coup de coude à Siurt et lui souffla :

— Einar devrait apprendre à se montrer un peu plus discret.

Allongée sur sa paillasse, Meradyce ne trouvait pas le sommeil. Habituée à vivre seule, elle était gênée par les moindres bruits de ceux qui dormaient non loin d'elle.

Doucement, elle repoussa le bras que Betha lui avait passé autour du cou. Il était très tard et, cependant, lui parvenait encore le vacarme des hommes, dans la grande salle de réunion, chez Svend. Jamais elle ne s'habituerait aux chants des Vikings, qui lui rappelaient des hurlements de chiens affamés.

La maison d'Olva lui paraissait étouffante. Si elle se montrait prudente, peut-être oserait-elle se risquer à sortir pour respirer un peu d'air frais.

En silence, Meradyce se glissa hors de la paillasse. Sur sa chemise, trouvée parmi les vêtements que lui avait offerts Einar, elle passa une robe de laine provenant également du coffre laissé à sa disposition par le Viking. Puis, elle se dirigea doucement vers la porte et regarda au-dehors.

Le village entier semblait dormir, à moins qu'ils ne fussent tous dans la maison de Svend. Discrètement,

Meradyce sortit dans la nuit glacée et se dirigea vers l'arrière de la grande salle.

La lune, haut dans le ciel, donnait aux bâtisses une lueur blafarde et formait par terre des ombres inquiétantes. Frissonnante, Meradyce s'assit un moment sur une grande pierre et contempla les nuages épars qui, par instants, voilaient l'astre blanc.

Une inexplicable sensation de paix l'envahit tandis qu'elle regardait, en contrebas du mur d'enceinte, la rivière serpenter à travers les arbres en direction du fjord. Sous le clair de lune, l'eau scintillait tel un ruban d'argent.

Comment un pays aussi froid et inhospitalier pouvait-il se révéler aussi beau ?

Comment un homme aussi rude et glacial pouvait-il la combler de gentillesses ?

Dans un soupir, Meradyce ramena les genoux contre sa poitrine et les entoura de ses bras. L'attitude d'Einar continuait de la déconcerter au plus haut point. Parfois, il semblait regretter de l'avoir emmenée de force avec lui, et, l'instant d'après, il la couvrait de cadeaux.

Elle aurait tant voulu pouvoir ignorer cet homme, mais, en même temps, lui était reconnaissante de la protéger de la sorte.

Déjà, dans son pays, Meradyce avait un protecteur. Qui n'était autre que Kendric.

Maintes fois, il l'avait désirée, elle le savait. Un soir, juste après la naissance de Betha, ne le lui avait-il pas fait clairement comprendre, alors que Ludella venait de s'assoupir dans la pièce voisine ? Il s'était avancé sans bruit derrière elle, et, tels des serpents, ses bras lui avaient enroulé la taille…

Si Kendric n'avait pas été le chef du village, Meradyce ne se serait pas contentée de lui glisser entre les doigts, en préférant assimiler ce geste à une simple manifestation de joie, et de gratitude envers la sage-femme qui avait aidé son épouse à mettre leur enfant au monde.

Mais Kendric était le chef, et Meradyce lui savait gré de l'intérêt qu'il lui portait, et grâce auquel les hommes du village n'osaient pas la moindre privauté envers elle.

Aujourd'hui, néanmoins, Meradyce devait admettre qu'elle se sentait davantage en sécurité auprès du Viking. Avec Kendric, elle avait toujours eu le sentiment qu'un jour ou l'autre il exigerait d'être récompensé de sa sollicitude. Au moins Einar semblait-il trouver suffisamment embarrassant de la protéger pour garder avec elle quelques distances.

Que serait-il arrivé, songea-t-elle, si un homme tel que Kendric l'avait enlevée, et s'il l'avait eue à sa merci, seule dans sa maison ?

Meradyce frissonna de nouveau, sous la certitude cette fois que dans ce cas, Kendric — comme tous les autres Vikings, d'ailleurs — n'aurait pas eu la moindre pitié pour elle.

Baissant les yeux, la jeune femme demeura pensive. Il y avait entre les deux hommes une différence immense : Einar, bien qu'il fût un barbare viking, la respectait. Kendric, tout thane et saxon qu'il était, n'avait pour elle que de la convoitise.

Peut-être était-ce pour cette raison que Meradyce avait osé affronter Einar, cet après-midi-là, devant Olva et les autres. Tout d'abord, elle avait bien tenté de l'ignorer, mais l'envie de lui répliquer l'avait finalement emporté.

La surprise, puis l'ombre de sourire qu'elle avait cru déceler sur le visage guerrier avaient valu le risque encouru.

Mais pourquoi se prenait-elle à songer à lui de la sorte ?

Un tremblement la saisit, qu'elle réprima aussitôt. Il était encore trop tôt pour rentrer. Meradyce jeta un bref regard alentour pour s'assurer que personne ne l'observait, puis elle se leva et s'approcha du muret. Après l'avoir aisément enjambé, elle descendit vers la rivière.

L'eau clapotait doucement contre la berge rocheuse, et Meradyce huma l'odeur familière du pin. Il lui suffisait de fermer les yeux pour se retrouver chez elle et, déjà cet après-midi, elle avait éprouvé cette délicieuse impression.

La lune disparut derrière un nuage, et la jeune femme songea qu'il était temps de rentrer. Avec un peu de patience, elle finirait par trouver le sommeil.

En repassant le muret, elle s'arrêta. Non loin de là, des sons lui parvenaient, étranges, qui rappelaient ceux d'une respiration haletante. Un chien, peut-être ?

Immobile, Meradyce écouta. Ce n'était pas un chien, car elle distingua alors des paroles douces, à peine murmurées.

Il y avait deux voix. Celle d'une femme et celle… d'un homme. Einar !

Prudemment, elle s'avança en restant dans l'ombre et, lorsqu'elle atteignit l'angle de la maison d'Olva, jeta un regard curieux de l'autre côté. Atterrée par ce qu'elle aperçut, Meradyce se plaqua une paume sur la bouche pour s'empêcher de crier.

Einar était là, indéniablement là. Face à lui, elle reconnut la femme blonde qui l'avait considérée avec tant d'ironie à son arrivée dans le village. Le haut de la robe rabattu jusqu'à la taille offrait ses seins dénudés aux baisers passionnés d'Einar, tandis que la jupe largement relevée sur les cuisses permettait les caresses les plus osées.

Bouleversée, Meradyce tourna la tête. Il fallait partir. Retourner au lit.

Mais, irrésistiblement attirée par l'étreinte sensuelle que partageait le couple, elle regarda de nouveau. Elle, si experte quand il s'agissait de mettre des enfants au monde, n'avait encore jamais vu un homme et une femme exprimer charnellement leur amour.

Son souffle s'accéléra, son sang se mit à courir dans

ses veines et Meradyce se demanda ce qu'elle ressentirait, ainsi étreinte par Einar.

Les jambes de la femme se nouèrent autour de la taille de son amant, qui la pressa plus violemment contre le mur. La tête rejetée en arrière, elle laissa échapper un gémissement, qui se mua en un cri rauque tandis qu'elle agrippait avec force les épaules d'Einar.

Rouge de honte, Meradyce recula, décidée à fuir cette dérangeante intimité.

Mais, lorsqu'elle se retourna, ce fut pour se heurter au torse puissant d'un homme.

Son désir assouvi, Einar s'écarta du corps de sa maîtresse. Ingemar releva sur sa poitrine le corsage de sa robe, un sourire satisfait illuminant son beau visage plein et auréolé de blondeur.

— Tu n'as même pas pu attendre de m'emmener dans ton lit, Einar, murmura-t-elle.

— Non, admit-il, une lueur amusée dans les yeux.

— Peut-on y aller, maintenant ?

— Si tel est ton bon vouloir, répondit-il en ajustant son haut-de-chausses.

Il n'avait nulle envie de s'éveiller auprès d'Ingemar, le lendemain matin, mais celle-ci avait su le combler ; elle saurait tout aussi bien le réchauffer durant la nuit.

Ingemar lui jeta alors un regard chargé d'animosité.

— Si tu ne veux pas de moi, je peux m'en aller.

— Certes, je veux de toi, la rassura Einar, irrité par le jeu qu'elle se plaisait à jouer.

Lentement, la jeune femme resserra la cordelette qui fermait le col de sa chemise. Il était temps qu'elle se trouve un époux, et Einar lui plaisait beaucoup. Pas autant que Lars, certes. Mais Lars n'était pas le fils d'un chef.

D'autre part, Einar était un amant merveilleux et, de

surcroît, un valeureux guerrier qui ne manquait jamais de rapporter de magnifiques butins. Il ferait un excellent mari, pour autant qu'une femme fût capable de lui ôter de l'esprit Nissa et ses adultères. Certes, il pouvait se montrer parfois distant et arrogant, mais son aigreur provoquée par son infortune conjugale l'expliquait aisément.

Ingemar jugea qu'il était temps de savoir comment le vent tournait pour elle. Et dire qu'elle avait été si près de prendre Einar à son piège… jusqu'au jour où il était revenu, accompagné de cette sorcière saxonne.

— De moi, tu veux bien au lit. Mais qu'en est-il de notre mariage ?

Einar leva vers elle un regard irrité.

— Ingemar, jamais je n'ai promis de t'épouser.

— Il te plaît de jouer avec moi, c'est tout.

— Tout autant que tu aimes jouer avec moi, riposta-t-il en lui prenant le bras pour l'attirer contre lui. Partagerons-nous d'autres jeux, ce soir, ma belle Ingemar, avant que je ne prenne la mer pour Hedeby ?

— Les autres femmes prétendent que tu trouves cette Saxonne plus belle que moi, articula-t-elle dans une moue plus sensuelle que boudeuse. Elles disent aussi que tu lui as offert un coffre plein de vêtements.

Einar partit d'un rire léger tandis qu'il enlaçait sa compagne.

— Dans ce cas, tu dois aussi savoir que Svend l'a mise sous mon entière protection. Elle ne peut tout de même pas se promener nue dans le village. J'ai mieux à faire qu'à me battre contre tous les marauds qui courraient à ses trousses.

Avant de baiser la nuque de sa compagne, Einar ajouta :

— Je préfère passer mon temps à des occupations plus tendres.

La jeune femme s'offrit aux voluptueuses caresses, convaincue cette fois qu'elle avait encore quelques chances d'épouser le plus beau des fils du chef. Puis, elle s'écarta doucement.

— Pourquoi vas-tu à Hedeby ?

— Pour négocier une rançon.

— En échange des Saxons que tu as ramenés ?

— Oui.

Soulagée et heureuse, Ingemar l'embrassa avec passion. Une fois la rançon versée, la Saxonne repartirait, et elle-même redeviendrait la femme la plus belle du village... et la plus digne d'en épouser le futur chef.

Perdue dans ses ambitieux rêves, elle entendit soudain une légère toux derrière eux. Les lèvres sur le visage d'Ingemar, Einar ouvrit les yeux et aperçut Lars, debout à l'angle de la maison, sa main serrant comme un étau le bras de la Saxonne.

Vaguement honteux, le Viking lâcha brutalement Ingemar et s'avança vers le couple.

— Que faites-vous là ? demanda-t-il en saxon.

Comme Meradyce ne répondait pas, il reposa la question à Lars.

— Je l'ai trouvée dissimulée derrière le coin de la maison, expliqua-t-il.

— Elle peut s'estimer heureuse de ne pas être tombée sur Ull ou un autre de mes hommes, commenta Einar dans un sourire cruel.

Puis, fixant Meradyce, il poursuivit en langue saxonne :

— Quelle folle êtes-vous pour vous promener ainsi seule à travers le village !

Einar paraissait sous l'emprise d'une vive colère. Cependant, la jeune femme avait remarqué le sursaut coupable qu'il avait manifesté en l'apercevant, puis la façon brutale dont il avait repoussé sa compagne. Le savoir embarrassé lui procura une étrange sensation de joie. De l'air le plus tranquille du monde, elle soutint le regard qui la toisait et rétorqua :

— Je ne pouvais pas dormir. Et vous non plus, je puis le constater.

Einar la saisit violemment par le bras. Par tous les dieux, elle semblait moins sûre d'elle, à présent ! Dans un lent sourire, il articula :

— Avez-vous bien joui du spectacle, madame ?

Meradyce tenta de se dégager, mais il la retint d'une main de fer et, sous le clair de lune, il devina qu'elle rougissait.

— Je n'ai rien vu.

— Vous mentez, reprit-il en lui lâchant le bras. Ne vous avisez pas de recommencer pareille folie. Et, estimez-vous heureuse que ce soit Lars qui vous ait trouvée et non… un autre de mes guerriers.

Se tournant vers ce dernier, Einar lui ordonna :

— Raccompagne-la chez Olva.

Lars acquiesça, non sans jeter un regard appuyé vers Ingemar dont Einar semblait avoir oublié la présence. Puis il entraîna Meradyce vers la maison.

— Viens, dit alors Einar à sa blonde compagne avant de l'entraîner à sa suite.

Il passa le reste de la nuit dans les bras d'Ingemar et, durant des heures, tenta de se persuader qu'il se moquait d'avoir été surpris par la Saxonne. S'il voulait s'amuser avec toutes les femmes du village, en quoi cela la regardait-il, après tout ?

Peut-être s'était-elle imaginée à la place d'Ingemar, arc-boutée sous ses caresses, son corps pressé contre le sien pour l'attirer plus profondément en elle, dans des gémissements qui emplissaient la nuit…

Ce soir-là, lorsqu'il posséda de nouveau Ingemar, Einar garda les yeux ouverts, de peur que l'image de la Saxonne ne vînt se substituer au visage de sa maîtresse.

6

Au fil des jours, et bien que restant en marge de la vie du village, Meradyce s'intégra peu à peu à la communauté viking. Elle soignait les femmes qui avaient besoin d'elle, ou s'occupait à mille tâches dans la maison d'Olva.

Si Betha ne s'éloignait guère d'elle et du chaton, à l'exception des rares moments où elle s'aventurait dehors sous la garde d'Endera, Adelar, quant à lui, passait de plus en plus de temps aux côtés d'Einar.

Au début, Meradyce s'en était montrée inquiète. Non pour la vie de l'adolescent, que la demande de rançon protégeait, mais parce qu'elle se demandait pourquoi le Viking éprouvait le besoin de garder en permanence son prisonnier auprès de lui. Car Einar avait beau se montrer généreux et respectueux envers lui, Adelar n'en demeurait pas moins le fils de son ennemi.

Songeuse, Meradyce leva les yeux de la laine qu'elle peignait pour Olva, et regarda Endera occupée à préparer le feu pour le repas du soir. Peut-être Einar gardait-il Adelar à ses côtés simplement parce qu'il s'agissait d'un garçon ? En tout état de cause, elle jugeait regrettable qu'il préférât la compagnie d'un étranger à celle de sa propre fille.

En revanche, il lui semblait étrange qu'Einar n'eût pas d'autre progéniture qu'Endera. Meradyce ne savait que trop à quel point il plaisait aux femmes — elle rougissait encore de honte au souvenir du soir où elle l'avait surpris dans les bras d'Ingemar —, et il paraissait incroyable qu'un homme aussi viril n'eût pas d'héritier mâle.

Peut-être avait-il d'autres compagnes, et donc d'autres rejetons, dans des villages alentour ?

Non sans inquiétude, Meradyce se rappela qu'Adelar avait accompagné Einar jusqu'au fjord, pour l'aider à charger un drakkar. Toutefois, il y avait beaucoup de navires amarrés là-bas, et le fait qu'Einar se soit rendu à l'embarcadère ne signifiait nullement qu'il partait...

Adelar choisit cet instant pour entrer et, l'air surpris, demanda à la jeune femme :

— Où va Einar ?

Meradyce baissa les yeux sur son ouvrage et ne répondit rien.

— A Hedeby, intervint Olva qui travaillait à son rouet.

Meradyce sonda alors le regard d'Endera et y surprit une lueur d'amertume. Manifestement, Einar ne faisait jamais part à sa fille de ses allées et venues.

— Où se trouve Hedeby ? interrogea Adelar en s'approchant de Meradyce.

— A cinq jours de bateau vers le sud, répondit Olva.

— Est-ce une ville ?

— Une grande ville.

— Et pourquoi y va-t-il ?

— Pour y faire du commerce.

— Quand rentrera-t-il ? insista Adelar.

— C'est difficile à dire, reprit Olva dans un haussement d'épaules. Cela dépend de ce qu'il aura pu vendre ou échanger.

Meradyce s'efforça de parler d'une voix tranquille quand elle intervint :

— Je pensais que l'hiver était trop proche pour s'aventurer en mer.

— Pour se rendre à Hedeby, précisa Olva, il n'y a pas beaucoup de mer à traverser.

Meradyce se remit au travail, le cœur étreint par l'inquiétude. Qui la protégerait lorsque Einar partirait ? Peut-être son ami, celui que l'on appelait Lars, resterait-il là... ?

— Emmènera-t-il ses guerriers avec lui ?

— Non, répondit Olva qui devinait ce que pouvait ressentir la Saxonne. Mais n'aie aucune crainte, Meradyce, personne n'oserait profiter d'une absence d'Einar pour le provoquer.

Rassérénée, Meradyce esquissa un sourire. Elle savait qu'Olva ne se trompait pas sur les hommes d'Einar, et que ceux-ci ne se risqueraient jamais à défier lâchement leur chef.

Toutefois, il existait un homme, un seul, qu'aucun scrupule n'arrêterait en l'occurrence...

— Le guerrier à la chevelure rousse accompagnera-t-il Einar ? hasarda-t-elle.

— Elle parle d'Ull, expliqua Endera tandis qu'Adelar venait s'asseoir près du feu.

La main furtive du garçon vint dérober un morceau de pain, mais celle de la jeune fille, plus rapide, le lui arracha aussitôt. Vexé, Adelar s'éloigna.

— Ull ? reprit Olva. Il ne participe jamais à ces voyages, car il prétend que marchander n'est pas digne d'un guerrier. Mais tout le monde s'accorde à dire que c'est son incapacité à commercer qui l'en empêche.

— Et votre fils ? poursuivit Meradyce. Est-il un bon marchand, ou est-il d'accord avec Ull ?

— Einar aime gagner, que ce soit en négociant ou en combattant. Il excelle dans les deux cas. Peut-être que, s'il n'était pas aussi habile dans tout ce qu'il entreprend, Ull ne le haïrait-il pas autant.

— Ull hait Einar ? demanda Meradyce, interloquée.

— Sans doute le terme est-il trop fort, reconnut Olva en se remettant à filer la laine. Mais ils ont toujours été rivaux en tout.

La vieille femme jeta alors un regard entendu à Meradyce, qui dut se détourner pour cacher la rougeur soudaine de ses joues. Elle n'avait aucun désir de voir deux hommes se battre pour elle, et particulièrement des Vikings.

— Einar est capable de battre n'importe qui, lança Adelar sur un ton décisif. Puis-je aller aussi à Hedeby ?

— Certainement pas, répondit vivement Meradyce.

— Et pourquoi ?

— J'ai besoin de toi ici.

— Ah…, murmura-t-il sur un ton résigné.

Dans un soupir, Meradyce reprit son ouvrage.

Elle avait appris un jour par Olva que la mère d'Endera était morte en couches. Et, malgré le désir qui la tenaillait d'en savoir plus, jamais elle n'avait pu obtenir d'autres explications. Néanmoins, la Saxonne comprenait à présent pourquoi Einar ignorait ainsi Endera : il lui reprochait tout bonnement la mort de Nissa.

Avec quelle force devait-il aimer cette dernière pour en vouloir à ce point à sa propre fille !

Einar pénétra dans une auberge d'Hedeby et balaya la grande salle d'un regard inquisiteur. Il était certain d'y trouver le Saxon nommé Selwyn qui, comme à son habitude, devait se dissimuler dans un coin retiré, une servante sur les genoux et une chope de bière à la main.

Les clients, pour la plupart des étrangers en voyage, levèrent un visage intrigué vers le géant viking qui paraissait sur le seuil. Au bout de son bras se balançait une hache, tandis qu'une énorme épée pendait à sa ceinture de cuir. Aussitôt, manifestement impressionnés, tous les regards s'abaissèrent sur les tables encombrées de boissons, de peur d'offenser le nouveau venu.

Einar s'avança vers Selwyn, s'assit face à lui et posa sa hache bien en vue à côté de lui. La serveuse écarquilla les yeux, puis s'illumina d'un sourire en voyant le Viking apprécier son décolleté.

— Ah, Einar ! s'exclama le Saxon dans un rire qui laissa entrevoir le peu de dents qui lui restaient.

D'un geste impatient, il repoussa la serveuse.

— Plus tard, ma jolie. J'ai des affaires importantes à régler.

Un sourire insolent sur les lèvres, l'indésirable s'éloigna en roulant des hanches.

Selwyn la suivit d'un regard concupiscent avant de se tourner vers Einar. Pour autant qu'un Saxon pût prendre un Viking en amitié, il aimait ce géant blond. D'une part, parce que ce dernier lui avait permis d'augmenter considérablement sa fortune personnelle ; d'autre part, parce qu'il savait pouvoir se fier à lui.

— Sois le bienvenu, mon ami, déclara-t-il en l'invitant d'un signe à s'asseoir. Que puis-je faire pour toi ?

— Je voudrais que tu fasses parvenir un message à Kendric.

— Le thane ? Le chef de ce village qu'une bande de Vikings enragés a saccagé et brûlé avant de lui enlever ses enfants ?

Einar afficha un lent sourire face à l'hypocrisie du traître.

— Celui-là même.

— Alors, murmura Selwyn en se penchant vers le Viking, c'est de rançon qu'il s'agit.

— Oui.

— Il est trop dangereux de prendre la mer en cette saison, objecta le Saxon dans une grimace. L'hiver…

Einar attendit patiemment que Selwyn eût fini de protester. Lorsque ce dernier apprendrait le montant de la rançon, il nagerait jusqu'à Kendric, s'il le fallait, pour récupérer le large pourcentage qui lui serait alors promis.

Enfin, quand le Saxon estima qu'Einar en avait assez

entendu pour évaluer la difficulté de la tâche, il en vint au fait :

— De quelle somme parlons-nous, exactement ?

— Mille pièces d'argent pour le garçon, et cinquante pour la fille.

— Et pour la femme ? demanda Selwyn après un instant d'hésitation.

— Rien.

Le Saxon s'affaissa contre le mur.

— Rien ? Je crois que tu te trompes, mon ami. Kendric paierait n'importe quoi pour...

Il s'arrêta quand Einar leva une main pour la reposer nonchalamment sur le manche de sa hache.

— Est-elle en vie ? poursuivit-il, soudain inquiet.

— Oui, reprit Einar, impassible.

— Parfait. Kendric n'hésitera pas à payer un sac d'argent pour elle.

— Puis-je savoir pourquoi ?

— On raconte partout que c'est la plus belle femme du pays.

— Quoi d'autre encore ? insista Einar.

Avant de répondre, Selwyn ingurgita une longue lampée d'ale.

— Il n'y a pas meilleure sage-femme à des lieues alentour.

Einar commençait à perdre patience. Ce gredin lui cachait quelque chose.

— Continue, Selwyn. Je veux savoir tout ce qui se dit dans le pays.

— Eh bien... Il y a certaines rumeurs...

— Quelles rumeurs ?

— Au sujet de Kendric...

— Qui sont ? demanda Einar, implacable.

— Kendric y était très attaché.

Einar se pencha vers le Saxon.

— Comment... très attaché ?

— Hum... Il l'aimait beaucoup, lâcha Selwyn dans un haussement d'épaules.

Sans crier gare, le Viking bondit en avant et agrippa le Saxon par le col de sa tunique.

— On peut aimer beaucoup son cheval ou son chien. Comment y était-il attaché ?

Selwyn avait maintenant les yeux exorbités de peur et, lorsqu'il parla, Einar sut que, cette fois, il disait la vérité.

— Je... J'ai entendu dire que Kendric désirait en faire sa maîtresse, mais qu'elle ne voulait pas de lui. Du moins, tant qu'il était marié.

Le Viking lâcha brusquement son interlocuteur et appela la servante.

— Apporte-nous de l'ale, marmonna-t-il lorsqu'elle s'approcha d'une démarche chaloupée.

Selwyn, qui transpirait à grosses gouttes, se passa une main sur la gorge.

— Certes, elle n'avait pas tort de se refuser. Kendric aime les femmes et, dans le village, le bruit court qu'il sera bientôt élu ealdorman, et, de ce fait, deviendra très riche. Peut-être voulait-elle enflammer son désir avant de...

— Il n'y aura pas de rançon pour elle, trancha sèchement Einar.

— C'est peut-être mieux ainsi, répliqua l'autre, les yeux baissés. Elle ne doit plus valoir grand-chose, maintenant.

— Assez parlé de cette femme ! laissa brusquement tomber le Viking.

Selwyn n'insista pas et acheva sa bière.

— Quand penses-tu pouvoir remettre le message à Kendric ?

— C'est difficile à dire. Cela dépend du temps. Certains bateaux remontent encore du sud dans cette direction, mais plus pour longtemps.

Einar comprenait fort bien que Selwyn cherchait par tous les moyens à obtenir davantage d'argent.

— Dis-lui que nous lui amènerons ses enfants au printemps.

Le Saxon acquiesça puis leva vers Einar un regard sournois.

— Et moi, Einar ? Combien m'offres-tu pour les risques que je vais prendre ?

— Un centième du prix de la rançon.

— C'est bon, reprit le Saxon dans un petit sourire satisfait.

— Dis-lui que, si je renifle quelque tricherie, il le regrettera.

Selwyn grimaça d'un air entendu puis ajouta, dans un murmure qui fleurait la conspiration :

— Et s'il exige des nouvelles de la femme ?

— Paiera-t-il pour les enfants ? contre-attaqua Einar sur un ton irrité.

— Oui, certes, il paiera.

— A quoi ressemble-t-il, ce thane ?

Sans répondre, Selwyn considéra sa chope vide. Puis, lorsque Einar lui offrit une troisième ale, il répliqua en se frottant la barbe :

— Il est… comment dirais-je ? Sans vergogne, et plutôt ambitieux.

— Est-il vieux ?

— Non, il a environ ton âge. Il a belle allure aussi. Et j'ai ouï dire qu'il savait se battre.

— Ses hommes le suivent-ils de bon gré ? s'enquit Einar, soupçonneux.

— Oh ! il sait leur parler. Mais, on dit de toi que tu ne ramènes jamais beaucoup d'esclaves. Est-ce vrai ?

— Là n'est pas le sujet qui nous préoccupe, riposta Einar en lui agrippant violemment le bras. Que dit-on d'elle ?

— D'elle ? Qu'elle est orgueilleuse. Elle ne se mêle pas aux petites gens. Certains prétendent que c'est à cause de sa beauté, dont elle est très fière. D'autres disent qu'elle serait plutôt fière de ses dons. Ils ont tous un peu peur d'elle, je crois.

Selwyn se pencha au-dessus de la table et ajouta, dans un sourire édenté :

— Et toi, Einar, qu'en penses-tu ? Etait-elle fière quand tu l'as entraînée de force vers ton bateau ?

Le Viking en avait assez entendu. Il se leva et considéra gravement Selwyn.

— Va dire au Saxon ce que j'exige en échange de ses enfants, et dis-lui aussi qu'il aurait dû profiter de cette femme tant qu'il l'avait à sa disposition. Personnellement, je la trouve... fort à mon goût. Je ne la lui rendrai pas.

Sans rien ajouter, Einar tourna les talons et s'éloigna, certain que Selwyn transmettrait fidèlement son message à Kendric. Peu lui importait que cet homme crût celle qu'il convoitait aux mains des Vikings ! Un guerrier, qui avait trahi son propre peuple pour les yeux d'une belle, méritait bien de perdre le sommeil à imaginer celle-ci entre les bras d'un autre !

Bien piètre consolation pour Einar, en vérité. N'avait-il pas, lui aussi, passé des nuits entières à songer à l'inaccessible Meradyce, qui dormait non loin de lui ?

Le Viking sortit dans les rues animées de Hedeby. C'était une grande cité fortifiée, dont le mur d'enceinte se prolongeait d'un énorme ouvrage de terre s'étirant jusqu'à Hillongstead, sur la mer du Nord, dans le but de défendre la cité contre d'éventuels assaillants surgis du sud. Deux portes seulement permettaient de pénétrer dans la forteresse ; celles-ci, ainsi que le port, restaient les seuls accès à l'intérieur de la ville, érigée à la frontière du royaume franc.

Dans la cité, les rues grouillaient de gens, il régnait un bruit permanent, et toutes sortes d'odeurs emplissaient l'atmosphère. Einar détestait ce genre d'endroit, qui semblait regorger d'étrangers autant que de voleurs. Il préférait de loin la quiétude de son village, où chacun se connaissait.

D'un pas pressé, le Viking se rendit à l'auberge où il avait laissé ses marins. Lui seul pouvait négocier avec Selwyn, car lui seul avait la confiance de Svend, et lui seul encore parlait couramment le langage des Saxons. Cette incapacité à communiquer évitait d'ailleurs à ses hommes d'aller s'enivrer dans les tavernes, et de se trouver mêlés à des rixes plus violentes que nécessaires.

— Einar ! lança soudain une voix derrière lui.

Le Viking se retourna et vit déboucher d'une ruelle étroite un gros homme trapu. Cette apparition lui arracha aussitôt un sourire.

— Einar, mon ami ! Quelle surprise ! Qu'est-ce qui t'amène ici ?

— Ce vieux brigand de Thorston ! s'exclama à son tour Einar. Et toi, que fais-tu ici ? Je te croyais rentré chez toi.

— C'était bien mon intention, vois-tu, reprit le nouveau venu avant de lui plaquer une main amicale sur l'épaule. Mais j'ai en ce moment une occasion d'acheter de l'excellent vin à un prix défiant toute concurrence. Voilà ce qui me retient ici quelques jours de plus. Dis-moi, comment va ta mère ?

Einar eut un sourire chaleureux pour celui qui n'était autre que le second mari d'Olva. Comme, avant elle, la mère de Hamar, Olva avait divorcé de Svend lorsque celui-ci avait ramené d'un pillage une nouvelle compagne.

Einar avait quatorze ans quand Olva avait épousé Thorston, après plusieurs mois d'une cour assidue. Il savait qu'elle aimait beaucoup ce marchand au visage potelé, même si ce dernier passait le plus clair de son temps à voyager. Secrètement, Einar pensait que c'était l'une des raisons qui avaient poussé Olva à l'épouser ; elle tenait à son indépendance. Et, chaque fois que Thorston revenait, cela donnait lieu à d'heureuses retrouvailles.

— Elle va bien, mais attends-toi à des remontrances. Tu sais combien elle s'inquiète quand tu retardes tes voyages.

— Certes, Einar. Mais où loges-tu ? Chez Nils ou sur ton bateau ?

— Cette fois, je reste sur mon navire, répondit Einar. Pourquoi ?

— Oh ! simple question, répliqua Thorston dans un sourire en coin. Je sais que les filles de Nils t'accueilleraient chez elles avec plaisir.

— Merci de te soucier ainsi de mon bien-être, Thorston, mais elles me semblent toutes deux un peu trop maigrelettes.

— Pas la plus jeune, corrigea son beau-père. Elle est aussi appétissante qu'un fruit mûr...

— Je vais devoir révéler à Olva combien tu sembles connaître les filles de Nils, reprit le Viking sur un ton neutre.

— Einar, je plaisantais ! Mais, au fait, n'y aurait-il pas un peu de place sur ton navire pour quelques tonnelets de vin ? Ainsi je pourrais rentrer plus vite chez moi.

— Qu'entends-tu par « quelques » tonnelets ?

— Vingt, peut-être trente, si je puis en obtenir davantage de celui qui me les a vendus. Disons... une quarantaine.

Einar partit d'un immense éclat de rire. Si quelqu'un savait tirer vingt pièces d'argent d'une dizaine, c'était bien Thorston. Ainsi, grâce à son beau-père, Einar était un homme riche.

— Je crois pouvoir te satisfaire, lui assura tranquillement le Viking. Y a-t-il autre chose ?

— Guère plus. Des étoffes, quelques bijoux et pierres précieuses, des épices...

— Heureusement pour toi, nous ne sommes pas venus à Hedeby pour y commercer, lui fit remarquer Einar.

— Vraiment ? s'étonna Thorston. Alors, pourquoi ce voyage ?

— Pour récupérer une rançon.

— Une rançon ? Raconte-moi cela, mon fils. Et, Olva ? Me tiendra-t-elle rancune de ce petit retard ? Je lui ai acheté la plus belle broche de tout le pays, pour l'apaiser.

Einar lui parla alors du pillage, et des hôtes qu'Olva accueillait dans sa maison. Mais il ne lui précisa pas combien la Saxonne était belle, pas plus qu'il ne mentionna quel sentiment de jalousie l'avait étreint, en apprenant que le thane saxon qui la convoitait était jeune, beau et fortuné.

Tandis qu'il l'écoutait, Thorston dissimula tant bien que mal sa surprise. Einar avait ramené une femme chez lui ! En mûrissant, le jeune homme se rapprochait-il des goûts prononcés de son père pour la gent féminine ? Thorston n'en était pas convaincu. Cette femme devait être spéciale, pour qu'il la ramenât ainsi avec lui.

Einar se mit alors à parler d'Olva et de la vie au village, sans une seule fois mentionner le nom de sa fille, Endera. Mais Thorston, que cela ne surprenait guère, se garda bien de lui demander pourquoi.

Ce dernier, qui avait prévu de rester quelques jours de plus à Hedeby, décida soudain que, pour une fois, les profits pouvaient attendre.

Il lui fallait, toute affaire cessante, voir la femme qu'avait ramenée Einar.

7

— Tout se passe pour le mieux, assura Meradyce à la jeune Asa.

— Mais, je suis si grosse ! se plaignit celle-ci. Svend va me trouver affreuse.

— Toutes les femmes pensent cela. Mais, ne t'inquiète pas, tu retrouveras très vite ta minceur.

Dans une moue dubitative, Asa se dirigea vers la porte de la maison d'Olva.

— Sois prudente en sortant, la prévint Meradyce. Ne glisse pas dans la boue.

Après des jours de vent et de tempête, la pluie avait enfin cessé mais le sol demeurait traître.

Restée seule, Meradyce se remit à moudre les herbes médicinales qu'elle avait cueillies et fait sécher au-dessus de l'âtre. Olva, Endera et les enfants s'étaient rendus à l'entrée du fjord, où l'on avait remarqué l'arrivée d'un navire.

Sans doute à cause du temps déplorable qui sévissait partout, Einar et ses hommes n'étaient toujours pas rentrés de la ville d'Hedeby. Olva était donc partie vers la mer, dans l'espoir que le drakkar, qui se frayait un lent chemin à travers le fjord, serait celui de son fils.

Meradyce préférait croire que les allées et venues des Vikings ne la regardaient en rien — et celles d'Einar encore moins —, et que si Betha et Adelar souhaitaient les accompagner, cela l'indifférait tout autant.

Soudain, un léger bruit à l'entrée la fit sursauter. Meradyce se retourna, certaine de voir apparaître Olva et Endera. Quelle ne fut pas sa surprise de découvrir celui que l'on nommait Ull. Sa crinière flamboyante flottait librement sur ses épaules, et sa présence imposante faisait paraître la pièce ridiculement étroite.

— Que... que voulez-vous ? demanda la Saxonne tandis qu'il s'avançait vers elle.

D'une voix basse et rocailleuse, il lui répondit dans sa propre langue. Comme Meradyce s'efforçait de le regarder droit dans les yeux, il daigna sourire, et parut ainsi un peu moins féroce. Puis il se posa une main sur l'estomac et lâcha un puissant rot.

Meradyce étouffa un rire. Ce géant si menaçant souffrait de ballonnements ! Qu'espéraient donc tous ces guerriers en ingurgitant de l'ale par tonneaux entiers ? Néanmoins, elle lui préparerait quelque remède susceptible de le soulager. Quelque médecine au goût infect, pour le punir de l'avoir mise aussi souvent mal à l'aise en la dévisageant sans vergogne quand ils se croisaient.

Le dos tourné au Viking, Meradyce réunit quelques herbes qu'elle mélangea ensemble avant de les piler minutieusement dans un bol de granit, dans lequel elle ajouta peu à peu de l'eau. Lorsqu'elle eut fini, elle se retourna et lui tendit la potion, en lui faisant signe de la boire.

Ull accepta le bol et, lentement, s'approcha de la jeune femme, sans cesser de la regarder et de lui parler.

Le cœur palpitant de crainte, Meradyce recula d'un pas, tout en se demandant qui viendrait à son secours si ce géant venait à l'agresser.

Lorsque Ull lui saisit le bras, elle ouvrit la bouche pour hurler, mais sentit au même moment qu'il lui glissait dans la paume un objet métallique. Une petite broche ronde, en argent martelé.

Comme Meradyce levait vers lui un regard interloqué,

il commença de s'expliquer, quand une voix puissante l'interrompit.

— Par l'œil d'Odin, que se passe-t-il ici ?

Devant le rugissement d'Einar, Ull grimaça un sourire embarrassé.

— Je suis venu lui demander de me soigner et...

— Que faites-vous seule ici ? demanda Einar en négligeant les explications du guerrier.

D'un pas brusque, il s'avança vers eux, mais s'efforça d'ignorer le trop beau regard de la Saxonne, sa chevelure si soyeuse, ses lèvres entrouvertes et pulpeuses, qui invitaient au baiser.

— Je ne suis pas seule, répondit Meradyce en redressant les épaules.

— C'est ce que je puis constater.

— Ull est entré ici. Qu'aurais-je dû faire ? Le chasser ?

Elle connaissait donc le nom de Ull ! Quels autres noms, parmi ceux de ses guerriers, connaissait-elle encore ? se demanda-t-il, tandis qu'un pincement de jalousie l'étreignait.

— Le temps s'est montré cruel avec toi, Einar, pour t'avoir gardé si longtemps loin de nous, dit alors Ull d'une voix doucereuse.

Pivotant vers le guerrier, Einar éprouva la furieuse envie de lui écraser la face contre le sol.

— Certes, Ull. Mais je suis là, maintenant.

Puis, il se tourna vers Meradyce et lui demanda en saxon :

— Qu'est-il venu faire ici ?

— Me demander un remède. Je lui ai préparé une potion.

— Alors, avale-la et va-t'en, ordonna Einar au guerrier qui tenait encore le bol dans sa main.

Cependant, ce dernier ne semblait nullement pressé de partir.

— As-tu fait bon commerce à Hedeby ? Tes affaires ont-elles été fructueuses ?

— Oui, mais cela ne te regarde aucunement. Pas plus, d'ailleurs, que tu ne dois t'intéresser à cette femme.

Dans un haussement d'épaules, Ull répliqua :

— Je ne me sentais pas bien, aussi suis-je venu la consulter. Je ne comprends pas où est le mal... à moins que tu ne la destines à devenir ta compagne.

Blême, les mâchoires crispées, Einar lui répondit d'une voix dont le calme ne présageait rien de bon.

— Tu sais aussi bien que moi que Svend a exigé qu'on la respecte.

— Mais Svend n'a jamais dit qu'elle ne pouvait pas se marier. Elle ferait, en l'occurrence, une excellente épouse.

Sur ces paroles, Ull se dirigea vers la porte, mais le ton insidieux d'Einar l'arrêta net.

— Tu as déjà deux épouses parfaites, lui rappela celui-ci.

— Rien ne m'empêche d'en prendre une troisième.

— Je ne crois pas qu'elle acceptera, objecta Einar d'une voix vibrante. Les Chrétiennes n'ont qu'un époux.

Dans un sourire malin, Ull rétorqua :

— Si elle acceptait de devenir ma femme, je n'hésiterais pas à divorcer d'Ilsa et de Reinhild. Mais, il est temps d'aller soigner mes chevaux. Au revoir.

Tandis que Ull s'éloignait, Einar serra les poings de rage. Alors, il sentit sur son bras un contact doux et léger. Sa main... La main de Meradyce s'était posée sur son bras !

Stupéfait, Einar se retourna brusquement. Quelque peu effrayée par cette réaction, Meradyce demanda malgré tout :

— Qu'a-t-il dit ?

Le Viking s'écarta afin de chasser le trouble qui s'emparait insidieusement de lui.

— Il a dit qu'il aimerait faire de vous sa femme.

L'expression horrifiée qu'elle prit lui plut infiniment. Alors, il poursuivit :

— Je lui ai répliqué que je ne pensais pas que cela répondrait à votre désir.

— Certes, non, lâcha-t-elle d'une voix blanche.

— Et, puis-je savoir pourquoi il avait besoin d'un remède ?

Le sourire avec lequel elle accueillit la question le soulagea aussitôt.

— Il a, je crois, des ballonnements.

— Des ballonnements ? répéta Einar qui ignorait tout de la médecine.

— Oui. Cette bière, qu'il boit sans arrêt, lui fait ingurgiter en même temps beaucoup trop d'air.

Le Viking renvoya à la jeune femme un sourire à la fois railleur et indulgent. Seul Ull pouvait oser courtiser une femme sous un tel prétexte !

Devant l'air amusé de Meradyce, Einar songea soudain que, derrière la ravissante créature qui le troublait tant, se cachait aussi une agréable compagne, capable de plaisanter avec lui.

— Le goût horrible du remède risque de lui donner une bonne leçon, ajouta-t-elle avec espièglerie.

— Il le mérite.

— Il devra aussi…

Rougissante, Meradyce s'interrompit d'elle-même.

— Il devra… ?

— Garder un seau près de lui, avoua la jeune femme en dissimulant un nouveau sourire.

Cette fois, Einar partit d'un puissant éclat de rire. Pauvre Ull, il regretterait bien d'être venu courtiser la belle Saxonne.

Lorsqu'il baissa les yeux vers la jeune femme, le Viking vit qu'elle riait aussi, et il en fut bouleversé. Ses beaux yeux pétillaient de gaieté. Une joie franche et sincère semblait illuminer son visage.

Alors, il s'approcha d'elle, et Meradyce décela dans le

regard gris du Viking, non plus de l'amusement mais du désir. Un désir qu'elle sentit naître en elle à son tour, si intense qu'elle en fut presque effrayée.

Ce fut cet instant que choisit Endera pour ouvrir doucement la porte, brisant sans le savoir le charme qui les avait unis l'espace de quelques secondes.

— Où étais-tu ? demanda Einar sur un ton brutal.

— Je... j'étais descendue voir arriver ton navire, répondit-elle, tremblante. Ne m'as-tu pas vue ?

Devant l'embarras d'Endera, Meradyce se précipita vers elle, non sans jeter à Einar un regard vibrant de reproche. Ce dernier dut aussitôt admettre la sévérité excessive dont il faisait preuve envers sa fille. Pourtant, songea-t-il, si Endera était restée là, jamais Ull n'aurait osé s'attarder de la sorte dans la maison d'Olva.

Déjà, Meradyce semblait avoir oublié sa terreur vis-à-vis du géant à la chevelure rousse. Ou peut-être n'avait-elle pas eu un seul instant peur de lui. Peut-être avait-elle seulement craint de se voir découverte avec lui.

Peut-être était-elle comme Nissa...

A ce moment, Thorston entra en trombe dans la maison, les bras chargés d'un gros coffre de bois. Il salua Einar, qui sortit sans daigner lui répondre.

Le petit homme replet paraissait fort essoufflé, mais son visage rubicond s'éclaira tandis qu'il s'approchait de Meradyce et d'Endera. Bientôt, Olva, Betha et Adelar entrèrent à sa suite.

Thorston posa le coffre à terre, puis embrassa paternellement sa petite-fille avant de dévisager Meradyce sans la moindre discrétion.

— Voici Thorston, mon mari, expliqua Olva dans un sourire chaleureux. Einar vient de le ramener d'Hedeby, où il s'attardait un peu trop à mon goût.

Thorston sourit nerveusement à Meradyce puis bredouilla quelque chose qu'elle ne comprit pas.

— Il invoque des affaires à ne pas manquer pour excuser son retard, traduisit Olva. Mais je connais les hommes, dès qu'ils sont en ville, c'est pour s'amuser !

Son époux eut l'air de comprendre le reproche, car il jeta à Endera un regard de martyr avant de se relancer dans un bavardage interminable.

Meradyce rejoignit Betha, fort occupée à fouiller dans le coffre. Le mari d'Olva ! Si elle avait pu s'y attendre. Il n'avait certes rien de déplaisant, mais la maison paraîtrait encore plus petite à présent.

Saisie d'une lassitude soudaine, la jeune femme eut l'impression que l'hiver allait être très long.

— Tu n'as jamais dit qu'elle ne pouvait pas épouser l'un de nous, affirma Ull pour la dixième fois.

Son visage aux traits épais devenait de plus en plus rouge tandis qu'il considérait Svend d'un air indigné.

Celui-ci lâcha un soupir exaspéré. Par Thor, cette Saxonne avait l'art de jeter le trouble autour d'elle, particulièrement auprès de Ull, l'éternel insatisfait !

D'autant que Svend doutait que le guerrier fût sérieusement intéressé par Meradyce. Certes, comme chaque homme présent dans cette salle, Ull désirait ardemment prouver sa virilité à la jeune femme. Néanmoins, le chef viking le soupçonnait plus volontiers de vouloir semer la discorde au sein du village. Et Ull avait, parmi les guerriers, des amis qui le soutiendraient... tant qu'il s'agirait seulement de conquérir une femme. Mais, fort heureusement, ce n'étaient pas ceux-là qui l'aideraient à prendre le pouvoir.

— Svend a dit qu'elle était libre, corrigea Einar d'une voix aussi glaciale que le vent d'hiver.

Assis au côté de son père, il laissait ses longues jambes

nonchalamment reposer sur l'accoudoir de l'imposant fauteuil de chêne, qu'il avait rapporté de l'un de ses pillages.

De plus en plus déconcerté, Svend choisit la stratégie du silence, en attendant le moment opportun pour rendre son verdict.

Lentement, il tourna la tête vers Einar qui, manifestement, tentait de se persuader que cette querelle concernant Meradyce n'avait pas lieu d'être.

— Je n'ai jamais tenté de la prendre contre sa volonté, objecta Ull qui ne comprenait pas pourquoi Svend laissait Einar répondre à sa place.

— Tu n'avais aucune raison de l'approcher, reprit sèchement Einar.

— Pourquoi pas ? Je suis libre, elle est libre.

Svend leva alors la main pour conclure :

— Cette femme est libre, comme le dit Ull. Je proclame donc que, comme toute femme libre, elle peut être courtisée par n'importe quel homme.

— Dans ce cas, suis-je toujours responsable d'elle ? demanda Einar sur un ton grave.

— Non, repartit Svend. Dorénavant, c'est moi qui en suis responsable.

Ull parut surpris mais préféra ne pas protester. Car si cette décision le comblait en l'autorisant à courtiser la Saxonne, elle lui enlevait aussi le plaisir de contrarier Einar et l'exposait directement aux foudres du chef des Vikings si la jeune femme s'estimait offensée.

Dans un haussement d'épaules, Einar porta sa corne d'hydromel aux lèvres. Peu lui importait, après tout, qu'un autre homme pût désirer Meradyce. Pourtant, d'un autre côté, Ull ne méritait pas de gagner aussi facilement.

Ingemar, qui se tenait près du seuil, lui adressa un sourire triomphal. Son fiancé n'avait nulle raison, maintenant, d'approcher cette Saxonne, et elle se chargerait de le lui rappeler à l'occasion.

— Assez parlé des femmes ! lança soudain Svend. Où est donc le conteur d'histoires ?

Tandis que le skald prenait sa place, Einar remarqua Lars assis non loin et lui fit signe de venir le rejoindre. Lorsque celui-ci fut à côté de lui, le fils de Svend se pencha et murmura :

— J'ai une requête à te présenter, mon vieil ami.

— Parle, Einar.

— Je voudrais que tu courtises la Saxonne.

Lars lui jeta un regard stupéfait.

— As-tu perdu la raison ?

— Ne me dis pas que tu ne la trouves pas exquise, reprit Einar dans un sourire.

— Sans doute, mais je n'ai nullement l'intention de m'interposer entre toi et Ull.

— Que veux-tu dire ?

— Einar, me crois-tu fou ? Je sais parfaitement que, toi aussi, tu convoites cette femme.

— C'est faux.

— Parfait, lui concéda Lars. Tu es libre de te mentir à toi-même.

— Il n'est pas question de mensonge, riposta Einar. Je ne la désire pas ; pas plus qu'une autre, tout au moins.

Lars tourna la tête vers l'assemblée réunie dans la grande salle.

— Pourquoi ne pas me demander de courtiser à ta place une de tes autres compagnes ? Ingemar, par exemple ?

Einar partit d'un puissant rire de gorge.

— Je n'ai nul besoin que tu m'aides à conquérir Ingemar !

— Dans ce cas, tu n'obtiendras de moi aucune aide, répliqua Lars d'une voix tranquille.

— Je voudrais seulement que Ull se voie confronté à quelque rival. Il est tellement imbu de lui-même.

— Il n'est pas le seul, précisa Lars.

Surpris par l'amertume qu'il devinait chez son ami, Einar demanda :

— Me trouverais-tu aussi vaniteux que lui ?

— Pas aussi vaniteux, lui concéda Lars, mais tu ne souffres pas non plus d'un manque de confiance en tes capacités. Ecoute, Einar, si tu veux vraiment donner une bonne leçon à Ull, c'est à toi de courtiser cette femme.

— Suivez-moi dehors, ordonna sèchement Einar à Meradyce. J'ai à vous parler.

Interloquée, la jeune femme remonta la couverture jusque sous son menton et regarda Einar qui se tenait au pied de son lit, emmitouflé dans une longue houppelande de fourrure.

— Pourquoi dehors ? demanda Olva qui dormait non loin. Einar, serais-tu ivre ?

— Je ne suis pas ivre, mère. Je veux seulement lui parler seul à seule.

— Il fait très froid dehors, objecta à son tour Thorston en s'asseyant.

Inquiète, Meradyce jeta un coup d'œil aux enfants, endormis sur sa couche. A moins de vouloir les réveiller eux aussi, elle comprit qu'il valait mieux obéir. En silence, elle sortit du lit.

— Einar, soupira Olva, cela ne pouvait-il pas attendre demain ?

— Impossible.

Non sans manifester sa désapprobation, Olva se recoucha, aussitôt imitée par Thorston.

Meradyce passa une robe de nuit et des chaussures, avant de rejoindre Einar qui l'attendait déjà dehors. Il faisait très froid et une brume gelée flottait dans le clair de lune. Si elle ne se trompait pas, il neigerait bientôt.

— Qu'y a-t-il ? interrogea-t-elle en grelottant.

Elle n'avait pas l'intention de s'éloigner. Et encore moins avec cet homme...

Einar se tourna vers Meradyce, mais son visage resta dans l'ombre.

— Svend a décidé que l'on pouvait vous courtiser.

— Que... que voulez-vous dire ?

— N'avez-vous jamais été courtisée auparavant ?

— Si, j'ai eu plusieurs demandes en mariage, que j'ai refusées. Et je n'ai nulle envie d'être courtisée.

— Encore moins par un Viking, ajouta Einar sur un ton acerbe.

— Par personne, précisa Meradyce.

— N'aimez-vous donc pas les hommes ? demanda-t-il, intrigué.

— En général, si.

— Vous me rassurez.

— Mais le mariage ne m'intéresse pas, crut-elle bon d'ajouter.

— Vous m'en voyez surpris. Toutes les femmes désirent se marier.

— Pas moi.

Einar s'approcha de Meradyce qui croisa les bras en frissonnant.

— Puis-je vous demander pourquoi ? murmura-t-il.

— Vous pouvez, mais je suis libre de ne pas répondre, répliqua-t-elle en claquant des dents. Et puis, il fait affreusement froid. Si vous le permettez, j'aimerais bien rentrer me réchauffer.

— Mettez ceci, lui dit alors Einar en lui tendant sa houppelande. Je tiens à savoir pourquoi une femme ne veut pas d'un mari.

— Non, gardez votre vêtement, refusa vivement Meradyce. Je n'ai aucune explication à vous donner. Je veux simplement retourner me coucher.

Sans l'écouter, Einar lui passa la cape autour des épaules.

Celle-ci avait une odeur d'ale, de vieux cuir et d'eau salée, mais elle lui parut délicieusement chaude.

— Si cela doit être source de querelles, autant que je sois prévenu.

— Quelles querelles ? demanda Meradyce, étonnée.

— Des rivalités entre mes guerriers.

— Et, en tant que mon protecteur, cela vous tourmente.

Einar ne répondit pas.

— Il ne faut pas vous inquiéter pour moi. Je n'ai aucun désir de me marier, aussi cela ne créera-t-il aucune rivalité entre vos hommes.

— Dans ce cas, ils penseront que je veux vous garder pour moi seul.

Un instant, Meradyce s'imagina courtisée par le Viking. Mais elle repoussa aussitôt cette idée absurde.

— Je ne me marierai point.

Einar décela dans la voix une ferme détermination.

— Et pourquoi donc ? insista-t-il en songeant que cela devrait lui être parfaitement égal. Pourquoi, Meradyce ? répéta-t-il en s'approchant encore.

La jeune femme leva vers lui un regard assuré.

— Parce que c'est ainsi. Je ne puis donner mon cœur à aucun homme.

— Qui vous dit que c'est votre cœur que recherchent les hommes ?

Meradyce préféra ne pas répondre et se détourna.

— Vous pourriez avoir tous les hommes que vous désirez, et beaucoup de richesse, insista-t-il. N'est-ce pas suffisant ?

— Peut-être vous contentez-vous de posséder un corps sur un lit. Pas moi. Ce n'est pas ce que j'attendrais d'un époux. Mais il serait injuste d'exiger ce que je ne suis plus en état de donner.

— Que dites-vous, Meradyce ? s'inquiéta soudain Einar. N'êtes-vous plus vierge ?

La Saxonne ne sourcilla pas, ne chercha nullement à éviter le regard scandalisé d'Einar. Ses yeux couleur marine brillaient au contraire de fierté.

— Voilà donc tout ce que vous savez considérer, reprit-elle avec hauteur. Sachez que j'ai aimé, et que j'ai été aimée, de la plus belle et la plus pure manière.

Consterné par cette nouvelle, dévoré d'une jalousie soudaine, Einar laissa la rage s'emparer de lui. Il étreignit passionnément Meradyce et l'embrassa avec une ardeur empreinte d'une sourde violence. Par Thor, il allait lui faire oublier les hommes qu'elle avait connus !

Un instant, il crut qu'elle allait répondre à la fougue de son étreinte, mais la Saxonne demeura immobile, imperturbable, indifférente. Dans un juron de déception, Einar la lâcha puis leva une main.

— Allez-vous me frapper, maintenant ? demanda-t-elle d'une voix glaciale. Est-ce ainsi que vous entendez me forcer à vous aimer ?

Dans un effort surhumain, Einar rabaissa le bras.

— Je ne veux pas de vous, murmura-t-il. J'ai toutes les femmes que je puis désirer. D'autre part, je ne pense pas que vous valiez la peine que je tente de vous séduire.

Sur ces paroles amères, le Viking tourna les talons et disparut dans la nuit glacée.

8

Dans la maison des bains, Einar poussa un profond soupir, ferma les yeux et s'adossa au mur ruisselant d'humidité. Puis, il jeta sur les pierres brûlantes du foyer un nouveau seau d'eau qui s'évapora instantanément.

— La vie n'est-elle pas magnifique, Einar ? soupira à son tour Hamar. J'ai une femme désirable, un fils en pleine santé. Que demander de plus, dis-moi ?

— Un cheval véloce, un drakkar plus rapide, des montagnes de pièces d'argent, deux femmes dans ton lit, qui chercheraient sans cesse à satisfaire ton plaisir…

Hamar considéra son frère d'un air surpris : parlait-il sérieusement ? Non, à en croire le sourire ironique qui lui étirait les lèvres.

— Un bateau rapide…, répéta-t-il, songeur. C'est vrai, je n'y pensais pas.

— Et les femmes, Hamar. N'oublie pas les femmes.

— Oui, les femmes… Tu as toutes celles que tu veux, Einar. Pourquoi, alors, te disputer avec Ull au sujet de cette Saxonne ?

— J'aime argumenter avec Ull. Cela le remet à sa place.

— Vraiment ? lâcha Hamar, dubitatif.

— Tu penses donc que cette femme vaut la peine que l'on se querelle pour elle ?

— Peut-être… si je n'étais pas déjà marié. Mais rassure-toi, je ne te la disputerai pas…

— Comment va ton fils ? interrogea Einar à brûle-pourpoint.

— Il est en pleine forme. Tu n'imagines pas quelle force il a déjà !

Hamar considéra gravement son frère avant d'ajouter :

— Si tu courtises cette femme, est-ce avec l'intention de l'épouser ou seulement d'ennuyer Ull ?

— C'est pour ennuyer Ull, avoua-t-il.

— Sais-tu que la plus belle chose qui puisse t'arriver dans la vie est d'avoir un fils ? hasarda Hamar.

— Tu parles comme Svend, rétorqua Einar en se levant. Viens-tu à la rivière avec moi ?

— Je te suis.

Dans un hurlement sauvage, les deux frères émergèrent de la maison des bains et coururent vers la rivière, où ils plongèrent, tête la première. L'eau était glacée, aussi nagèrent-ils vigoureusement quelques secondes, avant d'en ressortir en criant et riant comme des enfants.

Seulement alors, se rendirent-ils compte de la présence des femmes, qui lavaient du linge un peu plus loin sur la rive. Celles-ci étaient habituées à de telles démonstrations. Mais Einar remarqua immédiatement que Meradyce, qui les accompagnait, ignorait cette tradition viking. La vue de ces deux hommes qui s'ébattaient, nus comme des vers, par un froid pareil, la laissa stupéfaite.

Einar la vit violemment rougir tandis qu'il s'avançait vers elle sans honte aucune. Dans un réflexe de pudeur, la Saxonne tourna la tête.

— Ne vois-tu pas que tu l'offenses ? plaisanta Hamar en riant. Vois comme elle semble gênée.

— Si elle ne supporte pas la vue d'un homme nu, qu'elle ne s'approche pas de la maison des bains, repartit Einar dans un rire cruel.

Au sourire impudent du Viking et au ton railleur qu'il employa, Meradyce comprit qu'il se moquait d'elle. Etait-il assez naïf pour croire que sa nudité la faisait rougir ? Oubliait-il que ses dons en médecine l'avaient appelée à soigner de nombreuses blessures, sur des guerriers dont plus aucun vêtement ne dissimulait le corps ?

En réalité, si Meradyce avait rougi de la sorte, c'était uniquement parce qu'elle avait cru les deux hommes embarrassés d'avoir été surpris par un groupe de femmes. Un seul regard vers ses compagnes lui avait d'ailleurs vite fait comprendre que celles-ci n'étaient nullement choquées, mais plutôt amusées.

Excepté, peut-être, pour la blonde amie d'Einar, celle que l'on nommait Ingemar. Un sourire suffisant sur les lèvres, elle observait, non sans quelque inquiétude, son amant qui s'entretenait avec la Saxonne.

Devant la rudesse du Viking, Meradyce tint bon. Lentement, elle promena son regard sur le corps nu, non sans se rappeler le soir où il l'avait lui-même étudiée avec tant d'effronterie. Elle commença par les pieds, remonta sur les longues jambes musclées, s'arrêta un instant sur le sexe et les parties génitales, contempla le ventre parfaitement plat, et continua vers le torse, les puissantes épaules, pour terminer enfin à hauteur des yeux. Puis, ostensiblement, elle reporta le regard sur le bas-ventre, et s'y attarda un instant lorsqu'elle articula d'une voix neutre :

— Méfiez-vous... Si vous attrapez froid, vous devrez vous en remettre à mes potions.

Aussitôt, et pour le plus grand plaisir de Meradyce, toute expression moqueuse disparut du visage d'Einar. Sans rien ajouter, il s'empressa de regagner la maison des bains, aussitôt suivi par son frère.

— Qu'a-t-elle dit ? demanda Hamar qui soupçonnait quelque insolence. Einar, dis-moi ce qu'elle vient de dire.

— Rien d'important, rétorqua le Viking sur un ton rageur.

Lorsque les deux hommes eurent disparu à l'intérieur,

Ingemar retourna à son nettoyage et tapa son linge sale contre un caillou, comme elle l'aurait fait avec la tête de Meradyce. Ilsa, qui n'avait rien perdu de la scène, imita son amie et se remit au travail.

— Cette fille est sans vergogne, se plaignit Ingemar. A peine arrivée ici, elle se jette littéralement sur nos hommes ! La putain !

— Elle se prend pour la reine des Saxons, renchérit Ilsa de sa voix criarde, alors qu'elle devrait balayer mon sol comme la dernière des esclaves.

Reinhild, qui les avait rejointes et rinçait longuement un drap blanc dans la rivière, déclara, dans l'espoir de créer diversion, qu'il ferait bientôt trop froid pour laver les vêtements dehors. Elle aimait la Saxonne et savait que l'on avait besoin d'elle au village.

Cependant, les deux autres l'ignorèrent.

— Tu as raison, reprit Ingemar. Je crois que Svend devient gâteux. Pourquoi la traiterait-on différemment des autres captives ? Elle n'est pas noble, et n'est ni la fille ni l'épouse d'un thane. Elle ne vaut pas plus qu'une servante.

— Tais-toi, dit soudain Ilsa en voyant approcher Asa.

La jeune femme, dont la grossesse était bien avancée, descendait lentement le sentier vers la rivière, un petit panier de linge calé sur la hanche.

— Il est bon d'avoir une sage-femme avec nous au village, déclara Reinhild.

— Tu as eu ton fils sans elle, lui fit remarquer Usa.

Reinhild se garda bien de répondre. Ingemar songea alors que la jeune femme ne comprenait pas la menace que représentait la Saxonne pour elles toutes.

— Ne vois-tu pas qu'Einar et Ull se battent pour elle comme des enfants ? reprocha-t-elle à Reinhild. Certes, je sais qu'Einar ne la désire pas vraiment, mais tu sais comme il aime provoquer Ull — qui semble, quant à lui, fort épris de la Saxonne.

A la grande satisfaction d'Ingemar, Reinhild se montra contrariée par cette nouvelle. Dernière épouse de Ull, elle se savait disgracieuse et en souffrait, bien que chaque femme dans le village la trouvât nettement plus agréable que les autres compagnes du guerrier, dont Ilsa faisait d'ailleurs partie. Quoique plus jolie, celle-ci se plaignait de tout et passait son temps à geindre. Certains se demandaient encore pourquoi elle n'avait pas divorcé de Ull quand il s'était marié avec Reinhild, tandis que d'autres prétendaient qu'elle se savait incapable de trouver un autre époux.

Après avoir salué Asa de loin, Ingemar se pencha pour murmurer :

— Meradyce n'attire les hommes que par sa beauté. Sans cet atout, personne ne daignerait poser les yeux sur elle.

— C'est grand dommage que nous ne puissions lui jeter un sort qui la transformerait en laideron, marmonna Ilsa.

— Si seulement elle laissait nos maris tranquilles, soupira à son tour Reinhild.

— Oh ! s'exclama tout d'un coup Ingemar. Une idée me vient à l'esprit.

Dans un même mouvement, les deux femmes qui l'entouraient se rapprochèrent pour l'écouter.

Meradyce, qui était occupée à tisser dans la maison d'Olva, vit soudain surgir Ingemar qui, en larmes, agitée au plus haut point, s'adressa à Endera d'une voix hachée.

La fille d'Einar se tourna alors vers Meradyce et lui annonça :

— Un des enfants est tombé et s'est blessé à la jambe. Il saigne beaucoup.

— J'y vais, dit aussitôt Meradyce en se levant. Endera, attends ici le retour d'Olva, puis demande-lui de me rejoindre.

Endera acquiesça tandis que la Saxonne s'emparait

du premier panier qu'elle trouva. Ignorant l'importance de la blessure, elle jugea préférable d'emporter plusieurs sortes de poudre. Certaines calmaient la douleur, d'autres empêchaient le sang de couler, d'autres encore avaient le pouvoir de désinfecter et de cicatriser une plaie.

Meradyce suivit la Viking dehors, qui la conduisit d'un pas rapide vers une maison située à l'autre bout du village. Sur le seuil, Ingemar s'écarta, laissa passer Meradyce, et la suivit à l'intérieur.

— Où est l'enfant ? demanda celle-ci aux deux femmes qui attendaient là.

Einar se dirigeait vers le champ où Bjorn construisait ses navires lorsqu'il entendit un cri. Un cri de femme. Faisant volte-face, il se précipita vers le village. Là, il aperçut une foule de curieux agglutinés devant la maison de Ull, d'où, étrangement, plus aucun bruit ne sortait.

Saisi d'un horrible pressentiment, Einar se rua à l'intérieur, en déchirant dans sa hâte la couverture qui fermait l'entrée.

Ull n'était pas là, mais il aperçut, au centre de la pièce, Ilsa et Ingemar penchées sur quelque chose qu'il ne pouvait voir. A l'arrivée du Viking, elles se levèrent et s'écartèrent. Dans un coin, se tenait Reinhild, qui pleurait, le visage entre les mains.

Alors seulement, Einar remarqua un corps allongé par terre. Celui d'une femme.

Meradyce !

Redoutant le pire, il s'approcha et étouffa un cri d'horreur. Aux pieds de Meradyce qui, lentement se relevait, gisait sa magnifique chevelure, éparse sur le sol, cisaillée par des mains cruelles et jalouses. A son visage souillé de poussière, à sa robe déchirée, Einar devina qu'elle s'était débattue. Cependant, elles avaient réussi à s'acharner sur elle, pour ne laisser sur sa tête qu'une toison pas plus longue qu'un doigt.

Einar se tourna vers Ingemar, qui tenait encore le couteau dans sa main. Puis il considéra Ilsa dont le visage maigre et sec affichait un sourire satisfait.

Meradyce jeta aux deux femmes un regard incendiaire avant de déclarer à Einar :

— Dites-leur que, si elles s'avisent de me toucher de nouveau, je les tuerai.

Pas un seul instant Einar ne douta de la promesse. Sans rien répondre, il la regarda sortir, la tête haute, les épaules droites, l'allure fière.

Lorsque, du dehors, lui parvint le murmure consterné que l'apparition de la malheureuse arracha à la foule, il s'autorisa un rictus de dédain. Puis il annonça d'une voix dure :

— Elle a dit qu'elle vous tuerait si vous osiez la toucher encore. Elle ne plaisantait pas. Et, si ce n'est pas elle, c'est moi qui le ferai !

L'air suppliant, Ingemar fit un pas vers Einar.

— Depuis son arrivée, elle ne nous créait que des ennuis…

Il l'interrompit d'une main levée.

— Plus jamais tu ne me serviras du vin, et plus jamais tu ne m'adresseras la parole, Ingemar.

Sur ces mots, le Viking sortit à son tour. Tandis que les badauds commençaient à se disperser, il aperçut la Saxonne qui s'éloignait. Et, à sa grande surprise, il vit qu'elle se dirigeait, non pas vers la maison d'Olva, mais vers la sienne.

D'un pas rapide, ignorant les curieux qui s'attardaient encore, Einar suivit Meradyce. Lorsqu'il la rejoignit chez lui, il la trouva au milieu de la pièce, les bras croisés, la tête baissée, qui lui tournait le dos.

— Vous ont-elles fait du mal ? demanda-t-il doucement.

Lorsqu'elle fit volte-face pour lui répondre, Einar fut étonné de l'expression qui transfigurait ses traits. Elle lui rappelait celle d'un guerrier viking, que l'approche d'une bataille animait d'une rage singulière.

— Je voudrais Endera, exigea-t-elle d'une voix forte. Je la veux ici. Maintenant.

— Pourquoi ? interrogea Einar, stupéfait.

— J'ai dit que je voulais Endera ici, tout de suite.

— Peut-être que ma mère…

— Je ne veux pas de pitié. Je veux Endera. Elle sait garder le silence.

Le regard vibrant, Meradyce fixait Einar sans sourciller.

Selwyn avait dit la vérité à propos de la Saxonne. Elle était fière. Et sa révolte était d'autant plus légitime qu'elle voyait aujourd'hui son honneur et son sens de la justice bafoués.

Elle n'avait rien fait pour mériter la hargne cruelle de ces deux harpies. Elle avait seulement tenté d'aider, comme elle le pouvait, les femmes du village.

Et qu'avait-elle obtenu en guise de gratitude : une chevelure sauvagement coupée. Une humiliation à nulle autre pareille ! Si ces créatures cherchaient une raison de la haïr, Meradyce allait la leur fournir sans plus attendre. Ce soir même !

— Je veillerai à ce qu'elles soient châtiées, promit Einar qui redoutait à présent la vengeance de la Saxonne.

— Non. Je m'en chargerai moi-même.

— Vous êtes une femme…, objecta-t-il.

— Elles aussi ! trancha Meradyce sur un ton de défi.

Elle réfléchit un instant, puis continua d'une voix presque douce :

— Je peux comprendre la réaction d'Ingemar… Mais, pourquoi les deux autres l'ont-elles aidée dans cette vile besogne ?

— Ce sont les épouses de Ull.

Meradyce ne chercha nullement à dissimuler son étonnement puis reprit :

— Je comprends. Maintenant, faites venir Endera.

— Etes-vous certaine de... ?

— Oui !

Devant la détermination de la jeune femme, Einar n'insista pas et partit quérir sa fille.

— Einar ?

Le Viking leva les yeux vers Ull assis près de lui, dans le hall de Svend.

— Je regrette ce que mes épouses ont fait.

— Tu ne le regretteras jamais assez, Ull.

— Je les battrai pour cela.

— Evite, dorénavant, que leurs chemins se croisent avec celui de Meradyce, lui conseilla Einar.

— Quelle a été sa... ?

Il s'interrompit net en voyant tous les hommes tourner la tête vers l'entrée.

Fière et digne, Meradyce s'immobilisa sur le seuil pour jauger l'assistance d'un air de défi. Elle avait lavé ce qui restait de ses cheveux, et ceux-ci retombaient maintenant en boucles autour de son visage, ce qui flattait davantage encore la finesse de ses traits.

Une exquise robe bleue la parait, soulignant le reflet marine de ses yeux, tandis que, épinglée près de son cœur, scintillait une petite broche ronde en argent. Einar sut immédiatement que cette tenue ne venait pas du coffre qu'il lui avait donné. Meradyce avait dû, pour la trouver, fouiller dans toutes les malles qu'il détenait. Mais, peu importait si elle l'avait prise sans permission : le long vêtement lui allait divinement bien. Il ne reconnaissait pas non plus le bijou d'argent, mais pensa qu'il venait aussi d'un des coffres où s'amassaient les butins rapportés de leurs pillages.

Comme Meradyce s'avançait vers eux, les formes voluptueuses de son corps moulé dans le drap de lin n'échappèrent à aucun des guerriers.

Dans les mains, elle tenait un carafon d'argent, et sa démarche était si légère qu'elle semblait glisser sur le sol. Elle s'arrêta devant Ull et Einar, totalement fascinés.

Un sourire ensorceleur aux lèvres, Meradyce se pencha en avant, offrant ainsi à Einar le doux plaisir de deviner la rondeur de sa poitrine. Puis, s'emparant de la corne vide, elle se chargea de l'emplir de vin.

Médusé, le Viking avait l'impression d'avoir devant lui une déesse descendue du Valhalla pour le satisfaire.

Cependant, et à sa plus grande déception, il vit Meradyce se diriger vers Ull et le servir. Lorsqu'elle se redressa, la jeune femme leur sourit de nouveau et, d'une main fine, repoussa de son front une mèche brune et bouclée.

— Svend a décrété que je pouvais être courtisée, dit-elle tranquillement, et j'y consens.

Posant ses longs doigts sur la broche qu'elle portait près du cœur, elle ajouta :

— Merci de votre présent, Ull.

Saisi de fureur, Einar se retint férocement pour ne pas étrangler son rival.

— Et, merci pour la robe, Einar, laissa-t-elle tomber de l'air le plus naturel du monde.

Ce disant, Meradyce passa une paume sensuelle sur le drap qui lui moulait le corps. Puis, après un dernier sourire éloquent, la Saxonne fit volte-face et, d'une démarche tranquille, quitta la grande salle.

Einar demeura muet le restant de la soirée, alors qu'à côté de lui, Ull continua de se gaver d'hydromel. Et il se garda bien de faire le moindre commentaire lorsque le barde leur conta la légende de Sif.

Sif, la femme de Thor, dormait lorsque Loki, dieu démoniaque, s'introduisit chez elle pour lui couper sa longue crinière dorée. Thor menaça alors Loki de lui briser les os s'il ne rendait pas aussitôt sa chevelure à Sif. Le démon, craignant la fureur de Thor, alla chercher de l'aide chez les nains. Sans attendre, ceux-ci s'attelèrent à leurs rouets et, de la laine la plus fine, fabriquèrent de longs fils d'or qui, une fois posés sur la tête de Sif, poussèrent tels de véritables cheveux.

Cependant, Loki s'était en même temps joué des nains, et ses plans machiavéliques se multiplièrent jusqu'à ce que les lutins se vengent en lui cousant les lèvres. Loki parvint sans peine à se débarrasser des fils qui l'empêchaient de parler, mais il avait été humilié. Méprisant le fait qu'il restait le seul instigateur des conflits qui les opposaient, aujourd'hui encore il continuait de conspirer contre les dieux.

Alors que le poète poursuivait son récit, Svend et les autres guerriers ne cessèrent de jeter vers Einar et Ull des regards inquiets. Les cheveux coupés de Meradyce allaient-ils semer la discorde chez les villageois comme chez les dieux ?

Tandis que Ull continuait d'étancher avec l'hydromel une soif qu'il n'avait plus, Einar se demandait comment relever le défi que lui lançait Meradyce. Car il s'agissait bien là d'un défi. N'avait-il pas depuis longtemps décidé qu'aucune femme ne valait la peine que l'on se batte pour elle ? Et cette Saxonne qui le forçait à revenir sur sa décision ! Le premier effet de surprise dissipé, il sentait à présent monter en lui une sourde colère contre elle.

C'était pure folie que de le harceler de la sorte, et plus grand danger encore que d'aiguillonner ainsi la bête sans âme qu'était Ull. A quoi pensait donc Meradyce pour agir ainsi ?

Ull finit par s'endormir, sa tête s'affaissant lourdement sur son poitrail. Alors, Einar se leva et, après un signe pour saluer Svend, sortit de la salle, parfaitement conscient que tous le suivaient des yeux.

Dehors, dans la nuit glacée, il ignora le vent du nord qui lui mordait cruellement le visage. Les yeux clos, le Viking huma les embruns salés, sentit la mer qui l'appelait pour un nouveau voyage. Un très long voyage, qui l'emmènerait loin, n'importe où, ailleurs…

Einar rentra chez lui, puis se figea quand il aperçut Meradyce qui l'attendait. Sur un bras, elle portait la robe de lin bleu, tandis qu'une autre tenue plus simple ne laissait plus rien entrevoir de ses formes voluptueuses.

— Je suis venue vous rendre ceci, dit-elle.

— Pourquoi toute cette mascarade ? demanda Einar avant de s'approcher lentement.

A la façon dont Meradyce releva le menton, il comprit qu'elle n'avait aucune intention de se repentir.

— Pensez-vous que c'est la première fois que je me vois punie de ma beauté ?

Jamais Einar n'avait songé à cela.

— Je suis lasse de l'injustice. Lasse des murmures, des regards jaloux, des bavardages. Je suis lasse des hommes qui me considèrent comme une pierre précieuse ou une étoffe rare.

— Est-ce donc une façon de vous venger ? demanda Einar qui connaissait déjà la réponse.

Souvent, lui aussi avait deviné de la jalousie dans les yeux de certains guerriers, qui pensaient que leur chef le favorisait uniquement par instinct paternel. Des hommes tels que Ull.

— En quelque sorte, répondit Meradyce avant de

poser la robe sur un des coffres qui ornaient la chambre du Viking.

— Y a-t-il autre chose qui vous aurait poussée à ce geste ? insista Einar.

— Comment un Viking désire-t-il mourir ? interrogea-t-elle soudain en le regardant droit dans les yeux.

— Au combat. Pour pouvoir pénétrer dans le Valhalla et festoyer avec les dieux.

— J'ai cessé de me battre, déclara-t-elle alors, avec une moue désabusée. Je ne pourrai jamais gagner. J'avais pourtant espéré…

Pour la première fois, Einar vit une expression de défaite dans le beau regard de la Saxonne. Après un profond soupir, celle-ci poursuivit :

— Il y a une part de moi-même qu'aucun homme ne saura jamais atteindre. Néanmoins, si je ne peux éviter le mariage, je saurai m'y résoudre. Dans ma défaite, j'aurai peut-être une idée de ce qu'aurait pu être la victoire. C'est tout ce que je puis espérer.

Einar s'approcha encore de la jeune femme et lui dit doucement :

— Je ne vois aucune défaite en vous, Meradyce. Ce que vous avez fait ce soir n'était pas le geste d'une perdante, mais celui d'une guerrière.

Meradyce éprouva un immense plaisir en décelant dans les yeux d'Einar autant de sincérité que d'admiration. A cet instant seulement, elle comprit le véritable sens de son attitude, dans la maison de Svend. Elle désirait Einar. Comme elle n'avait jamais désiré aucun homme. Elle avait faim de lui, de son esprit, de son corps. Même si une partie d'elle-même, une part de son âme, appartenait encore et pour toujours à Paul.

Lorsque Einar la prit entre ses bras, Meradyce ne résista pas. Et, quand ses lèvres rencontrèrent les siennes, la passion s'éveilla en elle. Une passion qui dormait depuis si longtemps qu'elle avait l'impression de n'avoir pas réellement vécu jusqu'à cet instant.

— Devons-nous dire à Ull qu'il a perdu ? souffla Einar contre son oreille.

— Pourquoi ? demanda-t-elle dans un brusque mouvement de recul.

La question, comme sous l'effet d'une gifle, venait de lui rendre la raison. Jamais elle ne permettrait à quiconque — même pas à lui — de lui arracher sa victoire, aussi petite fût-elle !

— Vous me désirez, Meradyce. Je le sais.

— Vous m'avez embrassée, rétorqua-t-elle sur un ton sec. Je vous y ai autorisé. Mais je n'ai pas donné à Ull pareille occasion. Pas encore.

— Vous jouez un jeu extrêmement dangereux, Saxonne, lâcha Einar d'une voix vibrante de colère.

— Un jeu dont je n'ai pas encore établi les règles, lui rappela-t-elle avant de se diriger vers la porte.

— Parfait, reprit Einar dont l'expression avait recouvré un peu de douceur. Mais peut-être n'aurai-je point envie de jouer. Allez voir Ull, si tel est votre désir. Je serai encore là, si vous changez d'avis.

Comme Meradyce s'apprêtait à sortir, Einar lui lança :

— Mais, ne vous avisez plus d'entrer ici sans prévenir. Je pourrais bien ne pas être seul.

La jeune femme disparue, le Viking se laissa tomber sur un siège. Faire preuve d'autant d'indifférence hautaine lui avait demandé un effort surhumain.

Saisissant une gourde de peau emplie de vin, Einar avala une longue gorgée du liquide bienfaisant, puis contempla la robe bleue laissée sur le coffre.

Par Thor, cette Saxonne avait eu raison de lui, de son âme, de son corps !

9

Allongée auprès de son époux, Olva murmura :

— Ce qui est arrivé à Meradyce m'a scandalisée. De si beaux cheveux ! Et, quel courage d'oser ensuite se rendre chez Svend pour braver de la sorte le regard des guerriers !

La vieille femme sentit Thorston rire en silence.

— J'aurais aimé être là pour voir leurs têtes, dit celui-ci à voix basse. J'imagine que cette brute de Ull en est tombé à la renverse.

— J'ai peur, Thorston.

— De quoi ? Qu'elle soit allée trop loin en agissant ainsi ?

— Non. J'ai peur qu'Einar ne parvienne pas à gagner son cœur.

— Il a toujours obtenu ce qu'il voulait, tu le sais bien.

Olva se tourna sur le côté afin de mieux voir le visage de son époux.

— Je crains qu'il n'essaie même pas, vois-tu.

— S'il avait d'autres rivaux que Ull, je le craindrais aussi, affirma Thorston. Et comme tous deux se battraient pour un vieil os à ronger…

— Pourtant, reprit Olva, tu sais bien que, depuis Nissa, Einar ne s'intéresse plus aux femmes. Il prétend qu'aucune ne vaut que l'on se batte pour elle.

— Tu crois que ce que l'on a raconté au sujet de Nissa et Ull était vrai ?

— Qui sait ? Je ne serais pas étonnée qu'elle ait partagé

le lit de la moitié des hommes du village, même lorsque Einar était là. Ah, jour maudit que celui de leur mariage !

— Elle était très belle, lui fit remarquer Thorston.

— La Saxonne l'est aussi, mais je ne pense pas que cela suffira à réconcilier Einar avec les femmes.

— Pourtant, il ne la traite pas comme les autres. Je l'ai tout de suite compris, à Hedeby, quand il m'en a parlé — où, plutôt, quand il ne m'en a rien dit. Il est resté très secret à son sujet. Et il a totalement ignoré les filles de Nils, alors que, d'habitude, il joue avec elles avant d'en choisir une qui lui réchauffera sa nuit.

— Quoi ?

— Olva, c'est un homme. Et puis, ces filles sont jolies, propres et...

— Il ne me l'a jamais dit, s'indigna-t-elle.

— Tu es sa mère. Combien d'hommes connais-tu, qui parlent des femmes avec leur mère ?

— Et toi, tu ne m'as jamais dit qu'Einar et les filles de Nils...

— Ce n'est pas mon affaire, lui fit remarquer Thorston dans un demi-sourire.

— Vous vous tenez tous les coudes, maugréa Olva. Mais, dis-moi, mon ami, te serais-tu, toi aussi, laissé tenter par une des jolies filles de Nils ?

— Je suis flatté que tu me croies susceptible de les intéresser quand Einar se trouve dans les parages, chuchota-t-il en lui déposant un baiser sur le front. Pourtant, si elles me le proposaient...

— Tu n'es qu'un gredin !

Dans un rire étouffé, Thorston intercepta la gifle qu'elle lui destinait.

— Tu ne vas pas demander le divorce, ma douce Olva ? demanda-t-il sur un ton faussement inquiet. Je suis aussi fidèle qu'un chien.

— Je sais, dit-elle avant de l'embrasser tendrement.

— Tu aimerais qu'Einar épouse cette femme, n'est-ce pas ?

— Ce serait mon plus cher désir, avoua Olva. Il l'aime. Jamais je ne l'ai vu comme cela avec une femme. Et puis, elle lui conviendrait à merveille.

— Et elle ? interrogea Thorston, inquiet. Tu penses qu'elle l'aimerait assez pour lui pardonner de l'avoir enlevée à son pays ?

— J'aimerais pouvoir l'affirmer. Meradyce est si secrète, si réservée. Son coup d'éclat de ce soir m'a sidérée. Cela ne lui ressemble pas du tout. Et je ne peux m'empêcher d'espérer qu'elle a agi ainsi parce qu'elle apprécie Einar. Il s'est montré doux et attentionné avec elle ; c'est un homme qui a du cœur.

— Voilà bien des paroles de mère, observa Thorston.

— C'est la vérité. Il n'a jamais porté la main sur aucune femme, à la différence de certains…

A la tristesse qui voilait la voix de son épouse, Thorston devina qu'elle songeait à ses jeunes années en pays saxon.

— Ils sont probablement morts, aujourd'hui, dit-il doucement.

— Que leurs os pourrissent sous terre, pour ce qu'ils ont infligé à ma famille, et à moi-même.

— Et, malgré cela, tu veux que ton fils épouse une Saxonne, s'étonna Thorston.

— Oui, répondit Olva en se blottissant contre son mari. Je veux qu'Einar épouse cette femme. Elle est douce, gentille et loyale. Ces enfants ne sont pas les siens, et pourtant elle les a protégés jusqu'au bout. Je suis certaine qu'elle n'hésiterait pas à donner sa vie pour eux. Tu sais qu'Einar place la loyauté au-dessus de tout. Si au moins il pouvait voir les qualités de Meradyce !

Après un court instant de silence, Olva ajouta :

— Mais je sais qu'elle ne lui est pas indifférente. S'il ne ressentait rien pour cette femme, Einar ne la regarderait pas comme il le fait. Il ne lui aurait pas offert tous ces présents. Et si Ingemar n'avait pas eu des raisons de la considérer comme une dangereuse rivale, elle n'aurait pas été poussée à accomplir une telle bassesse.

— Tu as sans doute raison, finit par convenir Thorston. Peut-être que ton fils désire cette Saxonne. Mais nous ne savons pas ce que celle-ci éprouve pour lui. Et, pour l'heure, elle est l'enjeu d'une lutte entre Ull et Einar. A condition que ce dernier daigne s'y intéresser, bien entendu.

— Cela semble sans espoir, soupira Olva. Mais, peut-être serait-il plus sage de nous en remettre aux dieux.

— Le dieu chrétien ou ceux des Vikings ? interrogea Thorston en lui tapotant doucement la main.

— Avec Einar, aucun dieu ne sera de trop, crois-moi.

De sa paillasse posée à même le sol, Adelar observait Meradyce et Betha qui dormaient côte à côte. Si un homme s'était avisé de couper les cheveux de la jeune femme, avec quelle joie lui aurait-il transpercé le cœur d'une flèche. Mais des femmes...

Adelar se demanda si Einar allait venger Meradyce du terrible affront qu'elle avait subi.

Par ailleurs, Endera prétendait que plusieurs hommes désiraient épouser la Saxonne. La jeune fille semblait penser que c'était un grand honneur pour Meradyce, mais Adelar savait que celle-ci n'accepterait jamais pareille mésalliance, car aucun Viking ne serait jamais assez bon pour une Saxonne, pas même Einar.

Entendant Meradyce soupirer dans son sommeil, le garçon se sentit un instant assailli par le doute. Si Einar n'était pas un Viking, voudrait-elle de lui ?

C'était un valeureux guerrier, et certainement le seul au village qui fût digne d'elle. Néanmoins, il était impossible que Meradyce éprouvât le moindre penchant pour un ennemi des Saxons. Elle devait même haïr tout ce qui venait des Vikings.

Alors, Adelar prit une ferme résolution : dorénavant, il se ferait un devoir de protéger Meradyce de tous les prétendants indésirables.

Allongée sur sa couche, Endera ne dormait pas. La mésaventure de Meradyce l'avait plongée dans le plus grand désarroi. Comment des femmes pouvaient-elles agir de la sorte ? Comment la jalousie pouvait-elle rendre un être aussi vil ?

D'autre part, une peur chaque jour plus tenace lui étreignait le cœur : chaque fois que Ull l'apercevait, il lui souriait ou l'appelait, et elle redoutait qu'il finît par la demander elle aussi en mariage.

Et elle ignorait ce que son père répondrait à Ull s'il venait à demander sa main. Car, bien qu'il n'éprouvât guère de sympathie pour ce géant à la chevelure rousse, Einar serait peut-être heureux de saisir l'aubaine de se débarrasser d'elle. Et Svend pourrait bien accepter cette union, en alléguant que Ull était l'un des plus fiers guerriers du village, et que cette alliance mettrait fin à la rivalité qui l'opposait à Einar.

Dans l'obscurité, Endera soupira. Elle désirait éprouver de la passion pour celui qu'elle épouserait. Les poèmes du barde ne traduisaient-ils pas à merveille l'émotion, les sentiments que faisait naître l'amour ? Combien de nuits avait-elle passées à imaginer les hauts faits qu'un héros accomplirait pour elle ?

Cependant, Ull n'avait rien d'un héros.

Si seulement Endera savait ce que pensait Meradyce de son père et de Ull. Si seulement Einar pouvait épouser une personne aussi douce et chaleureuse que la Saxonne. Jamais elle n'avait vu son père se soucier autant de quelqu'un.

D'autre part, Endera craignait que, si Meradyce épousait Ull, la discorde ne s'aggravât encore entre les deux hommes.

Une autre idée germa soudain dans l'esprit de la jeune fille, qui la plongea dans une profonde angoisse. Et si la douceur et la générosité apparentes de Meradyce cachaient un stratagème pour semer le trouble parmi les Vikings ? Elle n'était après tout qu'une Saxonne, et peut-être cherchait-elle à réveiller de vieilles haines, d'anciennes jalousies, afin de diviser les guerriers.

Non, Endera ne pouvait croire pareille félonie. Car, dans ce cas, Meradyce n'aurait aucune raison d'aider les femmes à enfanter, et encore moins de lui enseigner comment pratiquer la médecine.

De nouveau, elle entendit Meradyce pousser un soupir, et elle se demanda si la Saxonne dormait. Un instant, elle fut tentée d'aller s'en inquiéter, puis se ravisa de peur que sa nouvelle amie ne se sentît épiée.

— Ils ne demandent rien pour Meradyce ? s'étonna Kendric.

Selwyn avait assez l'habitude de marchander pour deviner lorsque quelqu'un, sous des airs indifférents, se montrait intéressé. Et Kendric, malgré le ton calme qu'il s'efforçait d'employer, mourait d'envie de savoir pourquoi l'on ne demandait pas de rançon pour Meradyce. Toutefois, la présence de sa femme, dont les yeux allaient et venaient sans cesse entre les deux interlocuteurs, l'en empêchait.

— C'est ce qu'ils m'ont annoncé, Messire, répondit Selwyn. Mille pièces pour le garçon, cinquante pour la fille, mais pas le moindre sou pour Meradyce.

Kendric s'appuya contre son dossier, et Ludella lâcha un soupir qui ne traduisait nullement le regret qu'elle tentait de montrer.

— C'est grand dommage. Elle était si jolie...

En l'entendant parler de la sage-femme comme d'une morte, Selwyn se demanda alors si celle-ci avait fini par succomber aux avances de Kendric, malgré les rumeurs contradictoires qui circulaient, et si, surtout, la femme du thane avait découvert son infortune conjugale, ce qui expliquerait son désir de savoir Meradyce loin d'ici.

Le petit marchand attendit donc que Kendric lui posât d'autres questions sur la prisonnière, certain que le Saxon exigerait d'en savoir davantage lorsque son épouse lui en laisserait la liberté.

Ludella agrippa le bras de son mari. Elle n'avait rien de très séduisant, et la douleur d'avoir perdu sa progéniture la rendait encore plus laide.

— Nous paierons pour les enfants, n'est-ce pas ?

Kendric lui adressa un regard qui trahissait le peu d'affection qu'il lui portait.

— Bien sûr, nous paierons.

— Parfait, reprit le marchand. Ils reviendront avec les enfants au printemps prochain.

— Mais attention, prévint le thane, qu'ils ne s'avisent pas de nous tromper.

— Ce n'est pas dans les habitudes d'Einar. Il hait la tricherie. Quant à ce qui me revient, pour tous les risques que j'ai encourus...

— Combien veux-tu ? demanda Kendric sur un ton irrité.

— Cinq cents pièces d'argent.

— Quoi ? As-tu perdu la tête ?

— Il n'est pas facile de s'entendre avec ces barbares, lui rappela Selwyn. Un mot de trop et ils n'hésitent pas à vous trancher la gorge.

— Je t'en offre cent.

— Trois cent cinquante, Messire. Le voyage pour arriver

jusqu'ici a été très éprouvant. Le temps était épouvantable, le navire fuyait comme une vieille outre percée...

— Cent cinquante, insista Kendric.

— Disons deux cents, et n'en parlons plus.

Selwyn vit alors la femme du thane le pousser du coude, et sut que l'affaire était dans le sac.

— D'accord, marmonna Kendric. Cinquante tout de suite, et le reste quand j'aurai récupéré mes enfants.

Le marchand voulut protester, mais se ravisa aussitôt devant le regard menaçant du Saxon.

— Bien, Messire.

Puis, le thane se tourna vers sa femme et lui annonça d'une voix sèche :

— Nous avons une autre affaire à discuter.

A contrecœur, Ludella se leva. Mais avant d'atteindre la porte, elle précisa à l'adresse de Selwyn :

— Nous paierons tout ce qu'ils demanderont.

Puis elle lui jeta un regard vibrant, afin de l'implorer d'œuvrer au mieux en vue de la libération des otages.

Lorsqu'elle se fut éloignée, Kendric demanda avec une inquiétude mêlée de fureur :

— Pourquoi n'exigent-ils pas une rançon pour Meradyce ?

— Le Viking a refusé, Messire. Il vous fait également dire que vous auriez dû la prendre tant que vous en aviez l'occasion, car il la trouve des plus délicieuses.

La rage empourpra le visage cruel de Kendric, et Selwyn se demanda soudain s'il n'aurait pas mieux fait de garder pour lui les paroles d'Einar. Il régnait déjà assez de mésentente entre Vikings et Saxons. Et pourtant, la discorde se révélait souvent utile au commerce, au moins en ce qui concernait les armes et les esclaves.

— Le Viking accepterait peut-être de marchander, Messire, ajouta Selwyn, rusé.

— Je refuse, trancha Kendric avec mépris.

Et, sans laisser au marchand le temps de gémir de nouveau, le thane lui fit signe de se retirer.

Resté seul, Kendric demeura songeur. Il regrettait qu'une telle aventure eût pu arriver à la belle Meradyce, mais il était trop tard. Il l'avait désirée non seulement pour son attrait physique, mais aussi pour sa virginité. Dès lors qu'un autre homme lui avait ravi la priorité, la conquête ne présentait plus grand intérêt. D'autant qu'en esclavage, Meradyce devait perdre peu à peu toute sa beauté.

Alors, il imagina Meradyce nue, sans force, abusée par un Viking à la puissante musculature, et un désir aussi ardent qu'irrésistible s'empara de lui.

Dans un sursaut, Kendric se leva. Il n'y avait aucune raison de regretter Meradyce et, d'ailleurs, il avait remarqué une nouvelle servante dans sa maison.

Seule, Meradyce goûtait au silence bienfaisant de la maison d'Helsa. Endera et Betha, qui l'avaient accompagnée, étaient ressorties à la recherche du chat de la fillette :

Dans un soupir, la jeune femme songea qu'elle ne s'était pas retrouvée seule depuis fort longtemps. N'était-ce pas ainsi qu'elle passait le plus clair de son temps, dans son pays ?

Ici, elle avait l'impression d'être constamment l'objet de la curiosité des autres, qui semblaient la considérer comme une pièce rare. D'autre part, elle savait que plus d'un guerrier la convoitait, mais que ceux-ci avaient bien peu d'espoir de pouvoir rivaliser avec Ull.

Adelar lui-même avait remarqué leur attitude et s'inquiétait pour elle, ce qui la touchait immensément. Cependant, comprenant qu'elle n'avait aucune intention d'encourager ces hommes dans ce sens, le jeune garçon avait relâché un peu sa surveillance. Néanmoins, elle évitait soigneusement de se retrouver seule, au cas où l'un des Vikings chercherait aventure avec elle.

Quant à Einar, depuis que Svend l'avait relevé de sa mission de veiller sur elle, il l'ignorait tout simplement.

Décidée à oublier, ne serait-ce qu'un court instant, les questions oppressantes qui la hantaient, Meradyce se leva pour fouiller chaque recoin de la maison d'Helsa. Sans doute trouverait-elle d'autres herbes ou potions qui lui seraient utiles.

Peu après, au fond d'une niche dont elle n'avait pas soupçonné l'existence lors de ses premières recherches, la jeune femme découvrit plusieurs pots de terre cuite, blancs de poussière. Avec précaution, elle en choisit un dont elle ôta le bouchon de liège. A l'intérieur, elle trouva un liquide brun dont l'odeur lui parut familière. Ce devait être un de ces extraits de pommes pressées, que l'on buvait habituellement les jours d'hiver, pour se réchauffer.

Meradyce s'en versa quelques gouttes dans un bol. La boisson avait la couleur de l'or, et son parfum lui rappela les moissons, les journées de fin d'été, durant lesquelles l'on se prélassait sous les arbres fruitiers.

Assise sur un vieux banc de chêne, près de la fenêtre, Meradyce trempa les lèvres dans le liquide fermenté qui fleurait bon son pays. Un pays où, pourtant, elle vivait bien seule depuis la mort de ses parents. Certes, il y avait eu des hommes désireux de changer sa vie par le mariage, mais elle savait que seule sa beauté les intriguait. Aucun d'eux ne semblait vraiment se soucier des sentiments qui l'habitaient, de ses désirs, de ses aspirations.

A l'exception de Paul. Mais Paul n'avait pas pu — n'avait pas voulu — l'épouser.

Nostalgique, Meradyce avala une gorgée de la liqueur dorée et porta une main à ses cheveux. Si seulement ses mèches courtes pouvaient dissuader les guerriers vikings ! Malheureusement, en apparaissant ce soir-là dans le hall de Svend, elle n'avait fait qu'attirer davantage encore l'attention sur elle. Quelle folie l'avait donc saisie ?

Rougissante, Meradyce revit le désir sur le visage d'Einar, quand elle s'était approchée pour lui servir du vin. Pensait-elle alors exercer quelque pouvoir sur lui ? Espérait-elle ainsi contrôler un peu le cours des choses ? Sans doute...

Comme elle avalait encore un peu du liquide chaleureux, Meradyce crut discerner un léger bruit à la porte. Vaguement étourdie, elle tourna lentement la tête et distingua une silhouette.

Einar.

Elle attendit un instant. Le Viking demeura immobile.

Alors, la jeune femme se crut victime d'une hallucination, sans doute due à l'alcool qu'elle buvait lentement. Einar n'était pas là.

— Einar..., murmura-t-elle. Ce n'est pas vous. Vous n'êtes qu'une vision... une image que mon esprit vient d'inventer. C'est ce breuvage qui...

Sans hésiter, Meradyce remplit le bol qu'elle avait peu à peu vidé, puis le porta à ses lèvres. Les yeux mi-clos, elle considéra la silhouette immobile et sombre dans l'encadrement de la porte.

— Savez-vous que cette boisson est délicieuse ? Elle me rappelle le temps des moissons, lorsque les garçons du village me poursuivaient de leurs assiduités... Comme je les détestais ! Je voulais tant rester seule. Jamais... jamais, vous m'entendez, je n'ai cédé à l'un d'entre eux. Je... je ne veux pas me marier.

Une main sur le front, Meradyce se leva en titubant puis s'avança lentement vers la silhouette qui semblait écouter.

— Un seul... Un seul était parvenu à me bouleverser. Il m'a embrassée une fois, juste une fois. J'avais quatorze ans. J'étais prête à l'épouser mais... il avait fait un vœu.

Meradyce avala une nouvelle gorgée de liqueur. En face d'elle, la silhouette remua imperceptiblement.

— Si vous pouviez disparaître vous aussi, articula-t-elle dans un souffle. Je sais que vous n'êtes que le fruit de mon imagination... car vous semblez plus doux qu'Einar, plus sensible que lui. Il est pourtant si bon envers Adelar et Betha, mais si dur avec Endera. Je ne comprends pas...

Meradyce vint s'appuyer contre le mur, tout près de la porte où se tenait le Viking.

— J'aurais voulu ne jamais connaître cet Einar, j'aurais voulu qu'il ne se montre jamais attentif à mon égard. Jamais je n'aurais cru que... Pourtant, quand il m'embrasse, je... Non, c'est pure folie ! Je ne peux pas faiblir devant un Viking. Je ne le dois pas !

Meradyce laissa tomber le bol à terre et se prit le visage entre les mains.

— Que m'arrive-t-il ? soupira-t-elle alors. Cet homme n'éprouve rien pour moi. Rien...

Lentement, la jeune femme retourna s'asseoir près de la table, posa la tête sur ses bras repliés et s'endormit.

Un instant, Einar crut percevoir un sanglot, mais préféra croire qu'il se trompait. Alors, après un long regard bouleversé sur la Saxonne, il sortit et s'éloigna dans la forêt.

10

Mieux valait ignorer tout ce qui concernait la Saxonne, tenta de se persuader Einar. Aucune femme ne saurait plus exercer la moindre influence sur lui. Le passé de Meradyce, sa vie même, ne signifiaient rien pour lui. Il ne devait éprouver à l'égard de cette ensorceleuse ni pitié ni tendresse.

En se laissant aller, malgré lui, à écouter les secrets de la jeune femme, un irrésistible sentiment de compassion l'avait saisi — jusqu'à ce qu'elle se mît à évoquer un autre homme. Alors, une jalousie terrible s'était emparée de lui, aussi puissante que celle que Nissa avait su déchaîner en lui.

Depuis lors, Einar restait éloigné de la maison d'Olva. Peu lui importait de voir y entrer Ull ou un autre guerrier avec, dans les mains, de la nourriture, du vin, ou quelque présent destiné à la Saxonne. Lui restait décidé à ne plus lui parler ni même la voir. Il se contentait simplement de l'ignorer.

Le plus souvent, Einar emmenait Adelar avec lui, pour chasser, pêcher ou s'entraîner au combat. Et cela, seulement parce qu'il aimait ce jeune garçon, et que ce dernier semblait apprécier sa compagnie. S'il arrivait à Adelar de parler de Meradyce, le Viking lui opposait une feinte indifférence, et, devant ce manque d'intérêt, le jeune garçon avait fini par conclure qu'Einar n'avait aucune intention d'épouser la Saxonne.

Peu à peu, Adelar se mit à évoquer son père, le seigneur

le plus puissant de tous les territoires saxons. Un matin où ils se rendaient à la chasse, il alla même jusqu'à conseiller à Einar de réfléchir à deux fois avant de se mettre en tête d'envahir son pays. Manifestement impressionné, le Viking l'écouta avec attention.

Un jour, accompagné de ses deux fidèles chiens, Einar emmena Adelar jusqu'au fjord, sur le chantier de construction des navires. Ils pénétrèrent dans une grande bâtisse, non loin des embarcadères. A l'extérieur, Adelar s'étonna devant le nombre impressionnant de rames alignées verticalement contre le mur.

— Les entreposer ici permet d'avoir plus de place pour le bateau, lui expliqua Einar avant de le faire entrer.

Interdit, le jeune garçon considéra l'immense carcasse de bois, dont la proue en forme de serpent s'élançait haut vers le ciel. D'abord effrayé au souvenir du navire qui les avait transportés loin de leur pays, Adelar se vit forcé d'admettre que ces bateaux appelés drakkars constituaient sans doute, avec leur incomparable connaissance de la mer, l'arme la plus importante que possédaient les Vikings.

Le bâtiment promettait d'être plus grand que celui qui attendait, amarré au quai. Comme tous les drakkars vikings, il avait une coque peu profonde, et sa proue, gracieuse et élancée, était conçue pour fendre les eaux tel un cheval lancé au galop.

— Adelar, dit soudain Einar, voici Bjorn, le meilleur constructeur de navires que la terre puisse porter.

Le vieil homme s'approcha d'eux, accueillit le jeune garçon d'un signe de tête puis s'adressa en langage viking à Einar :

— Il m'assure que le navire sera prêt au printemps, lui traduisit alors le guerrier. Et je peux lui faire confiance. Il construit des bateaux depuis sa plus tendre enfance.

— Enseigne-t-il ses connaissances aux autres ? demanda Adelar avec innocence.

— Certaines, oui. Mais un bon constructeur essaie toujours de nouvelles méthodes. Celles-ci doivent venir du cœur, et Bjorn prétend qu'il sent instinctivement les modifications à apporter ici ou là.

Autour d'eux, dans le vaste espace, des hommes travaillaient sur l'immense bateau, coupant de longues planches, ou taillant des petites pièces de bois. Pour sa plus grande surprise, Adelar remarqua en s'approchant que les panneaux n'étaient pas reliés ensemble par des clous mais par ce qui semblait être des racines d'arbre.

— Cela aide la coque à plier souplement avec les vagues, expliqua Einar en remarquant l'air étonné du garçon.

— Mais… la coque ne prend-elle pas l'eau, ainsi ?

— Un peu, admit Einar. Néanmoins, cela reste le meilleur moyen de préserver la souplesse du navire. Celui-ci doit se mouvoir sous toi comme une femme…

— Je ne comprends pas. Un bateau n'est pas vivant.

— Crois-tu cela ? reprit Einar dans un fin sourire. Sans doute est-ce pour cela que vous, les Saxons, construisez des navires qui ne sont bons qu'à voguer sur les rivières.

Adelar ne put réprimer une grimace. Pourtant, il devait bien admettre, en contemplant les lignes gracieuses du vaisseau, que les Saxons pouvaient beaucoup apprendre des Vikings sur ce sujet.

— Combien d'hommes pourra-t-il emporter à son bord ?

— Assez pour intimider l'ennemi. Viens, maintenant. Allons pêcher.

Adelar leva vers son compagnon un regard surpris. Peut-être avait-il montré un peu trop de curiosité devant la façon dont Bjorn construisait les navires.

Einar le conduisit sur une colline, au bord d'un petit lac qui se transformait plus loin en torrent, pour aller se jeter en cascade dans le fjord.

De sa tunique, le Viking sortit un long fil de lin, au bout duquel pendait un os minuscule en forme de crochet. Il le tendit à Adelar, puis se laissa paresseusement tomber sur la rive herbeuse.

— Montre-moi comment tu pêches, Adelar, dit-il avant de croiser les doigts derrière la tête.

Intrigué, le jeune garçon considéra son compagnon qui, les yeux clos, semblait dormir. Sans doute avait-il besoin de sommeil.

— Adelar ? demanda-t-il pourtant au bout d'un instant.

— Oui ?

— Pourquoi Meradyce n'est-elle pas mariée ?

— Je ne sais pas.

— Aucun homme n'a demandé sa main ?

— Je ne sais pas.

— Y avait-il quelqu'un pour qui elle semblait… avoir du sentiment ?

— Je ne sais pas.

Le cœur d'Adelar battait à tout rompre. Les yeux rivés sur l'eau miroitante, rouge de honte, il se rendit compte qu'il était jaloux. Les questions d'Einar lui déplaisaient souverainement.

— Je veux rentrer, dit-il soudain en remontant la ligne.

— Que t'arrive-t-il ? interrogea Einar sans bouger.

— Rien, mentit-il, soucieux de ne laisser entrevoir à personne — et encore moins à Einar — ce qu'il ressentait pour Meradyce.

— J'ai faim.

— Bois un peu, cela calmera ta faim. Nous allons rester ici encore un moment.

Adelar obéit puis rejeta la ligne dans l'eau.

— Elle est très belle, poursuivit le Viking. Qu'elle ne soit pas mariée me surprend.

— Endera dit que, si Ull lui apporte sans cesse de la nourriture, c'est parce qu'il aime Meradyce, hasarda Adelar.

— C'est vrai.

— Jamais elle n'acceptera d'épouser un Viking.

— Non ? reprit Einar dans un léger sourire.

— Et toi, désires-tu l'épouser ? demanda le jeune garçon à brûle-pourpoint.

Puis, le cœur battant, il retint son souffle en attendant la réponse.

— Non, je ne le désire pas, répliqua simplement le guerrier.

Adelar laissa échapper un soupir de soulagement.

— Pourquoi encourage-t-elle Ull et les autres ? interrogea Einar.

A présent qu'il savait que le Viking n'avait aucune vue sur la Saxonne, Adelar se sentait plus libre de répondre :

— Elle ne les encourage pas. Elle garde l'attitude qu'elle a toujours eue. Mais ils ne comprennent pas.

— Que veux-tu dire par « l'attitude qu'elle a toujours eue » ?

— Elle est polie et respectueuse comme elle l'a toujours été, expliqua le jeune garçon. Je ne crois pas qu'elle voudra se marier un jour. Et toi, tu n'es pas marié ?

— Non.

— Pourquoi ?

— Parce que je ne le veux pas, répliqua sèchement Einar.

— Peut-être Meradyce ne le veut-elle pas non plus.

Le Viking grommela quelques mots tout à fait inintelligibles, tandis que la ligne se tendait sous les doigts d'Adelar. Il la tira hors de l'eau, mais ne vit aucun poisson accroché à l'hameçon.

Pensif, il ajouta :

— Betha dit que Meradyce a voulu se marier, une fois.

— Avec qui ? demanda vivement Einar.

— Je ne sais pas, mais je crois qu'il était prêtre ou qu'il vivait dans un monastère. Betha prétend qu'il est mort. Mais c'est une petite fille, et elle a dû l'inventer.

Einar cueillit un long brin d'herbe qu'il se glissa entre les dents.

— Que pense ton père de Meradyce ?

— Il l'aime beaucoup, répondit innocemment Einar. Tout le monde l'aime, excepté ces femmes. Mais ce ne sont que des jalouses.

— Et Meradyce, aime-t-elle ton père ? insista Einar.

— Je le crois. Elle le respecte, comme tout le monde au village. Mais pourquoi me demandes-tu tout cela ?

Pour toute réponse, Einar haussa les épaules. Alarmé, Adelar se leva d'un bond.

— Mon père a déjà une femme !

— Assieds-toi, mon garçon.

Se rappelant soudain les disputes amères et les paroles de colère qui opposaient souvent ses parents, Adelar s'écria :

— Mon père aime beaucoup ma mère !

— Assieds-toi ! ordonna le Viking.

Adelar obéit de mauvaise grâce. Einar lui expliqua alors :

— Je pensais seulement que, si ton père est vraiment tout ce qu'il prétend être, il est naturel de penser que Meradyce ne s'est pas mariée parce qu'elle convoite un homme qu'elle ne peut avoir. Ton père.

— Elle est ainsi depuis qu'elle est arrivée au village, protesta Adelar. Ce qu'elle ressent n'a rien à voir avec mon père.

— N'a-t-elle pas toujours vécu avec vous ?

— Non. Elle nous rendait parfois visite avec ses parents. A leur mort, elle est venue vivre au village. Si vraiment elle a aimé un homme, cela s'est passé avant.

— Il se fait tard, observa Einar, les yeux levés vers le ciel. Nous allons bientôt rentrer.

Adelar lança une dernière fois sa ligne dans l'eau limpide du lac, puis hasarda :

— Aimes-tu Meradyce ?

— Je la respecte.

— Alors, dis à ces hommes de la laisser en paix.

— Je ne peux pas, Adelar. Elle est libre de recevoir qui elle veut.

— N'es-tu pas censé la protéger ?

— Plus maintenant. Elle se trouve à présent sous la protection de Svend.

Einar hésita un instant avant de demander :

— A-t-elle peur des hommes ?

— Certes, non, répondit vivement Adelar. Meradyce n'a jamais peur. Elle ne te craignait point, te souviens-tu ?

Le Viking préféra garder pour lui sa réponse.

— Si tu la protégeais, insista le jeune garçon, elle vivrait plus tranquille.

— C'est impossible, reprit Einar. Si j'intervenais, les hommes penseraient que je la réclame pour moi.

— Vraiment ? s'étonna Adelar.

Soudain, une brève secousse agita le bout de la ligne.

— J'en ai un ! s'écria Adelar en bondissant.

Mais son pied glissa sur l'herbe humide, et, impuissant, il tomba à l'eau. Aussitôt, Einar se précipita et parvint à saisir un coin de la tunique du jeune Saxon.

— Je l'ai ! s'exclama le garçon tandis que son compagnon le tirait sur la rive.

Dans sa main, il brandissait en effet un poisson de belle taille.

— Bravo, Adelar, le félicita Einar. Rentrons, maintenant. Quand tu auras passé des vêtements secs, je te montrerai comment le vider et le nettoyer.

Sur le chemin du retour, Adelar, fier de lui-même, ne cessa de s'extasier sur sa prise, alors qu'Einar demeurait plongé dans ses pensées. Pourquoi était-il si heureux d'apprendre que le thane saxon laissait Meradyce totalement indifférente ? Pourquoi ressentait-il un tel soulagement à l'idée de savoir que celui qu'elle avait aimé avait choisi d'épouser sa religion, ou, mieux encore, était mort ?

— Au nom de Njord, que t'est-il arrivé ? s'exclama Olva.

Devant elle se tenait Adelar, encore dégoulinant, qui, d'un air victorieux, brandissait son poisson.

— Regarde ce que j'ai pris ! s'exclama-t-il avant d'éternuer.

Alarmée, la vieille femme lui passa un bras autour des épaules et le poussa vers le feu, non sans jeter à Einar un regard chargé de reproche.

— Ce n'est rien, la rassura celui-ci. Il est simplement tombé dans le lac.

— Regarde mon poisson ! lança Adelar à Meradyce qui tentait de l'embrasser et de le réchauffer.

— Il est superbe, dit-elle doucement. Mais il faut te changer, maintenant.

— Est-ce qu'il est mort ? demanda Betha, d'une voix craintive et horrifiée à la fois.

— Bien sûr, lui répondit son frère avec mépris. Il faut qu'il soit mort si nous voulons le manger.

— Viens là, jeune guerrier, lui dit alors Olva. Il faut te changer avant que tu n'attrapes mal.

Comme il cherchait à protester, la vieille femme ajouta :

— Si tu es malade, il n'y aura plus de chasse ni de pêche pendant longtemps, tu sais.

Tandis qu'il suivait à contrecœur la mère du Viking, Meradyce retourna à sa place, près du foyer, pour reprendre son travail de couture. Malgré ses yeux baissés, elle se rendait parfaitement compte de la présence d'Einar sur le pas de la porte.

— Aimes-tu mon petit chien ? demanda Betha au Viking en lui montrant l'animal qu'elle tenait contre sa poitrine.

Discrètement, Meradyce leva la tête et constata, non sans surprise, qu'Einar souriait chaleureusement à la fillette. Avec ce sourire qui lui éclairait et lui adoucissait le visage, la Saxonne le trouva tout simplement magnifique.

Il se baissa alors devant Betha, la prit par la main et la conduisit auprès du feu, avant de s'asseoir sur le sol et de la prendre sur ses genoux.

— C'est un joli chiot. Comment l'appelles-tu ?

— Alfred. C'est le nom du roi. Mon père va être dans le Witan, tu sais. Ce sont les gens qui aident le roi à décider de ce qu'il y a à faire.

Totalement stupéfaite par ce qu'elle entendait, Meradyce garda pourtant les yeux baissés. Jamais, elle n'aurait soupçonné que Kendric osât briguer un siège dans le Witan. Son rang n'était pas assez haut pour qu'il prétendît à un tel honneur. Comment n'avait-elle pas compris à quel point son ambition le dévorait ?

— Tes parents te manquent-ils beaucoup ? s'enquit Einar avec douceur.

— Oui. Mais, heureusement, il y a Meradyce.

— Oui… heureusement.

A ces mots, Meradyce se sentit malgré elle submergée par un indicible bien-être. C'était comme si… comme si Einar aussi était heureux qu'elle soit là.

A cet instant, Endera entra dans la maison, le visage radieux. Mais, aussitôt qu'elle aperçut son père, son sourire se figea.

— Endera, tu es là ? appela alors Olva. As-tu trouvé un bon hareng salé, comme je te l'ai demandé ?

Einar se leva, déposa gentiment la fillette près de lui puis se dirigea vers la porte. Une fois de plus, il n'avait pas dit un mot à sa fille.

Meradyce, qui remarqua immédiatement le chagrin dans les yeux d'Endera, ne put, cette fois, garder le silence. Elle se leva et suivit Einar alors qu'il sortait.

La nuit était tombée et, aux bruits qui lui parvenaient de chez Svend, la jeune femme sut que la plupart des guerriers se trouvaient déjà à l'intérieur. Elle observa Einar et le vit entrer seul dans sa maison.

L'air déterminé, la Saxonne longea la grande salle d'un pas rapide, puis rejoignit la longue bâtisse de bois où habitait le Viking, et y entra à sa suite.

Einar avait allumé une lampe à huile et s'apprêtait à ôter sa tunique quand il se rendit compte qu'il n'était pas seul.

— Par tous les dieux !... s'exclama-t-il avant d'achever de se dévêtir. Que voulez-vous ?

— Pourquoi ignorez-vous sciemment Endera ? demanda-t-elle d'une voix empreinte de dureté.

Einar se retourna lentement vers la Saxonne. Son torse nu luisait à la lueur vacillante de la flamme et ses longs cheveux blonds lui caressaient les épaules. Mais, dans l'obscurité ambiante, ses traits restaient indéchiffrables.

— La façon dont je me conduis ne vous regarde pas.

— Vous lui faites du mal, et vous le savez. Elle vous aime beaucoup.

Rejetant sa tunique au loin, Einar tendit la main vers une outre de vin.

— Je comprends que vous lui reprochiez la mort de votre femme, continua Meradyce, mais votre attitude revient à la punir injustement, puisqu'elle n'est nullement responsable de votre malheur.

Avant de répondre, Einar avala une longue gorgée de vin.

— Etes-vous sûre de vraiment comprendre ? observa-t-il avec froideur.

— Oui. J'ai déjà vu des mères mourir en couches.

— Savez-vous combien j'aimais la mère d'Endera ?

Ignorant la jalousie qui lui mordait le cœur, Meradyce répondit :

— J'imagine combien vous avez dû souffrir. Mais même si cela vous coûte, vous devez parler à Endera, sinon votre mépris finira par la rendre malade de chagrin.

— C'est une véritable torture pour moi que de me trouver auprès d'elle, avoua Einar en s'avançant vers la jeune femme.

— Prenez sur vous, l'implora-t-elle. Pour le bien d'Endera, je vous le demande.

Comme le Viking s'approchait lentement de Meradyce, elle put enfin distinguer son visage.

— Vous ne comprenez rien, lâcha-t-il, glacial.

Devant la cruauté de ces paroles, la Saxonne demeura muette. Einar hésita un instant, puis fixa sur elle un regard dur.

— Avant même la naissance d'Endera, je haïssais déjà sa mère.

— Pourquoi ? osa-t-elle demander.

— Endera n'est pas ma fille.

— Mais... vous avez dû la reconnaître, répliqua-t-elle, intriguée. Aucun guerrier viking n'accepterait un enfant qu'il n'estimerait pas être le sien.

Einar partit d'un rire amer et s'écarta de Meradyce.

— Avant de mourir, ma femme m'a annoncé que l'enfant qu'elle portait n'était pas le mien, mais Nissa mentait comme elle respirait. Je n'ai pas voulu la croire. Elle était capable par ce mensonge de seulement chercher à me...

— A vous blesser ? acheva Meradyce, bouleversée.

— Oui.

— Mais, dans quel but ?

— Je l'ignore. Pourquoi une femme cherche-t-elle à blesser son mari ?

— Parce que lui-même l'a blessée auparavant, répliqua la Saxonne.

Einar se retourna vivement avant de déclarer :

— Vous croyez donc tout savoir, madame ! Eh bien, cette fois vous vous trompez. Je n'ai rien fait qui ait pu la blesser. Je l'aimais. Beaucoup trop, sans doute ! J'ai découvert bien tard ce qu'elle était vraiment. Une putain ! Un homme la regardait par deux fois, et elle se retrouvait dans son lit. Elle ne m'a épousé que parce que j'étais le fils du chef, pour rendre les autres femmes jalouses d'elle, et pour s'attirer les faveurs d'autres guerriers encore.

Derrière l'amertume, Meradyce devina la douleur d'Einar. Son cœur s'emplit alors de compassion pour le Viking.

— Je comprends...

— Vous savez maintenant pourquoi j'ai reconnu Endera. Vous pouvez donc vous retirer.

— Etait-ce la seule raison pour laquelle vous l'avez recueillie ?

— Oui.

Cependant, Meradyce avait vu Einar en compagnie d'Adelar et de Betha. Elle avait constaté combien il se montrait attentionné pour eux.

— Vous mentez.

— Personne n'ose jamais m'accuser de mensonge, rétorqua-t-il en la saisissant violemment par les épaules.

Il était trop tard, Meradyce n'avait plus peur de lui. Jamais Einar ne l'effraierait plus.

— Vous avez eu pitié de cette enfant, c'est tout. Si petite, si fragile, elle attendait que vous lui fassiez honneur ou que vous la rejetiez. Son avenir dépendait de vous. De vous seul.

— Oui ! s'écria-t-il en repoussant la jeune femme. Oui...

Le cœur chaviré par l'émotion, Meradyce s'approcha du Viking et lui posa une main sur le bras.

— Einar, je ne savais pas...

— Comprenez-vous à présent comme il m'est difficile de me retrouver en face d'Endera, de devoir sans cesse chercher en elle quelque chose de moi... ou d'un autre homme ?

Toute idée de résistance s'évanouit alors du cœur de Meradyce. Et, sans qu'elle s'en rendît compte, disparut aussi son adoration de jeunesse pour un homme mort.

Alors, elle passa les bras autour du cou d'Einar, avec le désir de le réconforter, de lui montrer qu'elle comprenait le désarroi qui le rongeait.

Dans un soupir rageur, Einar s'efforça de ne pas réagir à cette étreinte.

— Vous comprenez à présent pourquoi jamais je ne me remarierai, articula-t-il, les dents serrées.

— Jamais ? murmura-t-elle, déçue par la finalité de ses paroles.

Le Viking s'écarta afin de mieux regarder la jeune femme, et posa sur elle des yeux gris interrogateurs. Puis il l'embrassa. Tendrement. Doucement. Merveilleusement.

Meradyce le désirait. Elle le savait à présent, aussi sûrement que l'aurore se levait après chaque nuit. Elle voulait être auprès de lui, partager ses joies et ses peines. Elle voulait être sa femme.

— Restez avec moi, dit-il d'une voix douce.

Elle sentit qu'il effleurait sa nuque des lèvres et ferma les yeux pour mieux savourer cette caresse. Ah ! si seulement elle pouvait être sûre de ce qu'il éprouvait pour elle, avoir la certitude que brûlait en lui davantage qu'une simple attirance physique.

— Me voulez-vous pour épouse, Einar ?

Frémissante de bonheur, elle recula de quelques pas pour mieux le voir quand il acquiescerait. Cependant, devant le triomphe qu'il devina en elle, Einar ne put se résoudre à capituler.

— Non, je ne veux pas.

Affreusement dépitée, Meradyce se détourna avec force.

— Je ne dirai rien à Endera sur sa mère, déclara-t-elle avant de s'éloigner. Mais ce n'est plus une enfant, et vous devriez lui dire la vérité.

— Meradyce !

— Dorénavant, je ne vous adresserai plus la parole, Einar.

— Alors, vous épouserez Ull ? demanda-t-il en feignant l'indifférence.

Avec défi, la Saxonne releva fièrement la tête.

— Cela ne vous concerne nullement.

Puis elle disparut dans la nuit, laissant le Viking aussi désemparé que mortifié.

11

Assis à côté de Lars, dans la maison des bains, Einar demanda à son ami :

— Ainsi, tu t'en vas ?

— Ingemar voudrait aller à Hedeby, et je l'accompagne, expliqua Lars sur un ton décidé.

— Dans ce cas, tu seras de retour avant l'hiver.

— Non. Nous ne reviendrons pas.

Einar jeta un regard consterné à son compagnon.

— Lars, tu ne parles pas sérieusement…

— Si, Einar. Ingemar ne supporte plus de se voir humiliée de la sorte. Je lui ai proposé de partir avec elle, et elle a accepté.

— La Saxonne n'a rien fait pour l'humilier.

— Tu ne comprends pas, Einar. Ce n'est pas elle, c'est toi.

— Moi ? s'étonna le Viking. Qu'ai-je fait qui ait pu l'humilier ?

— Tu ne l'as pas demandée en mariage.

— Je lui ai dit que je n'avais pas l'intention de l'épouser, corrigea Einar. Je ne vois cependant pas quelle différence cela faisait entre nous.

— Par Thor, Einar, tu ne comprends donc rien ! Ingemar espérait bien pouvoir te faire changer d'avis, même après que tu avais amené cette Saxonne au village. A tort ou à raison, elle est certaine que tu vas épouser cette femme, et elle ne veut pas être présente ce jour-là.

— Dans ce cas, emmène-la donc à Hedeby. Mais

reviens-nous, Lars. Il n'y a pas meilleur timonier que toi au village, et, surtout, tu es mon ami !

Comme Lars ne répondait rien, Einar sentit qu'il y avait autre chose.

— Tu sembles très attaché à Ingemar. Voilà pourquoi tu vas là-bas avec elle. J'ignorais...

— Je l'ai toujours désirée, Einar, avoua Lars dans un sourire rêveur. Mais, tant qu'elle gardait l'espoir de t'épouser, je n'avais aucune chance.

— Alors, épouse-la et reste ici.

Avec un soupir, Lars se leva pour jeter un peu d'eau sur les pierres fumantes.

— Einar, elle possède autant de fierté que toi. Elle ne veut pas rester près de la Saxonne.

Certain, à présent, qu'il ne le dissuaderait pas de partir, Einar regarda son compagnon.

— Tu me vois fort affligé de te perdre, Lars.

Celui-ci eut un sourire triste.

— J'aurais aimé qu'il en fût autrement, Einar. Mais je désire Ingemar depuis trop longtemps pour sacrifier mon bonheur au nom de notre amitié.

— Svend t'en voudra.

— Je le sais. Et je redoute le moment où je devrai lui parler. Mais, dis-moi, Einar, puisque je pars bientôt, vas-tu épouser la Saxonne ?

— Non.

— Lars s'en va ? demanda Hamar, incrédule.

— Je n'arrive pas à y croire moi-même, déclara Svend fort courroucé. Tout cela à cause d'une femme !

— Il veut Ingemar pour lui.

— Eh bien, qu'il l'épouse. Mais, par Odin, c'est un homme ! Ingemar devrait lui obéir. Qu'arrive-t-il à mes guerriers pour s'attendrir de la sorte ?

Hamar se garda bien de rappeler à son père que lui non plus n'avait reculé devant rien pour plaire à ses épouses ; et qu'il continuait encore à offrir de généreux présents à celles dont il avait divorcé des années plus tôt.

— Et comme cela ne suffisait pas, ajouta Svend, il y a cette ridicule rivalité entre Ull et Einar.

— Pourtant, Einar ne semble pas particulièrement attiré par la Saxonne.

— Serais-tu aveugle, mon fils ? N'as-tu pas vu la façon dont il la regarde ? Par la foudre de Thor ! Il me fait penser à un adolescent énamouré. Quant à Ull…

— Peut-être Meradyce jettera-t-elle son dévolu sur Ull, et nous n'en parlerons plus, hasarda Hamar.

— Aucune femme ne s'aviserait de préférer Ull à mon fils !

Hamar dissimula un sourire.

— Certes, non, père. Mais tu sais ce qu'Einar pense du mariage. Et, qu'en dit Olva ?

— Qu'est ce vacarme ? demanda brusquement Svend.

A cet instant, des cris s'élevèrent dans la rue, et les deux hommes se levèrent précipitamment.

Dehors, ils aperçurent Ilsa qui se dirigeait vers le centre du bourg, vêtue de braies appartenant à Ull, dans la ceinture desquelles elle avait passé sa robe. D'une main ferme, elle retenait le pantalon trop grand, tandis que l'autre se balançait contre son corps au rythme vif de ses pas.

Le village entier regardait cette femme qui, en suivant une tradition ancestrale, manifestait son désir de demander le divorce. Certains dans la foule la montraient du doigt et riaient à son passage. D'autres paraissaient inquiets, sachant que ce divorce pouvait conduire à une lutte sanglante.

— Où est Ull ? demanda Svend dont la voix vibrait de colère.

— Je ne l'ai pas vu aujourd'hui, répliqua Hamar. Il est sans doute parti chasser.

— Arrête Ilsa immédiatement, lui ordonna son père. Et trouve Ull. Puis amène-moi ici Einar et cette Saxonne.

Un moment plus tard, Ilsa, Einar, Meradyce et Ull se tenaient dans la grande salle de la maison de Svend. Assis dans son fauteuil de chef, ce dernier les considérait d'un œil courroucé.

Du coin de l'œil, Einar vit sa mère se frayer un chemin pour mieux assister à la scène.

— Cette mascarade doit cesser immédiatement, s'exclama Svend en foudroyant Meradyce du regard.

Puis, il se tourna lentement vers son fils et articula :

— Einar épousera cette femme.

— Injustice ! s'écria alors Ull. Tu as dit que c'était à elle de choisir.

— Oserais-tu me défier, Ull ? interrogea Svend d'une voix menaçante.

— Je voulais simplement te rappeler ta propre décision.

— Tu as raison, Ull. Mais j'ai changé d'avis, et voici mes ordres : la Saxonne sera la femme d'Einar.

— Je demande que cette décision soit portée devant le Althing, protesta Ull.

Il évoquait la cession annuelle, durant laquelle se discutaient les affaires diverses qui pouvaient opposer certains villageois.

— Je pense que personne ici ne considère le mariage comme une affaire à porter devant le Althing, objecta calmement Svend. J'ai pris ma décision, et je ne reviendrai pas là-dessus.

Au cours de la discussion, Einar n'avait pas quitté son père des yeux, semblant parfaitement ignorer la femme qui se tenait à côté de lui. Maintenant son épouse.

Il savait qu'il avait le droit d'interrompre Svend et rétorquer qu'il ne désirait pas de femme. Mais contredire son père devant tous signifierait alors qu'il prétendait au commandement du village.

Ce fut, tenta-t-il de se persuader, la seule raison pour laquelle il ne contesta pas la décision de Svend. Cependant, Einar ne voulut pas chercher pourquoi son cœur battait soudain à tout rompre.

— Que se passe-t-il ? demanda alors Meradyce.

— Vous êtes dorénavant mon épouse, annonça-t-il simplement à la Saxonne.

— Quoi ?

— Svend vient de faire de moi votre mari.

— Il a pourtant dit que j'étais libre…

— Plus maintenant. A présent, vous m'appartenez.

— Cela veut-il dire que la parole d'un Viking n'a de valeur que jusqu'à l'instant où il change d'avis ?

— Que dit-elle ? interrogea Svend.

— Elle te remercie pour le choix judicieux que tu viens de faire, répliqua Einar.

— Bon. L'affaire est donc conclue, reprit le chef du village avant de saisir sa corne.

Grimaçant de fureur, Ull sortit d'un pas rageur, tandis qu'Olva s'avançait.

— Inutile de préparer une fête ! prévint Svend en levant la main vers son ex-épouse.

Celle-ci voulut protester mais il l'en empêcha.

— Assez ! rugit-il. Ils sont mariés. Voilà qui est dit et fait !

Puis il s'adressa à Einar, qui demeurait immobile :

— Eh bien, fils, vas-tu rester là, inerte comme une pierre, ou emmener ta femme chez toi pour lui faire des enfants ?

Sans un mot, Einar saisit brusquement la main de Meradyce et quitta le hall en l'entraînant à sa suite.

Une fois chez lui, le Viking lâcha la main de sa nouvelle épouse et se tourna vers elle, en se demandant si la colère passionnée dont il la savait capable finirait par s'exprimer. Mais elle lui opposa seulement une douce soumission.

— Je constate que les Saxons et les Vikings ont un sens bien différent de l'honneur.

— Cette décision n'était pas la mienne, objecta Einar. Je n'avais guère le choix.

— Alors, laissez-moi partir.

— Pour rejoindre Ull ?

— Non, dit-elle en croisant calmement les bras. Pour que je sois libre.

— Vous n'y pensez pas ? Dois-je vous rappeler que vous êtes ma femme ?

D'un pas rageur, Einar traversa la pièce pour saisir sa corne de vin. Comment Meradyce pouvait-elle se montrer aussi calme ? Ne voyait-elle donc pas qu'il enrageait à cause d'elle ?

Pourtant, malgré le visage impassible qu'elle affichait, la jeune femme bouillonnait d'émotions contradictoires. Elle tremblait de colère à l'idée que les Vikings eussent pu lui rendre sa liberté pour la reprendre aussitôt. Qu'était-il arrivé à leur chef pour qu'il changeât aussi radicalement d'avis ?

D'un autre côté, Meradyce devait user de toute sa volonté pour ne pas se jeter aux pieds d'Einar et le supplier de la garder.

Après un long instant d'hésitation, elle demanda à brûle-pourpoint :

— Pourquoi Ilsa portait-elle des braies ?

— Elle voulait divorcer de Ull, répondit Einar surpris par la soudaineté de cette question.

— Pourquoi ?

— A cause de vous, j'imagine.

Meradyce, qui s'éloignait en lui tournant le dos, fit volte-face, déconcertée.

— Cela aurait entraîné des ennuis pour tout le village, acheva-t-il d'expliquer.

— Ainsi donc, le fait de m'épouser assure-t-il la tranquillité du village ?

— Oui.

Comme elle s'approchait lentement du lit, Einar se sentit soudain submergé par un désir aussi ardent qu'irrésistible. Par le marteau de Thor, il la désirait tant ! Plus encore, il avait besoin d'elle comme jamais il n'avait eu besoin d'une femme. Non pour seulement partager sa couche, mais pour partager sa vie, ses douleurs et ses joies. Pour porter ses enfants.

Cette femme, et pas une autre.

Néanmoins, Einar se garda bien de laisser entrevoir ses sentiments à Meradyce. Ce serait faire montre de faiblesse, prouver qu'il perdait le contrôle de lui-même alors qu'elle savait si bien maîtriser le sien.

Il lui fallut un moment pour se rendre compte que la Saxonne se débarrassait lentement de sa robe.

— Que faites-vous ?

— Je suis votre femme. Appropriez-vous ce que vous convoitez depuis le début. Dorénavant, je ne vous résisterai plus.

— Arrêtez ! s'exclama le Viking qui, pour la première fois de son existence, se sentait défait.

Elle suspendit son geste, alors que sa main allait tirer la cordelette qui fermait l'encolure de sa chemise, puis demanda sur un ton tranquille :

— Pourquoi ? N'est-ce pas ce que vous désirez ? N'est-ce pas de mon corps que vous avez l'intention de tirer votre plaisir ?

Einar serra des poings rageurs.

— Non, répondit-il avant de la rejoindre près du lit. Mais qu'est-il arrivé à celui que vous vouliez épouser ?

Meradyce lui jeta un regard stupéfait.

— Qui vous a dit… ?

Pour toute réponse, il insista :

— Qu'était-il ? Un prêtre ?

A l'expression consternée de la jeune femme, Einar sut qu'il ne se trompait pas.

— Trop saint pour vous toucher, n'est-ce pas ? railla-t-il cruellement.

— Comment osez-vous me parler de lui, barbare !

Elle leva la main pour le gifler, mais Einar lui saisit le poignet au vol et le serra si violemment que Meradyce dut ravaler des larmes de douleur. Puis, d'un geste sec, il la relâcha.

— Seriez-vous jaloux ? osa-t-elle demander dans un murmure.

— Vous êtes ma femme, maintenant. Je me promets de vous faire oublier tous les hommes que vous avez connus !

Sans lui laisser le temps de répliquer, Einar étreignit la Saxonne et l'embrassa sauvagement. Libre à elle de penser à son prêtre, si bon lui semble ! Au moins s'emparerait-il du corps, à défaut d'en posséder l'âme !

— Arrêtez ! hurla-t-elle alors en s'arrachant à l'étreinte.

Figé de stupeur, la poitrine soulevée par son souffle court et puissant, Einar laissa la jeune femme s'écarter. Tous deux se retrouvèrent face à face, tels deux guerriers désarmés au milieu d'un champ de bataille.

Alors, Meradyce fixa son adversaire, qui, cette fois, fut incapable de soutenir son regard bleu.

— Voulez-vous vraiment de moi ? interrogea-t-elle d'une voix presque inaudible.

— Que… voulez-vous dire ?

— Svend a ordonné que vous me preniez pour épouse.

Vous m'avez assuré que je l'étais. Je veux savoir, Einar. Voulez-vous vraiment de moi pour femme ?

— Oui !

Peu lui importait, maintenant, que Meradyce devinât en lui de la faiblesse ou de la force. D'une longue foulée, il la rejoignit et la prit dans ses bras.

— Oui, Meradyce, je veux que vous soyez ma femme. J'ai besoin de vous, de votre amour. Je vous en prie, acceptez de devenir mon épouse.

Sans attendre de réponse, ses lèvres vinrent écraser les siennes dans un baiser passionné, qui révélait tout ce que des mots n'auraient pu dire.

Meradyce y répondit avec enthousiasme. Alors qu'elle sentait Einar s'embraser tout entier, un sentiment de triomphe et de désir mêlés s'empara de tout son corps, tandis qu'une passion ardente s'immisçait en elle, se glissait jusqu'au plus intime de sa personne.

Les boucliers dont tous deux se protégeaient venaient tout à coup de se briser.

Meradyce désirait cet homme. De toute son âme, de tout son être.

S'écartant légèrement de son compagnon, d'une main fiévreuse, elle commença de délacer le col de la tunique, et ne put résister au plaisir envoûtant de presser les lèvres sur la peau tannée. Puis, elle glissa une main sous la rude étoffe de laine et la laissa se promener le long des puissants muscles du torse.

Einar laissa échapper un gémissement tandis que sa paume remontait contre le dos de Meradyce, et que l'autre lui recouvrait un sein. Sous ce contact, la Saxonne frissonna de délice. Puis, saisie d'une hardiesse qu'elle ne se connaissait pas, elle agrippa les pans de la tunique et débarrassa Einar de son vêtement. Malgré la faible lueur, elle devina chaque muscle, chaque contour du torse basané.

Alors, incapable de détacher de lui son regard, elle défit à la hâte la cordelette qui fermait le col de sa robe. Son corps, ardent de désir, resta insensible au froid, qui ne fit que lui caresser la peau.

— Einar, dit-elle dans un souffle, prenez-moi.

Oui, il allait la prendre, la faire sienne. Mais sans hâte. Il voulait goûter pleinement son triomphe.

Un long moment, il contempla le corps merveilleux de son épouse, puis il lui prit tendrement le menton et lui sourit, ravi à l'idée qu'il ne l'avait en rien forcée. Meradyce montrait autant d'enthousiasme que lui. Elle se donnait à lui, de son plein gré.

Comme il la caressait avec fièvre, elle s'arc-bouta contre son corps et, soudain, Einar perdit toute patience. Il souleva la jeune femme dans ses bras et la déposa sur le lit. Puis, d'une main nerveuse, il ôta ses braies et vint s'allonger auprès d'elle.

Plongeant dans le sien un regard débordant de tendresse, il lui murmura :

— Je ferai tout pour que vous ne souffriez pas, Meradyce.

Une telle expression de confiance la transfigura, alors, qu'Einar en eut un instant le souffle coupé.

— Je sais, Einar, dit-elle dans un sourire. Je sais aussi que la douleur sera brève et vite oubliée.

D'une pression sur l'épaule, Meradyce l'attira contre elle.

Malgré l'irrésistible envie qu'il avait de plonger en elle, de se perdre en elle, Einar parvint à garder le contrôle de lui-même. S'il avait aimé bien d'autres femmes avant celle-ci, peu d'entre elles étaient encore vierges. Il savait qu'il devait redoubler de douceur et d'attention avec Meradyce. Alors, il la caressa longuement, laissant ses paumes faire naître en elle le désir qui la pousserait à s'offrir pleinement à son amour.

De ses lèvres ardentes, il partit à la conquête du corps tant désiré, lui arrachant mille petits cris de plaisir et d'émoi. Enfin, quand il sut qu'il ne pouvait attendre davantage, il se coucha sur la jeune femme, le regard accroché au sien pour y déceler la moindre souffrance.

Mais alors, ce fut Meradyce qui, d'une brusque poussée en avant, l'attira vers elle. Agrippant les épaules vigoureuses et obéissant à un réflexe primitif et passionné, elle se pressa contre son compagnon. Elle resta un instant saisie par le contact dur et brûlant de cette virilité qui palpitait au seuil de son intimité. Puis, avec un cri, elle guida son amant en elle pour s'abandonner enfin au délice d'un amour qu'elle s'interdisait depuis trop longtemps.

— Vous... vous ai-je blessée ? demanda Einar quand tous deux eurent repris une respiration normale.

— Vous avez été très délicat... mon époux, répondit Meradyce dans un sourire ensorcelant.

Puis, le visage soudain grave, elle ajouta :

— Einar, m'auriez-vous épousée si Svend ne vous y avait obligé ?

— Et vous, auriez-vous épousé Ull ?

— Répondez à ma question.

Le Viking roula sur le côté et se mit à jouer avec une boucle des cheveux de Meradyce.

— Allez-vous faire partie de ces femmes qui ne cessent de poser des questions ?

— Je voudrais le savoir, insista-t-elle doucement.

— Je l'ignore, avoua enfin Einar avant de lui déposer un baiser sur le front. Mon expérience du mariage n'a pas été des plus agréables, et je ne voulais pas me relancer dans une union aussi catastrophique que celle que j'ai connue avec Nissa. Auriez-vous épousé Ull, si j'avais refusé votre main ?

Dans un soupir, Meradyce répondit :

— Il aurait été malhonnête de ma part, même vis-à-vis d'un homme tel que Ull, de l'épouser alors que mon cœur appartenait à un autre.

— Votre cœur m'appartient-il, Meradyce ? demanda-t-il en l'attirant contre lui.

Dans le seul regard de la jeune femme, Einar lut tout ce qu'il désirait savoir.

Alors, à cet instant seulement, il se rendit compte qu'ils n'étaient pas seuls.

12

D'un geste à la fois doux et ferme, Einar repoussa Meradyce et se leva. De son regard d'aigle, il scruta l'obscurité de la pièce.

— Qu'y a-t-il ? demanda Meradyce en s'asseyant sur le lit.

— Adelar ? appela le Viking sans répondre.

Le jeune garçon s'avança lentement vers le couple.

— Que veux-tu ? interrogea Einar en enfilant ses braies.

Alors, scintilla la lueur d'une lame dans la main d'Adelar tandis qu'il se ruait sur le Viking. Ce dernier parvint aisément à le maîtriser, et tous deux allèrent rouler ensemble sur le sol poussiéreux. Pris au piège, le gamin continua de se débattre férocement.

Affolée, Meradyce s'enveloppa dans l'une des couvertures de fourrure, et se précipita vers les deux adversaires.

— Einar, je vous en prie, laissez-le se relever !

Celui-ci accéda à cette prière, et Adelar se releva en tremblant, son regard indigné ne cessant de passer de Meradyce à Einar.

— Adclar, demanda posément la jeune femme, pourquoi cette agressivité ?

Les yeux baissés, le garçon resta muet.

— Adelar, réponds-moi.

Enfin, il leva fièrement la tête et lança :

— S'il vous a fait du mal, je le tuerai !

— Einar ne voudrait jamais me faire du mal, Adelar. Il me protège, exactement comme tu le fais en ce moment.

— Mais… tu ne veux pas de lui pour mari ! s'étonna-t-il.

— Si, mon chéri, avoua-t-elle d'une voix douce.

— C'est un Viking !

— Je sais.

En écoutant cet échange, Einar comprit soudain que l'adolescent portait à Meradyce l'amour que l'on réservait non pas à une mère, mais à une amante. Et le Viking s'émerveilla de la sagesse avec laquelle son épouse considérait l'incident, et qui l'incitait à traiter Adelar non pas en enfant que l'on réprimande, mais en homme jaloux.

Aussi jugea-t-il opportun, à son tour, d'avoir une conversation d'homme à homme avec son petit protégé.

— Viens avec moi, dit-il au jeune garçon.

Adelar chercha à objecter, mais les paroles d'Einar avaient la force d'un ordre. Il se vit donc contraint d'obéir.

Le Viking le conduisit ainsi hors des limites du village, jusqu'au champ où les guerriers s'entraînaient au combat. Einar apprécia l'air vif qui l'aida à recouvrer ses sens, après les instants d'émotion passés auprès de Meradyce.

Il s'assit sur un roc et fit signe à son compagnon de l'y rejoindre.

— Les sentiments que tu éprouves, lui expliqua-t-il alors, et le choix avisé que tu sais faire des femmes sont tout en ton honneur. Mais tu dois te rendre à l'évidence que Meradyce est trop âgée pour toi.

Adelar lui jeta un regard sceptique.

— Tu es jeune. Les meilleures années de ta vie t'attendent encore. Tu rencontreras beaucoup de femmes avant de trouver celle qui te conviendra.

— C'est ta manière de voir les choses, pas forcément la mienne, protesta Adelar.

L'entreprise s'annonçait plus difficile que ne l'aurait cru Einar.

— Pourquoi convoites-tu Meradyce ? demanda-t-il, intrigué.

— Je n'ai pas à te répondre.

— Dans ce cas, je répondrai pour toi, rétorqua le Viking. Tu la désires parce qu'elle est douce, belle et intelligente.

— Pourquoi me le demander, si tu le sais ?

— Parce que nous avons tous deux les mêmes raisons de l'aimer.

— Si tu l'aimes, reprit le garçon d'une voix dure, pourquoi l'avoir violée ?

— Je ne l'ai pas violée, s'indigna Einar. Je l'ai aimée, Adelar. Et elle m'a aimée à son tour. C'est elle qui m'a choisi. Je ne l'ai forcée en rien.

Le visage écarlate de fureur, Adelar se leva d'un bond.

— Je ne vous crois pas !

— Alors, c'est moi qui te le dirai.

A ces mots, Einar se retourna vivement pour voir Meradyce s'avancer vers eux, enveloppée dans une épaisse cape de laine.

— Assieds-toi, dit-elle gentiment au jeune garçon.

Adelar obéit de mauvaise grâce, et la Saxonne vint le rejoindre sur le roc. Plongeant gravement son regard dans le sien, elle déclara :

— Ecoute-moi, Adelar. J'aime profondément Einar. Tu sais d'ailleurs quel genre d'homme il est.

— C'est un sauvage et un barbare…

— Non ! C'est ta fierté blessée qui parle. Einar est un valeureux guerrier, comme tu le seras toi-même. Il possède de l'honneur, il est loyal et bon. Il ne m'a pas prise… Je me suis donnée à lui.

— Peut-être oublies-tu qui tu es, riposta Adelar. Moi, je ne l'oublie pas.

Einar vit alors rougir le visage de Meradyce. Etait-ce de honte ?

— Les Saxons ne sont pas meilleurs que les autres, dit-il

d'une voix tranquille en fixant le jeune garçon. Sais-tu comment nous avons trouvé ton village, Adelar ? Vous avez… il se trouve un traître parmi ton peuple glorieux.

— Tu mens !

— Je ne mens jamais.

— Qui est-il, alors ?

— Demande à ton père.

— Je ne te crois pas, s'écria Adelar en se levant d'un bond. Je te déteste ! Je vous déteste tous les deux !

Déconcertés par la violente réaction du jeune garçon, Meradyce et Einar le regardèrent s'enfuir en courant vers le village, et comprirent qu'il avait besoin d'être seul. La Saxonne tourna vers Einar un visage où se lisait aisément la consternation.

— Ainsi, il y avait un traître dans notre village ?

— Oui, répliqua Einar en la réconfortant entre ses bras.

— Qui était-ce ?

— Kendric.

Meradyce ne put réprimer un sursaut d'horreur.

— Kendric ? Mais, dans quel but ? Pourquoi trahirait-il son propre peuple ?

— Il voulait que nous tuions quelqu'un. Il avait offert beaucoup d'argent, et le village à lui tout seul représentait un important butin.

— Qui voulait-il… ? Ludella ! Il voulait que vous tuiez Ludella, n'est-ce pas ? Voilà pourquoi vous regardiez aussi intensément le crucifix que je portais au cou. Vous pensiez que j'étais la mère des enfants. C'est affreux… Kendric… J'ai de la peine à le croire.

— Vous me croyez, n'est-ce pas ? demanda le Viking.

— Certes, oui. Mais je ne pense pas qu'Adelar doive le savoir.

— Je lui en aurai parlé avant qu'il ne retourne dans son pays. Un jour, il sera le chef de son peuple, et il doit savoir que l'ennemi est partout.

Meradyce savait que les prédictions d'Einar allaient un jour se réaliser. Adelar avait l'étoffe d'un meneur d'hommes.

— Doit-il vraiment tout savoir ? demanda-t-elle, inquiète.

— Adelar est assez fort pour connaître la vérité, mais cela peut attendre. Ce soir, je n'ai nulle envie de parler de félonie.

Confiante, Meradyce se blottit contre son compagnon dont la voix chaleureuse et le tendre regard la réconfortaient délicieusement.

— Etes-vous honteuse, Meradyce ?

— Honteuse ? Mais, de quoi ?

— D'être la femme d'un Viking ?

La jeune femme hésita un instant avant de répondre, et, dans cette attente, Einar sentit son cœur palpiter d'inquiétude.

— Adelar a eu des propos tellement violents..., dit-elle enfin. Durant un instant, je me suis sentie coupable. Et cependant, Einar, je ne peux qu'éprouver de la fierté à être votre épouse.

Tendrement, il se pencha vers elle et l'embrassa.

— Et moi, je suis fier d'être votre mari. Venez, il fait trop froid, maintenant.

Comme ils retournaient main dans la main vers le village, Meradyce déclara, pensive :

— Adelar semblait tellement furieux...

— La jalousie est un sentiment affreux. Mais il est jeune. Il oubliera vite.

— J'espère que vous avez raison, reprit-elle d'un air dubitatif.

— Rentrons à la maison, ma femme. Il fait sombre et je voudrais aller au lit.

— Etes-vous fatigué ?

— Non, répondit Einar avec un sourire entendu.

— Je n'ai pas l'intention de courir nue dehors, annonça Meradyce à Einar tandis qu'il versait de l'eau sur les pierres chauffées. Et encore moins de sauter ensuite dans la rivière.

Un nuage de vapeur s'éleva dans la maison des bains déjà surchauffée.

— C'est pourtant le moment le plus agréable, lui assura le Viking, assis à côté d'elle. C'est le choc de l'eau froide qui vous secoue jusqu'au plus profond de vous-même.

— J'ai d'autres moyens pour cela, merci, repartit Meradyce en s'appuyant contre le mur de bois.

L'air chaud avait le pouvoir de détendre chacun de ses muscles, et elle se serait volontiers endormie si elle s'était trouvée seule.

Toutefois, la présence d'Einar totalement nu à son côté lui donnait envie de tout autre chose. Ouvrant les yeux, la jeune femme le regarda.

— Je vois que vous n'avez pas froid.

— Non, je suis bien, dit-il en lui passant lascivement une main sur la jambe.

— Je croyais que cette séance était censée nous reposer, plaisanta Meradyce tandis que s'accéléraient les battements de son cœur.

— Je n'ai nulle envie de me reposer, madame, riposta Einar d'une voix rauque. Si vous ne voulez pas courir à la rivière, il faudra que je trouve autre chose...

Meradyce soupira d'aise lorsque les paumes d'Einar commencèrent à se promener voluptueusement sur son corps.

— Et si quelqu'un entrait maintenant ?

— Il devra attendre... que nous ayons fini.

— Einar ?

— Oui ?

— Combien de femmes avez-vous aimées ?

Einar demeura un instant interdit, puis finit par répondre :

— Moins que vous ne l'imaginez.

— J'aimerais tant en savoir plus, afin de vous plaire, dit-elle alors en se levant pour traverser la salle.

Le mur auquel elle s'adossa n'avait pas de banc. Tournée vers son compagnon, Meradyce lui laissa tout loisir d'admirer les formes délicieuses de son corps nu.

— Venez, Einar, l'invita-t-elle en tendant la main.

— Qu'y a-t-il ? Ne voulez-vous plus partir ?

Lorsqu'il fut près d'elle, Meradyce lui passa les mains autour de la nuque et tendit le visage pour l'embrasser.

— Je voudrais savoir ce que l'on ressent... quand l'on s'aime debout.

— Quoi ? demanda-t-il, interloqué par tant de hardiesse.

Laissant ses paumes lui redescendre le long du dos, Meradyce afficha un sourire coquin.

— Depuis le soir où je vous ai vus...

— Vous regardiez ! J'aurais dû m'en douter. Ce n'était guère honorable de votre part, mon épouse !

Meradyce rougit de façon si charmante qu'Einar dut faire un effort pour ne pas l'embrasser et écourter ce plaisant entretien.

— Si vous faites cela en public, il faut vous attendre à avoir quelques spectateurs, déclara-t-elle ingénument pour sa défense. Mais laissez-moi vous préciser qu'au début, je ne savais pas ce que vous faisiez.

— Et vous avez, malgré tout, continué de regarder.

Meradyce se pressa langoureusement contre le Viking.

— C'était... plutôt édifiant.

Dans un gémissement rauque, Einar l'attira à lui et l'embrassa avec passion.

— Je suis heureux que la leçon vous ait si bien profité, murmura-t-il tandis qu'il poussait doucement sa compagne contre le mur.

Un long moment plus tard, lorsque Meradyce et Einar retournèrent dans la maison du Viking, ils eurent la surprise de trouver un grand feu dans le foyer, au-dessus duquel pendait une marmite d'où s'échappait un fumet délicieux. Un peu plus loin, contre le mur, ils aperçurent le coffre de vêtements qu'Einar avait offert à la jeune femme.

Voyant cela, Einar eut le sourire d'un petit garçon.

— Ma mère est passée par là, observa-t-il, attendri.

— Pourquoi s'est-elle donné tant de peine ? demanda Meradyce. J'aurais pu faire tout cela moi-même... si mon mari m'en avait laissé le temps.

— Me voilà donc fautif. Dois-je comprendre que les femmes ne se marient que dans le but de trouver quelqu'un à qui reprocher le travail qu'elles n'ont pas fait ?

— Cela pourrait être vrai, répondit la Saxonne avec un sourire mutin. D'autant qu'une femme mariée se retrouve avec deux fois plus de travail qu'auparavant.

— Sans doute, mais elle a aussi de grandes compensations, reprit naïvement Einar.

Ebauchant un sourire espiègle, Meradyce déclara :

— En tout cas, je ne manquerai certes pas de remercier Olva. Cette maison était crasseuse !

— Parce que je n'ai jamais voulu d'esclave pour nettoyer ma maison, lui rappela amèrement le Viking. Ni d'épouse, d'ailleurs...

Meradyce vint s'asseoir à côté de lui, près du feu.

— Pourquoi ne vouliez-vous pas d'esclave, Einar ? Je pensais que tous les Vikings qui étaient assez riches pour...

— Parce que ma mère a été elle-même une esclave saxonne. C'est ainsi que lorsque les Vikings sont venus piller son village, alors que ses concitoyens fuyaient devant l'envahisseur, elle a préféré se jeter aux pieds de mon père pour le supplier de la délivrer et de l'emmener. Ce qu'il a fait.

— J'ignorais cela, dit Meradyce, interloquée.

— Bien sûr, vous l'ignoriez. L'idée qu'une Saxonne puisse trouver un Viking séduisant est plutôt choquante… et inhabituelle.

— Votre mère et moi, nous avons manifestement quelque chose en commun, avoua-t-elle en rougissant.

— Oui, moi… Mais, je vous ai aussi, Meradyce, et je ne remercierai jamais assez les dieux de vous avoir placée sur mon chemin.

— Je crois en effet que… nous sommes faits pour nous entendre, admit-elle.

— C'est aussi mon avis, affirma Einar avant de lui déposer un ardent baiser sur les lèvres.

Puis il se leva pour goûter le plat que leur avait préparé Olva.

— C'est délicieux. Ma mère nous gâte.

— Cela veut dire qu'Endera était là aussi, observa Meradyce.

— Entendez-vous par là que ma mère n'est pas une bonne cuisinière ?

— Non, je dis simplement qu'Endera en est une excellente.

— Je sais si peu de choses de ma fille, répliqua-t-il, songeur.

— Il n'est pas trop tard pour apprendre, reprit Meradyce en lui prenant tendrement le visage entre les mains.

— C'était une taverne, dit Lars. C'est tout ce que je sais.

Ingemar à sa suite, il se frayait péniblement un chemin dans les rues étroites de Hedeby.

— N'avait-il pas peur de se promener seul parmi les Saxons ?

— Non, répondit Lars qui venait d'apercevoir l'auberge

de Nils. Voici l'endroit où nous logeons habituellement. Allons déjeuner ici.

— Est-ce loin ? lui demanda Ingemar.

— Quoi ?

— La taverne des Saxons ?

— Je ne sais pas. Je n'ai pas demandé où elle se trouvait.

Ingemar jugea alors qu'elle avait mieux à faire que de poser à Lars des questions sur Einar et son ami saxon. Tous deux étaient fatigués et affamés, et elle se demandait si Lars ne regrettait pas de l'avoir accompagnée à Hedeby.

Après avoir quitté leur village, ils avaient chevauché jusqu'au bourg le plus proche, où ils avaient vendu leurs montures afin de payer leur traversée sur un bateau en partance pour Hedeby. Le voyage avait été long et pénible, d'autant que Lars s'était montré, la plupart du temps, étrangement silencieux.

Sans doute regrettait-il de quitter ceux qu'il connaissait depuis sa plus tendre enfance. Sans doute aussi redoutait-il de ne plus jamais se retrouver au gouvernail du prestigieux navire de Svend. Et peut-être commençait-il à douter que la femme à qui il avait tout sacrifié se donnât un jour à lui…

Ingemar se prit à sourire intérieurement. Ce soir, elle s'abandonnerait dans les bras de Lars, et elle le comblerait tant que tout regret le quitterait.

Lars ne devait pas non plus oublier qu'elle aussi avait renoncé à un certain confort. Son père, Bjorn, n'était-il pas le meilleur constructeur de navires du pays ? Ingemar se rappela, non sans amertume, ses adieux avec celui-ci. Abîmé dans ses recherches pour la conception d'un nouveau mât, il s'était montré distrait, presque indifférent au départ de sa fille. Il ne l'avait pas beaucoup écoutée, elle ne l'avait pas beaucoup écouté non plus — ainsi allait leur relation, depuis des années.

Ingemar était heureuse d'être partie, soulagée de ne

plus avoir à souffrir les regards de ses amies vikings, qui, inévitablement, la comparaient à la Saxonne.

— Lars ! s'écria une jeune femme tandis qu'ils pénétraient dans l'auberge. Es-tu seul ? Où est Einar ?

Non sans un pincement de jalousie, Ingemar avisa la jolie créature qui s'approchait.

— Bonjour, Sigrid, répondit Lars dans un sourire. Je suis venu seul...

Un coup de coude de sa compagne lui rappela son nouvel état d'homme marié.

— Je suis venu avec Ingemar, s'empressa-t-il de corriger. Ma femme.

Ingemar réprima un hoquet de surprise. Certes, elle partageait la vie de Lars comme s'ils étaient mariés, mais ils ne s'étaient jusque-là offert aucun présent.

— Nous avons une très jolie chambre, déclara Sigrid en jetant à Ingemar un regard entendu.

— Parfait, répondit celle-ci.

— Suivez-moi.

Sigrid les conduisit à travers une salle emplie d'hommes dont certains dévisagèrent Ingemar avec convoitise, ce qui ne fut pas pour lui déplaire.

— Quel dommage qu'Einar ne soit pas avec toi ! dit Sigrid alors qu'ils arrivaient près d'une maison annexe à l'auberge.

— Einar est marié, expliqua Lars.

— Vraiment ? s'étonna la jeune servante.

Après leur avoir ouvert la porte d'une chambre au plafond bas, elle demanda :

— Quand viendra le printemps, amènera-t-il ici son épouse ?

— Sans doute, répondit Ingemar, ravie de la déception qu'elle découvrait sur le visage de cette ancienne rivale.

Car elle devinait que cette Sigrid avait dû partager le lit d'Einar. Mais le dépit de cette servante ne lui fournissait qu'une maigre consolation. Jamais, en fait, elle ne pardonnerait à Einar ! Chaque jour, sa haine pour lui grandissait, et elle n'abandonnait pas l'idée d'obtenir un jour sa revanche.

Ingemar saurait bien persuader Lars de lui révéler où était la taverne des Saxons. Alors, elle se rendrait là-bas et leur indiquerait le moyen de récupérer les enfants de Kendric — ainsi que cette maudite Saxonne.

Lorsque Sigrid fut sortie, Ingemar gratifia Lars d'un sourire enjôleur et, très lentement, se dévêtit...

Ull tira violemment Siurt du lit.

Celui-ci laissa échapper un juron, sa femme remua près de lui, mais Ull ignora leur mécontentement.

— Habille-toi, ordonna-t-il.

Siurt voulut protester mais se ravisa lorsqu'il constata que son frère était ivre. Dans ces cas-là, toute discussion avec lui restait vaine et risquait plutôt de mener à la bagarre.

— D'accord, marmonna-t-il.

Après s'être vêtu à la hâte, Siurt suivit Ull dehors, jusqu'aux quais. La nuit était noire, sans un rayon de lune pour éclairer leurs pas. Amarrés le long des embarcadères, les drakkars oscillaient doucement sur l'eau paisible.

— Svend n'aurait jamais dû donner cette femme à Einar, déclara Ull, les sens échauffés par l'alcool.

Siurt lâcha un soupir d'exaspération. Son frère allait de nouveau se lancer dans des jérémiades interminables, et la nuit était froide !

— Il ne pouvait pas te la donner, objecta Siurt. Ilsa aurait tout de suite demandé le divorce.

— Je voulais justement me débarrasser de cette garce.

— Son père aurait été furieux, tu le sais.

— Celui-là, j'en aurais fait mon affaire.

— Quelle importance, maintenant ? reprit Siurt,

conscient de l'inutilité de cette discussion. Ce qui est fait est fait.

— Il est temps que Svend cède sa place de chef à un autre, affirma soudain Ull.

— Einar ne veut pas être chef.

— Je n'ai jamais parlé d'Einar, protesta Ull.

— Quoi ? s'exclama Siurt en écarquillant les yeux. Tu veux être chef ?

— Oui, lui répondit son frère d'une voix féroce.

— Mais, Einar…

— Au diable Einar, Svend et toute sa progéniture !

— Tu n'as pas assez d'hommes derrière toi, reprit calmement Siurt. Ce serait de la folie. Autant fonder un nouveau village un peu plus loin. Je suis prêt à te suivre.

— J'ai un meilleur plan, affirma Ull. Un plan où les demeurés de ce village puant n'ont pas leur place ! Un plan qui nous procurera un pouvoir immense.

— Mais, de quoi parles-tu ? s'inquiéta soudain Siurt en reculant d'un pas.

— Si nous rendons les enfants saxons à leur père, imagine combien Kendric nous sera reconnaissant…

— Tu veux donc récupérer l'argent de la rançon.

— Je ne veux pas d'argent. Je veux des hommes.

— Tu utiliserais des Saxons contre ton propre peuple ? interrogea Siurt, totalement indigné.

— Contre Svend et ses fils, corrigea Ull. Une fois que je serai chef, je n'aurai plus besoin des Saxons.

— Et s'ils refusent de partir ?

— Nous les tuerons, rétorqua Ull d'un air dédaigneux. Il semblait convaincu que son plan marcherait. Le thane lui fournirait des armes et des hommes, pour combattre les Vikings qui avaient enlevé ses enfants. Quand Svend et ses fils seraient morts, les autres villageois n'oseraient pas se lever contre Ull, et les Saxons repartiraient, ou mourraient.

— Et la femme ? demanda Siurt.

Ull eut un sourire cruel.

— Si Kendric veut réellement ses enfants, j'exigerai de lui qu'il enlève la Saxonne à Einar et me la donne comme esclave !

— Et Ilsa ?

— Je m'en moque. Elle peut retourner chez son père.

Ull se caressa pensivement la barbe, puis ajouta :

— Ou, mieux encore, je me servirai des Saxons pour attaquer le village de son père. Deux villages à commander, n'est-ce pas mieux qu'un seul ?

Siurt ne paraissait pas convaincu. Il n'aimait guère l'idée d'utiliser les Saxons, mais, si Ull pensait que son plan aboutirait, il ne l'empêcherait pas de tenter l'aventure.

— Quand prévois-tu d'agir ? interrogea-t-il d'une voix résignée.

Ull frissonna sous le vent glacé avant de répondre :

— Nous prendrons la mer dès les premiers jours du printemps. Einar est toujours trop prudent ; nous partirons pendant que lui attendra encore que le temps soit parfait.

— Nous n'avons pas de vaisseau, lui fit judicieusement remarquer Siurt.

— Nous en volerons un.

La volonté de Ull de risquer la mort pour voler un navire acheva de convaincre Siurt de l'absolue détermination de son frère. Il n'avait guère d'autre choix que de l'aider dans cette entreprise car, s'il refusait, nul doute que Ull le tuerait pour se débarrasser d'un témoin gênant.

Dans un soupir d'aise, Meradyce se blottit contre le corps puissant d'Einar. Aurait-elle osé croire qu'un Viking la rendrait un jour aussi heureuse ?

D'une main délicate, elle lui repoussa du front une mèche blonde. Dans son sommeil, il avait l'air d'un jeune homme. Attendrie, elle lui déposa un baiser sur la joue puis s'allongea à son côté.

Dehors, le vent soufflait tel un loup furieux, et Meradyce sourit en se remémorant la prédiction d'Einar qui avait promis une détérioration soudaine du temps.

Elle espérait qu'il aurait également raison en lui conseillant de ne pas s'en faire à propos d'Adelar, qui s'obstinait à voir en elle un traître à la cause saxonne et refusait de lui parler. Mais si Einar semblait convaincu que l'adolescent finirait par capituler devant leur bonheur conjugal, Meradyce en doutait. La raison et le cœur s'opposaient bien trop souvent.

Einar remua à côté d'elle et la chercha d'une main caressante. Elle sourit, certaine que cette journée commencerait comme toutes les autres depuis que Svend les avait mariés : avec passion, ils se prouveraient leur amour. Meradyce savait aussi que ce soir ressemblerait à tous les autres soirs : Einar la prendrait dans ses bras pour la déposer dans le grand lit… où ils ne dormiraient pas longtemps.

Un bruit résonna alors à la porte, qui la tira de ses rêveries. Meradyce s'assit en tirant pudiquement sur elle la couverture de fourrure.

— Que se passe-t-il ? demanda Einar dans un demi-sommeil.

Il ouvrit les yeux pour découvrir son père sur le seuil, le visage éclairé par un large sourire.

— J'ai grand regret de te réveiller, mon fils, mais ton épouse est demandée au chevet d'Asa.

— Asa ? interrogea Meradyce, soudain inquiète.

— Oui. Il semble que l'heure est venue pour elle d'enfanter.

Ignorant la présence de Svend, la jeune femme se leva sur-le-champ et se vêtit à la hâte.

— Je cours la rejoindre. Pouvez-vous appeler Endera ?

— Endera ?

— Elle voudrait apprendre à me seconder. Et j'aurai de toute façon besoin d'elle.

A son tour, Einar se leva, indifférent d'imposer sa nudité à son père qui, impatient, trépignait sur le pas de la porte.

— Qu'y a-t-il qui exige tant de hâte ? demanda-t-il en saxon.

— Asa porte des jumeaux. Ce genre d'accouchement est toujours plus difficile, précisa Meradyce.

— Asa le sait-elle ?

Elle répondit d'un signe négatif de la tête tandis qu'elle emplissait un panier d'herbes et autres plantes médicinales.

— Heureusement, elle a porté ses enfants plus longtemps que la normale, aussi tout devrait-il bien se passer. En tout cas, sois certain que j'essaierai de la soulager au mieux...

Einar n'en doutait pas un seul instant, car, chaque jour qui passait, son épouse lui inspirait davantage confiance.

Lorsqu'elle fut prête, elle se rua dehors et courut jusqu'à la maison des bains, dont elle connaissait à présent parfaitement le chemin. Einar et Svend partirent de leur côté à la recherche d'Endera.

Comme les deux hommes entraient chez elle, Olva les accueillit avec chaleur.

— Einar ! Svend ! Quelle surprise ! Que me vaut l'honneur de votre visite ?

Tous deux sourirent au ton moqueur de la vieille femme, tandis que Betha surgissait du fond obscur de la grande pièce, pour se précipiter vers eux.

— Regardez mon nouveau petit chat ! s'exclama-t-elle en brandissant devant eux une boule de poils noirs et soyeux.

— Il est adorable, reconnut Einar avant de se tourner vers sa mère. Meradyce a besoin d'Endera.

— Ah, est-ce pour Asa ?

— Oui, répondirent les deux hommes à l'unisson.

— Est-ce qu'elle va avoir ses bébés maintenant ? interrogea Betha.

— Oui, ma petite, répliqua doucement Olva.

Einar et Svend jetèrent un même regard étonné à la fillette, étonnés qu'elle s'exprimât aussi bien en langage viking.

— Que veut-elle dire par « ses » bébés ? demanda Svend.

Mais Olva s'empressa d'ignorer la question de son ex-époux.

— Adelar, Endera est allée traire les chèvres. Trouve-la, je te prie, et dis-lui que Meradyce a besoin d'elle.

Einar n'avait pas aperçu le garçon, dans l'obscurité. Comme celui-ci sortait sans un mot, le Viking ne manqua pas de remarquer la haine dans son regard.

Aurait-il dû montrer plus de tact envers le jeune Saxon ? Ce dernier devait pourtant comprendre le besoin d'Einar de se trouver auprès de sa merveilleuse épouse. Aux dires d'Olva, Adelar passait de plus en plus de temps avec Thorston, ce qui semblait lui faire oublier ses noires pensées et sa jalousie. Mais l'amertume féroce qu'Einar avait lue dans les yeux vindicatifs ne l'assurait que trop du contraire.

— Que voulait-elle dire par « ses » bébés ? répéta Svend.

— Meradyce pense qu'Asa va mettre au monde des jumeaux.

— Par les yeux d'Odin ! Deux enfants ! Ce sera bien la première fois que j'aurai des jumeaux !

— Sans doute, mais, en attendant, ce n'est pas toi qui vas les mettre au monde ! lui fit remarquer Olva. C'est ta femme. Va donc voir si elles ont besoin de quelque chose, là-bas : de l'eau ou des couvertures.

— Asa ne m'a pas dit qu'elle attendait une double naissance, insista Svend.

— Elle l'ignore, intervint Einar.

— Au nom de Freya, pourquoi ?

— Parce que Meradyce n'a pas voulu l'inquiéter en le lui annonçant.

— Ah…, articula Svend, soudain alarmé par l'idée qu'Asa puisse courir quelque danger.

— Meradyce prétend que tout devrait bien se passer, parce qu'Asa les a portés au-delà du terme, le rassura Einar.

Se tournant vers lui, Svend jeta à son fils un regard reconnaissant avant de lui plaquer une paume amicale sur l'épaule.

— On dirait que tu as été bien inspiré en ne la tuant pas, mon fils. Au début, j'avais quelque peu douté de ta sagesse.

Dans un sourire, Einar répliqua :

— Je pars à la maison des bains pour voir si elles ont besoin de quoi que ce soit.

— Qu'est-ce que c'est que cette histoire ? demanda Olva quand il fut sorti. L'on voulait tuer Meradyce ? Et pourquoi ?

— Ton fils a désobéi à mes ordres, répondit simplement Svend. Parfois, il te ressemble trop, Olva.

D'un geste las, il s'assit près du foyer. Olva, qui pensait un instant protester, le rejoignit et observa d'une voix douce :

— C'est aussi ton fils, Svend. Ainsi, tu lui avais ordonné de la tuer ?

Dans un soupir, ce dernier répondit :

— Un thane saxon voulait que l'on supprime son épouse, en échange de quoi il offrait beaucoup d'argent et son village à piller en toute sécurité. J'ai donc demandé à Einar de s'en charger.

— Depuis quand assassines-tu les femmes, Svend ?

— Cela ne m'est jamais arrivé, tu le sais. Comme tu peux le constater, elle est bien vivante.

— Grâce à Einar.

— C'est vrai. Mais, comme tu l'as dit, c'est aussi mon fils. Il sait reconnaître une femme de valeur, quand il en croise une. Et heureusement, car Meradyce n'était pas celle qu'il devait tuer !

Olva écarquilla les yeux, interloquée.

— C'était donc la mère des enfants qu'il devait tuer ?

— Oui, avoua Svend.

Au bout d'un instant de silence, il ajouta :

— Notre fils est bien marié, n'est-ce pas ?

— Tu fais parfois de bonnes choses, Svend, reconnut Olva dans un sourire.

— Je fais beaucoup de bonnes choses, si tu veux bien te les rappeler. Sais-tu, Olva, que j'ai toujours regretté de t'avoir accordé le divorce.

— Et toi, sais-tu que je n'aurais jamais accepté de partager mon compagnon avec une autre ?

— Quel dommage !...

— Tu ne changeras donc jamais, Svend. Je suis une femme comblée, aujourd'hui, et ta jeune épouse est sur le point de te donner deux enfants.

— J'espère que Meradyce en donnera aussi à Einar, soupira Svend.

— Oui, espérons-le ! reprit Olva. Elle lui donne déjà tant de bonheur.

Svend acquiesça d'un lent signe de tête, puis se leva.

— Je devrais aller voir comment se porte ma femme.

— Oui. Et dis-lui que je pense à elle. Et à toi aussi.

D'un pas lourd, Svend quitta la maison d'Olva. Celle-ci revint s'asseoir près du feu et se prit à rêver des meilleures choses pour son fils.

Durant sa conversation avec Svend, elle avait oublié Betha qui, pelotonnée dans un coin du lit, songeait avec horreur que Kendric, son père, avait ordonné la mort de sa mère.

13

Avec un sourire attendri, Meradyce regarda Svend prendre ses fils nouveau-nés dans les bras. Ils semblaient étonnamment robustes pour des jumeaux. Encore affaiblie, la jeune mère tourna vers son époux un regard empreint de fierté. Elle avait eu un accouchement long et difficile, mais, en somme, tout s'était bien passé.

Endera s'était montrée fort utile et compétente, en aidant au mieux Meradyce sans que celle-ci ait eu à la guider. Déjà, elle s'affairait à préparer les berceaux des enfants.

— Par Odin ! s'exclama Svend en gratifiant son épouse d'un sourire chargé de reconnaissance. Tu m'as donné deux merveilleux fils !

Avec la discrétion qui lui était coutumière, Meradyce s'éclipsa un instant dehors, où elle trouva Einar qui attendait impatiemment. En découvrant son expression tranquille, il parut soulagé.

— Comment vont-ils ? demanda-t-il doucement en attirant la jeune femme sous la chaleur de sa cape.

Il faisait très sombre dehors, et pourtant Meradyce ignorait si la nuit était tombée ou si l'obscurité était encore celle des après-midi d'hiver. L'air était glacé, et une neige épaisse commençait de tapisser le sol.

— Oui, ils vont bien. Ce sont des garçons, et Svend est ravi d'avoir deux autres fils.

La jeune femme se blottit contre le torse tiède de son époux puis demanda :

— Combien ton père a-t-il d'enfants, en tout ?

— Eh bien, il y a d'abord eu Hamar, né de sa première femme. Puis, Olva lui a donné son second fils, le meilleur…

— Toi ?

— Bien sûr, lâcha Einar dans un rire. Ensuite, il a eu trois filles et deux autres fils, par sa troisième femme, qui est morte aujourd'hui. Sa quatrième épouse, Vedis, à qui il est encore marié, lui a donné quatre filles et trois fils. Sa cinquième compagne, Brynhild…

— Celle qui est assez rondelette ?

— Oui. Elle a eu trois fils…

— Et en attend un autre, coupa Meradyce dans un sourire.

— Vraiment ? Avec Brynhild, c'est difficile à voir. Elle semble perpétuellement enceinte.

— Et sa sixième femme ?

— Elle a divorcé dès l'instant où elle a débarqué ici et découvert ces autres épouses.

— Et Asa ? demanda Meradyce. Toutes ces femmes ne la gênent pas ?

— Non, répondit Einar en posant doucement la tête sur celle de Meradyce. Mais je crois que mon père y est très attaché. Je ne l'ai jamais vu aussi attentionné avec une femme.

— Olva m'a fait ce même genre de réflexion, l'autre jour, dit alors la Saxonne d'un air innocent. A ton sujet…

— Peut-être est-ce l'air de l'hiver, observa Einar, les yeux tournés vers le ciel.

Vexée, Meradyce lui pinça le bras.

— Pourquoi cette agressivité soudaine ? interrogea-t-il, faussement étonné.

— Peut-être est-ce l'air de l'hiver, répliqua-t-elle, espiègle.

Meradyce se sentait délicieusement heureuse. Jamais elle n'avait eu cette impression de légèreté, d'insouciance. C'était comme si elle avait recouvré sa liberté d'enfant.

Einar eut un petit rire attendri, et ses bras se resserrèrent autour de sa compagne.

— Je suis si heureux de t'avoir, Meradyce, avoua-t-il en lui posant un doux baiser sur le front. Non seulement pour le bien que tu m'apportes mais pour celui que tu dispenses aux autres. S'il était arrivé quoi que ce soit à Asa, mon père en aurait eu le cœur brisé.

Se hissant sur la pointe des pieds, la jeune femme s'apprêtait à lui rendre son baiser, quand une voix alarmée l'en empêcha.

— Meradyce !

C'était Olva qui, venue un peu plus tôt leur apporter du vin et un peu de nourriture, appelait en courant sous la neige.

— Meradyce ! répéta-t-elle sur un ton affolé.

— Que se passe-t-il ? demanda celle-ci en s'arrachant à l'étreinte d'Einar.

— Adelar et Betha... Ils ont disparu !

— Disparu ? répéta-t-elle d'une voix blanche. Comment peuvent-ils avoir disparu ?

Essoufflée, Olva s'arrêta devant le couple.

— Ils dormaient quand je les ai quittés. Thorston n'était pas loin avec les autres hommes, et je savais que je serais rapidement de retour. Mais, quand je suis revenue, ils avaient disparu !

Sans laisser à Meradyce le temps de répliquer quoi que ce fût, Einar s'éloigna d'une longue et puissante foulée.

— Ils n'ont pas pu aller bien loin, lança-t-il en se retournant. Nous les retrouverons.

Puis, sa silhouette s'évanouit dans les tourbillons de neige.

De ses petits doigts totalement engourdis par le froid, Betha agrippait nerveusement la cape d'Adelar.

— Je suis fatiguée, se plaignit-elle en claquant des dents.

Son frère, qui à chaque pas trébuchait sur la cape trop grande pour lui, se tourna vers elle.

— Nous ne sommes pas encore assez loin, articula-t-il. Mais ne t'inquiète pas. Thorston a dit qu'il y avait des huttes dans les bois, que les chasseurs habitent pendant l'été.

Vaguement rassurée, Betha se remit en route. Cela faisait si longtemps qu'Adelar l'avait réveillée pour lui dire qu'ils rentraient à la maison.

La fillette l'avait regardé, étonnée. Elle ne voulait pas rentrer à la maison. Certes, sa mère lui manquait, mais elle ne regrettait nullement les disputes qui opposaient ses parents. Elle savait qu'ils ne s'aimaient guère, mais avait été horrifiée d'apprendre ensuite que Kendric voulait faire tuer sa mère.

Cependant, Betha ne pouvait se résoudre à révéler à Adelar les paroles qu'elle avait surprises. Elle ne voulait pas lui apporter le chagrin qu'elle-même avait éprouvé. Et puis, à la détermination qu'elle avait lue dans le regard de son frère, elle avait compris qu'il partirait, avec ou sans elle.

Aussi Betha avait-elle accepté de suivre Adelar. Il ne l'avait guère renseignée sur la manière dont ils allaient rentrer chez eux, mais elle lui faisait confiance.

Cependant, les jambes de la fillette commençaient elles aussi à s'engourdir par le froid. La neige tombait doucement quand ils avaient quitté le village ; mais, à présent, elle tourbillonnait avec tant de violence que Betha voyait à peine Adelar marcher devant elle.

Au moment où elle croyait ne plus pouvoir avancer, son frère s'arrêta. Elle entendit un grincement qui ressemblait à celui du bois, et comprit qu'Adelar poussait la porte d'une cabane.

Betha entra en titubant à la suite du jeune garçon. L'intérieur de la hutte, obscur et inhospitalier, sentait une odeur de laine rance.

— Assieds-toi là, dit Adelar à sa sœur.

Celle-ci obéit tandis que son frère se débarrassait de sa cape pour la lui glisser sur les épaules. Elle pensa un instant protester, mais n'en eut pas le courage tant le vêtement lui semblait chaud.

Comme ses yeux s'habituaient lentement à l'obscurité, la fillette vit Adelar sortir un objet du baluchon qu'il portait sur le dos. Il s'agenouilla alors devant des pierres posées en cercle au centre de la pièce, puis réunit des morceaux de bois et un peu de paille. Enfin, il frappa à plusieurs reprises deux cailloux l'un contre l'autre, jusqu'à ce qu'une étincelle jaillisse et enflamme le fagot ainsi préparé.

Adelar venait d'allumer un feu ! Immensément soulagée, Betha s'en approcha, mais Adelar la repoussa d'un geste doux.

— Tu es trempée. La neige de tes vêtements risque d'éteindre le feu. Laisse-moi trouver un peu plus de bois.

Résignée, la fillette s'assit par terre, un peu plus loin. Nulle part elle ne voyait de bois, mais Adelar trouva en revanche une vieille chaise à laquelle il manquait un pied. Il la souleva et la précipita sur le sol afin de la briser.

— Il nous en faudra encore, marmonna-t-il, insatisfait. Mais cela ira pour l'instant.

Retournant à son baluchon, Adelar en sortit cette fois une miche de pain.

— Mange un peu, dit-il à sa sœur qui cessait progressivement de grelotter.

Betha se sentait trop épuisée pour avaler quoi que ce fût, mais le ton ferme de son frère suffit à l'en persuader. Tandis qu'elle mangeait, elle recouvra un peu de ses forces, juste de quoi lui donner envie de satisfaire sa curiosité.

— Où allons-nous ? demanda-t-elle timidement.

— Je te l'ai dit. A la maison.

— Mais comment ?

— J'ai écouté ce que disait Thorston, et je lui ai posé

des questions. Je sais où il y a un autre village. Quelqu'un là-bas nous aidera.

— Pourquoi voudra-t-il nous aider ? interrogea Betha, sceptique.

— Parce que nous avons beaucoup d'argent, répliqua Adelar en secouant la pochette de cuir qui pendait à sa ceinture.

Un tintement métallique résonna dans la pièce humide.

— Où as-tu eu de l'argent ? s'inquiéta la fillette.

— Cela n'a pas d'importance.

— Tu l'as volé ! s'écria-t-elle, indignée.

— Et alors ? rétorqua son frère. Eux aussi nous ont volés !

— Pas Thorston, lui fit remarquer Betha.

— Il nous fallait cet argent pour rentrer à la maison.

— Et combien de temps allons-nous rester ici ? demanda-t-elle en regardant autour d'elle.

— Il nous faut attendre que la neige s'arrête.

— Cela peut durer longtemps…

Si Adelar le pensait aussi, son visage n'en laissa rien paraître. Pas plus qu'il ne trahit le brusque sentiment de culpabilité qui le terrassait soudain.

Avait-il eu tort d'entraîner Betha avec lui ? Elle était si petite… et pourtant, il n'avait pu se résoudre à l'abandonner aux Vikings.

Cependant, elle semblait heureuse parmi eux. Et Einar avait promis de les ramener dans leur pays au printemps. Mais Meradyce, qu'il avait honteusement enlevée à son village, ne rentrerait pas avec eux.

Pour cela, Adelar haïrait Einar à tout jamais.

Betha laissa échapper un bâillement, et son frère se rendit compte qu'elle frissonnait encore, alors que le feu l'avait lui-même déjà réchauffé.

— Couche-toi et essaie de dormir, lui dit-il.

*
* *

Suivi de ses deux chiens, Einar se rendit aussitôt dans l'écurie. Un regard rapide lui apprit qu'aucun cheval ne manquait. Les enfants n'avaient pu aller loin, mais cela signifiait aussi qu'ils pouvaient se perdre dans la tempête de neige.

Le Viking courut alors vers la maison de Svend. Le sol crissait sous ses pieds et il ne distinguait pas ses mains quand il les tendait devant lui. Heureusement, les rudes voix des guerriers réunis dans le hall l'y conduisirent aussi sûrement que l'aurait guidé un feu allumé dans la nuit.

Tous étaient en train de festoyer et s'enivrer, pour fêter la venue au monde des fils de Svend. A l'entrée d'Einar, un silence brutal s'abattit dans la grande salle.

— Les enfants saxons ont disparu, annonça-t-il d'une voix étranglée.

— Quoi ? s'écria Ull dont la bière jaillit de sa corne.

— Les enfants saxons ont disparu, répéta Einar. Il faut les retrouver.

Siurt, que le sommeil menaçait, articula d'une voix embrumée :

— Il neige trop abondamment. Nous ne retrouverions pas nos propres pieds dans cette tourmente.

— Je pars avec toi, proposa Hamar en se levant.

— Je viens aussi, lança Ull.

D'un froncement de sourcils, Einar marqua sa surprise. Il n'avait pas compté sur l'aide de Ull et ne savait que penser de ce concours inattendu. Mais comme aucun homme ne serait de trop dans cette aventure, il s'abstint de tout commentaire, alors que d'autres se proposaient.

D'un pas décidé, Einar se dirigea vers la porte et manqua renverser Meradyce qui entrait.

— Je viens aussi, déclara-t-elle.

— Non, rétorqua-t-il en l'écartant fermement. La neige est trop profonde, et c'est trop dangereux pour une femme.

Quelques instants plus tard, comme il pénétrait dans l'étable, quelqu'un le tira par la manche de sa tunique. C'était Meradyce, la chevelure blanche de neige.

— Ce qui est arrivé est ma faute. Je veux vous aider.

Devant l'inquiétude que manifestait la jeune femme, Einar secoua douloureusement la tête. Bien qu'il ne lût aucun reproche dans les yeux de son épouse, il savait que lui seul était responsable de ce qui arrivait, puisque lui seul avait décidé de les prendre en otages.

Soudain, une sourde colère naquit en lui. Par quelle injustice les dieux avaient-ils donné un tel fils à un homme aussi diabolique que Kendric ?

— Non, Meradyce, répéta-t-il d'une voix glaciale. Tu ne peux pas venir.

— Mais…

— Non !

Meradyce dévisagea longuement l'homme qu'elle aimait, et comprit que toute insistance resterait vaine.

— Alors, retrouve-les vite et ramène-les-moi sains et saufs. Je t'en supplie, Einar.

Sans répondre, le Viking posa sur son épouse un regard brûlant, puis il sauta sur son cheval et siffla ses chiens. Restée seule, la jeune femme vit le cavalier disparaître dans la nuit.

— Tout est ma faute, répétait Meradyce debout à l'entrée de la maison d'Olva, indifférente à la tempête qui faisait rage au-dehors.

Offrant son visage au vent glacé qui s'abattait sur elle, elle ajouta :

— Je savais qu'Adelar était furieux, mais je n'aurais jamais imaginé…

— Nous pensions tous qu'il finirait par s'apaiser, tenta de la réconforter Olva d'une étreinte chaleureuse. Qui aurait cru qu'il oserait pareille folie ?

— J'aurais dû m'en douter, si j'avais pensé un peu plus à lui, et non à moi-même.

Combien de fois, durant cette longue nuit, Meradyce s'était-elle reproché son attitude envers le jeune garçon ? Laissant son propre bonheur l'aveugler, elle avait négligé son devoir auprès des enfants.

— Et moi, je n'aurais jamais dû les laisser seuls, ajouta Olva. C'est notre faute à tous. Ne crois-tu pas que Thorston regrette amèrement d'avoir parlé devant Adelar des villages alentour, et d'avoir oublié de verrouiller son coffre ?

— Pour qu'Adelar en vienne à voler, poursuivit Meradyce, il fallait qu'il soit vraiment dévoré par le désir de partir.

— Dans ce cas, dit doucement Olva, tu n'aurais jamais pu l'empêcher de s'en aller.

Comme une nouvelle image des enfants transis de froid revenait lui torturer l'esprit, Meradyce se lamenta :

— Cette tempête ne cessera-t-elle donc jamais ?

— Les hommes ont pris leurs chevaux. Ils peuvent aller plus vite et plus loin que les enfants.

— Si seulement nous pouvions faire quelque chose !

— Je vais prier Freya, murmura Olva dans l'espoir de calmer la jeune femme. Essaie de prier ton Dieu, si tu en as la force.

La tourmente cessa peu avant l'aube, mais le vent cruel ne s'apaisa pas pour autant.

Tassé sur sa selle, à l'entrée du pâturage d'été, Ull scrutait le bosquet dont les branches ployaient lourdement sous la neige. Combien de fois, cette nuit-là, avait-il maudit ces galopins de Saxons pour s'être ainsi enfuis au beau milieu de la tempête ?

Par Thor, il fallait les retrouver au plus vite ! Car, s'ils mouraient, cela signifiait l'anéantissement de ses projets. Ull avait absolument besoin de l'aide du thane pour pouvoir écraser Svend et ses fils.

Trempé, frigorifié et affamé, le Viking à la crinière rousse se vit contraint d'abandonner provisoirement ses recherches. Il allait rentrer chez lui se rassasier, puis repartirait à la poursuite des gamins.

Il fit tourner bride à son cheval et redescendit la colline au pas, non sans apercevoir par intermittence quelque cavalier se frayant péniblement un chemin entre les arbres.

Au bout de plusieurs minutes, Ull s'arrêta pour se soulager. Ce fut alors qu'il aperçut la hutte, presque enterrée sous la neige. Il remonta à la hâte ses braies et continua à pied vers la maisonnette.

Avec une prudence extrême, il ouvrit la porte, jeta un coup d'œil à l'intérieur. L'endroit était vide. A pas comptés, il entra et se dirigea droit vers le foyer.

Quelqu'un était passé par ici récemment. Tout récemment. Ull s'accroupit et, du bout des doigts, remua les cendres. Elles étaient encore tièdes.

Un lent rictus lui tordit la bouche. S'il retrouvait les enfants, Svend le récompenserait sûrement. Transis de froid et terrifiés, ceux-ci l'accueilleraient comme leur sauveteur, en qui ils placeraient désormais toute leur confiance. Ainsi, Ull n'aurait aucun mal à les emmener avec lui, au printemps prochain.

Le géant ressortit de la cabane et chercha des traces fraîches dans la neige. Etrangement, il ne trouva rien. Peut-être le garçon et sa sœur avaient-ils quitté la hutte avant la fin de la tourmente. Cependant, Ull doutait qu'Adelar fût assez avisé pour songer à dissimuler leurs empreintes.

Il retourna vers son cheval et observa longuement les alentours pour deviner quel chemin les enfants avaient pu prendre. Peu entraînés à la marche dans de telles conditions, ils ne devaient pas être très loin.

Alors, Ull décida d'attendre là quelques instants. Il faisait encore tiède dans la cabane, et, après cette longue nuit, un peu de vin le revigorerait. Il saisit la sacoche de cuir fixée à la selle, attacha son cheval à un arbre et repartit vers la maisonnette.

Dissimulé derrière les pins, Adelar ne perdit aucun des gestes de Ull.

Un peu plus tôt, suivi de Betha, il avait rampé sous les buissons bas qui tapissaient les bois. Là, le sol était humide mais il n'y avait pas de neige, et le jeune garçon avait jugé plus sage de s'y cacher pour attendre que le géant se fût éloigné.

Adelar se tourna vers sa sœur, pelotonnée sous les branches basses, tel un petit chat. Beaucoup de temps avait passé avant qu'elle ne cessât de trembler. Lorsqu'il l'avait vue enfin apaisée, il s'était abandonné à un sommeil agité, pour s'éveiller à l'aube et constater que la tourmente avait perdu de son ardeur. Aussitôt, il avait compris qu'il valait mieux partir avant que la neige ne cessât complètement de tomber, de sorte que leurs traces pussent disparaître.

Adelar avait eu le plus grand mal à réveiller Betha. Dans un gémissement, celle-ci avait ouvert les yeux et levé vers lui un visage étonné et encore rouge de sommeil.

A peine étaient-ils sortis de la cabane que le jeune Saxon avait entendu le bruit d'un cheval. Repérant les buissons sous les arbres, il avait couru s'y cacher avec Betha.

A présent, Adelar attendait patiemment que Ull ressortît de la maisonnette et s'éloignât sur sa monture. Au bout de ce qui lui parut une éternité, le guerrier en émergea enfin, se grattant et lâchant des renvois, tel un gros ours repu.

Soudain, palpitant de frayeur, Adelar le vit tourner la

tête de leur côté et inspecter les buissons du regard. Mais, finalement, il remonta sur son cheval et reprit lentement son chemin à travers les arbres.

Adelar attendit qu'il fût hors de vue pour secouer sa sœur.

— Viens. Nous pouvons partir.

Betha remua doucement mais n'ouvrit pas les yeux.

— Viens, insista son frère. Il faut partir, maintenant.

Il n'obtint aucune réponse de la fillette.

Il la secoua plus fort et s'alarma soudain devant la rougeur du petit visage. Inquiet, il lui toucha la joue : celle-ci était brûlante.

— Betha ! s'écria-t-il, terrifié. Betha, réveille-toi !

14

Transi de froid et de fatigue, et malgré la faim qui lui tiraillait l'estomac, Einar poursuivit ses recherches. Il ne tolérait pas l'idée de rentrer au village sans les enfants, d'affronter le regard désespéré de Meradyce.

Il examina longuement le ciel et sentit le vent. Sous peu, la neige allait recommencer à tomber. Il était près de midi, et, dans trois heures, la nuit les plongerait de nouveau dans l'obscurité. En silence, le Viking se prit à maudire les trop courtes journées d'hiver. S'ils ne retrouvaient pas les enfants avant le crépuscule, ceux-ci seraient perdus.

Lentement, Einar remit son cheval en route, cheminant à travers les pins et les champs recouverts de neige.

Vers où Betha et Adelar avaient-ils eu la folle idée de fuir ?

Soudain, les chiens stoppèrent. Au loin, Einar distingua un cavalier et appela. L'homme se tourna vers lui. C'était Ull. Il fit pivoter son cheval et se dirigea vers celui qu'il considérait comme son rival.

— Ils ont passé la nuit dans une hutte, non loin d'ici, cria-t-il contre le vent.

— En es-tu certain ?

— Il y avait des cendres tièdes dans le foyer, reprit Ull en éperonnant son cheval. Je suis pratiquement certain que c'étaient eux.

— Montre-moi cette cabane, le pria Einar.

Incapable de maîtriser le fol espoir qui surgissait en

lui, le Viking osa croire que les enfants avaient au moins passé la nuit à l'abri et au chaud.

Au bout de quelques instants, les deux cavaliers atteignirent la hutte. Sautant prestement de cheval, Einar se précipita à l'intérieur. Là, il dut se rendre à l'évidence que quelqu'un avait bien trouvé refuge dans la maisonnette, peu de temps auparavant.

— Tu n'as repéré aucune trace de pas aux alentours ? demanda-t-il à Ull quand il ressortit.

— Non, répondit ce dernier avant de lui indiquer les arbres un peu plus loin. Je suis allé là-bas aussi, mais je n'ai rien vu.

— Einar… ? appela alors une voix plaintive.

Les deux hommes se retournèrent dans un même mouvement, pour apercevoir Adelar qui s'avançait vers eux en titubant, un ballot dans les bras. Einar se rua vers le jeune garçon.

— C'est Betha…, articula celui-ci en baissant les yeux vers la fillette qu'il tenait contre lui. Elle est malade. Elle ne veut pas se réveiller.

Sans attendre, Einar prit la fillette entre ses bras et l'examina hâtivement. Frissonnante dans ses vêtements trempés, elle tremblait de fièvre, et respirait par faibles saccades.

— Oh ! Freya, aie pitié d'elle ! s'écria Einar en serrant la petite contre lui.

Puis, se ressaisissant, il aboya à l'adresse de Ull qui attendait un peu plus loin :

— Viens !

Quand le guerrier l'eut rejoint, Einar lui tendit l'enfant, remonta en selle et ordonna :

— Donne-la-moi. Et toi, prends Adelar avec toi.

Sans un mot de plus, le Viking éperonna son cheval et partit du plus vite qu'il put vers le village.

*
* *

Dévorée d'angoisse, incapable d'avaler la moindre nourriture ou de dormir, Meradyce arpentait avec nervosité la maison d'Olva. Muette, celle-ci partageait silencieusement la détresse de la jeune femme.

Endera, elle, était restée avec Svend, afin d'aider Asa à s'occuper des nouveau-nés.

Avec son bon cœur, Thorston s'était joint aux guerriers partis à la recherche des fuyards, plus dans le but de retrouver ses jeunes amis sains et saufs que pour récupérer les pièces d'argent que ces chenapans lui avaient volées.

Une fois encore, Meradyce ouvrit la porte dans l'espoir d'apercevoir quelque cavalier au-dehors. Alors, elle laissa échapper un cri sauvage et se rua sur le chemin enneigé.

Einar descendait de cheval, la petite Betha dans les bras.

Sans cape, indifférente à la neige tourbillonnante et glacée, elle accourut vers le Viking. Derrière lui arrivait un autre cavalier : Ull, qui tenait Adelar devant lui.

— Oh ! vous les avez retrouvés ! s'exclama-t-elle, débordante de bonheur. Puis elle vit l'expression de son mari. Saisie d'un horrible pressentiment, Meradyce baissa les yeux sur Betha et articula :

— Mon Dieu ! Donne-la-moi !

Le petit corps frissonnant entre ses bras, la jeune femme repartit en courant vers la maison. Tandis qu'elle l'emportait, elle entendait la fillette gémir dans son délire, et sentait la fièvre qui rageait en elle.

— Aide-moi à lui ôter ses vêtements, dit-elle à Olva en allongeant Betha sur un lit. Ils sont trempés. Et, il me faudra de l'eau fraîche.

Comme Einar les rejoignait dans la maison, Meradyce lui demanda :

— Adelar est-il malade, aussi ?

— Non, mais je crois qu'il aura besoin de réconfort.

— Dieu merci ! répliqua-t-elle avec ferveur.

Rapidement, ils débarrassèrent Betha de ses habits mouillés et la mirent au lit avant de la recouvrir d'une couverture de fourrure.

— Il me faut mon panier, dit alors Meradyce à l'adresse d'Einar. Celui qui contient les herbes et les plantes.

Puis, se tournant vers la mère d'Einar, la jeune femme ajouta :

— Olva, tu vas devoir partir, et ne permettre à personne d'entrer ici.

— Pourquoi… ?

— Sa maladie peut être contagieuse.

— Contagieuse ? répéta Einar.

Autant craignait-il pour la vie de la fillette, autant se souciait-il également de la santé de Meradyce.

— Oui. Sortez tous, maintenant ! Einar, il me faut absolument mes remèdes. Olva, charge-toi de tenir Endera et Adelar éloignés, car ils vont essayer d'entrer.

Einar sortit sur-le-champ pour rapporter à Meradyce son panier de plantes médicinales. En chemin, il tenta de se persuader que la maladie de Betha n'avait rien de contagieux, que Meradyce ne risquerait rien à la soigner et parviendrait à la guérir, et que tout irait bientôt pour le mieux.

Comme il se hâtait vers la maison d'Olva, le Viking aperçut Adelar, toujours assis sur le cheval de Ull, alors que celui-ci n'était visible nulle part.

— Descends et attends-moi ici, lui ordonna-t-il sur un ton menaçant. Je porte ce panier à Meradyce et je reviens tout de suite.

— Où, par Odin, croyais-tu aller ? demanda Einar au jeune Saxon dont les vêtements trempés gisaient épars sur le sol.

— Je rentrais chez moi, lui répondit piteusement Adelar, enveloppé dans la cape de fourrure du Viking.

— Par la terre ? interrogea celui-ci avec mépris.

— Non. Je prévoyais de nous acheter une place sur un navire.

— En hiver ? Aurais-tu perdu l'esprit ?

— Je n'ai pas perdu l'esprit ! Je suis un Saxon que l'on retient ici contre sa volonté !

— Comment comptais-tu regagner ton pays ? insista Einar.

— Thorston m'avait parlé de Kaupang, à l'autre bout de la côte. Il disait que c'était une grande ville et je pensais que, là-bas, quelqu'un accepterait de nous faire traverser la mer, si nous avions assez d'argent.

— Folie..., marmonna Einar, soulagé dans un sens de s'être trompé.

Il avait en effet un moment soupçonné Ull d'avoir pris part à ce projet ridicule, en espérant peut-être ramener les enfants à leur père et obtenir de lui l'argent de la rançon.

— Me dis-tu la vérité, Adelar ? demanda-t-il en fixant le jeune garçon avec des yeux sévères.

— Oui, répondit celui-ci sans ciller.

Einar jugea plus sage de le croire. Il lui troqua sa tunique humide contre une autre bien chaude, puis rajouta du bois dans le feu qui s'illumina aussitôt de hautes flammes.

— Où as-tu trouvé l'argent de ton passage sur le navire ?

Adelar ne répondit pas.

— L'as-tu volé ?

— Oui, répliqua-t-il en soutenant fièrement le regard d'Einar.

— Tiens, dit le Viking en lui offrant une coupe emplie de vin. Bois ceci, ou tu tomberas malade à ton tour.

Toute expression de fierté disparut alors du visage d'Adelar lorsqu'il demanda :

— Betha est-elle sérieusement malade ?

— Je l'ignore, répondit Einar en venant s'asseoir auprès de lui. Mais pourquoi l'as-tu emmenée avec toi ?

— Parce que c'est ma sœur.

— Mais pourquoi en plein hiver ?

— Pour qu'il vous soit plus difficile de nous suivre, lâcha Adelar dans un soupir rageur. Je ne croyais pas que cela serait aussi pénible pour Betha...

— Ne t'inquiète pas pour elle. Meradyce saura la guérir.

Voyant des larmes perler dans les yeux du jeune garçon, Einar eut le tact de se détourner. Comme tout guerrier, Adelar ne désirait pas que l'on fût témoin de sa détresse.

— Mon Dieu, venez-lui en aide ! soupira Meradyce en serrant dans la sienne la main brûlante de Betha.

Deux jours déjà qu'Einar l'avait ramenée mourante sur son cheval, et la fièvre refusait de quitter son petit corps fragile. C'était le cœur de la nuit, l'heure où les âmes s'envolaient souvent pour leur dernier voyage.

Assise au coin du feu, Olva sommeillait. Malgré les supplications de Meradyce, l'indomptable vieille femme avait tenu bon, prouvant ainsi à ceux qui en doutait encore d'où venait à Einar cet entêtement farouche.

Endera était restée seconder Asa dans sa tâche de jeune mère, mais elle venait souvent s'enquérir de la santé de la fillette, en restant prudemment dehors.

Thorston était parti pour le village le plus proche. Là-bas, une femme, disait-on, fabriquait à merveille de chaudes robes de fourrure, tandis qu'une autre cousait d'adorables poupées. Le mari d'Olva, qui ne se pardonnait pas les conséquences de son bavardage, désirait rapporter ces trésors en cadeau à Betha.

La fillette remua légèrement, et Meradyce se pencha aussitôt sur elle pour lui passer un linge humide sur le front. Betha choisit ce moment pour ouvrir les yeux et esquisser un sourire.

— Meradyce..., lâcha-t-elle dans un soupir.

Cet effort, aussi minime fût-il, lui procura une respiration haletante.

— Ne parle pas, ma chérie, murmura la Saxonne. Essaie de boire ceci.

Docilement, Betha avala un peu du remède qui devait faire baisser sa fièvre.

— Ma mère est morte, dit-elle doucement.

— Non, elle n'est pas morte, protesta Meradyce.

Cependant, Betha semblait sûre de ce qu'elle avançait. Pourtant, un instant plus tard, elle rouvrit les yeux et demanda :

— Père n'a pas vraiment fait cela, n'est-ce pas ? Il ne voulait pas la tuer...

Un violent accès de toux l'empêcha d'achever sa phrase. Dans une respiration rauque et spasmodique, la fillette, épuisée, referma les paupières.

Une main sur la bouche, Meradyce demeura stupéfaite. Betha aurait-elle surpris quelque conversation ? Comment, sinon, aurait-elle appris les horribles intentions de Kendric ?

Une fois encore, Betha ouvrit les yeux et articula dans un souffle :

— Prends soin d'Adelar. Il... t'aime toujours, tu sais. Il t'aime beaucoup...

— Ne parle plus, la supplia Meradyce qui voyait l'état de la petite empirer à chaque instant.

— Sois heureuse pour moi, Meradyce. Je... je vais aller rejoindre ma mère.

Suivit un léger râle, puis un silence interminable, aussi glacial que la mort. Un silence que, seul, brisa le long cri douloureux de la Saxonne, lorsqu'elle comprit que Betha avait rendu son âme à Dieu.

Olva s'éveilla dans un sursaut et, d'un seul regard,

sut ce qui arrivait. Anéantie, elle se cacha le visage entre les mains.

Einar, qui faisait les cent pas dans sa maison, entendit le cri désespéré de son épouse. En quelques foulées, il accourut chez sa mère.

Il trouva Meradyce à genoux devant le lit, en sanglots, étreignant le corps fragile de la fillette.

— Betha ! hurla Adelar qui avait accouru à la suite d'Einar.

A ce cri, le Viking se retourna brusquement, pour voir Adelar se précipiter vers sa sœur.

— Betha !

Meradyce leva un visage baigné de larmes et s'écria :

— Emmène-le, Einar ! La fièvre...

— Non, je ne partirai pas, riposta férocement le jeune Saxon tandis qu'Einar s'approchait. Non !

Mais ce ne fut pas sur l'épaule d'Adelar que le Viking posa une main ferme.

— Meradyce, dit-il doucement, viens avec moi. Adelar doit veiller un peu sa sœur, à présent.

Après les avoir dévisagés l'un après l'autre, elle capitula et se leva avec lenteur.

— J'ai fait tout ce que j'ai pu, articula-t-elle d'une voix tremblante avant d'embrasser Adelar.

— Ne me touche pas, riposta-t-il avec véhémence en se raidissant. Ne me touche plus jamais !

Atterrée par tant de haine, Meradyce recula. Le désespoir qu'Einar lut alors dans les yeux horrifiés lui déchira le cœur.

— Adelar, j'ai tout tenté ! insista-t-elle. J'ai fait tout ce qui était en mon pouvoir.

— Je sais, répliqua-t-il avec aigreur sans la regarder. A présent, allez-vous-en tous et laissez-nous seuls.

Réprimant mal les sanglots qui la submergeaient, Olva

sortit. Einar passa un bras autour de sa compagne, et la guida vers la porte.

— Viens à la maison, lui dit-il tendrement.

Le Viking la conduisit jusqu'à leur logis et la fit s'allonger sur le lit. Puis, il alla s'asseoir un peu plus loin et la laissa pleurer en silence.

Enfin, lorsque Meradyce se fut quelque peu apaisée, Einar se leva et s'avança vers la jeune femme.

— Je vais t'apporter de quoi te nourrir, proposa-t-il à voix basse.

Cela faisait presque deux jours qu'elle n'avait rien avalé, et le Viking redoutait de la voir tomber malade à son tour.

Meradyce leva vers lui un regard torturé de chagrin.

— J'ai tout fait, Einar. J'ai même osé espérer...

— Je sais, ma bien-aimée, je sais.

— Comment vais-je annoncer cela à sa mère ?

— Ne t'en soucie pas. Je le ferai.

— Non, Einar. C'est une tâche qui m'incombe.

— Nous parlerons de cela plus tard, ma chérie.

Du dos de la main, le Viking lui effleura la joue, puis alla chercher du pain et un peu de vin.

— Je n'ai pas faim, protesta Meradyce d'une voix faible.

— Tu dois manger un peu, sinon tu tomberas malade à ton tour.

— Adelar... ? s'alarma-t-elle soudain.

— Olva est avec lui, maintenant, reprit Einar en posant un plateau sur le lit. Ma place est près de toi, désormais.

— Et ma place était auprès de Betha, articula Meradyce dans un sanglot.

— Tu ne pouvais plus rien pour elle, tenta-t-il de la consoler. L'heure pour elle était venue de mourir.

La Saxonne s'assit brusquement et jeta à son mari un regard vibrant.

— Tout ceci est ma faute, Einar ! Si j'avais prêté plus

d'attention à Adelar, si j'avais gardé les enfants avec moi, si...

Elle s'arrêta subitement et fixa le sol d'un air absent.

— Et si je ne l'avais pas arrachée à son village, elle serait sans doute encore en vie, acheva Einar.

De nouveau, les larmes envahirent les beaux yeux tristes de Meradyce, qu'elle ne chercha plus à réprimer. Betha était morte, et c'était leur faute à tous deux.

— Crois-tu que je n'ai jamais songé à cela ? lui demanda doucement Einar. Crois-tu que je ne me suis pas reproché mille fois de les avoir enlevés à leur pays ? Le thane avait exigé que l'on ne fasse aucun mal à ses enfants, mais je l'ai défié, comme j'ai défié Svend, car je pensais que tu étais leur mère. Je croyais que tu voulais les garder auprès de toi.

— J'aurais dû te dire alors qu'ils n'étaient pas mes enfants, se lamenta Meradyce. J'ai tenté de les protéger, et j'ai échoué.

Alors, elle posa une main sur le bras de son mari et ajouta :

— Einar, va, je t'en prie. Tu dois me laisser, maintenant. J'ai besoin de rester seule.

— Non ! s'écria-t-il malgré lui en la saisissant par les épaules. Ne me renvoie pas. Je n'ai pas pris une épouse pour la laisser se battre avec elle-même. Je t'aime, Meradyce, et je ne t'abandonnerai pas à ton chagrin. Je regrette profondément ce qui est arrivé à Betha, mais je ne pourrai jamais te la ramener. Moi aussi, j'ai perdu des enfants...

Meradyce leva vers Einar des yeux embués de larmes, et la sincère douleur qu'elle lut dans le regard aimé la bouleversa.

— Endera était mon premier enfant, poursuivit-il d'une voix émue, et la seule que j'ai accepté de reconnaître. Mais il y a eu d'autres femmes dans ma vie, et d'autres enfants.

L'un d'eux est arrivé trop tôt. Un autre était mort-né. Un autre encore, un fils, n'a pas vécu plus de six mois.

— Et leurs mères ? demanda Meradyce en lui prenant la main.

— Elles n'étaient pas de ce village. Je ne les ai aimées que pour le plaisir qu'elles m'ont apporté. Pour ma plus grande honte, aujourd'hui, je le reconnais.

Dans un soupir de lassitude, Einar ajouta :

— Qui sait pourquoi de telles choses arrivent ? Vois-tu, j'aurais préféré ne jamais poser les yeux sur Betha et Adelar... Mais alors, je ne t'aurais jamais trouvée, mon amour.

— Oh ! Einar..., murmura Meradyce en enfouissant sa tête contre l'épaule réconfortante. Adelar nous pardonnera-t-il un jour ?

— Avec le temps, certainement, la rassura-t-il.

Adelar leur pardonna, en effet. Mais il lui fallut longtemps, très longtemps. Alors que l'hiver progressait, froid et cruel, le jeune Saxon se referma davantage sur lui-même, refusant férocement d'adresser la parole à Einar.

Au fil des jours, son attitude vis-à-vis de Meradyce se radoucit un peu, mais de façon quasi imperceptible. La seule personne à qui il accepta enfin de dire quelques mots fut Endera, avec qui il demeura malgré tout distant et réservé.

Une part de lui-même était morte avec sa sœur, laissant un jeune homme amer et désabusé, qui se reprocherait à tout jamais d'avoir entraîné une enfant innocente au cœur d'une nuit sans retour.

15

Betha avait été très aimée par les femmes du village. Einar suggéra donc que l'on enterrât la fillette selon les rites vikings.

Mais Olva et Meradyce s'y opposèrent. Betha était chrétienne, et sa religion exigeait qu'elle fût inhumée comme telle. Par respect pour les deux femmes, Einar et Svend acceptèrent. Adelar, comme à l'accoutumée, resta muré dans son silence.

Le jour de l'enterrement, une pluie glaciale se mit à tomber. Einar voulut que Meradyce, encore faible, restât à l'intérieur, mais la jeune femme tint fermement à suivre la cérémonie. Devant sa détermination, le Viking comprit que toute tentative de l'en décourager serait vaine.

Parmi les villageois réunis autour de la petite tombe, beaucoup de femmes pleuraient. Ilsa elle-même, à qui tous reprochaient son cœur de pierre, versa une larme.

Personne ne prononça une parole, excepté Olva et Meradyce, qui récitèrent des prières en saxon et en latin. Adelar préféra s'asseoir bien à l'écart pour assister à la cérémonie, puis repartit seul quand tout fut achevé.

Les jours qui suivirent, Meradyce chercha à s'occuper l'esprit par tous les moyens. Chaque nuit, elle se donna à Einar avec une passion fiévreuse, comme si elle tentait d'oublier le drame et ne parvenait à s'endormir que totalement épuisée.

Un matin, alors qu'elle sommeillait encore au côté

d'Einar, la jeune femme fut saisie d'une toux sèche et alarmante. Inquiet, son époux se rendit compte qu'elle tremblait de tous ses membres, alors que les couvertures de fourrure leur prodiguaient une douce chaleur.

— Meradyce…, murmura-t-il.

— Einar…, répondit-elle en roulant sur le côté.

En découvrant le visage de son épouse, le Viking réprima un sursaut d'horreur. Meradyce avait les yeux cerclés de sombres cernes noirs, son teint était blême, et ses lèvres desséchées. Elle se mit alors à tousser et, cette fois, il aperçut un peu de sang s'écoulant au coin de la bouche.

Meradyce allait mourir, elle aussi !

Frappé de terreur à cette idée, Einar se ressaisit aussitôt et jura devant les dieux qu'il ne laisserait jamais la maladie lui arracher sa femme.

Il se précipita hors du lit et passa ses vêtements.

— Je cours chercher Endera.

— Non, personne ! le pria la jeune femme en tendant vers lui une main suppliante. Apporte-moi seulement mes plantes médicinales, et laisse-moi.

— Cela est hors de question, Meradyce.

— Tu pourrais… attraper mon mal.

— Je n'attraperai rien du tout, corrigea Einar d'une voix implacable.

Elle voulut sourire devant sa fière détermination, mais sa poitrine la brûlait atrocement. Une nouvelle quinte de toux la secoua. Trop faible pour résister à la volonté d'Einar, Meradyce cessa de lutter. Seul lui restait l'espoir qu'il n'attraperait pas mal à son tour.

— Dis-moi ce que je dois faire, demanda-t-il.

D'une voix à peine audible, elle lui expliqua comment fabriquer les remèdes qui la soulageraient, et la guériraient… peut-être.

Einar s'apprêtait à sortir, quand il fit soudain volte-face pour venir prendre la main de sa femme et annoncer d'une voix grave :

— Tu ne mourras pas, ma bien-aimée. Tu ne dois pas mourir !

L'affaiblissement de Meradyce ne cessa de s'accentuer au cours de la journée. Par tous les moyens, Einar tenta de lui faire avaler un peu d'eau ou du vin, mais elle fut bientôt trop atteinte par le mal pour accepter quoi que ce fût.

Dans la soirée, Endera rejoignit la maison de son père.

— Meradyce est très malade, lui dit-il sur le pas de la porte. Tu ne dois pas entrer.

Sans l'écouter, Endera se força un passage à l'intérieur.

Einar la repoussa brutalement.

— Je t'ordonne de ressortir. Sa maladie est contagieuse.

D'une voix glaciale, le regard vrillé dans celui de son père, Endera rétorqua :

— Je vais la soigner. Je sais ce qu'il faut faire.

— Mais si tu tombes malade..., objecta Einar.

— Eh bien, il sera toujours temps d'aviser. Maintenant, laisse-moi faire.

Ce n'était pas une requête mais un ordre.

Einar hésita. Les instructions de Meradyce avaient été trop brèves et confuses. Endera serait-elle capable de lui venir en aide ? Elle était si jeune. Aurait-elle assez de sagesse et de savoir pour guérir la jeune femme ?

La mort dans l'âme, Einar se résolut pourtant à s'en remettre à sa fille. Elle semblait si calme, si sûre d'elle-même...

Il allait donc se fier en son jugement. D'un simple signe de la tête, il fit comprendre à Endera qu'elle avait toute liberté d'agir.

Sans attendre, la jeune fille se rua au chevet de Meradyce.

Elle lui posa une paume sur le front, colla l'oreille à sa poitrine et écouta longuement. Puis elle renifla la potion qu'Einar avait préparée sur les conseils de sa femme. Enfin, elle jeta un coup d'œil dubitatif au bol de bouillon laissé intact sur la table, près du lit.

— A-t-elle avalé quelque chose, aujourd'hui ?

— Juste un peu d'eau, lui répondit tristement Einar.

— Demande à Olva d'apporter du bouillon, clair et brûlant. Mais avant, aide-moi à ôter ces fourrures.

— Mais… elle est malade, protesta Einar.

— Elle brûle de fièvre. Il faut qu'elle se rafraîchisse. Aide-moi !

Etonné, Einar s'exécuta sans mot dire.

— Où y a-t-il de l'eau ? interrogea Endera en s'affairant autour de sa patiente.

Einar lui indiqua un seau au pied du lit.

— Porte-t-elle un enfant ?

— Non.

— Tant mieux ; cela lui ôterait le reste de ses forces. Maintenant, cours chez Olva, ordonne à tout le monde de se tenir éloigné d'ici, et fais de même.

— Tu ne veux tout de même pas que…

— Père, si tu tombes malade, qui se chargera de tenir Ull en respect ? argua-t-elle, un sourire sévère aux lèvres.

D'abord interloqué par tant d'assurance, Einar éprouva un étrange sentiment de fierté. Peu lui importait si elle était ou non la chair de sa chair. Elle était sa fille, au-delà des liens du sang. Elle lui ressemblait…

— Comme tu voudras.

Une expression de triomphe, aussi brève qu'intense, éclaira soudain le visage d'Endera. Mais, à cet instant, Meradyce se remit à tousser, captant aussitôt l'attention de la jeune fille.

— Endera, je t'en supplie, guéris-la ! lança alors Einar avant de sortir.

— Je ferai tout pour cela, promit-elle avant de se pencher sur la malade.

Ingemar se faufila en silence dans la ruelle couverte de neige. Il lui avait fallu des jours pour obtenir de Lars qu'il lui révélât où se trouvait la taverne saxonne ; et plus longtemps encore pour le persuader de lui donner le nom de celui avec qui traitait Einar.

Au moins avait-elle appris d'Olva suffisamment de saxon pour se faire comprendre. Et dire qu'elle s'était imposé cet effort dans l'espoir qu'Einar y verrait une raison de plus pour l'épouser !... Aujourd'hui, en tout cas, cela l'aiderait à se venger de lui.

Elle resserra frileusement sa cape autour d'elle et jeta un regard alentour. Il faisait sombre et froid, et, bien qu'il n'y eût quasiment personne dans les rues, il n'était guère prudent pour une femme aussi jeune et jolie qu'elle de se promener seule.

Comme elle longeait une rue étroite, lui parvinrent de bruyants éclats de rire. Cela devait provenir d'une taverne.

Ingemar hésita. C'était un enjeu risqué que d'aller parler à ce Saxon qu'elle n'avait jamais rencontré, mais elle n'allait pas s'arrêter en si bon chemin. Néanmoins, un vague remords la saisit : un combat entre Einar et les Saxons allait certainement s'ensuivre, au cours duquel certains succomberaient. Mais qu'importait après tout ce genre de considération quand la vengeance primait...

Pour se donner de l'assurance, Ingemar redressa les épaules. Jamais elle n'oublierait l'humiliation que lui avaient infligée Einar et cette Saxonne !

Elle continua donc son chemin, contournant prudemment un tas de fumier, pour arriver devant la porte crasseuse d'une taverne à l'aspect sinistre. Ingemar hésita un instant, poussa le battant, puis attendit que ses yeux s'habituent à la violente lumière qui l'éblouit.

Soudain, une main brutale lui attrapa le bras et la happa à l'intérieur.

— Alors, ma jolie, on est toute seule ?

— Je cherche Selwyn, articula-t-elle en fixant courageusement le gros homme barbu à l'haleine pestilentielle.

A la vérité, Ingemar se sentait davantage insultée qu'effrayée. Comment un de ces Saxons osait-il porter la main sur elle !

— Selwyn ? répéta le marin. J'aurais dû m'en douter. Il choisit toujours les plus belles ! N'est-ce pas, les gars ?

Il tendit alors un doigt boursouflé vers un coin sombre de la salle.

— Là-bas.

Comme elle s'apprêtait à rejoindre Selwyn, le barbu se planta devant elle et lança d'une voix éraillée :

— S'il ne veut pas de toi, je suis preneur.

Ingemar l'ignora et, sous les ricanements des autres clients, se dirigea, le cœur battant, vers celui qu'elle attendait depuis si longtemps de rencontrer. Elle trouva un homme, assis dans l'ombre, en train de vider une chope de bière.

— Etes-vous Selwyn ? demanda-t-elle d'une voix qu'elle voulait assurée.

— A qui ai-je l'honneur ? interrogea son interlocuteur dans un sourire édenté. D'ailleurs, peu m'importe ton nom. Assieds-toi plutôt ici, ma belle.

Ingemar obéit et en vint immédiatement au fait :

— Connais-tu le Viking dénommé Einar ?

— Peut-être oui, peut-être non. Embrasse-moi, et je te répondrai.

Malgré la nausée que lui inspirait cet homme, Ingemar lui accorda son plus charmant sourire et rétorqua :

— Réponds-moi d'abord. Alors, peut-être que j'accepterai.

Selwyn rejeta la tête en arrière et partit d'un rire grossier.

— Marché conclu ! Oui, je connais Einar. Maintenant, je veux ma récompense.

Ingemar aurait préféré embrasser un cochon mais, surmontant son dégoût, elle se pencha vers le barbu et le gratifia d'un baiser sur la joue. Alors, la main de l'homme se plaqua sur ses reins.

— Je voudrais me rendre au village saxon, annonça-t-elle à la hâte. Celui qu'Einar a pillé récemment.

— Je ne sais pas de quoi tu parles, ma jolie. Veux-tu un peu de bière ?

— Je ne veux pas de ta bière saxonne ! riposta-t-elle en se dégageant. Je veux aller dans ce village ! J'ai des informations pour le thane.

— Des informations ? répéta le Saxon en se calant contre son siège. Quel genre d'information ?

— Je peux l'aider à retrouver ses enfants et la femme qui était avec eux.

— Il les retrouvera bien sans toi. Il lui suffit de payer la rançon demandée.

— Je peux lui dire exactement où les trouver, insista Ingemar. Il n'aura même pas à payer la rançon.

— Et pourquoi ferais-tu cela ? demanda le Saxon, intrigué.

— Cela me regarde, rétorqua-t-elle.

Selwyn considéra la jeune femme d'un air songeur. Kendric sauterait certainement sur l'occasion de récupérer ses enfants sans avoir à remettre de rançon. Et, à coup sûr, il accepterait de payer une somme rondelette contre les renseignements de cette Viking.

Mais cela réduirait d'autant ce qu'il recevrait lui-même.

Cependant… cette femme obtiendrait sûrement un bon prix de Kendric.

— Quand comptais-tu entreprendre ce voyage — au cas où j'accepterais de t'emmener ?

— Maintenant, répondit Ingemar.

— Le printemps n'est pas encore là, objecta Selwyn.

— Il est suffisamment proche. Nous devons arriver au village saxon avant le retour d'Einar et ses hommes.

— C'est tout à fait vrai, lui accorda-t-il. Et combien me paierais-tu en échange de mes services ?

Ingemar lui répondit par un sourire.

— Après tout, nous avons tout notre temps, tenta Selwyn dans un sourire mielleux.

— Si tu tiens à la vie, il faut partir tout de suite, insista Ingemar. Je ne suis pas venue seule à Hedeby, et il ne tardera pas à découvrir que je suis partie.

Il serait si facile d'abandonner. De ne plus tousser. De cesser de lutter pour respirer. De s'endormir pour ne plus souffrir. D'aller rejoindre Betha…

Meradyce se consumait de l'intérieur, sans répit. Une soif intolérable lui brûlait la gorge, et elle se sentait lasse, si lasse. Elle n'avait même pas la force d'ouvrir les yeux.

A peine consciente que des mains la touchaient, que du liquide venait par intermittence lui humecter la bouche, elle perdait toute notion du temps, tout sens de la vie, tout espoir.

Quelle importance, après tout, si elle vivait ou mourait. Elle n'avait pas sauvé Betha. Adelar n'avait nul besoin d'elle.

Meradyce était trop faible pour pleurer, trop desséchée pour laisser couler la moindre larme. Autant, alors, se laisser glisser vers le sommeil éternel, vers le soulagement total…

— Ma bien-aimée !

Meradyce connaissait cette voix. C'était celle d'Einar. Et pourtant, jamais elle ne l'avait sentie aussi douce, aussi attentionnée, même au plus fort de leur passion.

— Mon amour !

Non, ce n'était qu'un rêve. Un fol espoir.

— Oh ! mon amour !

Elle sentit ses lèvres lui effleurer la joue, sa longue main nerveuse étreindre la sienne.

— Ne me quitte pas ! l'entendit-elle souffler contre son oreille. Je t'en supplie, ne me quitte pas. J'ai tant besoin de toi.

La malade remua faiblement, et, dans un effort considérable, parvint à ouvrir les yeux. Oui, c'était Einar, agenouillé près d'elle.

Il avait besoin d'elle... Il l'aimait...

Non, elle n'abandonnerait pas. Elle trouverait la force de se battre. Pour lui. Pour Einar !

Meradyce tenta d'inspirer. Aussitôt, elle toussa, mais la brûlure lui parut moins intense. Il lui fallait se reposer. N'était-ce pas ce qu'elle conseillait toujours à ses malades lorsqu'ils allaient un peu mieux ?

Elle allait dormir, d'un sommeil tranquille et paisible. Car, devant le désarroi qu'il montrait, elle savait maintenant combien Einar l'aimait.

Mais avant cela, Meradyce voulait articuler quelques mots, qui l'assureraient qu'elle l'avait entendu. Dans un effort immense, elle parvint à articuler :

— Mon bien-aimé...

Puis, elle sombra dans l'inconscience.

Atterré, n'osant croire qu'elle lui avait parlé, Einar contempla longuement la jeune femme.

Ses dernières nuits avaient été peuplées de cauchemars, durant lesquels il avait visité Niflheim, le pays des morts, noir et glacé, où régnait l'ombre éternelle. Ainsi avait-il entrevu ce que serait la vie sans Meradyce. Elle qui n'était que lumière et chaleur.

— Endera ! appela-t-il alors. Elle a parlé !

La jeune fille s'approcha et toucha le front de Meradyce. Puis elle se tourna vers son père en souriant.

— Le pire est passé, annonça-t-elle d'une voix douce.

Un fol espoir naquit en lui.

— Vivra-t-elle ?

— Elle vivra.

Rejetant la tête en arrière, Einar poussa un immense soupir de soulagement.

Un long moment passa, durant lequel Endera s'occupa dans la cuisine, non sans se demander si elle devait rester au chevet d'une malade en voie de guérison.

— Endera ?

Lentement, elle se retourna pour voir son père s'avancer vers elle, avec dans le regard une lueur chaleureuse qu'elle ne lui connaissait pas. D'abord surprise, elle sentit son cœur battre de bonheur.

— Ma fille, dit-il simplement avant de l'étreindre. Je te remercie.

Dans un sanglot étranglé, Endera se blottit contre l'épaule du père qu'elle pouvait enfin aimer.

— Ingemar ? appela Lars à voix basse.

Sans réponse de sa compagne, il grimaça. Parti vendre les quelques bijoux qu'Ingemar lui avait confiés, Lars était resté absent la journée entière. Dans la soirée, il avait rencontré de vieilles connaissances qui l'avaient entraîné dans une taverne pour y boire de l'ale.

Peut-être refusait-elle de répondre parce qu'elle était fâchée contre lui.

— Ingemar ? répéta-t-il en s'approchant du lit.

Sigrid, qui guettait son arrivée depuis des heures, le rejoignit dans la chambre. Elle aimait cet homme à la chevelure brune et au visage avenant, et regrettait qu'il se fût amouraché de cette désagréable créature.

— Elle n'est pas là, annonça-t-elle.

— Où est-elle partie ?

— Elle s'est bien gardée de me le dire, répondit Sigrid dans un haussement d'épaules.

— Et quand est-elle sortie d'ici ? demanda Lars, totalement déconcerté.

— Juste après toi.

— Mais où a-t-elle bien pu se rendre ? Elle ne connaît personne en ville.

— Je n'en ai pas la moindre idée.

Sigrid allait repartir quand elle se rappela un détail, qui l'avait frappée sur le moment, mais auquel elle n'avait plus songé ensuite.

— Elle portait un baluchon avec elle.

Lars eut l'impression qu'un poignard lui transperçait le cœur. Il se mit à fouiller fiévreusement la chambre à la recherche des affaires d'Ingemar. Lâchant un soupir de pitié, Sigrid sortit.

Rien. Il n'y avait plus rien. Ingemar avait emporté tout ce qui lui appartenait et avait disparu.

Durant un moment, Lars demeura immobile dans la pièce. Elle l'avait bel et bien trahi.

Puis, une pensée foudroyante lui vint à l'esprit. Ingemar était la fille d'un constructeur de navires ; elle avait donc des connaissances qui pouvaient servir aux ennemis des Vikings.

Elle avait posé tant de questions sur les Saxons ; elle avait tant voulu savoir comment Einar était entré en relation avec eux. Alors, la certitude affreuse, incroyable s'imposa à son esprit : pour se venger de son humiliation, Ingemar projetait de passer à l'ennemi !

Saisi de fureur, Lars s'empara de son épée et de sa hache. Elle avait de l'avance sur lui, mais il la rattraperait ! D'une manière ou d'une autre. Même s'il devait pour cela s'aventurer seul en pays saxon !

16

Derrière ses paupières mi-closes, Meradyce observait Einar et Endera. Elle n'avait pas rêvé. Ils parlaient entre eux à voix basse, et le regard du Viking pour sa fille trahissait une réelle affection.

Ainsi, songea-t-elle, sa maladie avait au moins permis à Einar de franchir le fossé qui le séparait depuis si longtemps de son enfant.

Mais combien de temps avait-elle lutté contre la mort ? Meradyce l'ignorait, mais elle ne se souvenait que d'une chose : Einar était resté près d'elle, la veillant jour et nuit, inlassablement.

A présent, elle sentait les forces lui revenir peu à peu, et un désir nouveau naître en elle. Un désir qu'elle ne pouvait révéler qu'à son mari.

La Saxonne attendit donc patiemment qu'Endera eût souhaité le bonsoir à son père et se fût éclipsée.

— Einar..., appela-t-elle doucement en lui tendant une main blanche.

Il lui renvoya un sourire si heureux qu'elle en resta un instant bouleversée.

Aussitôt, Einar fut près d'elle.

— Oui, ma chérie ?

— Einar, ai-je dormi seule durant toutes ces journées ?

— Tu étais si malade que j'ai préféré m'aménager une autre couche sur un des coffres.

— De quoi ai-je l'air ? demanda-t-elle dans un faible sourire.

— Que veux-tu dire ?

— Donne-moi cette coupe, je t'en prie.

Déconcerté, Einar obéit cependant, et vit Meradyce se contempler longuement la face dans le calice d'argent. Une face qu'elle trouva pâle et amaigrie, des yeux qui lui apparurent cernés de noir.

— Je suis affreuse ! se lamenta-t-elle.

Subitement, elle comprit que, malgré la modestie qui la caractérisait, elle avait toujours été fière de sa beauté.

— Loin de toi cette idée, mon amour, lui dit Einar en lui prenant le visage entre les mains. Tu es toujours aussi belle, et je t'aime davantage encore aujourd'hui.

Il l'embrassa tendrement et, rassérénée, la jeune femme lui prit une paume pour y déposer un baiser.

— Je me sens tellement mieux, Einar.

— Je le vois, reprit-il en affichant ce sourire de jeune garçon qui la séduisait tant.

Alors, Meradyce qui, d'instant en instant, se sentait renaître, se demanda si elle méritait d'être aussi heureuse.

— Comment vont tous les autres ? interrogea-t-elle soudain. Endera ? Adelar ?

— C'est Endera qui t'a soignée et guérie, répondit Einar. Elle n'a même pas eu peur d'être contaminée. Heureusement, elle paraît en bonne santé ! Quant à toi, il semblerait que c'est davantage l'épuisement que la contagion qui t'ait rendue malade, ma chérie.

— Tu as l'air très fier d'elle.

— Je le suis, affirma-t-il, le regard brillant. Sais-tu que je lui ai tout raconté à propos de sa mère et moi-même ?

— C'est bien, Einar. Tu ne pouvais mieux agir avec ta fille. Et Adelar ?

— Il refuse toujours de me parler, mais il s'est enquis

de ta santé auprès d'Endera. Je crois surtout qu'il se reproche terriblement la mort de Betha.

— Et toi, mon bien-aimé ? demanda Meradyce en lui prenant la main. Comment te portes-tu ?

— Bien, répliqua-t-il dans un tendre sourire. A présent que tu vas mieux, je me sens revivre, moi aussi.

— Einar, dit-elle alors gravement, ce n'est pas Endera qui m'a guérie. C'est toi, et ta présence permanente à mes côtés. J'aurais pu mourir si facilement... Je me sentais partir, je ne voulais plus lutter, plus résister. Et puis, tu m'as appelée, tu m'as ramenée à la vie.

Le visage appuyé contre le torse de son mari, Meradyce poursuivit d'une voix émue :

— Tu m'as appelée « ma bien-aimée », et j'ai su alors que je ne devais pas mourir. Je voulais être avec toi.

Elle l'embrassa, laissant ses lèvres exprimer mieux que des simples mots l'amour qu'elle ressentait pour lui. Bouleversé, Einar l'attira contre lui et l'étreignit avec passion.

Alors, le désir surgit en elle, et Meradyce s'allongea, accueillant avec bonheur le poids du corps aimé sur le sien. Avec des gestes rapides et impatients, elle le défit de sa tunique dans l'urgent besoin de sentir, de toucher sa peau nue.

Elle le voulait en elle.

Einar afficha une expression d'espoir et de crainte mêlés.

— Tu es encore très faible, ma chérie.

— Je me sens beaucoup mieux. Totalement guérie, même.

— En es-tu sûre ? interrogea-t-il sur un ton dubitatif.

— Certaine, répondit Meradyce dans un sourire enjôleur.

Transporté de bonheur, Einar hésita un court instant avant de saisir les deux bouts de la cordelette qui retenait la chemise de Meradyce. Le linge s'ouvrit alors, découvrant la gorge blanche et frémissante de la jeune femme.

Celle-ci gémit de plaisir et déposa de doux baisers sur le cou puis sur le torse de son partenaire.

Emerveillé de la voir ainsi revivre, Einar se leva pour se débarrasser de ses braies. Glorieux dans sa nudité, il contempla longuement sa femme d'un regard chargé de désir, avant de la rejoindre et s'unir à elle.

Dans un cri vibrant de passion, ses jambes emprisonnant les hanches de son amant, Meradyce l'accueillit en elle. Tous deux, enfin réunis, laissèrent exploser leur bonheur de se retrouver, comme si des mois d'absence les avaient séparés.

Quand, au bout de longues minutes, ils se furent enfin rassasiés l'un de l'autre, Meradyce se laissa rouler sur le côté et souffla à l'oreille de son époux :

— Mon bien-aimé...

— Je vous demande pardon, Messire...

Dans une grimace, Kendric repoussa la servante qui partageait son lit, et se leva.

— Que me veut-on ? demanda-t-il, furieux d'avoir été interrompu dans ses ébats amoureux.

L'air lui parut froid, et il passa une longue tunique sur son corps à demi nu. Frissonnante et embarrassée, sa compagne se recouvrit pudiquement d'une fourrure.

Le thane contourna le grand lit de bois et s'avança vers les deux importuns.

— Alors, que me voulez-vous ? répéta-t-il plus qu'irrité. J'espère pour vous que la chose est importante.

L'homme, qui se tenait sur le seuil, fit un pas en avant, et Kendric le reconnut aussitôt.

— Selwyn... ?

— Oui, Messire.

— Laisse-nous, ordonna le Saxon à la servante qui attendait en tremblant.

Celle-ci s'empressa de quitter la couche de Kendric, passa hâtivement sa robe et s'enfuit de la chambre comme une voleuse. Avec un soupir las, le thane se laissa tomber dans un fauteuil et fit signe à Selwyn d'approcher.

— Qui est avec toi ?

Ingemar sortit alors de l'ombre, arrachant à Kendric un sourire appréciatif.

— Selwyn, que c'est aimable à toi de me rendre visite ! Mais qui est donc la charmante personne qui t'accompagne ?

— Elle s'appelle Ingemar et…

— Ingemar ! coupa Kendric. Une Viking ! Approche donc. Ote ta cape et assieds-toi.

Tandis que l'interpellée obéissait, le thane, en amateur de femmes très avisé, jugea que les formes de la belle justifieraient la dépense d'une petite fortune. S'il s'agissait d'une esclave bien sûr…

Cependant, il lui parut sage de ne rien montrer de son enthousiasme.

— Alors, Selwyn, qu'est-ce qui t'amène dans mon village ?

— Une… affaire, Messire.

— J'entends bien, reprit Kendric dont le regard glissait irrésistiblement vers l'objet de sa convoitise. Mais, quel genre d'affaire ?

Après avoir jeté derrière lui un coup d'œil méfiant pour s'assurer que personne n'écoutait, Selwyn déclara :

— D'abord, Messire, laissez-moi vous exprimer mes condoléances à propos de votre femme.

— Merci. C'était un accident bien malheureux.

Loin d'être dupe, Selwyn savait que cet « accident » n'en était pas un. L'on racontait que, lors d'une chevauchée en compagnie de son mari, Ludella, jetée à terre par sa monture, était allée se fracasser le crâne contre un roc. Mais, à en croire un habitant du village, l'on aurait tout simplement précipité la pauvre jeune femme contre ce même caillou, provoquant une blessure à laquelle elle n'avait pas survécu.

— C'est grand dommage, reprit Selwyn que l'hypocrisie n'effrayait guère.

— Oui, articula Kendric sans même tenter de montrer quelque affliction.

— Vos enfants, intervint soudain Ingemar que l'on semblait avoir oubliée. Je peux vous mener à eux.

Kendric regarda Selwyn d'un air surpris.

— Est-ce vrai ?

— Oui, Messire. Les Vikings qui ont emmené vos enfants sont du même village que le sien. Et elle vous propose de vous y conduire.

L'air songeur, Kendric se cala contre le haut dossier de son fauteuil. Il ne doutait pas que Selwyn sût exactement où se trouvait le village viking, et il prévoyait même de faire mander celui-ci dès le printemps revenu. Mais, à présent, n'avait-il pas devant lui ce même Selwyn, accompagné du plus intéressant des guides ?

— Et pourquoi me mènerait-elle là-bas ?

— Elle a refusé de m'en donner les raisons.

— Il est impossible de prendre la mer avant le printemps, objecta Kendric.

— Elle le sait.

Sous le regard concupiscent du thane, Ingemar baissa hypocritement les yeux. L'hiver serait encore long. Cet homme était riche, beau, et apparemment libre... d'une compagnie qui promettait de la combler à tout point de vue. A n'en point douter, il se révélerait meilleur amant que ce porc de Saxon édenté à qui elle avait dû se donner pour le convaincre de tenter une traversée prématurée. Meilleur amant que Lars, aussi... Le sang de la jeune femme ne fit qu'un tour lorsqu'elle s'imagina l'amour passionné et sauvage que lui ferait Kendric. Se montrerait-il aussi fougueux qu'Einar... ?

Le Saxon se leva alors pour aller se servir une coupe de vin, et, devant les jambes longues et musclées qu'il déploya, le cœur d'Ingemar se mit à battre plus fort.

— Comment vont mes enfants ? demanda-t-il d'une voix sèche.

— Ils se portent bien, répondit-elle.

— Et Meradyce ?

— J'imagine qu'elle fut belle autrefois, mais à présent que tous les guerriers ont abusé d'elle...

Kendric réprima difficilement un frisson.

— C'est bien dommage, articula-t-il en feignant l'indifférence.

Ainsi, songea Ingemar avec satisfaction, cet homme ne portait aucun intérêt particulier à la Saxonne.

— Selwyn, tu peux te retirer, dit soudain celui-ci.

— Mais, Messire...

— Qu'y a-t-il ?

— J'ai eu... quelques frais. Nous avons dû même beaucoup investir pour venir jusqu'ici.

— Nous en discuterons demain matin, repartit Kendric non sans lui jeter un regard glacial.

— Messire, je..., insista Selwyn dont les yeux exorbités allaient et venaient entre Ingemar et le Saxon.

Par Thor, cette femme était à lui ! Il n'avait nullement l'intention de la céder... Alors, il vit l'expression redoutable de Kendric... et capitula.

Après tout, il en trouverait d'autres comme elle. Les auberges alentour en regorgeaient.

Sans ajouter un mot, Selwyn quitta la chambre.

Quelques semaines plus tard, Meradyce totalement guérie se trouvait dans la maison d'Olva. Près de l'entrée, la vieille femme travaillait à son métier à tisser, et son corps allait et venait au rythme de la navette. Elle s'arrêta un instant pour tasser les fils de laine vers le haut, afin de serrer au mieux son tissage.

Assise non loin d'elle, Endera préparait un plat de poisson dont elle seule avait le secret. Comme il faisait particulièrement tiède, ce jour-là, Einar était parti pour la chasse.

Cette année, en effet, le printemps s'annonçait plus tôt qu'à l'accoutumée, et jamais Meradyce ne s'était sentie aussi heureuse. Seul Adelar l'empêchait de se réjouir totalement : toujours aussi réservé, il ne parlait que rarement et jamais aucun sourire ne venait éclairer son visage.

Aujourd'hui, toutefois, Meradyce ne songeait guère au silence renfrogné du jeune garçon, ni au jour, pourtant très proche, où il réintégrerait son village.

— Olva, déclara-t-elle sur un ton nonchalant, je ne crois pas qu'Endera pourra t'aider autant, l'hiver prochain.

— Ah, s'étonna la vieille femme en levant la main de son ouvrage. Et pourquoi ?

Endera aussi s'était arrêtée de travailler.

— Einar ne songe pas à la marier sans me demander mon avis, j'espère ? interrogea Olva, inquiète.

— Ou le mien, ajouta doucement Endera.

— Oh ! non ! s'empressa de les rassurer Meradyce. Simplement... j'aurai peut-être besoin de son aide.

— Serais-tu de nouveau malade ?

— Non plus, répliqua la Saxonne dans un sourire. Mais je crois que je suis enceinte.

A ces mots, Olva se leva aussi vite que ses vieux os pouvaient lui obéir et se précipita pour étreindre Meradyce. A son tour, Endera vint embrasser la jeune femme.

— Pour quand est la naissance ? demanda Olva au comble du ravissement.

— Je n'en suis pas très sûre encore. Il est trop tôt pour le préciser, aussi ne dites rien à Einar. Je ne voudrais surtout pas le décevoir.

— Tu as raison, les hommes sont si fragiles ! plaisanta la vieille femme, radieuse.

Elles partirent toutes trois d'un grand éclat de rire complice.

— Eh bien, qu'y a-t-il de si drôle ?

Avec la sensation d'être prises en flagrant délit, les trois femmes se retournèrent brusquement, pour apercevoir Einar sur le pas de la porte, trois lapins dépecés dans une main, une dague dans l'autre.

— De quoi parliez-vous donc ? insista-t-il devant leur silence embarrassé.

— D'une petite chose sans importance, répondit Olva en pouffant de rire.

— Quelle chose ?

— Tu trouveras bien assez tôt.

— Vous ne voulez donc rien me dire, se résigna-t-il, vexé.

— Non, mon fils.

— Dans ce cas, je m'en vais et vous laisse à vos rires.

Comme il s'éloignait d'un pas rageur, Meradyce lâcha un soupir de soulagement.

— Parfois, j'ai l'impression d'avoir déjà un enfant, observa-t-elle dans un sourire attendri.

Dans le hall de Svend, Einar se laissa tomber sur une chaise. Meradyce avait quitté la maison d'Olva, mais refusait toujours de lui dire ce qu'elles avaient trouvé de si drôle, un peu plus tôt. Aussi n'était-il pas de la meilleure humeur.

— Qu'y a-t-il, mon fils ? demanda Svend en lui tendant une corne emplie d'ale. On dirait que tu t'es assis sur ton épée.

— Parfois, il me semble que je ne comprends rien aux femmes !

— Qui les comprend, dis-moi ? Et, qui, d'ailleurs, le désire ?

— J'ai rapporté trois magnifiques lapins à Olva, et je n'ai pas obtenu un seul mot de remerciement. Elles sont restées plantées devant moi à rire comme des pucelles.

— A rire ? Mais, de quoi ?

— Elles n'ont rien voulu dire ! Comme si c'était un secret d'une importance capitale.

— Elles riaient..., répéta pensivement Svend.

— Oui, affirma Einar sur un ton renfrogné.

Soudain, ce fut au tour de son père d'éclater de rire.

— Certes, mon fils, tu ne comprends décidément rien aux femmes ! Je ne connais que deux raisons qui peuvent les faire rire sous cape en toute complicité féminine : soit, l'une d'elles désire un homme et n'ose pas le lui dire ; soit, l'une d'elles attend un enfant. Il est possible qu'Endera convoite quelque beau guerrier, ou que ta ravissante femme soit enceinte.

Suffoqué, Einar fut incapable d'articuler une parole.

— Il est d'ailleurs temps, continua Svend dans un sourire malicieux. Mais il ne faut pas oublier que...

Déjà, Einar ne l'écoutait plus, comme un fou, il se rua dehors et traversa le village, le cœur battant. Meradyce attendait un enfant ! Bien sûr ! Comment avait-il pu être aussi stupide, et aveugle à ce point ?

Meradyce portait son enfant à lui ! Leur enfant !

Hors d'haleine, il fit irruption dans leur maison. Meradyce se tenait devant le feu à ravauder l'une de ses tuniques. Sans préambule, le Viking la souleva de terre et l'embrassa avec une passion mal contenue. Puis, il s'écarta d'elle et lui posa les mains sur les épaules.

— Est-ce vrai ? Est-ce bien vrai ?

— Qui te l'a dit ? demanda-t-elle sur un ton sévère. Je ne puis croire que ce soit Olva. Ni Endera.

— Alors, c'est vrai, n'est-ce pas ?

— Je le pense, Einar. Je ne peux pas encore en être sûre…

— Je suis si heureux ! coupa-t-il en étreignant son épouse avec force.

Puis, Einar recula soudain et interrogea gravement :

— Est-ce pour cela que vous riiez tant, tout à l'heure ?

— Oui, avoua-t-elle. Il fallait que j'en parle à quelqu'un, Einar, et je ne voulais pas te décevoir au cas où je me serais trompée.

— La prochaine fois, je veux être le premier à l'apprendre ! M'entends-tu, Meradyce ?

— Oui, mon époux, répondit-elle en lui déposant un léger baiser sur la joue. J'espère seulement que le second tardera moins que le premier à s'annoncer.

Transporté de joie, Einar la fit tournoyer jusqu'à lui en donner le vertige.

— La prochaine fois, nous essaierons avec plus d'ardeur encore.

17

Un sourire satisfait aux lèvres, Kendric considéra le navire amarré le long de la berge. Majestueux sur les eaux de la rivière, il avait la ligne élégante et racée des drakkars vikings. Pour le construire, le thane avait fait appel au meilleur constructeur de Londres. Il avait acheté le meilleur bois, employé les meilleurs artisans, et n'avait reculé devant aucune dépense pour s'assurer que son navire serait achevé dans les plus brefs délais.

Les conseils fournis par Ingemar sur les méthodes utilisées par les Vikings avaient porté leurs fruits. Kendric avait maintenant devant lui un bateau aussi magnifique que ceux qui arpentaient les mers.

Quant à la ville qu'il avait fait reconstruire, elle était aujourd'hui plus belle et mieux défendue que toutes celles qui bordaient la côte. Pas un villageois n'avait manqué de participer à la consolidation du mur d'enceinte, qui s'élevait aujourd'hui plus haut et plus massif que jamais.

Kendric observa le ciel nuageux. Ingemar prétendait qu'il était encore trop tôt pour traverser les mers, mais s'il ne prenait pas le risque de partir avant l'arrivée des beaux jours, il perdrait le bénéfice de l'effet de surprise.

Le thane se retourna et aperçut un cavalier solitaire arrivant du sud. Un homme à la silhouette importante mais aucunement familière. Celui-là devait avoir entendu dire que Kendric offrait des gages intéressants à tous ceux qui accepteraient de se battre pour lui.

Un sourire en coin, le thane se dirigea vers sa maison, là où l'attendait Ingemar.

Vibrant de rage, Lars regardait le drakkar ennemi qui oscillait doucement sur l'eau. D'eux-mêmes, les Saxons n'auraient pu découvrir la façon de construire un bateau viking. Quelqu'un de la partie les y avait forcément aidés. Une personne qui n'était autre qu'Ingemar, fille de constructeur de navires.

Cependant, songea-t-il avec un sourire désabusé, les proportions n'étaient pas parfaites. Comme la plupart des constructeurs vikings, Bjorn travaillait à l'instinct, sans plan réel. Et personne, à sa connaissance, ne se montrait capable d'imiter son génie.

Ingemar était une traîtresse. Lars la débusquerait, comme il avait fini par trouver cet endroit, au bord de la rivière. En discutant avec les aubergistes de la ville, il avait en effet compris que la jeune femme s'était vendue à Selwyn le Saxon, probablement en vue de pactiser avec l'ennemi afin d'obtenir sa vengeance.

Les suivre en territoire saxon avait représenté une périlleuse expédition pour un Viking solitaire. Il avait été maintes fois obligé de se cacher et d'attendre pour éviter ses ennemis, rallongeant ainsi son voyage de plusieurs jours. De surcroît, le mauvais temps, son manque de connaissance du pays et de la destination exacte du couple n'avaient guère favorisé son entreprise.

Lars étudia longuement les alentours et eut la certitude qu'il s'agissait bien du village pillé par les Vikings. Les Saxons l'avait reconstruit, en y ajoutant des fortifications. A n'en pas douter, Ingemar était venue trouver le thane, dont Einar avait enlevé les enfants, dans le but de négocier des renseignements sur eux.

Ingemar avait trahi son peuple. Elle avait aidé les

Saxons à construire ce drakkar ; Lars y retrouvait indubitablement la patte de Bjorn. Et la haine qu'elle vouait à Einar la pousserait un jour ou l'autre à conduire ces mêmes Saxons jusque devant son propre village.

— De quel droit te trouves-tu ici ? lança une voix derrière lui.

Lars pivota d'un bond et brandit sa hache. Le laboureur considéra d'un œil parfaitement incrédule le guerrier viking qui le toisait. Mais sa surprise ne dura pas. Un violent coup de hache lui fendit le crâne, qui l'envoya aussitôt rejoindre le pays des morts.

Alors, poussé par une rage fulgurante, Lars se rua vers le village et passa en courant la grande porte restée ouverte. Il savait où trouver la maison de Kendric. A qui d'autre, sinon un thane riche et puissant, Ingemar oserait-elle vendre son propre peuple ?

Au même endroit, s'élevait une autre bâtisse de bois, d'où sortaient quelques soldats, au moment précis où Lars arriva. Stupéfaits, ils regardèrent le guerrier fondre sur eux sans leur laisser le temps de réagir. La hache du Viking s'abattit sur l'un, puis sur l'autre, sous l'œil terrorisé de quelques villageois qui prirent leurs jambes à leur cou.

— Ingemar ! hurla Lars en faisant irruption dans la maison de Kendric.

Une femme poussa un cri d'effroi, un homme dégringola du lit en cherchant hâtivement son épée. Ingemar apparut alors, nue derrière un drap qu'elle se plaquait sur la poitrine, les yeux exorbités de terreur.

Lars chargea, mais, avant qu'il pût atteindre sa compagne, des soldats surgis de nulle part envahirent la pièce.

Le Viking se retourna pour leur faire face, tel un loup aux abois, une expression féroce et sauvage sur le visage.

Les soldats firent un instant mine de reculer.

— Emparez-vous de lui, bande de poltrons ! s'écria Kendric.

Lars se retourna d'un bond et le regarda. Deux hommes tentèrent de lui agripper le bras, mais il se débarrassa d'eux sans peine. Un autre plongea sur lui, l'épée en avant... pour se pétrifier aussitôt et considérer avec horreur son poignet sanguinolent d'où la main avait disparu.

Révulsée, Ingemar se mit à pousser des cris perçants, tandis que le thane frappait Lars de son épée. La lame acérée transperça le flanc du Viking, qui continua cependant de menacer ses ennemis avec de violents moulinets de son bras armé.

Un autre soldat se jeta sur lui par-derrière, pour se retrouver à terre, couvert de sang.

Mû par une folie meurtrière, Lars refusait de cesser le combat. Le regard chargé de haine, il se dirigea tout droit vers Ingemar.

— Rejeton de Loki ! cracha-t-il dans sa rage. Fille de Hel ! Je maudis le jour de ta naissance ! Je maudis le jour où j'ai quitté mon village pour te suivre !

Lars saignait de multiples blessures mais continuait sa progression, ignorant les coups mortels des soldats qui, l'un après l'autre, le pourfendaient de leur épée. Arrivé devant la jeune femme, épuisé, vidé de son sang, il souleva sa hache dans un dernier effort et l'abattit sur sa victime.

Ingemar, la traîtresse, s'écroula, morte. Elle ne pourrait plus mener les Saxons au village viking.

Alors, Lars arracha son arme plantée dans la poitrine d'Ingemar, se retourna et dégaina son épée. A présent, il pouvait en tout honneur rejoindre les dieux dans le Valhalla.

Kendric considéra d'un air dégoûté le corps sans vie du Viking. Autour de lui gémissaient les soldats blessés tandis que les guerriers encore alertes reprenaient peu à peu haleine.

— Otez de ma vue cette fiente insupportable ! ordonna-t-il à l'un de ses hommes. Qu'on le dépèce et qu'on cloue sa peau bien en vue sur la porte de l'église, pour aviser les barbares, qui oseraient encore m'attaquer, de ce qui les attend !

Comme il se baissait pour ramasser l'épée ensanglantée de Lars, Kendric avisa le corps d'Ingemar.

— Sortez-la d'ici, elle aussi. Et le lit, brûlez-le. Brûlez-la avec.

Quand sa main cruelle se fut refermée sur la garde de l'épée, il ajouta :

— Et trouvez-moi Selwyn.

Selwyn considéra d'un œil horrifié la chambre du thane. Des flaques de sang maculaient encore le sol, et Kendric ne s'était pas soucié d'ôter sa tunique tachée.

— Vous m'avez fait mander, Messire ? demanda-t-il, au bord de la catalepsie.

— Oui. Tu vas nous conduire au village viking.

Le thane prit alors place sur une chaise imposante, le fourreau de son épée venant cogner l'accoudoir de bois.

— Moi, Messire ?

— Oui, toi.

— Mais… j'ignore où se trouve ce village.

— Si, tu le sais, Selwyn.

— Non, Messire, je vous le jure sur…

— En es-tu certain ? insista Kendric, qui se leva d'un bond pour venir coller la lame de son épée, contre la gorge du gros homme.

— Messire, je vous en supplie ! Je… je n'en suis pas certain, mais j'ai peut-être une idée.

— C'est bien ce qui me semblait, reprit le thane en abaissant son arme d'un geste méprisant. Nous embarquons demain.

— Parfait, Messire.

Un frisson lui parcourut le dos quand il songea que, si les Vikings l'apercevaient sur le navire saxon, sa vie ne vaudrait plus grand-chose.

Par ailleurs, s'il refusait d'obéir à Kendric, c'était la mort certaine.

— Dois-tu vraiment partir ? demanda Meradyce, allongée sur le lit à côté d'Einar.

— Rien ne m'y oblige, dit-il en lui embrassant le front. Mais Thorston pense qu'il ne trouvera plus de vin à revendre au printemps s'il ne part pas maintenant. Et Svend semble y avoir pris goût.

— Et, bien sûr, tu dois l'accompagner ?

— Ai-je encore le droit de prendre mes propres décisions ? plaisanta-t-il en se levant pour passer sa tunique.

A vrai dire, Einar ne désirait pas partir avec Thorston, mais ce dernier lui avait assuré qu'il trouverait un excellent fabricant de berceaux dans le village où il voulait vendre son vin. Le Viking avait donc décidé de l'accompagner, mais voulait ménager la surprise à Meradyce.

— Bien sûr, mon amour. Mais tu vas me manquer. Combien de jours seras-tu absent ?

— Je l'ignore. Nous avons d'excellents chevaux, mais il y aura peut-être encore de la neige dans les vallées. Notre voyage ne devrait pas dépasser une semaine.

— Einar ?

— Oui, ma chérie ?

— Quand Adelar devra-t-il retourner chez lui ?

— Bientôt, nous allons pouvoir prendre la mer, répondit le Viking que l'expression triste de Meradyce affligeait.

— J'espère que je ne serai pas aussi malade, cette fois.

— Tu ne pars pas, Meradyce.

La jeune femme se redressa brusquement, et des mèches

brunes retombèrent tout autour de son visage rosi par l'émotion.

— Si, je pars, s'indigna-t-elle. Il le faut !

— Tu portes un enfant, lui rappela-t-il doucement. La traversée peut être dangereuse.

— C'est moi qui dois annoncer à Ludella la... mort de sa fille. C'est mon devoir.

— Et c'est aussi ton devoir de mener à bien ta grossesse... et de protéger notre enfant, Meradyce !

A ces mots, la colère de la Saxonne se dissipa. Elle savait combien Einar désirait cette naissance, avec quelle impatience il l'attendait, et à quel point il s'inquiétait pour eux deux. Ne lui avait-il pas demandé d'enseigner son savoir à Endera, puis à Olva, afin qu'elles lui viennent en aide le jour de la naissance ?

Meradyce se leva, se couvrit le corps d'une fourrure et s'approcha d'Einar.

— Je dois y aller, Einar, insista-t-elle d'une voix douce. Et je veux y aller. Pas seulement parce que c'est mon devoir, mais à cause d'Adelar. Tant que nous ne rencontrons pas de tempête, tout devrait aller bien pour moi.

Einar dévisagea son épouse, et reconnut l'entêtement qui la caractérisait : elle était déterminée à s'acquitter de la mission que son honneur lui commandait de remplir, et rien ni personne ne l'en empêcherait. Dans un geste tendre, le Viking lui passa une main sur la joue.

— Dans ce cas, nous ne prendrons la mer que lorsque je serai certain de la clémence du temps.

Heureuse, Meradyce prit la paume de son époux et la porta à ses lèvres.

— Meradyce, soupira-t-il, je me suis encore laissé prendre à tes charmes. Dès l'instant où j'ai posé les yeux sur toi, j'ai compris que tu me causerais des ennuis...

18

— Siurt, je te le répète, insista Ull, c'est maintenant qu'il faut partir ! C'est le moment ou jamais : le temps est assez beau pour que nous puissions prendre la mer, la moitié du village est en train de cueillir des fleurs sur la colline pour décorer le char de cérémonie, Einar est absent et les autres sont prêts à nous rejoindre.

— Einar doit rentrer d'un jour à l'autre, objecta Siurt. S'il arrive aujourd'hui, il nous prendra en chasse et nous tuera à coup sûr.

— Souviens-toi que le temps a été exécrable, ces trois derniers jours. S'ils ont chevauché sous la pluie, les chemins devaient être affreusement boueux, et ils n'arriveront certainement pas aujourd'hui. Et, à supposer qu'ils reviennent demain, nous aurons une journée de mer d'avance sur eux. N'oublie pas que nous aurons le vaisseau d'Einar, auquel aucun autre navire ne peut se mesurer. Il n'aura aucune chance de nous rattraper avant que nous ayons atteint le village saxon. Allons, Siurt ! Les autres sont prêts et attendent notre décision.

— Je ne sais que faire, Ull. Et si le Saxon se prenait à rejeter sur nous la mort de sa fille ? Non, je ne crois pas que…

— Ne sois pas stupide, Siurt. Nous aurons avec nous le gamin, c'est le plus important. Son père paiera n'importe quoi pour le récupérer.

Une main sur le pommeau de son épée, Ull considéra

gravement son frère. Si ce dernier refusait de le suivre, il n'aurait d'autre choix que de le tuer.

— Alors, es-tu de mon côté, Siurt ?

— Une question me tracasse, Ull. N'est-ce pas courir un grand risque que de laisser un Saxon découvrir où se trouve notre village ?

— Balivernes ! s'exclama Ull que ces hésitations irritaient au plus haut point. Si ce sont les Saxons qui t'inquiètent, nous n'avons qu'à les tuer une fois que nous aurons pris le contrôle du village. Svend et ses fils écartés, les villageois accepteront sans peine notre commandement.

— Et, si les Saxons ne viennent pas ?

— Le garçon mourra. Mais je ne pense pas que son père refusera de venir.

— S'il refuse, malgré tout ? insista Siurt. Nous ne rentrerons jamais. Et je ne donne pas cher de nos vies, là-bas.

— Quelle importance ? Nous aurons assez d'hommes pour fonder notre propre village.

— Et nos femmes ? demanda Siurt, inquiet.

— Par la foudre de Thor ! Nous en trouverons d'autres !

— Oui, nous en trouverons d'autres… Jeunes et jolies, n'est-ce pas ?

— Je vois que tu finis par entendre raison, mon frère, reprit Ull avec aigreur. Allons chercher le gamin.

Concentrée sur son ouvrage, Meradyce s'appliquait à imiter les gestes d'Endera qui tressait avec habileté des guirlandes de fleurs sauvages. En cette journée de printemps, douce et ensoleillée, un parfum d'herbe fraîche flottait sur la colline, tandis qu'une brise légère entraînait avec elle les voix des femmes et des enfants venus cueillir les fleurs.

— Je n'y arriverai jamais, se lamenta Meradyce en brandissant un semblant de guirlande.

— Mais non, l'encouragea Endera, il te manque juste un peu de pratique.

— Tu crois vraiment ?

Meradyce sourit à la jeune fille qui, avec les mois, était devenue sa meilleure amie. Et savoir que tout allait pour le mieux entre Einar et sa fille ne la rendait que plus heureuse.

— Combien faut-il en tresser ? s'enquit-elle.

Endera leva les yeux en direction du char de cérémonie, que les femmes et les enfants avaient amené sur la colline. En son centre trônait la statue de bois du dieu Freyr.

— Nous devons en remplir le char. C'est un honneur pour notre village d'avoir à le préparer cette année. Il faut qu'il soit magnifique pour impressionner les autres villages.

— Pourquoi ? Il ne va pas rester ici ? s'étonna Meradyce.

— Oh ! non. Nous allons l'emmener d'un village à l'autre. C'est Hamar qui aura le privilège de le conduire, cette année. Crois-moi, c'est un véritable honneur pour lui.

Meradyce jeta un regard déçu à sa guirlande. Décidément, elle manquait d'habileté. D'autre part, elle se demandait pourquoi elle participait à ce rituel viking. Les Saxons célébraient aussi, chaque année, la renaissance du printemps, pour s'assurer de bonnes moissons. Mais ils n'invoquaient qu'un Dieu unique, et non pas une divinité parmi toutes celles que comptaient les Vikings.

Néanmoins, Meradyce savait qu'Einar serait heureux de la voir prendre part aux rites de son pays.

— J'espère que ce beau temps durera, déclara Endera. Svend attend avec impatience de tracer le premier sillon dans la terre. Si mon père et Thorston ne rentrent pas bientôt, il devra se passer de leur présence, et la fête s'en trouvera gâchée.

— Ils ne devraient plus tarder, maintenant.

— J'espère. Mais… je suis inquiète, Meradyce. Je n'ai pas vu Adelar depuis hier, et, depuis trois jours, il ne parle à personne.

— J'aimerais tant savoir comment le tirer de ce mutisme, soupira la Saxonne. Il agit toujours ainsi lorsqu'il est contrarié. Il ne laisse personne l'approcher.

— Il est fort, commenta Endera avec conviction.

Cessant un instant son tressage, Meradyce contempla la jeune fille penchée sur son ouvrage. Son épaisse et flamboyante chevelure lui retombait en longues boucles devant le visage. Elle non plus n'accepterait la pitié de personne, préférant se retirer pour soigner seule ses blessures.

— Un navire !

Dans un ensemble parfait, femmes et enfants levèrent en même temps la tête vers le fjord. Hamar, Einar et Thorston étaient partis à cheval, et l'on n'attendait la venue d'aucun bateau.

Tous regardèrent le drakkar s'avancer en silence sur la rivière, toutes rames dehors, à cause du manque de vent.

— Ce n'est pas un vaisseau viking, fit aussitôt remarquer Endera.

— Non, affirma Meradyce, saisie d'une sourde angoisse.

Bien qu'il semblât de la même facture que les drakkars vikings, le navire était plus étroit.

Une silhouette s'avança vers la proue, et Meradyce sursauta.

— Endera…, commença-t-elle.

— Qu'y a-t-il ? demanda Endera avec anxiété.

La Saxonne fixait le drakkar qui approchait, et n'en croyait pas ses yeux. C'était impossible ! Elle devait se tromper !

Non, ce n'était pas Kendric, à l'avant du bateau !

Puis, l'homme se tourna légèrement et un objet métallique scintilla contre sa hanche.

Affolée, Meradyce jeta sa guirlande et se rua vers le village.

Assis sur un petit promontoire, à l'extérieur du village, Adelar aperçut le drakkar. Il n'avait pas voulu monter avec les femmes sur la colline, car il estimait ne rien devoir aux Vikings et à leur religion.

Il ne haïssait personne. Simplement, il ne ressentait... rien pour eux. C'était comme si l'hiver givrant lui avait pénétré le cœur pour le transformer en un bloc de glace.

Un jour, il s'était pris d'amour pour Meradyce, avec toute la passion de sa jeunesse. Mais ce sentiment était mort le jour où il avait appris son mariage avec le Viking, puis lorsque Betha avait disparu.

Mais, Einar... Comme il détestait Einar ! C'était lui qui l'avait arraché à son village natal, qui l'avait entraîné dans ce terrible voyage, qui avait causé la mort de sa sœur.

Tandis qu'il regardait le bateau s'approcher, Adelar ne put s'empêcher de le comparer avec celui d'Einar. Loin d'être aussi fin et racé, il y avait de surcroît quelque chose dans la proue qui...

Soudain, Adelar entendit un cri derrière lui. Meradyce ! Il la vit, jupe au vent, pénétrer en courant dans le village, Endera sur les talons.

Alarmé, il se leva et regarda alentour, sans comprendre ce qui se passait. Puis il entendit un hurlement de panique :

— Les Saxons !

Le cœur palpitant de joie, Adelar se tourna de nouveau vers le navire, hésita puis se mit à courir comme un fou vers l'entrée du fjord.

— C'est mon père ! soupira-t-il. Il est venu me chercher !

Armés jusqu'aux dents, Svend et tous ceux qui n'avaient pas accompagné Einar sortirent comme un essaim de guêpes affolées.

Mais Kendric et ses guerriers les surpassaient largement en nombre et, avant même que les cordes d'amarrage ne fussent attachées, ceux-ci avaient déjà débarqué et se plaçaient maintenant en ligne sur la berge.

L'ennemi, toutefois, ne bougeait pas. Svend fit alors arrêter les siens à la hauteur de la grande porte.

— Attendez ! ordonna-t-il. Ne bougez plus.

Meradyce, Olva et Endera les rejoignirent bientôt à l'entrée du village. Consternées, elles virent le chef viking s'avancer lentement vers Kendric, qui, d'une démarche arrogante, venait à la rencontre de Svend.

Meradyce se demanda où se trouvait Adelar. S'il apparaissait maintenant, peut-être n'y aurait-il pas de combat. Kendric ne pouvait débarquer ici que pour venir chercher son fils. Il ignorait certainement l'absence d'Einar et de ses hommes.

La Saxonne décida alors de marcher elle aussi au-devant du thane. Elle pouvait aider Svend à s'entretenir avec Kendric, et elle avait, en outre, un devoir à remplir.

— Que fais-tu ? s'exclama Olva en lui prenant le bras.

— Je peux les aider à parler ensemble. Et c'est à moi d'annoncer à Kendric la mort de Betha.

— Est-ce donc... le père des enfants ?

— Oui, Olva.

Meradyce se fraya un chemin parmi les guerriers vikings et, lorsqu'il l'aperçut, Kendric ne put réprimer un sursaut d'étonnement. Puis, son regard s'attarda longuement sur son corps, pour se poser sur son ventre arrondi.

Alors, sa bouche s'étira en un sourire froid et cruel.

— Meradyce, déclara-t-il poliment. Il est bon de te revoir. Je vois que tu as trouvé le moyen d'apaiser tes ravisseurs.

Sans laisser à la jeune femme le temps de rétorquer, le thane poursuivit, sur un ton rude, cette fois :

— Dis à ce barbare que je veux mes enfants.

Meradyce réprima le désir furieux de dénoncer devant ses soldats l'attitude peu respectueuse qu'il lui montrait, tant par les mots que par le regard. Cependant, elle craignait qu'Adelar ne l'entendît.

La tête haute, la Saxonne se tourna vers Svend.

— Voici Kendric, le père d'Adelar, annonça-t-elle. Il est venu chercher ses enfants.

— Le traître ? s'étonna Svend.

— Oui, répondit-elle sans frémir avant de fixer le thane. J'ai le regret de t'apprendre la mort de Betha.

L'expression qu'il afficha ne traduisit pas le moindre sentiment de regret. Il plissa simplement les yeux d'un air soupçonneux.

— Où est Adelar ?

— Il n'est pas loin ; il va bien. Betha est tombée malade. J'ai tout fait pour la guérir, mais...

— Bien sûr, coupa Kendric dans un sourire suffisant. Quand tu as pris le temps de te refuser aux hommes.

— Père ! Père ! s'écria soudain Adelar en se frayant maladroitement un chemin parmi les rangs des guerriers vikings.

— Mon fils !

— Je savais que tu viendrais nous chercher ! Je le savais !

Totalement oublieux de la petite Betha, triomphant, le thane lança aux Vikings :

— Voici que j'ai retrouvé mon fils ! Cours au bateau, Adelar.

Le jeune garçon se précipita, mais hésita soudain, se retourna et jeta un regard à Meradyce, puis à Endera. Enfin, il reprit sa course vers le drakkar.

— Vas-tu repartir, maintenant ? demanda Meradyce à Kendric.

— Je ne vais certes pas m'attarder ici.

Comme il s'apprêtait à ordonner à ses hommes de faire demi-tour, il vit ceux-ci s'élancer subitement en avant, l'arme au poing. Consternée de stupeur, impuissante, Meradyce regarda les Vikings prêts à se défendre. Et bientôt, tout autour d'elle, résonnèrent les bruits sinistres des épées qui s'entrechoquaient, les voix rauques des hommes qui commençaient à s'entre-tuer.

Des femmes se mirent à crier. Adelar, qui avait presque rejoint la berge, apparut non loin du navire et Meradyce lui cria :

— Reste là ! Ne bouge pas, je t'en supplie !

Les Saxons, trois fois plus nombreux que les Vikings, les encerclaient à présent. Cependant, ceux-ci se battaient avec un acharnement diabolique et, un à un, les guerriers ennemis tombaient, terrassés par les coups terribles que leur assenaient les hommes de Svend.

Pétrifiée d'horreur, Meradyce assistait pour la première fois de sa vie à une bataille. Jamais elle n'avait vu le sang couler aussi sauvagement, jamais elle n'avait approché la mort d'une manière aussi cruelle.

Ce fut alors qu'elle aperçut Svend, tel un animal à l'agonie, effondré aux pieds de Kendric. Celui-ci contourna lentement le chef viking, les yeux étincelant d'une excitation fiévreuse, si terrifiante que Meradyce eut du mal à croire que cet homme pouvait avoir Adelar pour fils.

Puis elle regarda Svend et se rendit compte qu'il était terrorisé. Aurait-elle cru un jour que le père d'Einar pût faire montre de tant de frayeur ? Et, soudain, la jeune femme en comprit la raison : Svend avait été désarmé. Si Kendric le capturait vivant, il mourrait par pendaison ou serait tué de façon tout aussi honteuse. Alors, l'entrée du Valhalla lui serait interdite.

Prise de pitié, Meradyce oublia toute raison et n'écouta

que son cœur. N'appartenait-elle pas désormais à Einar, et à son peuple ?

Un soldat saxon gisait, mort, non loin d'elle. Meradyce se baissa et lui ôta des mains son épée ensanglantée.

Cependant, sans lui laisser le temps de rejoindre Svend, Olva apparut soudain, se jeta sur Kendric et le poussa violemment en arrière. Le thane leva son arme et en frappa la vieille femme. Dans un cri, celle-ci s'effondra, une main sur la poitrine, le sang s'écoulant entre ses doigts.

— Svend ! hurla Meradyce avant de lui lancer l'épée.

Le Viking saisit l'arme au vol et se tourna brusquement vers Kendric. Tel un forcené, il fondit sur le thane mais le manqua. Kendric, plus puissant et plus rapide que Svend, riposta aussitôt et, sous le regard horrifié de Meradyce, lui trancha la gorge. Privé de son épée, frappé à mort, le guerrier se laissa lentement glisser à terre.

A cet instant, Ull émergea du groupe de soldats qui se battaient encore, et, faisant tournoyer sa hache devant lui, força le Saxon à reculer jusqu'au cœur de la bataille.

Meradyce se précipita vers Olva qui rampait vers l'endroit où Svend avait laissé tomber son épée. La vieille femme s'en empara avec l'énergie du désespoir puis, ignorant Meradyce agenouillée près d'elle, se tourna lentement vers Svend et lui glissa l'arme dans la main.

— Olva... ! soupira ce dernier tandis que la mère d'Einar mourait sous ses yeux.

Bouleversée, Meradyce s'approcha du chef viking et lui souleva la tête tandis que la vie quittait peu à peu son corps.

— Asa..., murmura-t-il dans un râle. Vedis... mes enfants...

— Je prendrai soin d'eux, promit-elle.

Dans un faible sourire, Svend articula :

— Les Walkyries... Elles viennent me chercher.

Puis il s'effondra, exsangue, dans les bras de Meradyce.

Aveuglée par les larmes, la Saxonne lâcha le corps de Svend, se leva lentement et vit qu'il était trop tard. La bataille était finie. Tous les guerriers vikings étaient morts ou blessés.

Personne ne faisait attention à elle. Elle pouvait s'enfuir. Adelar se trouvait en sécurité. Elle pouvait se cacher. Attendre le retour d'Einar. Einar...

Alors, Meradyce se mit à courir, non sans jeter autour d'elle un regard inquiet.

Subitement, elle s'arrêta. Kendric avait trouvé Endera et il la poussait de force vers le navire. Derrière eux, d'autres femmes et enfants se voyaient entraînés tout aussi brutalement vers le bateau, tandis que les soldats saxons tuaient les blessés qui tentaient de fuir.

Revenue sur le champ de bataille, Meradyce s'empara de l'épée donnée à Svend. Puis elle la considéra avec horreur. A quoi pouvait-elle bien servir, à présent ? A tuer encore ?

La Saxonne reposa l'arme auprès du corps de Svend.

L'air méprisant, Kendric regarda Meradyce s'avancer vers lui. Elle portait en elle un rejeton barbare, sa magnifique chevelure avait disparu, et elle avait de plus une pâleur et une maigreur affligeantes.

Elle restait cependant à ses yeux la femme la plus belle qu'il eût jamais vue.

Néanmoins, il s'en méfiait. Ne l'avait-il pas vue secourir le chef viking ? Et puis il la savait trop orgueilleuse pour survivre à un viol. Donc, il en déduisait qu'elle avait dû se donner librement à l'un de ces barbares.

Alors qu'elle avait eu l'audace de se refuser à lui !

— Kendric, prends-moi avec toi, dit-elle.

— Avec plaisir.

Oui, il la prendrait. Un jour...

Mais, pour l'heure, l'inquiétude qu'elle ressentait pour

la pucelle qu'il tenait contre lui ne lui avait pas échappé. Que représentait donc cette Viking pour Meradyce ? Mais la réponse pouvait attendre...

— Tu es toujours aussi belle, déclara-t-il avec un sourire de compassion.

Puis, le thane poussa Endera vers le groupe de femmes que l'on entassait comme du bétail dans le bateau.

Meradyce ne manqua pas de remarquer l'expression méprisante de Kendric. Pourtant, elle se moquait éperdument de ce qu'il pouvait penser d'elle, du moment qu'elle pouvait venir en aide aux autres.

— Ta grossesse te sied à ravir, poursuivit-il. Bien que je regrette de n'être pas arrivé plus tôt pour... te venir en aide.

— Tu es là, maintenant, dit-elle d'une voix tranquille. Tu as retrouvé ton fils. Tu as eu ta revanche. As-tu besoin aussi d'emmener ces femmes et ces enfants ?

Visiblement irrité par cette question, Kendric grimaça tandis que Meradyce s'empressait d'ajouter :

— Ils ne feront que compliquer ton voyage.

— Cela ne devrait pas t'importuner, Meradyce. En les vendant comme esclaves, j'obtiendrai largement de quoi payer ce navire et la reconstruction de notre village.

— Comment nous as-tu trouvés ?

— Cela n'a pas d'importance, répondit-il avant de la toiser d'un regard indécent. La brute qui t'a mise dans cet état est-elle encore de ce monde ?

— Non, mentit la jeune femme.

— Bien, répliqua-t-il en lui prenant la main. Tu peux venir avec moi.

Muette, Meradyce laissa le thane l'emmener sur le drakkar.

La fatigue tassait Einar sur sa selle. D'ordinaire, ils s'arrêtaient la nuit dans un petit village pour se reposer, mais il avait terriblement hâte de rentrer chez lui.

La pluie incessante avait retardé leur départ et rendu les chemins impraticables tant ils étaient boueux. Thorston avait bien tenté de gagner une journée ou deux, mais Einar s'était montré intraitable.

— Nous ne sommes plus très loin, annonça ce dernier à Thorston qui s'assoupissait sur son cheval.

— Que... ? Que dis-tu ? marmonna-t-il dans un sursaut. Oh ! nous arrivons bientôt ? Tant mieux. J'ai les reins en charpie. Chevaucher de si longues heures durant m'épuise. Je comprends ton impatience, Einar, mais tu devrais prendre pitié d'un vieil homme comme moi.

— Tu admets donc être trop vieux pour partir marchander à l'autre bout du pays ?

— Jamais je n'ai dit une telle chose ! s'indigna Thorston. Mais, de là à chevaucher des journées entières...

— J'imagine déjà comme Olva sera contrariée par le retard que nous avons pris, observa Einar d'un air innocent.

— Me tiendrais-tu pour responsable du mauvais temps, Einar ? Je n'ai pas demandé à Odin ou à Freya de faire tomber la pluie. Je crois que tu t'inquiètes surtout de rater la fête du printemps.

— A propos de fête, lança Hamar qui fermait la marche derrière la colonne de chevaux, Svend ne sera pas très heureux d'apprendre que tu as vendu tout ton vin.

— Il n'aura qu'à s'en prendre à lui-même, rétorqua Thorston en se tordant sur sa selle. Je lui en aurais gardé un peu s'il m'en avait offert un bon prix. Tout le monde sait qu'il donne toute sa fortune aux femmes !

Les hommes du cortège se mirent à rire. Comme Einar, ils attendaient avec impatience de retrouver leurs familles au village. Sans être réellement long, ce voyage avait été marqué par un retard des moins appréciés. Toutefois, comme la plupart d'entre eux avaient accompli de fructueux échanges, personne ne songeait à se plaindre.

— Svend ne sera pas heureux qu'on le fasse attendre de la sorte, fit remarquer Hamar.

— Je n'ai jamais compris son amour pour la charrue, reprit Thorston.

— Il n'a qu'un sillon à tracer, lui rappela Einar. Je crois surtout qu'il aime à montrer son aptitude à faire autre chose que batailler.

— A la façon dont il s'en vante, c'est certain, répliqua Thorston dans un petit rire.

Au bout d'un instant de silence, ce dernier ajouta :

— C'est un joli berceau que tu rapportes, Einar. Un peu cher, peut-être...

— Thorston, tu prétends toujours que tout ce que j'achète est cher, riposta Einar.

— Je ne le prétends pas, c'est vrai. Mais l'important est qu'il plaise à Meradyce, n'est-ce pas ?

La lumière baissait lentement entre les arbres. Mais, bientôt, le petit groupe de cavaliers se retrouva en haut de la colline qui dominait le fjord. Einar arrêta son cheval et contempla le village. Immobiles à ses côtés, les chiens se mirent à gémir.

Un mauvais pressentiment saisit le Viking.

— Qu'y a-t-il ? demanda Thorston en stoppant à sa hauteur.

A son tour, Hamar rejoignit Einar.

— Il n'y a pas de fumée, articula celui-ci. Je ne vois aucun mouvement dans le village.

Inquiets, les guerriers se regroupèrent derrière eux.

— Thorston, ordonna Einar, prends cinq hommes qui resteront ici avec toi et les chevaux chargés. Vous autres, suivez-moi.

Le Viking éperonna sa monture, dégaina son épée et, suivi de ses guerriers, descendit la colline au galop.

Fou d'angoisse et de consternation mêlées, Einar mit pied à terre et considéra les corps mutilés qui jonchaient le sol. Sa mère, son père étaient morts. Bjorn, également, et tant d'autres encore.

Ils rentraient trop tard de leur voyage.

Hamar dégringola de sa monture et, affolé, courut vers sa maison d'où il ressortit aussitôt.

— Ils ont disparu !

— Meradyce ! Endera ! appela Einar d'une voix étranglée.

Seul l'écho lui répondit. Alors, il se rua dans le village et chercha, parmi les morts, le visage de celles qu'il chérissait le plus au monde. La plupart des guerriers se trouvaient au-delà de l'enceinte, mais, à l'intérieur, gisaient des corps de femmes qui, manifestement, étaient mortes en se battant.

Nulle part il ne vit trace de Meradyce, Endera ou Adelar. Femmes et enfants semblaient avoir disparu.

Serrant convulsivement le pommeau de son épée, le Viking ressortit du village, d'une longue foulée nerveuse. En silence, il maudit le responsable de ce carnage, et se jura de lui faire regretter d'avoir vu le jour.

A ses hommes frappés d'indignation, qui restaient regroupés près de la grande porte, il lança :

— Où que soient nos femmes et nos enfants, nous les retrouverons !

— Qui a pu faire cela ? demanda Hamar d'une voix blême.

— Les Saxons !

Einar se retourna lentement, pour apercevoir Ull, méconnaissable, qui émergeait du bâtiment où travaillait habituellement Bjorn. Le visage boursouflé et contusionné, il retenait d'une main son épaule ensanglantée, tandis que son bras pendait lamentablement à son côté.

— Les Saxons... J'ai entendu le gamin s'adresser

à leur chef comme à son père, et je l'ai vue — elle, ta femme — avec eux.

— Que veux-tu dire, avec eux ? interrogea Einar, interloqué.

Ull s'approcha, fixant le Viking de ses yeux injectés de sang.

— Je l'ai vue, comme je te vois. Elle s'est avancée vers le chef saxon, de son plein gré, l'a appelé par son nom…

— Quel nom ?

— Kendric.

— Et Endera ?

— Les Saxons l'ont emmenée, répondit Ull.

A cet instant, ce dernier vacilla, manqua de tomber, mais s'accrocha au bras d'Einar. Sur un ton suppliant, il ajouta alors :

— Va la chercher. Endera, ma fille.

Bouleversé par cette révélation, Einar retint Ull qui glissait lentement à ses pieds.

— Pardonne-moi ! articula avec peine le blessé.

Einar acquiesça silencieusement puis appela un de ses hommes restés non loin de lui.

— Emmène-le et soigne-le pour le mieux.

Le Viking les regarda s'éloigner, non sans s'avouer qu'en d'autres circonstances, il aurait étranglé Ull après ce qu'il venait de lui annoncer.

Mais, pour l'heure, il ne songeait qu'à Meradyce et Endera, prisonnières des Saxons, à la merci d'un traître.

— Connais-tu ce Kendric ? lui demanda Hamar qui l'avait vu frémir lorsque Ull lui avait révélé le nom du Saxon.

— C'est le père de Betha et Adelar.

— Dans ce cas, nous savons où se cache son village.

Alors, sur le visage d'Einar se dessina un sourire froid, cruel, impitoyable.

— Oui, nous le savons…

Plein d'espoir, Hamar se tourna vers le fjord, puis

laissa échapper un cri d'horreur. Tous les navires restés à quai semblaient endommagés : ici et là, l'on voyait des mâts brisés, des trous béants dans les coques, des voiles déchirées ou arrachées, et certains bateaux à demi coulés.

Le regard d'Einar suivit celui de son frère. Au bout d'un instant de silence consterné, il annonça :

— D'abord, nous nous occuperons de nos morts, puis nous réparerons un des navires, après quoi nous lancerons l'attaque contre les Saxons.

— Ta femme, lui dit soudain Hamar en lui posant une main sur le bras. Ne crois-tu pas qu'elle… ?

— M'a trahi ? acheva-t-il avant de rester songeur un bref instant. Non, j'en suis certain. Elle a suivi Kendric à cause d'Endera, comme… elle m'avait suivi pour ne pas abandonner Betha et Adelar. J'en suis intimement convaincu, Hamar.

Le visage dur, il ajouta :

— Je tuerai ce Saxon pour ce qu'il leur a infligé. S'il a osé porter la main sur Meradyce, Endera ou les autres, je lui promets une mort affreuse et interminable. Je le jure sur le sang de notre père.

19

Serrées l'une contre l'autre, Meradyce et Endera se tenaient avec les autres captifs à la poupe du drakkar. De nouveau, elle avait vu le village qu'elle aimait disparaître lentement de sa vue. Cependant, il n'y avait eu ni incendie ni pillage. Juste un affreux silence. Et, cette fois, la jeune femme avait réellement eu l'impression de quitter ce qu'elle avait de plus cher au monde puisque le revirement du sort la séparait de l'homme qu'elle aimait.

Pourtant, Meradyce se jura secrètement qu'un jour, tous reviendraient sains et saufs dans le village viking. D'une façon ou d'une autre, elle trouverait le moyen de les ramener chez eux.

La Saxonne se félicitait d'avoir Endera à ses côtés, qui, avec un calme étonnant, aidait et réconfortait les enfants.

Par bonheur, le temps resta au beau fixe tout au long du voyage, car le navire fuyait comme un tonneau percé. Il n'avait pas non plus la rapidité du vaisseau de Svend, et sa proue, au lieu de fendre les eaux, s'y enfonçait à la moindre vague. Avec quelle facilité Einar aurait pu les rattraper… si Kendric et ses hommes n'avaient pas détruit les bateaux vikings avant de repartir.

Le regard de Meradyce s'arrêta sur l'avant du navire où se tenaient Kendric et Adelar, et elle ne put réprimer un sursaut d'émotion. Adelar lui rappelait tant Einar, debout sur la proue, les jambes légèrement écartées, le corps se balançant souplement au rythme du drakkar.

Alors, seulement, elle remarqua les taches de sang qui maculaient la tunique, et l'épée qui lui pendait au côté. Avait-il combattu au côté des Saxons ?

Meradyce se prit à espérer que le jeune garçon oserait implorer la pitié de son père envers les prisonniers vikings. Il connaissait beaucoup des femmes et des enfants retenus prisonniers à bord, et peut-être parviendrait-il à convaincre Kendric de ne pas les vendre comme esclaves.

La Saxonne n'était pas seule à les observer. Dans un coin, un homme les surveillait aussi, courtaud, sale et presque édenté. Il avait un regard de rat, le regard calculateur du marchand d'esclaves. Meradyce se détourna, pour voir les épaules d'Adelar s'affaisser soudain.

Que lui avait dit Kendric pour qu'il eût subitement l'air aussi défait et allât se réfugier vers l'arrière du bateau ?

Meradyce se leva et le rejoignit.

— Ma mère est morte, lui annonça Adelar. Il y a plusieurs semaines, déjà.

Se souvenant brusquement du marché conclu entre Einar et Kendric, Meradyce se tourna vers le thane et se demanda s'il était responsable de la mort de Ludella. Kendric, en grande discussion avec le marchand crasseux, lui indiquait du doigt la terre qui apparaissait au loin.

— C'est une grande tristesse, Adelar, lui dit doucement la jeune femme.

— Pourquoi serais-tu triste ?

Meradyce ne répondit pas. Comment lui révéler ce qu'elle savait au sujet de Kendric et de Ludella, sans ajouter à son fardeau ?

— Adelar, tu dois nous aider, déclara-t-elle après un long moment de silence.

Comme il ne répondait rien et se contentait de la regarder, Meradyce poursuivit :

— Ces femmes et ces enfants n'ont rien fait contre toi.

Je t'en prie, demande à ton père de les libérer. Ne le laisse pas les vendre comme esclaves.

— Mon père m'a fait part des intentions des Vikings. Ils parlaient de me vendre, si l'on refusait de leur payer la rançon.

— Et tu crois cela ? demanda-t-elle vivement. Crois-tu qu'Einar t'aurait vendu ?

Adelar jeta un regard désemparé. La réaction de Meradyce le déconcertait.

— Einar t'aimait comme son propre fils, continua celle-ci. Il savait que ton père paierait, parce qu'il en a les moyens.

— Comment pouvait-il en être sûr ?

Meradyce ne pouvait lui mentir. Adelar devait savoir.

— Parce que ton père avait déjà payé beaucoup d'argent.

— Pourquoi cela ? demanda-t-il, intrigué. Il ne traitait aucune affaire avec les Vikings.

A cet instant, Kendric rejoignit le centre du navire.

— Retourne avec les autres femmes, ordonna-t-il à Meradyce. Retourne avec les barbares, comme tu le mérites.

Meradyce voulut désobéir, crier à Kendric qu'il n'était qu'un vil traître, qu'il avait payé pour l'assassinat de sa femme, et qu'elle le soupçonnait de s'en être, pour finir, chargé lui-même.

Pourtant, elle se ressaisit. Comment, dans sa position de prisonnière, oserait-elle l'accuser d'une telle félonie sans prononcer son propre arrêt de mort ?

Comme le drakkar pénétrait sur la rivière qui devait les mener au village de Kendric, Meradyce se rendit compte que les Saxons ne cessaient de faire des commentaires sur leur cargaison humaine. Glacée d'angoisse, elle comprit qu'ils choisissaient leurs prix.

Endera paraissait de plus en plus préoccupée, et Meradyce lui passa un bras réconfortant autour des épaules.

— N'aie crainte, lui dit-elle doucement. Ton père...

— Je n'ai pas peur, rétorqua aussitôt la jeune fille. Mais je ne crois pas que nous puissions compter sur mon père pour nous secourir avant que nous soyons vendues. Cela dépendra plutôt de nous, je crois.

Son regard balaya les alentours, puis elle ajouta :

— Il faudra que je me souvienne de cette fourche que fait la rivière, pour le jour où nous nous échapperons.

Endera parlait sur un ton si tranquille et confiant, que Meradyce eut soudain l'espoir, qu'ensemble, elles parviendraient à s'échapper.

— Il faut absolument rester ensemble, murmura-t-elle. Tous ensemble.

— Nous n'aurons qu'à trouver un bateau.

— Et être capables de naviguer jusqu'à notre village, lui rappela Meradyce.

— Nous sommes des femmes vikings, reprit Endera dans un sourire. La mer est notre sang, et Thor sera sûrement de notre côté. Le plus dur sera de voler un navire.

L'un des jumeaux de Asa se mit à pleurer, et Meradyce, le cœur empli d'un nouvel espoir, alla réconforter la jeune maman. Oui, elles s'échapperaient toutes ensemble, avec les enfants, en ne laissant personne derrière elles !

Einar et ses guerriers tirèrent sur le rivage deux des navires à demi immergés. Le drakkar, dont la coque était percée, serait réparé et utilisé pour suivre les Saxons. L'autre servirait à emporter les morts vers le Valhalla.

Muet de chagrin, Thorston prépara une tombe pour Olva, dont la religion voulait qu'elle fût enterrée. Il déposa son corps en terre, accompagné de son métier à tisser et de ses plus beaux bijoux. Quand il eut fini, il alla trouver

Einar, et tous deux se recueillirent un long moment devant la tombe de la femme qu'ils avaient aimée. Des larmes coulèrent le long des joues de Thorston, qu'il ne chercha pas à essuyer.

— Elle était bonne, murmura-t-il. C'était une bonne épouse, la meilleure dont un homme puisse rêver. Jamais elle ne s'est plainte, même si je lui en ai souvent donné l'occasion. Einar, elle va tant me manquer…

Miné par le chagrin et l'inquiétude, Einar ne répondit pas. Sa mère était morte, sa femme et sa fille avaient disparu. Dans un immense soupir, il leva les yeux au ciel et réprima la rage qui menaçait à tout instant d'exploser en lui.

— Ils paieront, Thorston.

— Oui, ils paieront. Je m'en assurerai.

— Tu n'es pas un guerrier, lui rappela Einar. Il faut que certains d'entre vous restent ici pour commencer les réparations…

— Pas moi ! repartit Thorston avec véhémence. Quand un homme a une cause à défendre, il ne doit pas se dérober. Si je dois reprendre mon épée, ce sera contre les Saxons. Et les autres me suivront, j'en fais le serment.

Devant l'expression résolue de son beau-père, Einar se vit dans l'obligation d'accepter. Puis, il repartit en direction de la rive, où il irait rendre un dernier hommage à son père.

Sur le flanc du drakkar endommagé, l'on fixa de grandes planches de bois pour colmater l'ouverture béante.

Puis, les corps des guerriers tués furent placés à bord, chacun gardant son arme à ses côtés. Bjorn et ses ouvriers eurent aussi l'honneur d'être embarqués sur le pont, leurs outils étalés auprès d'eux.

Enfin, Einar plaça l'épée de Svend dans sa main déjà glacée et raidie par la mort, tandis que Hamar lui glissait sa hache dans l'autre main.

Au bout d'un long instant de silence recueilli, Hamar

vint se poster sur la proue du navire et s'adressa aux guerriers réunis.

— Amis, nous tous qui luttons côte à côte, nous savons que ceux qui nous sont chers festoieront dorénavant au Valhalla, chéris par Odin. Ils sont morts comme tout Viking veut mourir, au combat, l'arme à la main. Et pour ajouter à leur gloire, ils se battaient pour leur pays. A présent, c'est à nous, qui sommes encore vivants, de reconstruire notre village et de sauver nos familles. Je jure devant Odin que je n'abaisserai pas les armes tant que je n'aurai pas retrouvé les miens. Je sais que vous ferez tous le même serment. Travaillons au plus vite pour remettre nos navires à flot, et prions Odin de sortir victorieux de notre combat. Demandons à Njord de nous offrir un temps clément pour notre voyage. Demandons à Thor de nous donner la force, et à Balder de nous montrer la sagesse ! Et demandons à Freya de veiller sur nos femmes et nos enfants jusqu'à ce que nous soyons de nouveau réunis.

— A présent, ajouta Hamar, emmenons nos amis pour le voyage final, vers le glorieux Valhalla, où nous espérons les retrouver un jour.

Puis il prit une torche des mains d'un des guerriers debout près de lui, et alluma le bûcher. Bientôt les bûches crépitèrent sous les flammes qui s'élevaient haut dans le ciel. Le vaisseau sembla frémir tandis que le bois humide sifflait doucement en séchant, avant de craquer puis prendre feu à son tour.

Alors, lentement, les guerriers tournèrent le dos au navire qui se consumait sur l'eau, et retournèrent à leur travail.

Les femmes et les enfants furent brutalement débarqués du drakkar par des soldats saxons ravis d'avoir des Vikings à leur merci.

Meradyce chercha des yeux Kendric et Adelar, mais

ne vit aucun d'eux. Sans doute étaient-ils déjà descendus à terre.

Bientôt, les prisonniers se virent poussés, comme un troupeau, dans une vaste grange située en dehors du village. Alors seulement, avant que l'on refermât sur eux l'immense porte, Kendric apparut, accompagné de deux vigoureux guerriers. D'un doigt pointé en avant, il leur indiqua Endera.

Le cœur battant à tout rompre, n'écoutant que son courage, Meradyce s'interposa entre le thane et ses soldats.

— Kendric !

— Que veux-tu ?

— Je désire te parler.

— Je suis occupé, rétorqua-t-il avant de faire un signe aux gardes.

Sans ménagement, ceux-ci s'emparèrent de la jeune fille.

Meradyce se rua vers elle, mais les hommes de Kendric la précipitèrent au sol et, tandis qu'elle essuyait le sang qui s'écoulait de sa bouche, elle vit Endera entraînée de force dehors.

La lourde porte se referma, plongeant la bâtisse dans l'obscurité. Les femmes restèrent muettes de consternation, et quelques enfants se mirent à pleurer.

Meradyce se releva lentement. Il n'y avait plus un instant à perdre. Elle devait aider Endera, coûte que coûte. Mais comment ?

— Gunnhild ? Asa ? Reinhild ? appela-t-elle.

— Je suis là, répondirent successivement trois voix féminines.

— Moi aussi, ajouta Ilsa après un instant d'hésitation.

— Bien, reprit Meradyce qui, pour une fois, accueillit avec plaisir la présence d'Ilsa.

Elle n'avait pas une très bonne connaissance de la langue viking, mais fit tout son possible pour se faire comprendre.

— L'une d'entre vous peut-elle trouver une issue là où elle se trouve ? demanda-t-elle calmement. Tâtez les murs, cherchez quelque planche qui serait moins solide que les autres.

Après de longues minutes, durant lesquelles Meradyce s'efforça de ne pas penser à Endera, mais au meilleur moyen de s'échapper, elle entendit Ilsa lâcher un petit cri de triomphe.

— J'ai trouvé ! Là, au pied de la paroi.

La Saxonne la rejoignit à la hâte et eut la joie de constater que les planches, à cet endroit, étaient vermoulues.

— Il faudra écarter doucement la planche, suggéra Meradyce, pour faire le moins de bruit possible. Un petit espace devrait suffire à chacune de nous pour se glisser au-dehors. Je sortirai la première, pour courir vers la maison du thane et libérer Endera.

— Nous prends-tu donc pour des idiotes ? maugréa Ilsa. Tu vas courir chez le thane, et après...

Elle n'acheva jamais sa phrase car Meradyce, folle de colère, la saisit à la gorge.

— J'ai déjà menacé un jour de te tuer, Ilsa. Ne me provoque pas une nouvelle fois ! Je vous sortirai toutes d'ici, mais d'abord je pars seule !

— Tu es trop grosse, rétorqua Ilsa qu'une menace de mort ne semblait pas intimider.

— La planche devra céder suffisamment pour que nous passions toutes. Et puis, je ne suis pas encore si grosse que tu le crois !

— C'est ta fierté qui parle, insista Ilsa.

Dans la voix de la Viking, Meradyce crut néanmoins déceler quelque trace de respect.

— Gunnhild ? appela-t-elle.

— Me voici, Meradyce.

— Aide-moi à tirer sur cette planche.

— Je peux creuser un peu à la base, reprit Gunnhild. J'ai une cuiller.

— Une cuiller ?

— Je faisais la cuisine quand les Saxons sont arrivés. Je l'ai cachée sous ma robe, et j'ai gardé un couteau aussi.

— Un couteau ? répéta Meradyce, incrédule.

— Un petit, seulement. N'est-ce pas mieux que rien ?

— Certes, Gunnhild. Je n'en espérais pas tant.

Après ce qui leur parut une éternité, les femmes ouvrirent une brèche suffisamment grande pour que Meradyce pût ramper au travers.

— Donne-moi ton couteau, murmura-t-elle à Gunnhild.

Dans l'obscurité, elle plaqua la lame sur sa paume pour en deviner le volume. L'arme était petite, en effet, mais elle ferait l'affaire.

— Gunnhild, dit alors la Saxonne, vous sortirez toutes après moi, avec les enfants. Il y a un petit bois, non loin d'ici, qui descend jusqu'à la rivière. Traversez-le et cachez-vous aussi près que possible de l'eau. Je vous y rejoindrai avec Endera.

— Mais, que ferons-nous alors ? demanda Reinhild d'une voix terrifiée.

— Nous prendrons un bateau et nous nous enfuirons par la rivière.

— Quoi ? manqua de crier Ilsa.

— Les soldats ne s'attendent pas qu'un groupe de femmes et d'enfants tentent quoi que ce soit. Ils n'ont peut-être même pas posté de garde sur le navire.

— Meradyce, intervint alors Gunnhild, il est trop dangereux d'aller chercher Endera. Et si l'on te surprend ? Plus aucun d'entre nous ne pourra s'échapper, dans ce cas.

— Je connais bien le village. Personne ne me verra. Et, si l'on me découvre, je me garderai de courir à la rivière. D'une manière ou d'une autre, vous saurez vite si j'ai échoué. Alors, oubliez-nous et partez avec le bateau.

— Nous ne savons pas naviguer…

— Moi, je sais, affirma Ilsa.

— Il n'y a plus de temps à perdre, reprit Meradyce. Je ne partirai pas sans Endera. Si nous ne vous rejoignons pas bientôt, prenez le bateau et partez.

La Saxonne serra le couteau dans sa main droite et se mit à ramper sous la planche à demi relevée. Puis, elle se leva et jeta alentour un regard prudent. Comme elle l'avait espéré, Kendric avait seulement placé des gardes devant la porte de la grange. Et ceux-ci ne s'attendaient manifestement pas que leurs prisonniers cherchent à s'échapper, car ils bavardaient tranquillement, appuyés contre leur lance.

Dans l'ombre, Meradyce contourna le côté opposé de la bâtisse, puis elle se rua vers le mur qui encerclait le village. Comme il n'avait pas été totalement reconstruit, elle parvint à l'escalader, mais, non sans mal, à cause de l'enfant qu'elle portait.

Elle redescendit avec précaution et se dirigea en silence vers l'arrière du bâtiment le plus proche.

Là, une vague de crainte la submergea. Où pouvait donc bien se trouver Endera dans ce village qu'elle ne reconnaissait plus, tant les plans en avaient été modifiés lors de sa reconstruction ?

Pourtant, en apercevant, au détour d'une rue, une grande bâtisse déjà achevée alors que les autres du quartier, plus modestes, demeuraient en chantier, elle devina que Kendric y avait élu domicile.

Meradyce observa les alentours. Il n'y avait pas de garde. Si elle courait assez vite, elle avait toutes les chances d'atteindre la maison sans être vue. Et, sans aucun doute, Endera se trouverait à l'intérieur.

Comme elle traversait en courant l'espace qui la séparait de l'entrée, la jeune femme vit avec horreur la porte s'ouvrir. Pétrifiée, elle s'arrêta au beau milieu de la rue et attendit. Puis, le lourd battant de bois se referma, et le rai de lumière qui s'échappait de l'intérieur s'évanouit aussitôt.

— Meradyce ? murmura soudain une voix devant elle.

Etouffant un cri de soulagement et de bonheur, Meradyce se lança en avant, agrippa la manche d'Endera et l'attira dans l'ombre. Malgré son désir de savoir comment la jeune fille avait pu sortir, elle lui posa une paume sur les lèvres et lui indiqua de la suivre sans bruit.

Ensemble, elles franchirent le mur d'enceinte, puis coururent vers le bois, en direction de la rivière. Mais comme elles approchaient de la rive, une main saisit Meradyce par le bras.

— C'est moi, Gunnhild. Tu as donc retrouvé Endera !

— Oui, nous pouvons partir, maintenant. L'une d'entre vous a-t-elle remarqué s'il y avait des gardes sur le bateau ?

— Oui, deux. L'un à l'avant, l'autre à l'arrière.

Que faire, avec une seule arme contre deux hommes ? songea Meradyce.

— Je me charge de l'un d'eux, et toi de l'autre, déclara Endera sur un ton ferme et déterminé.

— Mais comment ferons-nous ? demanda Meradyce, dubitative.

Endera brandit devant elle un morceau de bois.

— Avec ceci. J'ai réussi à assommer un Saxon avec.

— Il nous faudra donc monter sur le bateau quand ils auront le dos tourné.

— Je vais aller là-bas, dit alors Ilsa en indiquant la rive. Je les distrairai.

Devant l'expression de doute qu'affichait Meradyce, elle ajouta :

— Fais-moi confiance. J'ai certainement plus envie que toi de quitter ce village saxon. Mais ne montez pas sur le bateau avant que je sois arrivée là-bas.

— Entendu, nous comptons sur toi, décida Meradyce sans plus tergiverser. Allons-y, Endera !

Lorsqu'elles atteignirent l'embarcation, un bruit étouffé dérangea le silence des buissons. Les gardes l'entendirent aussi et, ensemble, montèrent vers la proue afin d'avoir meilleure vue sur la rive. A la hâte, les deux amies en profitèrent pour grimper sur la passerelle en se recroquevillant au maximum, tandis qu'Ilsa continuait de remuer des buissons çà et là.

— Que crois-tu que c'est ? demanda un des Saxons.

— Je ne sais pas, mais je n'aime pas cela, répondit l'autre.

A cet instant, Meradyce et Endera arrivèrent en rampant à leur hauteur. Endera fit voler sa bûche comme s'il s'agissait d'une hache, et frappa le soldat en plein crâne. Et Meradyce se jeta sur le compagnon de ce dernier, pour lui enfoncer, avec l'énergie du désespoir, le couteau dans le flanc.

Dans un hoquet de douleur, le Saxon se retourna vers la jeune femme et l'agrippa de ses puissantes mains. Mais, avant qu'il pût lancer un cri d'alerte, une corde vibra dans l'air de la nuit, et une flèche vint se ficher dans la gorge du soldat, qui tomba raide mort aux pieds de Meradyce.

Atterrée, celle-ci se retourna vivement, tandis qu'Endera demeurait pétrifiée de stupeur.

Sur la berge, se tenait Adelar, un arc à la main.

20

Adelar baissa lentement son arc et, sans prononcer une parole, fit demi-tour et repartit vers le village.

La mort dans l'âme, Meradyce le regarda s'éloigner puis fit signe aux femmes et aux enfants d'approcher. Tous montèrent sans bruit dans le bateau ; même les plus jeunes sentaient que l'instant était grave et que le silence s'imposait.

Ilsa, la dernière à embarquer, aperçut les deux vigiles étendus sur le pont.

— Il faudrait se débarrasser de ces Saxons, objecta-t-elle sèchement.

Sans laisser à Meradyce le temps de répondre, Reinhild s'avança pour aider Ilsa. Ensemble, elles empoignèrent un des gardes par les jambes et les bras, le portèrent jusqu'à la passerelle où elles le firent rouler jusqu'à la rive. Endera et Meradyce agirent de même avec le second homme.

Mais, soudain, une violente douleur dans le bas-ventre fit gémir Meradyce.

— Assieds-toi et repose-toi, lui dit Endera.

— Non, tout va bien, murmura la jeune femme. Je voudrais aider…

— Assieds-toi.

Meradyce voulut protester de nouveau, mais la voix tranquille et assurée d'Endera l'en empêcha.

— Détachez les cordages à l'avant ! lança Ilsa, revenue

sur le pont. Il faut laisser le navire tourner sur lui-même pour qu'il dirige sa proue vers la mer. Il nous faudra ramer, car il n'y a pas assez de vent pour lever les voiles.

Endera et Reinhild s'activèrent à défaire les cordages, tandis qu'Ilsa partait vers l'arrière du vaisseau pour indiquer aux femmes où s'asseoir. Puis, elle vint se placer devant le gouvernail.

— Gunhild ! appela-t-elle. Aide-moi à tourner ce gouvernail !

Le bateau manœuvra comme l'avait prévu Ilsa, et se laissa doucement entraîner par le courant. Dans un craquement sinistre, la poupe frotta contre le quai de bois auquel le navire était encore amarré.

Et soudain, un cri s'éleva du rivage vers lequel les femmes tournèrent un visage inquiet. L'alerte était donnée ! Déjà, un groupe de soldats couraient vers la rivière.

— Aux rames ! cria Endera sans attendre qu'Ilsa en donne l'ordre et sans plus se soucier du bruit.

Toutes ensemble, les femmes soulevèrent les lourdes rames et les firent glisser dans les anneaux de cuir.

Tandis qu'Ilsa et Gunnhild tenaient fermement le gouvernail, Endera et Reinhild défirent les cordages qui retenaient encore l'arrière du navire, et les laissèrent filer dans l'eau.

Puis Endera vint se placer au milieu des femmes pour les aider à ramer.

— Tirez ! cria-t-elle alors.

Dans un même effort, les femmes se ployèrent en avant, puis en arrière, chacune tirant sur les énormes barres de bois, tandis qu'Endera, d'une voix puissante, les soutenait et les entraînait à suivre la cadence.

A cet instant, Ilsa lâcha un cri et se pendit au bras de la jeune femme avant de s'effondrer sur le pont.

— Couchez-vous toutes ! hurla Meradyce. Protégez-vous !

A la hâte, elle rampa vers l'endroit où était tombée Ilsa. Partout autour d'elles, des flèches sifflaient avant d'atteindre l'eau dans un claquement humide.

Meradyce regarda le bras d'Ilsa. Une flèche l'avait éraflée, mais la blessure était moindre et pourrait attendre.

— Reste couchée, ordonna-t-elle.

Ignorant la douleur qui, par instant, lui tenaillait le ventre, elle remplaça Ilsa au gouvernail. Les femmes continuèrent à ramer de toutes leurs forces, et le navire commença à filer sur la rivière.

Du rivage, Adelar regarda le vaisseau s'éloigner. Par-delà le vacarme qui s'ensuivit, il perçut la voix furieuse de son père qui hurlait autant d'ordres que de jurons.

— Que Dieu vous protège, murmura-t-il.

Les Vikings amenèrent le drakkar tout près du village saxon.

Einar conduisit ses hommes qui avaient sauté du navire et gagnaient le rivage à la nage. Cette fois, aucun cri d'alerte n'inviterait les villageois à se réfugier dans les grottes avant l'invasion.

Quand le moment fut venu d'attaquer, Einar tourna alors vers Hamar un visage à l'expression si démoniaque que son frère eut un instant pitié des Saxons.

Puis, le Viking s'élança en avant et mena ses hommes vers la façade arrière du mur d'enceinte.

La capture des villageois saxons alors qu'ils essayaient désespérément de fuir se réduisit à un jeu d'enfant.

Mais cette première victoire prit un goût amer lorsqu'on ne trouva nulle trace des Vikings prisonniers de Kendric.

Réprimant un violent cri de rage à la pensée d'arriver trop tard, Einar laissa quelques hommes surveiller femmes, enfants et vieillards regroupés dans les grottes, puis, accompagné de ses guerriers, pénétra dans l'enceinte du village.

Kendric et ses soldats qui attendaient l'envahisseur devant l'entrée principale eurent la désagréable surprise de voir les Vikings approcher par-derrière.

Einar s'avança vers eux, sa hache dans la main gauche, son épée dans la main droite.

Kendric considéra son ennemi. Malgré le calme apparent de ce dernier, un seul regard vers lui assura au thane que rien ne l'arrêterait. Il ne lui restait qu'une alternative : se battre, et donc mourir, ou se rendre, avec l'espoir de vivre.

Kendric jeta son épée à terre et cria :

— Nous nous rendons !

Einar stoppa net. C'était la mort qu'il voulait pour cet homme, mais pas ainsi.

Tous les soldats saxons imitèrent leur chef. Alors, Einar baissa les yeux sur l'arme rejetée par Kendric. L'épée de Lars !

— Où sont ma femme et ma fille ? demanda-t-il en s'approchant du thane. Où est celui à qui appartient cette épée ?

Par ce geste, Einar espérait que Kendric se jetterait sur son arme, et qu'alors il pourrait le frapper.

— Partis... Et, mort, répliqua Kendric d'une voix blême.

— Qui est parti, et qui est mort ? s'écria Einar.

— L'homme... l'homme est mort. Les femmes sont parties, depuis deux jours.

— Vendues ?

— Non, elles se sont échappées. Elles ont quitté le village...

— Tu mens ! hurla Einar, fou de rage.

— Il dit la vérité, intervint soudain Adelar en émergeant de derrière la rangée de soldats. Regarde la rivière. Le bateau de mon père est parti. Elles l'ont pris, il y a de cela deux jours.

Einar plongea son regard dans celui du jeune garçon, et sut qu'il pouvait le croire. Les femmes et les enfants s'étaient échappés !

— Meradyce, Endera et les autres… Ont-elles été maltraitées ?

— Non, répondit fermement Adelar.

Einar sentit un immense soulagement l'envahir.

Mais sa joie fut de courte durée. Comment leurs deux vaisseaux ne s'étaient-ils pas croisés ? Sans doute le navire saxon avait-il atteint la mer avant qu'eux-mêmes n'aient rejoint la rivière.

— Elles sont donc parties… sans personne pour les aider ?

— Oui, répondit Adelar non sans un sourire ironique qui révélait sa complicité.

Einar acquiesça, en espérant que le jeune garçon comprendrait son remerciement silencieux.

— Où est Lars ? interrogea-t-il alors.

— Je ne sais pas de qui tu parles !

— Pourquoi t'adresses-tu à mon fils ? demanda soudain Kendric.

— Parce qu'il me dira la vérité, reprit Einar avec mépris avant de se tourner vers Adelar. Ton père avait une épée viking. C'était celle de Lars.

— Cet homme est mort. Il a attaqué mon père, et ses soldats ont dû le tuer.

— Avait-il une femme avec lui ?

— Tais-toi, fils, intervint Kendric d'une voix dure. Ne leur dis rien.

— Selwyn l'a amenée ici, poursuivit Adelar en ignorant les ordres de son père. Le Viking est venu plus tard pour la châtier de sa traîtrise.

Einar ferma un instant les yeux, reconnaissant à Lars de ne pas les avoir trahis. Puis, il se tourna vers le thane.

— Parce que je respecte ton fils, je ne te tuerai pas. Et mes guerriers ne toucheront pas à ce village... pour cette fois.

Il s'approcha encore de Kendric, et celui-ci put lire dans le regard gris du Viking la haine farouche qui l'animait.

— Cependant, tu ne mérites pas un tel fils, traître ! Dis-lui comment nous avons appris où se trouvait votre village, comment nous savions qu'il ne serait pas gardé. Dis-lui combien tu nous as payés pour faire tuer ta femme !

A ces paroles, une rumeur indignée monta des rangs saxons, et le visage d'Adelar blêmit.

— Adelar, continua le Viking, un jour tu seras à la tête de ton peuple, et les hommes se rassembleront pour marcher à ta suite. Sois un meilleur chef que ton père.

Sur ces mots, Einar s'écarta et fit signe à ses guerriers de le suivre. Il savait que ceux-ci repartiraient de mauvaise grâce vers le navire, en regrettant de n'avoir pu assouvir leur vengeance.

Mais, pour l'heure, il importait de retrouver le vaisseau saxon.

Des jours durant, Einar et ses hommes fouillèrent la côte. Persuadés que les fugitives n'oseraient pas traverser les mers pour rentrer chez elles, ils remontèrent chaque rivière susceptible de cacher un navire dans ses méandres. En vain.

Certains commencèrent à croire que les femmes et les enfants avaient été repris par les Saxons, ou que leur vaisseau s'en était allé par le fond, et qu'il était inutile de poursuivre les recherches.

Hamar se tourna vers son frère, dont le visage montrait

une inquiétude chaque jour grandissante. Ce voyage se révélait pour eux tous terriblement éprouvant.

— Nous n'avons presque plus de vivres, annonça-t-il. Il nous faut rentrer, Einar, ou prévoir de piller un village saxon.

— Je sais..., répliqua Einar, songeur.

— Que comptes-tu faire ?

— Tuer tous les Saxons de cette île maudite. Mais tu as sans doute raison. Il faut rentrer.

— Et abandonner les recherches ?

— Il y a peut-être une chance de les retrouver au pays.

— Des femmes ? Et des enfants ? Tu n'y penses pas, Einar.

— Si elles ont ensemble décidé d'y arriver, ne penses-tu pas qu'elles tenteront tout pour atteindre leur but ?

— Mais, c'est impossible...

— Ne crois pas cela, Hamar, reprit Einar dans un sourire énigmatique. Le temps est clément, le vent est bon, et ces femmes sont épouses ou filles de Vikings. Une fois qu'elles auront atteint les îles, elles sauront repérer notre fjord. Qui peut assurer qu'elles n'y parviendront pas ?

— C'est vrai que Gunnhild a participé à de courts voyages, reconnut Hamar en qui l'espoir renaissait.

— Rentrons, proposa Einar. Puis nous fouillerons tous les villages et les bourgs qui entourent le nôtre.

Ainsi en décida le Viking. Peu à peu, l'espoir revint chez chacun de ses guerriers. Si des femmes et des enfants avaient été capables de voler un bateau pour s'enfuir, on pouvait après tout les croire assez braves et déterminés pour atteindre leur but !

Mais, alors qu'ils s'apprêtaient à prendre la mer, il sembla que Njord eût assez de ce ciel trop clément et de ces eaux trop calmes. A une journée de navigation des rivages saxons, il fit éclater une terrible tempête.

Meradyce observait les arbres balayés par le vent et la pluie qui s'abattaient sans pitié sur le village. Elle jeta un regard inquiet à Endera et vit ses propres craintes se refléter sur le visage de sa belle-fille.

— Ils reviendront sains et saufs, assura Meradyce avec une ferveur feinte.

Endera alla fermer la porte de la maison.

— Estimons-nous heureuses de ne pas avoir rencontré la tempête, dit-elle doucement. Le voyage a été assez pénible comme cela.

Meradyce se rappela les doutes qui l'avaient assaillie alors qu'elles traversaient les mers pour regagner le village viking. Sur le bateau, la plupart des femmes étaient terrifiées et persuadées qu'elles allaient se perdre ou se noyer. A l'exception des poissons qu'elles parvenaient à pêcher, et du peu d'eau trouvé à bord, elles n'avaient rien pour se sustanter.

Toutefois, Endera avait gardé confiance, surtout après avoir découvert l'étrange instrument resté sur le vaisseau. Pour avoir écouté les hommes raconter leurs voyages, elle s'était souvenue de la façon d'utiliser cet objet, en se basant sur la course du soleil pour déterminer une route en mer. La jeune fille savait donc où diriger le navire, tant que le ciel restait clément. Meradyce lui avait fait une totale confiance. Ilsa également, qui ne se privait pas de corriger les peureuses et les pleurnichardes.

Quel n'avait pas été leur bonheur d'atteindre enfin les eaux calmes qui précédaient les îles gardiennes de la côte !

Cependant, en arrivant au village, elles l'avaient trouvé désert. Il n'y avait personne, excepté les chiens des guerriers, restés là pour garder les maisons vides. Les femmes découvrirent les navires endommagés, et constatèrent immédiatement que l'un d'entre eux avait disparu. Les restes calcinés d'un autre vaisseau flottaient encore sur le rivage. Alors, les voyageuses avaient pleuré, car elles savaient que ce bateau brûlé avait emporté avec lui les corps de leurs époux ou de leurs fils tués par les Saxons.

Ne trouvant aucune trace du drakkar, elles avaient conclu que les guerriers l'avaient réparé avant de prendre la mer, à la poursuite des Saxons.

Puis, malgré leur peur et leurs appréhensions, les femmes s'étaient attelées au travail, réparant leurs maisons, allant chercher de la nourriture pour les enfants, réunissant le bétail éparpillé. Souvent aussi, elles s'arrêtaient et regardaient du côté du fjord, dans l'espoir de voir apparaître un navire viking.

Alors, la tempête s'était levée, et toutes s'étaient mises à croire que le drakkar avec son équipage gisait maintenant au fond des mers.

Dans un coin retiré de sa maison, Meradyce avait trouvé les paquets qu'Einar avait rapportés de son voyage, et, parmi ceux-ci, le berceau.

— Mon Dieu, ramenez-moi Einar ! soupira-t-elle en refoulant des larmes de détresse.

Trois jours plus tard, Meradyce entendit rugir une puissante voix masculine. Einar !

Folle de bonheur, elle se rua au-dehors.

Un navire remontait lentement le fjord. Un navire viking — ou ce qu'il en restait. Le mât avait disparu, et il manquait plusieurs membrures à la coque. La proue était inexistante, sans doute arrachée par les eaux furieuses.

Les rames qui émergeaient des flancs du vaisseau s'activaient encore ; mais elles cessèrent dès que l'équipage se mit à crier.

Puis, Meradyce aperçut Einar qui, de sa longue foulée, gagnait la proue. Alors, oubliant son ventre lourd, elle se mit à courir vers l'embarcadère, submergée d'une telle joie qu'elle pleurait et riait à la fois.

Sans attendre que le vaisseau fût amarré, Einar sauta sur le quai et se précipita vers sa femme pour l'enlacer.

— Meradyce... Meradyce..., soupira-t-il en lui embrassant les joues, les lèvres, les yeux.

Bouleversée, tremblante de bonheur, la jeune femme étreignit son époux de toutes ses forces et laissa enfin libre cours à des émotions trop longtemps retenues.

Le cauchemar était terminé. Einar lui était revenu.

Au milieu des cris de joie, les guerriers jaillirent du bateau pour se jeter dans les bras de leurs femmes et de leurs enfants. Et celles qui n'avaient plus de mari ne purent s'empêcher de sourire devant le bonheur retrouvé de leurs compagnes.

Ce soir-là, blottie contre son mari, sous la couverture de fourrure, Meradyce murmura :

— Je suis heureuse que Hamar soit notre chef. C'est un homme sage et avisé.

— N'aurais-tu pas préféré que ton époux fût le chef du village ? répliqua Einar en feignant la déception.

— Oh ! non, répondit Meradyce avant de l'embrasser. Je ne veux te partager avec personne, encore moins un village entier.

— Dois-je comprendre que je serais mal inspiré en prenant une seconde épouse ?

— Très mal inspiré !

— Mais, ne devrai-je pas moi-même te partager avec nos enfants ?

— C'est vrai, reconnut-elle dans un sourire.

Einar abaissa soudain sur sa femme un regard inquiet.

— Le bébé... Crois-tu que le voyage a pu... ?

— Non, Einar, le rassura-t-elle. Le bébé va très bien.

Il m'a donné plusieurs coups de pied, aujourd'hui. Je suis certaine qu'il est en pleine santé. Endera m'a forcée à me reposer, ce matin ; et il était hors de question que je lui désobéisse. Sais-tu combien elle te ressemble ? Si elle n'avait pas été aussi efficace sur le navire, peut-être ne serions-nous jamais rentrés.

— Avant de mourir, Ull m'a révélé qu'il était son père.

— L'as-tu cru ?

— Oui. Mais cela importe peu. Je considère Endera comme ma fille, c'est tout.

Meradyce savait qu'Einar parlait sérieusement, et cela la rendit infiniment heureuse.

— Tu as dit « il », remarqua-t-il soudain. L'enfant est donc un garçon ?

— Je ne pourrais pas le jurer. Cela peut très bien être une fille.

— Mais tu crois que c'est un garçon, n'est-ce pas ?

— L'arrivée d'une fille te décevrait-elle à ce point ? demanda Meradyce en s'appuyant sur un coude.

— Si elle est comme sa mère, elle sera extraordinaire ! répliqua Einar avec fierté.

— En parlant de fille, je crois que certains jeunes gens s'intéressent beaucoup à Endera, observa Meradyce, l'air pensif. Il est peut-être temps de songer à la marier.

— Peut-être. Mais, pour l'heure, c'est à toi que je veux penser, ma bien-aimée. C'est toi que je veux toucher, aimer, vénérer…

Lorsque Einar commença de lui caresser la cambrure des reins, Meradyce poussa un soupir de bien-être et se pencha pour l'embrasser.

— Si nous avons un fils, comment l'appellerons-nous ?

— Svend.

Ce prénom, autant que l'assurance avec laquelle Einar l'avait prononcé, fit sourire la jeune femme.

— Et si c'est une fille ?

— Elle s'appellera Betha.

D'une main douce, Einar vint essuyer la larme qui coula sur la joue de sa femme.

— As-tu des regrets, Meradyce ?

— Aucun, mon amour, chuchota-t-elle avant de se blottir contre le corps puissant du Viking.

LE SAXON

1

Wessex, an de grâce 902

— Laissez-moi tranquille, marmonna Adelar d'une voix ensommeillée, un bras passé sur la femme nue allongée près de lui.

La servante soupira et s'enfouit davantage sous les chaudes couvertures, étalées sur des toisons de moutons dans la hutte où celles-ci étaient entreposées.

— Mon seigneur Bayard veut vous voir, répéta Godwin, un sourire ironique sur son visage rond et plaisant.

— Bayard envoie son bouffon pour donner ses ordres ? grogna Adelar d'un ton sceptique, ouvrant à peine un œil pour regarder le ménestrel. Je m'attends que vous les chantiez, alors.

— Las, intrépide amant, vos jeux ne doivent pas se poursuivre plus avant. Mon seigneur vous appelle dans la grand-salle et vous devez vous y rendre séance tenante, avant le jour naissant, psalmodia Godwin, sa voix agréable emplissant la hutte tandis qu'il saisissait la jambe nue du guerrier saxon et tirait dessus.

Adelar se rendit compte que le jongleur n'avait pas l'intention de le lâcher et quitta le lit improvisé.

— Vos rimes ne sont pas bonnes et le repas de midi est fini depuis longtemps, observa-t-il, sarcastique, en enfilant ses chausses.

La fille s'assit, exposant des seins énormes et arborant un joli visage boudeur.

— Vous devez partir, messire ?

Elle enroula une mèche de ses cheveux noirs emmêlés autour de son doigt.

Elle s'appelait Gleda, se rappela Adelar. Elle était relativement propre, avait des seins comme des collines et un tempérament enthousiaste, mais sa voix haut perchée lui portait sur les nerfs. Non qu'il ait beaucoup à l'écouter, certes.

— Il le doit, déclara Godwin d'un ton espiègle. Mais pas moi, ma douce !

Il se jeta près d'elle et fit bouger ses sourcils d'un air comique.

— Vous avez intérêt à ne pas m'avoir menti, Godwin, maugréa Adelar.

Le ménestrel serra ses mains sur son cœur en feignant le désarroi.

— Moi, messire ? Moi, qui ne suis qu'un humble jongleur dans la grand-salle du seigneur d'Oakenbrook, notre *burhware* bien-aimé ? Je dis certes la vérité, car je suis honoré d'être le messager de Bayard. De fait, je suis honoré de respirer le même air que lui, de manger la même nourriture…

— Vous parlez trop et tirez les hommes de leur repos bien gagné, coupa Adelar.

— Oui-da, vous méritez du repos, après ce que vous avez fait… et refait, intervint Gleda avec un gloussement et un regard concupiscent au corps musclé d'Adelar.

Il se pencha pour ramasser sa tunique.

— Qu'y a-t-il de si important pour que Bayard me convoque ?

— Il veut que vous l'aidiez à marchander avec les Danois.

— Je n'ai nul désir de rencontrer des Vikings ou des

Danois, quel que soit le nom que vous leur donniez, rétorqua Adelar d'un ton acerbe.

Il était heureux d'être utile à Bayard, mais le seul moment où il souhaitait se trouver proche des Danois était pour se battre contre eux. Il saisit son *scramasax* et glissa la courte épée dans son ceinturon.

— Alors, vous n'auriez jamais dû laisser savoir à personne que vous parlez leur langue, riposta Godwin, sa main glissant vers les seins nus de Gleda.

Elle étudia Adelar avec méfiance, tandis qu'elle interceptait adroitement la caresse du ménestrel.

— Vous savez parler avec ces animaux ?

— Je les comprends.

— Une histoire fascinante, mon bouton d'or, commença Godwin. Il a été enlevé par une méchante bande de Vikings quand il était enfant et...

Il s'arrêta en voyant le regard d'avertissement que lui décochait Adelar.

— Je vous la raconterai une autre fois.

— Quelle sorte de marché Bayard compte-t-il conclure avec ces voleurs ? demanda Adelar.

— Je ne suis pas dans les secrets de Bayard, répondit Godwin d'un ton léger. Et je ne suis pas non plus son cousin. Je fais seulement ce que l'on me dit de faire, et comme Bayard n'était pas d'humeur à se laisser distraire par moi, je pense que sa requête doit être urgente.

— Vous auriez dû le dire plus tôt, asséna Adelar d'une voix coupante.

Il passa son baudrier sur son épaule droite et en travers de son torse, son large glaive frôlant sa cuisse gauche.

— Reviendrez-vous bientôt ? s'enquit Gleda.

— Peut-être, répondit Adelar en voyant qu'elle attendait sa réponse. Cela dépend de ce que décidera mon seigneur. Ou du temps que prendra le marchandage.

Il enfila ses bottes.

— Dagfinn veut probablement augmenter le tribut dû aux Danois. Nous versons déjà assez d'argent à ces chiens pour les tenir hors de nos terres.

— Et Alfred n'aurait jamais dû permettre aux Vikings d'obtenir la bande de terre de la Danelaw, ajouta Godwin d'un ton las, comme s'il avait entendu ces mots maintes fois auparavant. Mais c'était cela ou se battre sans fin.

— Alors, nous aurions dû nous battre sans fin. Il n'y a pas d'honneur à acheter nos ennemis.

— Je ne suis pas un guerrier, mais je pense qu'il n'y a point d'honneur à être mort, non plus, remarqua Godwin.

Adelar s'éloigna de la hutte d'un pas raide, ne se souciant pas d'attendre le ménestrel qui pouvait fort bien décider de rester avec Gleda, ce qui ne le troublait nullement.

Tandis qu'il se hâtait vers la grand-salle, il parcourut du regard les murs nouvellement édifiés du *burh*, le fortin construit sur une butte à l'intersection de deux rivières.

A proximité, une forêt de chênes, de bouleaux et de noisetiers commençait à montrer les premiers signes du printemps.

Bien qu'il ne fût pas dans les habitudes des Saxons de vivre dans des villages, les invasions des Vikings et des Danois les avaient forcés à construire des forteresses, une idée soutenue par le roi mort récemment, Alfred.

Cynath, le suzerain de Bayard, avait été l'un des premiers à voir la sagesse et la nécessité de ces édifices, car ses terres bordaient la Danelaw, un large territoire qu'Alfred avait donné aux Vikings afin d'assurer la paix. Cynath avait donc ordonné à Bayard de superviser l'édification de ce *burh* et l'en avait nommé commandant, ou *burhware*.

Bayard avait fait plus qu'obéir aux ordres de son suzerain. Les murs de la forteresse étaient constitués de poutres épaisses, avec une porte donnant sur la grand-route. A l'intérieur, les autres bâtiments étaient tous presque finis. La grand-salle, où les gens de Bayard mangeaient, dormaient et passaient leur temps quand ils ne travaillaient pas — ou, dans le cas des guerriers, quand ils ne se préparaient pas aux combats qui viendraient inévitablement — était la plus belle qu'Adelar avait jamais vue.

Autour de la grand-salle, les *thanes,* les chefs les plus importants et les plus riches, avaient construit des chaumines, des édifices plus petits qui leur servaient de grandes salles personnelles et de chambres.

Bayard en possédait une aussi, la plus vaste, bien sûr, et la plus proche de la grand-salle.

Adelar espérait ne jamais voir ce *burh* en flammes, détruit par des maraudeurs vikings. De fait, il se battrait à mort pour l'empêcher.

Lorsqu'il était arrivé des mois plus tôt, il n'avait pas fait valoir ses liens de parenté avec son cousin, et cependant Bayard l'avait accepté immédiatement chez lui.

Le neveu de Bayard, Ranulf, avait protesté, rappelant les trahisons du père d'Adelar et ses actes criminels. Bayard avait écarté ces récits, bien qu'Adelar lui ait révélé en privé que tout ce que Ranulf avait dit était exact. Son père, Kendric, avait bien conduit les pillards vikings à leur village. Il les avait bien payés pour tuer sa femme, et, quand ce complot avait échoué, Adelar n'avait eu aucun doute que la mort de sa mère n'avait pas été un accident, ainsi que Kendric l'avait prétendu. A cause de tout ceci, Adelar avait renié son père, et celui-ci l'avait déshérité.

Bayard avait tout écouté, puis il s'était levé et avait dit simplement :

— Bienvenue dans ma grand-salle, cousin.

Pour cela, et pour la confiance que Bayard lui avait témoignée par la suite, Adelar serait à jamais redevable envers son cousin.

Il entra dans la grand-salle et se débarrassa de ses armes. Des voix sourdes et gutturales et un éclat de rire sonore lui indiquèrent où se trouvaient les Danois.

Empli de la colère qui montait toujours en lui quand il voyait des Vikings, Adelar traversa la pièce en longeant le grand foyer central.

Bayard, de haute naissance, respecté, beau et fier, siégeait dans un fauteuil au bout de la grand-salle. A sa droite, assis sur des bancs et des tabourets, il y avait les Danois, dont Dagfinn, le chef de la bande qui vivait le plus près des terres de Bayard. Ranulf et plusieurs guerriers saxons étaient assis à la gauche du seigneur. Le père Derrick, le prêtre de Bayard, se tenait derrière lui, dans l'ombre.

Les visages des Saxons étaient soigneusement dénués d'expression et leurs baudriers vides. Leurs visiteurs n'étaient pas armés non plus, car aucune arme ne devait être portée dans la grand-salle. Néanmoins, des glaives, des arcs, des haches et des lances saxons étaient posés contre les murs, un rappel silencieux que les Danois avaient intérêt à réfléchir à deux fois avant de provoquer un combat.

Bayard ne prêta pas tout de suite attention à la présence d'Adelar, malgré les coups d'œil des Danois dans sa direction, et le jeune homme sut que son cousin était mécontent de son apparition tardive.

— De la cervoise, Dagfinn ? offrit le seigneur.

— *Ya*.

L'immense Viking aux cheveux blonds tendit son gobelet pour le faire remplir par une jeune esclave. Il darda sur elle un long regard concupiscent, qui la fit rougir profondément tandis qu'elle s'empressait de s'éloigner.

Alors qu'il les observait, Adelar s'avisa que Bayard pouvait être tenu pour responsable, dans une certaine mesure, du fait que cette vermine attendait de se repaître de sa chair. Il arborait sa plus belle broche sur son épaule, les Danois étant assez près de lui pour en compter les pierres précieuses. Sa tunique de drap était teinte du bleu le plus coûteux, le pommeau de son glaive était en argent, son ceinturon de cuir richement travaillé.

S'il était lui-même le *burhware*, pensa Adelar, il prendrait soin de ne pas se montrer aussi ostentatoire… mais cela n'arriverait jamais. Le seul *burh* qu'il avait une chance de commander était celui de son père, et il ne voulait rien recevoir de lui.

— Adelar, enfin ! déclara finalement Bayard avec un léger sourire sur les lèvres et du déplaisir dans les yeux.

— Oui, mon seigneur.

Adelar s'avança, conscient de l'examen des Danois.

— Ah, vous amenez encore ce garçon à nos conseils, dit Dagfinn dans un saxon lent et hésitant.

Bien que son ton fût jovial, Adelar savait que le Danois n'était pas content de le voir.

— Puisque cette réunion doit être importante, pour vous conduire jusque chez moi, je veux m'assurer de comprendre correctement, répondit Bayard d'un ton lisse.

Même s'il n'appréciait pas le cadeau fait aux Danois par Alfred, il pensait qu'il était trop tard pour leur faire quitter le pays complètement. Il voulait bien que les Danois restent en Angleterre, aussi longtemps qu'ils acceptaient de se soumettre à la loi saxonne et de reconnaître Edward comme le roi légitime.

Il désirait la paix par-dessus tout.

Adelar traduisit les paroles de Bayard en danois. Il n'était pas d'accord sur le fait que la paix était acceptable à n'importe quel prix, mais il n'avait pas le droit d'intervenir si Bayard souhaitait qu'il en fût ainsi.

Il était simplement un des guerriers de son cousin, même s'il était son parent.

— Je suppose que vous comptez proposer une alliance de quelque sorte ?

— *Ya*. Une alliance par mariage.

Adelar fixa Dagfinn dans un silence stupéfait.

— Qu'a-t-il dit ? demanda Bayard.

Quand Adelar parla, Ranulf et quelques autres s'agitèrent et se mirent à marmonner. Même le père Derrick bougea un peu lorsqu'il répéta ses paroles. L'expression de Bayard ne trahit qu'une légère surprise.

— Dites-lui que je ne désire pas reprendre femme, déclara-t-il calmement.

— Pourquoi pas ? rétorqua grossièrement Dagfinn. Vous n'avez ni épouse, ni fils. J'ai la femme parfaite pour vous. Et… — il marqua une pause — je pourrais me laisser convaincre de diminuer le tribut si nos familles étaient unies par le mariage.

— Je reconnais que le tribut dû aux Danois est beaucoup trop élevé et j'accueille volontiers la possibilité de le changer, répondit Bayard, mais je ne suis pas persuadé qu'une alliance par mariage serait une sage solution.

Adelar regarda vivement son cousin. Non seulement il n'avait pas rejeté avec mépris la suggestion du Danois, mais, à l'entendre, il semblait considérer la proposition. Pourtant, une telle chose était totalement impossible. Que penserait Cynath de ce mariage, et plus encore le roi ?

Dagfinn rota et haussa les épaules.

— Si vous n'acceptez pas, le tribut restera ce qu'il est. Certes, vous n'êtes pas obligé de le payer. Alors, mes hommes attaqueront votre village, tueront vos guerriers, brûleront tout et prendront vos gens comme esclaves.

— Ou peut-être mes guerriers tueront-ils les vôtres et n'aurez-vous rien. Alors, le roi Edward vous fera une telle guerre que vous serez repoussés au-delà des mers.

— Ou peut-être qu'Aethelwold sera reconnu comme roi.

— Notre assemblée, le Witan, a choisi Edward, répondit Bayard. C'est un chef éprouvé à la bataille et le fils aîné d'Alfred. Même si Aethelwold croit qu'il a des prétentions légales au trône, aucun membre du Witan ne veut de lui comme roi. C'est un traître, et il est complètement dénué d'honneur.

— Dans son testament, Alfred n'a pas dit qui devait lui succéder, répliqua Dagfinn.

Adelar masqua sa surprise du mieux qu'il put, mais comment cet étranger possédait-il une compréhension aussi claire du problème de la succession ?

— Les Danois ont reconnu Aethelwold, insista Dagfinn avec entêtement, comme si ce qu'ils faisaient devait influencer les Saxons. Il commande déjà l'Essex.

— Alors, pourquoi désirez-vous conclure une alliance ? s'enquit Bayard.

Pourquoi, en effet, se demanda Adelar, à moins que Dagfinn ait peu confiance dans la capacité d'Aethelwold à gouverner, ou dans celle des Danois à le contrôler.

Il promena son regard sur les hommes du Danois. Dagfinn était vieux et gros, et ses hommes n'étaient pas en bonne condition pour se battre. Seul l'un d'eux, un rouquin qui observait constamment Adelar, semblait capable de vaincre les guerriers saxons.

Etait-ce la bataille que craignait Dagfinn ?

Est-ce que les Danois avaient aussi peu envie de combattre que Bayard ?

Cela semblait peu probable, sauf si l'on considérait que cette bande était installée dans la Danelaw depuis longtemps. Des années, avec peu de conflits armés. Et peut-être Bayard n'était-il pas le seul chef dans la grand-salle à pressentir qu'Edward allait être un commandant plus agressif que son père.

— Ces querelles n'ont pas à nous toucher, dit Dagfinn d'une voix légèrement enjôleuse. Nous sommes voisins. Et nul ne peut bénéficier de telles périodes troublées.

Cette remarque était fondée, car les Vikings qu'Adelar connaissait se souciaient plus de commerce et de profit que d'affaires d'Etat et de successions royales.

D'une manière inattendue, Bayard sourit et déclara :

— Parlez-moi de cette femme que vous voulez me voir épouser.

Adelar se demanda quelle sorte de tactique c'était là. Une alliance par le mariage avec les Danois était totalement inacceptable, étant donné la situation entre Edward et Aethelwold, et la suggestion des Danois était sujette à soupçons.

— Elle est jeune et belle, répondit Dagfinn avec un rictus, et un soulagement évident.

— Je veux savoir si elle est robuste, insista Bayard.

— Fort robuste. Et elle s'y entend dans l'art de guérir. Mon peuple regrettera de la perdre, mais l'alliance est plus importante.

— Est-elle dotée d'une forte volonté ?

— Ce n'est pas une fille larmoyante, répondit prudemment Dagfinn.

Adelar s'efforça de cacher son expression satisfaite. Bayard n'avait jamais aimé les femmes volontaires. Il aimait les créatures placides, ou au moins emplies de respect et de crainte devant son apparence, sa position et sa fortune. Et la plupart des femmes l'étaient. Même si Bayard envisageait cette alliance, la réponse de Dagfinn y mettrait un terme.

— Endredi n'est pas non plus une harpie, poursuivit Dagfinn.

Adelar ne put plus respirer.

Il ne put plus penser.

Son cœur avait sûrement cessé de battre, le soleil de se déplacer dans le ciel, le feu de brûler.

Il ne voyait plus rien hormis des yeux verts comme la mer qui le regardaient fermement, ne contenant ni condamnation ni pitié, mais de la compréhension et une totale acceptation, car Adelar n'avait pas eu l'intention d'apporter le malheur à Betha, mais seulement de rentrer dans son village.

Tandis qu'ils s'enfuyaient, sa sœur était tombée malade, et lorsqu'ils avaient été ramenés au campement viking, elle était morte. Endredi avait dit peu de chose, mais ses yeux... ses yeux avaient tout dit.

Comme son réconfort silencieux avait compté pour son cœur esseulé !

Puis le père d'Adelar était arrivé avec ses guerriers. Il avait détruit le village viking alors que les hommes étaient partis commercer, capturé les femmes et les enfants et massacré le reste. Kendric avait même entraîné Endredi dans sa grand-salle avec l'intention de violer la jouvencelle à peine femme.

Le souvenir de ce qu'il avait vu et ressenti surgit dans l'esprit d'Adelar, fort et terrible, car il les avait suivis, prêt à faire ce qu'il devrait pour sauver Endredi. Elle avait échappé à son père par elle-même, mais il avait tué un garde qui voulait donner l'alarme.

Son père était pire qu'un traître. Il était vicieux, cruel, concupiscent... et, depuis cette nuit-là, Adelar avait sans cesse été torturé par l'idée qu'il pourrait un jour lui ressembler. Alors, il avait quitté son foyer et était venu dans le *burh* de Bayard.

Il écarta ces souvenirs et se dit que cette femme ne pouvait être l'Endredi qu'il avait connue, celle qui avait marqué son cœur à jamais.

C'était simplement une coïncidence.

Deux femmes portant le même nom.

— Demandez-lui si la femme est vierge, dit Bayard.

Adelar s'efforça péniblement de traduire ces mots.

— Non. Elle est la veuve de mon frère.

Endredi vivait dans les terres septentrionales des Vikings, au-delà de la mer, pas dans la Danelaw. Adelar inspira profondément tandis qu'un peu de sa tension quittait son corps.

— A-t-elle des enfants ?

— Non.

Bayard plissa les paupières d'un air soupçonneux.

— Est-elle stérile ?

— Elle était mariée depuis moins d'un mois quand Fenris est mort. Dans son lit.

Pas étonnant que Dagfinn veuille se débarrasser de cette veuve, pensa Adelar. Les hommes vikings voulaient mourir à la bataille, leur glaive à la main. Sinon, ils ne pouvaient entrer à Walhalla et passer l'éternité à festoyer avec le dieu Odin. La veuve était probablement considérée comme une femme qui apportait le malheur.

Bayard se leva et attira Adelar à l'écart des autres.

— Dites-moi franchement, déclara-t-il d'un ton calme. Vous fiez-vous à Dagfinn ? Respectera-t-il cet accord ?

Aussitôt, la tentation presque insurmontable de presser Bayard de refuser envahit Adelar. Il ne se fiait à aucun Danois. Il ne voulait pas que son cousin ait une femme viking.

Mais, surtout, il ne voulait pas découvrir que cette femme était l'Endredi de sa jeunesse, l'Endredi qu'il avait eu trop honte de chercher à revoir. L'Endredi qu'il essayait constamment d'oublier.

Il regarda fermement Bayard, plantant les yeux dans les siens. Il ne doutait pas que son cousin avait déjà pris sa décision, car il n'était pas dans les habitudes de Bayard de s'en rapporter aux conseils d'un autre. C'était probablement une tactique pour retarder les choses ou pour irriter Ranulf, son neveu, ce que Bayard se plaisait à faire.

Néanmoins, Adelar répondit à sa question avec sincérité.

— Dagfinn veut ce mariage, sans quoi il n'accepterait jamais de diminuer le tribut.

Il hésita un bref instant, puis continua avec fermeté :

— Je ne me fie à aucun d'eux, comme vous le savez, aussi je refuserais, bien sûr. Toutefois, il serait sage de retarder votre décision. Si Dagfinn est sincère, il attendra. Et qu'en est-il de Cynath ? Il a grande confiance en vous. Je ne voudrais pas qu'il remette en cause votre loyauté.

— Je sais que vous dites ce que vous avez dans le cœur, répondit Bayard. Aussi, je vais vous confier ce que j'ai dans le mien. Je pense que ceci est un signe de Dieu. Je vais prendre cette femme pour épouse.

Adelar hocha la tête. Bayard était sage et respecté. S'il ne voyait rien de mal à ce mariage et s'il croyait honnêtement que c'était un signe de paix, Adelar ne pouvait le remettre en question.

Et cependant... cependant il avait vu que l'amour pouvait changer un homme ou une femme. Sa propre nourrice n'avait-elle pas épousé le Viking qui l'avait capturée et n'était-elle pas restée là-bas quand il était rentré chez lui ? Peut-être cette femme serait-elle capable d'influencer Bayard et d'affaiblir sa résolution de considérer les Danois avec suspicion.

Il était déjà trop tard. Bayard avait décidé. En retournant à sa place, Adelar se jura en silence de surveiller cette femme et de protéger son cousin du mieux qu'il pourrait.

Bayard se rassit dans son fauteuil.

— Adelar, faites part à Dagfinn de ma décision, à condition que la femme soit vraiment agréable. Je ne le laisserai pas me donner une vieille mégère, même si cela signifie la paix.

Les Saxons se regardèrent avec une surprise non dissimulée quand Adelar fit ce qu'on lui disait. Ranulf essaya d'apparaître à la fois chagriné et certain que Bayard agissait sagement. Ainsi, Adelar le savait, il pourrait dire par la suite qu'il avait été d'accord autant avec ceux qui accueillaient favorablement l'alliance qu'avec ceux qui s'élevaient contre elle.

Quant au père Derrick, il était aussi impassible qu'une statue de marbre, le visage dénué d'expression à part ses yeux réprobateurs.

— Elle est aussi charmante que Freya, aussi sage que Baldur, et elle parle la langue saxonne, déclara Dagfinn avec empressement.

De nouveau, Adelar dut lutter pour garder un visage inexpressif. Il y avait sûrement d'autres femmes vikings qui s'appelaient Endredi, avaient appris le saxon et connaissaient l'art de guérir.

— Qu'a-t-il dit ? demanda Bayard.

— Il dit que la femme est sage, belle et parle notre langue.

Soudain, le père Derrick s'avança.

— Est-elle chrétienne ? s'enquit-il sévèrement.

— Elle a accompli la cérémonie de l'eau, répondit Dagfinn.

Son Endredi n'était pas chrétienne, et elle n'avait jamais été baptisée. Mais des années avaient passé et tout avait pu changer.

Le prêtre, apparemment satisfait, reprit sa place dans l'ombre.

Les hommes discutèrent un petit moment du prix de la fiancée et des présents qui seraient offerts à Endredi, mais ils savaient tous que c'était seulement parce que l'usage le voulait. Le véritable objectif avait été atteint quand Bayard avait acquiescé au mariage.

— Nous en avons donc terminé, dit Dagfinn en se remettant sur pieds lorsqu'ils eurent décidé des sommes. Nous l'amènerons dans quinze jours, quand les routes seront dégagées.

Bayard se leva à son tour.

— Je vais faire préparer le festin de noce.

Le Danois opina du chef quand Adelar acheva de parler. Puis il se détourna et marcha à grandes enjambées vers l'entrée de la grand-salle, suivi de ses hommes. Les Saxons observèrent en silence les Danois qui reprenaient leurs armes et s'en allaient.

— Vous commettez une erreur, mon oncle, déclara aussitôt Ranulf. Cynath ne sera pas content.

Encore une fois, Adelar fut dégoûté par le manque de discernement de Ranulf. Il faisait partie des hommes de Bayard depuis plus longtemps que lui, mais il ne semblait pas comprendre qu'il n'y avait pas lieu de discuter une décision de Bayard quand elle avait été prise.

Bayard fit face à son neveu.

— A moins que j'aie perdu l'esprit, répondit-il avec un calme trompeur, c'est vous qui avez suggéré le premier de conclure une alliance, Ranulf. Il n'y a pas à revenir là-dessus. Cynath sait qu'il a ma totale loyauté, et le roi aussi.

— Par le roi, vous entendez Edward ?

L'expression de Bayard se fit aussi dure que le silex.

— Il est le *Bretwalda,* le roi des Bretons, et quiconque prétend le contraire n'a pas sa place dans ma grand-salle.

— Certes, mon seigneur, répondit Ranulf en toute hâte. Je ne voulais rien dire d'autre. Mais qu'en est-il de la loyauté de la femme ?

Adelar décocha un regard accusateur au visage mince et anxieux de Ranulf.

— Dites-vous là que vous doutez de la capacité de Bayard à contrôler sa propre épouse ? Qu'il sera influencé par des yeux brillants ou une douce joue ? demanda-t-il, espérant en lui-même qu'il n'en serait pas ainsi, et que Bayard prendrait peut-être ses mots pour un avertissement.

— Pas du tout, répondit Ranulf, rougissant sous l'examen des deux hommes dont les yeux hautains et sévères se ressemblaient tant. Naturellement, je souhaite que ce mariage soit heureux.

— Les femmes sont des créatures du Mal, pleines de

péchés et de tentations, déclara le père Derrick, sa voix grave et impérieuse imposant le silence. Les hommes devraient se garder de leurs pièges et de leurs roueries.

— Oui, mon père, acquiesça Bayard paisiblement. Je regrette de ne pouvoir être aussi fort que vous pour nier les désirs de la chair, mais je me montrerai très prudent. Et ceci n'est qu'un mariage de nécessité.

— C'est bien, mon fils.

— Maintenant, vous devez tous vous unir à moi pour jurer loyauté à tous les enfants que ce mariage apportera, ajouta Bayard.

Ranulf lutta pour paraître satisfait.

— Oui, mon seigneur. A vos enfants.

Bayard leva son gobelet.

— A mon héritier.

L'espace d'un instant, Adelar crut voir une expression de douleur dans les yeux de son cousin, mais elle s'estompa avant qu'il soit sûr que c'était de la douleur et pas simplement de l'irritation envers Ranulf.

— Cette alliance devrait assurer que mes terres soient en sécurité pour que *quelqu'un* en hérite quand je mourrai. La dot de la femme enrichira également mon domaine.

— Mon seigneur, vous savez sûrement que j'espère vous voir vivre longtemps et heureux, avec de nombreux fils pour vous suivre, déclara Ranulf.

— Je sais exactement ce que vous espérez, Ranulf, répliqua Bayard.

— Prenez garde à convoiter des richesses terrestres, entonna le père Derrick. Il est plus facile à un chameau de passer par le chas d'une aiguille qu'à un homme riche d'entrer au royaume des cieux.

— Merci, mon père, pour ce rappel adéquat, répondit Bayard avec sa bonne humeur habituelle. Que quelqu'un trouve Godwin. Il nous faut de la musique.

A cet instant, il aperçut le jongleur dans un coin.

— Oh, vous voilà, Godwin. Ce n'est pas le moment de rester dans l'ombre, ménestrel. Chantez quelque chose qui convient à l'occasion. Adelar, où est votre cervoise ? N'allez-vous point boire à mon prochain mariage et à ma future épouse ? Quel est son nom, déjà ?

— Endredi, répondit Adelar, la gorge serrée, en cherchant des yeux cette timide petite esclave. De la cervoise ! cria-t-il avec impatience.

Il voulait s'enivrer copieusement, et promptement.

Mais pas pour célébrer l'événement. Pour oublier ce qui l'attendait peut-être.

L'épouse de Ranulf chassa la main vagabonde de son mari.

— Je vous parle d'affaires sérieuses, benêt ! lança-t-elle d'un ton acerbe, ses yeux bleu pâle luisant dans la pénombre de la chaumine.

Ranulf, allongé près d'elle dans le lit, lui jeta un regard grincheux.

— Et moi, je me comporte comme un époux.

— Calmez-vous, espèce de bête vicieuse. Un *époux* aurait à l'esprit les intérêts de sa famille, et c'est ce dont j'essaie de discuter avec vous.

— Oh, fort bien.

Ranulf se redressa sur son séant. A l'autre bout de la chaumine, qui était deux fois moins spacieuse que la grand-salle de Bayard, des esclaves et des serviteurs dormaient. Sa femme, cependant, avait la capacité surprenante de presque crier sans éveiller personne.

— Qu'y a-t-il ?

— Je veux savoir ce que vous allez faire au sujet de ce mariage.

— Faire ? Rien. Un accord a été conclu.

— A cause de votre stupidité.

— La mienne ? Ce n’est pas moi qui épouse une veuve viking. Et vous avez dit vous-même que nous devrions faire la paix avec les Vikings. Si les fiançailles sont rompues maintenant, qui sait ce que ces sauvages pourraient faire ?

— Je n’envisageais pas une alliance par le mariage.

— Et je vous le répète, ce n’est pas moi qui l’ai suggérée. C’est Dagfinn, et Bayard a accepté.

— Oui, et pour cette seule raison vous auriez dû l’empêcher.

— J’aurais dû intervenir au milieu de la discussion et ordonner à Bayard de refuser ? demanda Ranulf avec dédain. Il m’aurait chassé de la grand-salle.

— Si vous vous étiez montré stupide, bien sûr qu’il l’aurait fait, déclara-t-elle d’un ton coupant. Vous aviez seulement besoin de trouver un moyen de retarder les négociations. Ensuite, vous auriez pu l’en dissuader.

— J’ai protesté contre sa décision, après le départ des Danois.

Ordella combattit son envie de hurler.

— *Après* était beaucoup trop tard. Vous devriez savoir cela de Bayard, maintenant. Le moment de l’influencer était déjà passé ! Il ne modifiera jamais ses plans, à présent — jamais !

— Comment pouvais-je deviner qu’il considérerait un mariage ? se plaignit Ranulf. Tout ce que je savais, c’était qu’il était prêt à discuter le montant du tribut. Il m’a fallu bien des jours pour le convaincre d’aller jusque-là. Et il n’a jamais fait allusion à un mariage.

— Bertilde est morte depuis trois ans, lui rappela Ordella, regrettant en même temps de ne pas avoir attendu un peu plus longtemps pour épouser Ranulf.

Alors, elle aurait peut-être eu une chance avec Bayard, au lieu de ce sot.

— Je pensais qu’il n’était pas intéressé par le mariage.

— C’est la chose la plus stupide que vous ayez jamais

dite. C'est un *thane* fortuné, sans enfants. Vous n'auriez jamais dû écarter l'idée d'un possible mariage.

— Comme vous venez de le remarquer, Ordella, c'est fait. Je ne puis le défaire.

— Mais à présent il pourrait avoir des enfants.

— Il n'en a encore jamais eu, et il a eu maintes femmes.

— Ce n'est pas une garantie. Il ne reste jamais longtemps au même endroit, il se peut qu'il soit parti avant qu'une femme sache qu'elle était grosse. Ou peut-être n'a-t-il jamais reconnu des bâtards nés hors des liens du mariage. Si vous aviez le bon sens d'un âne, vous auriez considéré ces possibilités.

Ordella pleurait presque de frustration. Sa seule raison d'épouser Ranulf avait été d'entrer dans la famille riche et importante de Bayard. Malheureusement, elle s'était avisée d'avoir choisi le membre le moins prometteur du clan.

— Elle est jeune, en outre. Elle pourrait lui donner beaucoup d'enfants.

— Peut-être la haïra-t-il et ne s'approchera-t-il jamais d'elle. C'est une union politique, Ordella. Ne l'oubliez pas.

— J'espère pour votre bien qu'il en sera ainsi. Ou vous pourrez oublier tout espoir d'hériter de lui.

— Vous avez dit la même chose quand Adelar est arrivé.

— C'était avant que je sache quel genre d'homme est Adelar — et vous devriez en remercier le ciel. S'il était plus ambitieux, il pourrait vous faire vivre dans un taudis à la lisière de la forêt. Il est clair qu'il a les faveurs de Bayard, et leurs mères étaient sœurs.

— Vous oubliez ce que l'on raconte de son père.

— Cette vieille histoire ? Personne n'a cru ce Viking. Essayez d'imaginer qu'un *thane* saxon trahirait son propre peuple.

— Pourtant Kendric n'a jamais tenté de faire partie du Witan, alors que n'importe quel autre homme de son importance l'aurait fait.

— La principale chose à considérer maintenant est comment accroître votre importance pour Bayard.

— Je suis son neveu. Quelle autre raison faudrait-il à Bayard pour m'écouter ?

— Si c'est la seule raison qu'il a de souffrir votre présence, il peut aisément vous rejeter, sot que vous êtes !

Ranulf commença à sortir du lit. Ordella l'attrapa par le bras et le retint.

— Pardonnez-moi, dit-elle d'une voix enjôleuse. Je suis heurtée de penser que Bayard ne vous ait pas mis dans ses confidences. Après tout, vous le méritez. Vous êtes son plus proche parent. Adelar n'est qu'un cousin.

Ranulf se détendit un peu. Elle se rapprocha de lui et l'enlaça de ses bras maigres.

— Je crains simplement que vous n'obteniez pas votre dû, Ranulf, et cela me met en colère. Pardonnez-moi d'avoir passé mon indignation sur vous.

Il soupira doucement tandis qu'elle le caressait.

— Vous me pardonnez mes paroles trop dures, n'est-ce pas ?

— Oui.

Il se détourna et sa bouche s'empara fiévreusement de celle de sa femme. Ses mains saisirent ses seins.

Ordella émit tous les bruits appropriés. Mais son esprit n'était pas concentré sur Ranulf ni sur ses tentatives maladroites de lui faire l'amour. Elle se demandait comment procéder quand la fiancée de Bayard arriverait.

— L'heure se fait tardive, et je crois que j'ai assez célébré, proclama Bayard en se mettant gauchement sur ses pieds.

Autour de lui, ses hommes levèrent leurs cornes à boire en un dernier salut.

A l'exception d'Adelar. Il avait quitté la grand-salle

quelque temps auparavant, un bras passé autour d'une servante à la voix haut perchée qui gloussait constamment.

Bayard passa devant ses hommes et les serviteurs déjà endormis. Une fois dehors, il fit le tour du mur extérieur de la grand-salle et s'enfonça dans l'ombre.

Alors, avec un grognement étouffé, il se plia soudain en deux.

Sa maladie empirait. Il ne pouvait en douter. Les douleurs devenaient plus fréquentes et plus intenses.

Quand le spasme s'estompa, il se redressa lentement, certain de deux choses. Il fallait que son plan marche, et il lui restait peu de temps pour le mettre en œuvre.

2

Quinze jours plus tard, une chambrière danoise s'empressait autour d'Endredi alors qu'elles se tenaient dans la chaumine de Bayard.

On leur avait dit d'attendre ici jusqu'à la cérémonie du mariage, tandis que Dagfinn et les autres s'étaient rendus tout de suite dans la grand-salle.

D'épaisses tapisseries colorées ornaient les murs de torchis. Le coffre qui contenait les possessions de la fiancée se trouvait dans un coin. D'autres coffres de bois, plus grands, étaient disséminés à travers la pièce, preuves de la fortune du marié. Il y avait également deux tabourets finement sculptés à côté d'une délicate table ronde sur laquelle étaient posés un pichet et deux hanaps en argent. La lumière provenait d'un candélabre en fer à plusieurs branches qui portait de nombreuses chandelles de suif. Un grand lit lui aussi richement sculpté et ceint de lourdes tentures dominait un bout de la maison.

La femme d'un certain âge lissa la cotte d'Endredi, arrangea sa ceinture et releva une mèche rebelle de son épaisse chevelure blond-roux.

— Veux-tu arrêter, je te prie ? demanda Endredi, essayant de réprimer l'irritation de sa voix et se rappelant que c'était simplement l'habitude d'Helmi de s'affairer autour d'elle tel un insecte.

— Dagfinn a dit que vous deviez être…

— Belle ?

Endredi jeta un regard sceptique à sa servante.

— J'ai l'air présentable. Belle, ce sera à Bayard d'en décider.

— A moins que cet homme soit stupide et aveugle, il ne pourra penser autrement. Mais c'est un Saxon, aussi qui peut dire comment fonctionne son esprit ? Tout le monde sait que ce sont tous de vicieux et horribles barbares...

— Tu as fait de ton mieux, dit Endredi, interrompant sa chambrière avant qu'elle se lance dans une autre tirade contre les Saxons.

La jeune femme savait qu'il pouvait exister de bons et de mauvais Saxons, comme il existait de bons et de mauvais Danois.

— Je me demande ce que cet âne de Dagfinn essaie de faire, à marier la veuve de son frère à un Saxon.

— Dagfinn recherche la paix.

— Peuh ! Je pense que je ne suis pas la seule vieille femme parmi les Danois, ici ! Quand j'étais jeune, un homme était heureux de se battre. Il *voulait* se battre. Dagfinn est un couard.

Endredi posa un doigt sur ses lèvres.

— Prends garde, Helmi, il pourrait entendre tes insultes.

Helmi redressa ses maigres épaules.

— Quoi, lui et ses hommes ne pourraient gagner une bataille même si Odin en personne était de leur côté.

Endredi ne pouvait discuter les observations de sa servante. De fait, les pensées de Dagfinn n'étaient que trop évidentes, malgré ses efforts pour se montrer subtil. Néanmoins, elle se sentit tenue de dire, par respect pour son défunt époux :

— Dagfinn agit peut-être avec plus de sagesse que tu le penses. Après tout, qui parmi son peuple épouserait une femme porteuse de tant de malchance ? En outre, acheva-t-elle, Dagfinn est le chef, et je dois obéir.

— Je ne crois pas que Dagfinn songe à autre chose qu'à

son argent et à son ventre. Et où en serait-il s'il n'avait pas Bera pour tout superviser ?

— Elle va me manquer.

— Pas à moi. Il n'y a jamais eu de plus dure maîtresse, je puis vous le dire.

— Elle a toujours été aimable avec moi, répondit Endredi avec sincérité, même si maintenant elle savait pourquoi Helmi avait proposé de la suivre dans ce village saxon.

Manifestement, sa servante considérait les Saxons comme moins menaçants que Bera.

Quant à elle, Bera lui manquerait, mais elle avait toujours été seule. Même enfant, elle avait eu peu d'amis. Les péchés de sa mère avaient fait d'elle un objet de curiosité et de mépris, et elle avait appris de bonne heure que parfois il valait mieux être seul que d'être remis en question ou, pire, pris en pitié.

— J'ai failli oublier ! s'écria Helmi en courant au petit coffre d'Endredi. Dagfinn a dit de s'assurer que vous portiez ceci.

Elle sortit un crucifix orné de pierres précieuses.

Endredi resta immobile pendant que sa chambrière le passait par-dessus sa tête. Elle avait entendu dire que le prêtre de Bayard avait demandé si sa future épouse était chrétienne.

Elle porta une main à la croix. Grâce à sa belle-mère, elle comprenait les croyances des chrétiens et n'éprouvait pas de difficulté à y adhérer. Quand un prêtre était venu dans leur village, elle avait été baptisée. Néanmoins, elle portait sous sa cotte une amulette de Freya. Le Dieu chrétien admettrait sûrement qu'il était difficile d'ignorer les anciennes croyances.

— Je n'ai jamais vu une construction aussi énorme que cette grand-salle, dit Helmi. Je me demande comme elle est à l'intérieur. Je ne serais pas surprise que les tapisseries soient tissées de fil d'or.

Comme Endredi ne répondait pas, elle poursuivit :

— C'est aussi une bonne chose que vous parliez cette langue saxonne, même si je dois dire qu'elle est horrible à entendre.

— Ma mère était saxonne.

— Oh, oui. Alors, avez-vous entendu dire quelque chose sur Bayard ? Son apparence, je veux dire.

Les yeux d'Helmi brillèrent avidement, et Endredi comprit qu'elle entendrait ce que sa servante avait appris, qu'elle le veuille ou non ; toutefois, l'apparence de Bayard comptait moins pour elle que la façon dont il traiterait une épouse étrangère.

— Dagfinn a dit qu'il n'est pas vieux, murmura-t-elle.

— Un homme mûr, pas un sot de jeunot, grâce aux dieux. Et beau aussi, à ce que j'ai entendu dire.

— C'est un chef respecté.

— Il porte de riches habits et beaucoup de bijoux, d'après Erik.

— S'il n'était pas juste et bon, il n'aurait sûrement pas autant d'hommes sous son commandement.

— Il se lave régulièrement et taille sa barbe.

— J'espère qu'il sera patient.

— Il n'a pas d'enfants.

Cette dernière information retint l'attention d'Endredi.

— Pas d'enfants ?

Helmi secoua la tête.

— Et il a été marié au moins deux fois.

— Oh ?

— Néanmoins, il paraît qu'il est fort viril. Les rumeurs assurent qu'il a couché avec des douzaines de femmes.

— Et il n'a pas d'enfants ?

— Pas un seul.

— Comment quelqu'un que tu connais pourrait-il savoir cela ? demanda Endredi, sa surprise remplacée par de la suspicion.

— J'ai entendu certains des hommes en parler.

— Pourquoi des Danois seraient-ils informés des enfants de Bayard ?

Cela sembla ébranler la confiance d'Helmi dans ses sources. Ce qui était fort bien ainsi. La chambrière ne pouvait sûrement pas disposer de renseignements valables sur les épouses de Bayard, ses maîtresses ou ses enfants. Néanmoins, ses bavardages avaient troublé Endredi. Elle avait accepté ce mariage parce qu'elle avait peu d'alternatives, mais aussi parce qu'elle désirait vivement des enfants.

Il se pouvait fort bien que Bayard ait des enfants illégitimes. Il était chrétien, et s'ils étaient nés hors des liens sacrés du mariage, il cherchait peut-être à garder leur filiation secrète. Il se pouvait aussi que ses précédentes épouses aient été incapables d'être mères, bien que c'eût été une rare malchance.

— S'il ne vous donne pas d'enfants, vous pourrez toujours divorcer de lui, observa Helmi avec optimisme.

— Non, je ne le pourrai point. Les chrétiens ne sont pas autorisés à divorcer, pour quelque raison que ce soit. En outre, où irais-je ?

— Vous pourriez rentrer chez votre père.

— Mon père a d'autres enfants et d'autres responsabilités. Quand j'ai épousé Fenris, je suis passée à la charge de sa famille. Du fait de sa mort, je dois faire ce que Dagfinn souhaite, puisqu'il est le chef de famille et le chef tout court, et qu'il désire cette alliance.

Endredi soupira et s'éloigna pour s'asseoir sur un tabouret.

Son père avait épousé une femme saxonne et leur union était une joie pour eux deux. Peut-être, juste peut-être, pourrait-elle trouver la même chose avec Bayard.

Elle tripota sa croix, essayant de calmer son désarroi grandissant et d'enfouir le souvenir du jouvenceau qu'elle avait aimé autrefois, mais qui l'avait abandonnée à son sort, ne tentant jamais de savoir ce qu'elle était devenue.

Malgré ce qu'il avait fait — ou pas fait —, elle avait espéré, rêvé... jusqu'à ce que les années passent et qu'elle devienne une femme. Adelar n'était jamais revenu. Alors Endredi l'avait chassé de son cœur et de ses espoirs, et en avait épousé un autre.

Bien que Fenris ait été aimable, il ne lui avait pas inspiré de passion, et elle craignait qu'il ne lui restât plus de passion à ranimer depuis celle qui avait consumé sa jeunesse. Quand Dagfinn lui avait dit ce qu'il projetait pour elle, elle n'avait pas songé à son bonheur apparemment impossible. Ce mariage pouvait apporter une certaine paix entre les Saxons et les Danois, alors elle avait accepté.

Helmi s'arrêta un moment de s'affairer autour du grand lit drapé, un meuble qu'Endredi s'était efforcée de ne pas remarquer.

— Je crois que quelqu'un arrive ! s'écria-t-elle. Levez-vous, levez-vous !

Endredi obéit et, malgré sa résolution d'affronter ce mariage avec détermination, elle dut nouer ses mains pour les empêcher de trembler.

Dagfinn entra dans la chaumine et l'inspecta lentement.

— Bien, marmonna-t-il.

Il désigna la porte d'un signe de tête.

— Venez dans la grand-salle.

Endredi suivit son grand beau-frère à l'extérieur. Dans la cour devant la grand-salle, plusieurs femmes et enfants se tenaient à une distance respectueuse et la fixaient. Ils paraissaient bien habillés et bien nourris, un signe que Bayard prenait soin de ses gens.

Certains étaient curieux, d'autres franchement hostiles dans leur silence.

Endredi haussa le menton. Elle était la fille d'Einar

Svendson et nulle trace de peur ou de doute ne devait se lire sur son visage.

Elle continua à marcher fièrement lorsqu'elle entra dans l'énorme bâtisse de bois, qui était aussi richement décorée qu'Helmi l'avait deviné.

Il y avait à l'intérieur un autre attroupement de Danois et de Saxons, des hommes. Là, Endredi baissa les yeux comme il seyait à une femme en telle compagnie, sinon on l'aurait jugée immodeste, mais elle releva les paupières quand ils s'arrêtèrent.

A l'avant d'un groupe de Saxons se dressait un grand homme barbu et bien vêtu, qui se mouvait avec l'arrogance naturelle d'un noble.

Ce devait être Bayard.

Près de son coude se tenait un autre homme plus jeune, avec des cheveux châtain clair, une bouche cruelle et des lèvres minces. Il la dévisageait avec une curiosité impertinente qui l'irrita, malgré son anxiété. Une femme était debout près de lui, mince, aussi, et immobile, le visage placide mais les yeux furetant partout.

De l'autre côté de Bayard se trouvait un homme qui devait être un prêtre. Il portait un énorme crucifix de bois et une étrange tunique noire qui allait jusqu'au sol.

Dagfinn s'avança devant Endredi.

— Bayard, voici votre promise, annonça-t-il.

Helmi se déplaça derrière sa maîtresse et la poussa doucement.

— Allez-y ! Allez-y !

Endredi se dirigea lentement vers son promis, le regardant avec fermeté. Il était beau, brun et bien bâti. Sa tunique était écarlate, sa ceinture incrustée d'or, ses bottes faites de beau cuir souple, et il portait une magnifique broche en argent ornée de pierres précieuses.

Mais il y avait dans ses yeux une expression...

De la suspicion ?

De la réticence ?

Puis cela disparut, masqué par un sourire charmant.

— Vous avez dit vrai, Dagfinn, déclara Bayard quand elle fut près de lui. Elle est charmante.

Un autre homme parla, cette fois en danois, traduisant manifestement les paroles du seigneur. Endredi reconnut aussitôt cette voix et parcourut vivement la foule des yeux, son cœur battant aussi vite que les ailes d'un oiseau pris dans un filet.

Adelar ! Ici !

Elle le découvrit immédiatement, malgré les années qui avaient passé. La couleur de ses cheveux, le dessin de ses traits — même la façon dont il se tenait lui était aussi familière que son propre corps.

Sa bouche s'assécha, et, durant un moment, elle pensa qu'elle allait se pâmer.

Elle avait essayé d'oublier Adelar et s'était convaincue qu'elle l'avait fait, mais elle savait à présent que c'était un mensonge.

L'espace d'un instant, elle vit qu'il la reconnaissait aussi et discerna dans ses yeux quelque chose qui la transporta au-delà des mots, quelque chose qui abolissait toutes ces longues années.

Elle ne pouvait épouser Bayard maintenant.

Elle refuserait, quoi que Dagfinn fasse ou dise.

Puis l'attitude d'Adelar changea, comme si une flamme avait été soufflée, remplacée par quelque chose d'aussi dur et froid que le fer. Il détourna les yeux.

Oh, Freya ! pensa Endredi avec désespoir. Etait-il le digne fils de son père, après tout ? Kendric était un traître vil et cruel, un guerrier de fort belle apparence, mais intérieurement aussi corrompu qu'un homme pouvait l'être.

Adelar était-il devenu ainsi, lui aussi ?

Quelle autre explication pouvait-il y avoir à sa réaction ?

Manifestement, il n'allait pas admettre qu'il la connaissait, pas même alors qu'elle était sur le point d'être mariée à un autre. Il fixait le sol, n'osant pas rencontrer son regard, prêt à l'abandonner de nouveau.

Agissant comme un couard sans honneur.

Endredi essaya de rassembler ses pensées éparses et de contrôler ses émotions confuses. Elle avait envie de partir en courant. De se cacher tel un animal blessé et de pousser des gémissements d'agonie. Ou, peut-être le pire de tout, elle voulait le supplier de la regarder de nouveau.

— Je suis honoré, dit Bayard.

Adelar ne voulait pas d'elle. Peut-être n'avait-il jamais voulu d'elle. Peut-être avait-elle été la seule à être transportée par la beauté de son visage et de sa silhouette et son besoin apparent de réconfort.

Un réconfort qu'elle lui avait prodigué sans compter, et qui s'était changé en un amour brûlant. Un amour qu'elle avait cru partagé.

Soudain consciente que l'on attendait qu'elle parle, elle déclara avec raideur :

— Non, l'honneur est pour moi.

Bayard lui tendit la main et elle y plaça la sienne.

Elle était une femme, à présent, et les rêves de son enfance étaient morts. Mais son cœur était lourd, plus lourd qu'elle n'aurait jamais pensé pouvoir le supporter.

3

Le festin de noce fut long et très riche. Dagfinn et les autres Danois engloutirent la nourriture abondante comme s'ils n'avaient pas mangé depuis des jours — si avidement, de fait, qu'Endredi en eut honte. Il était évident que les Saxons n'étaient guère impressionnés non plus par le manque de manières de leurs hôtes.

— C'est mon cousin germain, Adelar, indiqua Bayard à sa jeune épouse quand le grand guerrier saxon se leva et quitta la table avec le plus bref des signes de tête en direction de son seigneur.

Il l'ignorait. Le cœur d'Endredi se mit à saigner de plus belle.

Le ménestrel commença à chanter, signalant la fin du repas mais pas celle des festivités. D'autres convives se levèrent et marchèrent dans la grand-salle, la remplissant de voix assourdies et de murmures étouffés, en décochant de temps à autre des coups d'œil curieux au seigneur et à sa femme.

Des cousins, pensa Endredi, observant Adelar qui franchissait la porte. Cela expliquait la ressemblance entre eux et pourquoi Adelar se trouvait là.

Ils avaient les mêmes yeux bruns sans peur, des cheveux sombres et une silhouette musclée, s'avisa-t-elle. De fait, en ce moment précis, Bayard lui rappelait tellement Adelar qu'elle avait du mal à regarder son mari sans une pointe d'amertume.

Mais elle devrait trouver un moyen de faire face. Les présents avaient été échangés, les promesses faites, le prêtre avait même prononcé une bénédiction. Il ne restait plus que la consommation du mariage pour qu'ils soient réellement mari et femme. Un devoir de plus à remplir.

Et, pour elle, c'était un devoir. Elle ne pouvait comprendre pourquoi les hommes semblaient trouver un plaisir si formidable dans une telle chose. Néanmoins, elle désirait des enfants. Un bébé lui apporterait sûrement de la joie et comblerait la solitude de son cœur.

— Adelar est l'un de mes meilleurs guerriers et l'un des rares hommes à qui je me fie. Vous devez lui pardonner son apparente rudesse. C'est sa façon d'être, déclara Bayard avec une expression concernée.

— Vraiment ? répondit poliment Endredi, mais avec une anxiété grandissante.

Bayard ne paraissait que trop prêt à excuser l'impertinence d'Adelar. Que pardonnerait-il d'autre à son cousin ?

Si Adelar s'était montré aussi capable de la duper quand il n'était qu'un jouvenceau, trompait-il maintenant Bayard, qui lui faisait assez confiance pour l'inclure dans son conseil ? Elle le découvrirait et avertirait son mari si elle suspectait la moindre tricherie.

Avec plus de désarroi encore, elle s'avisa que Ranulf, le neveu de son époux, venait s'asseoir à côté d'elle, loin de sa maigre femme au teint cireux, qui ne parut pas y faire attention.

— J'espère, ma dame, que vous ne penserez point que nous manquons tous autant de prévenance envers vous, l'épouse de notre seigneur, dit Ranulf, s'efforçant de paraître poli, mais ratant son effet parce qu'il avait bu trop de cervoise.

Endredi inclina la tête vers lui en une légère approbation.

Prenant manifestement ce geste pour un encouragement, Ranulf ajouta :

— Adelar est un grossier personnage. Mais, bien sûr, si l'on croit ces récits sur sa famille...

— Je suis satisfait qu'il ait décidé de rester ici, coupa Bayard.

Ranulf retourna auprès de sa femme.

Endredi lutta pour garder le silence, bien qu'elle fût emplie de curiosité.

Que savait Ranulf sur la famille d'Adelar ?

D'autres savaient-ils ce que Kendric avait fait ?

Qu'était-il arrivé à Adelar et à son père durant les années où elle ne les avait pas vus ?

Elle brûlait de le découvrir, mais, tant qu'elle ne comprendrait pas la nature de ces hommes, elle avait intérêt à parler prudemment. Elle avait perçu un courant d'hostilité depuis qu'elle avait mis le pied dans la grand-salle de Bayard et avait supposé que c'était l'inimitié naturelle entre Saxons et Danois. Maintenant, elle se rendait compte que tout n'allait pas bien dans les rangs de son époux. Bayard n'aimait pas Ranulf, ce dernier cherchait avidement à plaire d'une manière qui éveillait ses suspicions et n'appréciait pas Adelar, alors que Bayard l'estimait.

Elle noua ses mains sur ses genoux. Elle était complètement seule parmi ces hommes.

— Le père d'Adelar est un riche *thane*, avec des terres et un *burh* plus au sud, expliqua Bayard.

Endredi faillit renverser son gobelet sur la table. Le père d'Adelar possédait encore des terres après ce qu'il avait fait ? De quels récits parlait Ranulf, sinon du fait que Kendric avait provoqué une attaque viking sur son propre village, trop heureux de le voir détruit ?

Il avait fait assassiner sa femme, aussi. Il était impossible que son peuple ait pu lui pardonner ces actes — mais elle aurait affirmé jadis qu'il était impossible qu'Adelar l'ignore, également. Elle aurait soutenu de même qu'il était impossible qu'Adelar puisse ressembler à son père, mais comment expliquer autrement son attitude depuis qu'elle était arrivée ?

— Si vous voulez bien m'excuser, mon seigneur, je dois me préparer pour les prières du soir, dit gravement le prêtre assis près d'elle.

— Faites, mon père, répondit Bayard en inclinant la tête.

Endredi regarda le prêtre s'en aller. Avant qu'elle connaisse un chrétien, on lui avait dit que les prêtres étaient des hommes maléfiques qui jetaient des sorts pour vous envoyer en enfer — si vous ne les payiez pas pour dire des prières spéciales. Elle avait appris depuis qu'il en était autrement, mais cet homme sinistre ajoutait encore à son angoisse. Elle ne se fiait pas à lui, non plus, d'autant qu'il lui avait décoché des regards acerbes durant la majeure partie du repas.

Bayard, suivant son regard, lui tapota la main.

— Ce n'est pas vous qu'il désapprouve, Endredi. Ce sont les femmes en général.

— Les femmes en général ?

— Oui. Il vous soupçonne toutes d'être à peine plus que des démons envoyés pour tenter les hommes honnêtes. Vous avez vu la longue tunique qu'il porte ? Il a commencé à se vêtir ainsi après être allé à Rome. Il y a passé plusieurs années. Trop, d'après moi. C'était un personnage assez aimable avant son départ, mais aisément influençable. A ce que j'ai compris, il a fréquenté des prêtres fort stricts. Depuis qu'il est rentré, il parle des femmes comme si elles étaient un châtiment particulier de Dieu.

Bayard sourit, ses yeux pétillant avec espièglerie pour un puissant *thane*.

— Heureusement, il part demain pour se rendre au diocèse de son évêque, pour un synode.

Il toucha de nouveau la main de sa femme.

— J'espère que vous vous sentirez bientôt chez vous ici. Le fait que vous parliez notre langue aidera.

— Ma… ma famille a du sang saxon, répondit-elle en glissant sa main sur ses genoux.

Puis, alors qu'elle souriait avec une certaine sincérité, elle commença à espérer que son mariage ne lui paraîtrait pas seulement un devoir. Bayard semblait vraiment se soucier d'elle.

Sa réponse avait attiré l'attention d'Ordella, ainsi que celle de la plupart des convives assis autour d'eux.

— Cynath sera sûrement heureux d'apprendre que vous êtes en partie saxonne, dit Ranulf.

Endredi jeta un regard interrogateur à son mari.

— Cynath ?

— Mon suzerain, un *ealdorman,* un sage du Witan.

— Cynath a beaucoup d'estime pour votre époux, ma dame. A juste titre, bien sûr, ajouta Ranulf.

— Certes, acquiesça Ordella.

Le ménestrel qui chantait s'arrêta et posa sa harpe.

— Qu'est-ce qui ferait plaisir à ma dame ? s'enquit-il, un sourire contagieux sur son visage rond. Une autre ballade ? Un autre instrument ? Je sais jouer de la flûte, de la corne et du *fithele*. Peut-être aimeriez-vous danser ?

— C'est mon jongleur, Godwin, un garçon talentueux, indiqua Bayard. Il m'amuse, et pour ce privilège je lui verse une somme d'argent considérable.

— Je vous assure, ma dame, que je mérite chaque pièce ! proclama Godwin en s'inclinant profondément.

Sa mine était si sincère et si comique en même temps qu'Endredi se rendit compte qu'il se donnait du mal pour la faire sourire. Elle essaya de l'obliger.

— Je pense que nous danserons une autre fois, dit Bayard. Montrez-lui comment vous jonglez.

Godwin répondit par un sourire espiègle, puis sortit trois couteaux, dont le plus court mesurait douze pouces de long. Les Danois assis au-dessous de Ranulf se levèrent à moitié de leurs sièges, jusqu'à ce qu'il lance les couteaux en l'air et commence à jongler avec eux.

— Regardez-le, dit Dagfinn avec mépris, dans sa propre langue. Les guerriers saxons possèdent maints talents, mais ils sont inutiles.

— Qu'a-t-il dit ? demanda Bayard à sa femme, en s'approchant d'elle de telle sorte que son corps se pressa contre le sien.

Elle s'écarta.

— Il dit que les guerriers saxons sont fort talentueux.

Godwin prit trois lourdes haches de guerre et jongla avec elles, leurs lames étincelant. Cette fois, les Danois regardèrent bouche bée.

— Je ne suis pas saxon, déclara Godwin sans quitter des yeux les haches qui virevoltaient. Je suis un Mercien.

— Si les autres Danois se comportent comme ceux-ci, nous pouvons peut-être utiliser nos talents pour les chasser de la Danelaw, observa Bayard. Ils sont aussi attentifs qu'un chien attendant un os de la table de son maître.

Les Saxons autour de lui réprimèrent leurs rires. Endredi fixa la belle nappe blanche. Elle n'avait jamais aimé le frère de Fenris, qui faisait souvent des plaisanteries aux dépens des plus faibles que lui, mais elle n'appréciait pas d'entendre insulter ses compatriotes. Il ne lui plaisait pas non plus de découvrir que son mari voulait si visiblement chasser les Danois de la terre qui leur revenait de droit. Il s'était montré attentif et poli avec elle jusque-là, mais peut-être cela changerait-il lorsqu'ils seraient seuls.

Godwin cessa de jongler avec les haches et se mit à faire d'autres tours avec ses couteaux. Les Danois se remirent à boire.

— Un ramassis de barbares, ce n'est pas ce qu'ils sont ? lança Ranulf d'une voix forte. Et fort déplaisants

— à l'exception de vous-même, ma dame, bien sûr. Pas étonnant qu'Adelar les haïsse tous.

Bayard jeta un regard courroucé à son neveu.

— Ranulf ! dit-il d'un ton d'avertissement. Vous devez lui pardonner ses paroles hâtives, Endredi, ajouta-t-il d'une voix apaisante, comme si elle n'était qu'une enfant.

Mais elle savait que seul un sot croirait qu'un *burh* plein de Saxons accueillerait de bon gré un mariage entre leur *thane* et une femme viking, et elle n'était pas sotte.

— Il est vrai que mon cousin déteste la plupart des Danois. Il a été enlevé par des Vikings quand il était un jouvenceau. Ils ont tué sa sœur.

— *Quoi ?*

Trop tard, Endredi s'avisa qu'elle s'était trahie. Tout le monde la regarda.

— Comme c'est terrible, mon seigneur, se reprit-elle, luttant pour garder une voix calme et ne pas révéler à tous qu'Adelar avait proféré une vile fausseté.

Elle marqua une pause.

— Je suis fort affligée que mes compatriotes aient pu causer du mal à un membre de votre famille, ajouta-t-elle au bout d'un moment.

Malgré ses apparents regrets, la colère bouillait sous la mine placide d'Endredi. Si quelqu'un devait être blâmé de la mort de Betha, c'était Adelar, qui l'avait emmenée du village viking, pendant une tempête de neige, dans une tentative infortunée de rentrer chez eux. La petite fille était morte de maladie, un geste des dieux, comme elle avait essayé de le lui dire. Puis, elle lui avait prodigué la compagnie silencieuse qui avait paru le réconforter. Ce mensonge était-il sa récompense ?

Elle le lui ferait rectifier. De telles contrevérités ne faisaient qu'enflammer la haine entre les Danois et les Saxons. Bien des femmes qu'elle connaissait étaient aussi lasses qu'elle des combats et du sang versé. Si obliger Adelar à avouer la vérité pouvait éviter une escarmouche de plus, une mort de plus, elle s'assurerait que cela se produise.

— Vous n'avez rien eu à voir avec cela, dit aimablement Bayard.

Il leva la voix.

— Godwin ! Chantez autre chose. Quelque chose d'agréable.

Le ménestrel s'exécuta. Après sa troisième ballade, Bayard se tourna vers Endredi et déclara avec sollicitude :

— Vous êtes bien silencieuse. Etes-vous fatiguée ? Voulez-vous vous retirer ?

Elle lui décocha une œillade. Puis, du coin de l'œil, elle vit la fidèle Helmi qui attendait patiemment au fond de la grand-salle.

— Oui, mon seigneur, répondit-elle en se levant.

Le moment était venu. Elle était l'épouse de cet homme et devait se soumettre à lui.

— Je vous rejoindrai un peu plus tard.

— Dormez bien, ma dame, dit Ranulf, un rictus sur son visage impertinent.

Elle sentait qu'elle allait détester le neveu de son mari. Et elle ferait révéler la vérité à Adelar, au moins à Bayard. Quant à ce qu'elle ressentirait pour son époux, elle le découvrirait assez tôt, sans nul doute.

Helmi tint ouverte la porte de la chaumine pour laisser passer sa maîtresse.

A l'intérieur, quelqu'un avait allumé un petit feu de braises dans l'un des réchauds, et la maison était chaude par rapport à l'air frais de cette nuit de printemps. Les tentures du lit, en beau damas, avaient été écartées et la couverture en fourrure rabattue.

Endredi tourna le dos au lit.

— De grâce, asseyez-vous, ma dame, dit Helmi. Je vais ôter les ornements de vos cheveux.

— Laisse-moi.

— Mais, ma dame ! protesta la chambrière. Je dois vous aider !

— Je t'ai dit de me laisser.

Helmi haussa les épaules et se dirigea vers le coin le plus éloigné de la chaumine, où elle s'était confectionné un lit avec une paillasse et quelques couvertures.

— Je préférerais que tu dormes ailleurs cette nuit, dit Endredi.

Elle ne souhaitait pas la présence d'une servante lors de sa nuit de noces. Elle était déjà assez nerveuse comme cela.

Helmi fronça furieusement les sourcils.

— Où donc ? Il y a des Saxons partout, comme des puces sur un chien !

— Il y a d'autres Danois dans la grand-salle. Dors là-bas pour ce soir.

Helmi parut sur le point de se rebiffer, mais, sagement, elle ne le fit pas. Quand elle fut partie en emportant sa couche, Endredi soupira et s'affala sur un tabouret, se couvrant le visage de ses mains.

— Adelar, Adelar ! gémit-elle doucement, s'autorisant enfin à libérer la souffrance qui, depuis qu'elle l'avait revu, cohabitait en elle avec la rancœur.

Elle savait qu'elle devrait se défier de lui. Durant tout le repas, elle avait cherché à se convaincre qu'elle ne pouvait pas avoir confiance en lui. Il n'était plus le jouvenceau qu'elle avait connu. Il avait changé.

Pourquoi était-il ici, et surtout maintenant ?

Pourquoi ne pouvait-elle puiser de la force dans le fait qu'il avait eu des années pour revenir à elle, et qu'il ne l'avait pas fait ?

Pourquoi ne pouvait-elle garder de la colère dans son cœur quand elle pensait à ses mensonges ?

Pourquoi quelque chose de différent, de plus fort, intervenait-il jusqu'à ce que son amertume et son courroux disparaissent tels des grains de poussière dispersés par une brise d'été ?

Pourquoi ne se rappelait-elle pas le moment où il l'avait abandonnée à son sort, mais le seul baiser qu'ils avaient échangé ?

Cela avait été le début de la nuit, comme à présent, dans la pénombre de la maison de son père.

Ils étaient seuls, deux jouvenceaux au bord de l'âge adulte, assis près du feu, silencieux comme toujours.

Il s'était tourné vers elle et avait parlé — de quoi ?

Elle n'avait jamais été capable de s'en souvenir à cause de ce qui avait suivi. Il avait parlé et elle avait écouté.

Puis, lentement, merveilleusement, l'expression de ses yeux sombres et intenses avait changé. Sans même qu'ils en soient conscients, leurs corps s'étaient rapprochés.

Encore plus près.

Jusqu'à ce que leurs lèvres se touchent.

Maintenant encore, son cœur s'emballait au souvenir de ce tendre et doux baiser.

En l'espace d'un instant, elle était devenue une femme, alors, avec un cœur de femme, des rêves de femme, la passion d'une femme.

Et elle n'avait plus jamais pu oublier Adelar.

Penser que cela n'avait rien signifié du tout pour lui la mortifiait.

Elle abaissa ses mains.

Elle devait écarter ces évocations, une bonne fois pour toutes.

Elle devait être forte et se rappeler que sa loyauté et son corps appartenaient à un autre homme.

Adelar n'avait rien fait pour empêcher cela, non plus. Oui, il avait changé, et elle devait se garder de sa propre faiblesse à son égard.

Décidant d'être une aussi bonne épouse pour Bayard qu'elle le pourrait, Endredi se dévêtit et monta dans le lit. Elle ferma les tentures et attendit, pas effrayée, mais pas emplie non plus d'une joyeuse anticipation.

Finalement, la porte s'ouvrit et quelqu'un entra.

Les mains d'Endredi se mirent à trembler et sa poitrine se contracta, ce qui était ridicule. Elle n'était pas une tendre pucelle.

— Bayard ? appela-t-elle d'une voix hésitante.

— Oui, répondit sourdement son mari.

Elle ferma les paupières.

« Oh, Freya, déesse de l'Amour et de la Beauté, abandonnée par Odin et se lamentant éternellement, aide-moi ! implora-t-elle en silence. Même la voix de Bayard ressemble à celle d'Adelar. Aide-moi à oublier ! De grâce, Marie, mère de Jésus, donnez-moi la force de faire ce que je dois. »

Puis vinrent les bruits d'un homme qui se dévêtait. Un objet métallique heurta le sol. Des habits furent jetés sur un coffre.

Les tentures s'écartèrent, et Endredi ouvrit les yeux.

4

Bayard se tenait près du lit. Il était nu, son visage barbu dans l'ombre.

Il baissa les yeux sur Endredi et elle s'efforça de plaquer un sourire hésitant sur ses lèvres, mais, oh, comme son regard ressemblait à celui d'Adelar dans la faible lumière de la chaumine !

Il se mit au lit avec elle, toutefois il ne la toucha pas.

— Etes-vous sûre que la conduite d'Adelar ne vous a pas offensée ? demanda-t-il doucement. Ou celle de Ranulf ? Si oui, dites-le moi, et je leur parlerai.

— Non. Je suis inconnue ici, et la boisson peut faire dire aux hommes des choses qu'ils regrettent plus tard, ou les faire agir rudement.

— Vous êtes sage, Endredi, chuchota Bayard. Je suis heureux que vous pardonniez à Adelar. Il n'est pas seulement mon cousin. C'est l'ami en qui j'ai le plus confiance.

Méritait-il une telle confiance ? se demanda-t-elle, rongée par les doutes que l'attitude distante d'Adelar avait fait naître en elle.

Bayard savait-il quel genre d'homme avait engendré l'ami en qui il plaçait tant de foi ?

— Ces récits sur la famille d'Adelar que Ranulf a mentionnés, commença-t-elle comme si elle en ignorait tout, alors qu'elle avait été elle-même la victime de Kendric. Que voulait-il dire ?

Bayard s'allongea sur le côté et la contempla pensivement.

— On prétend que son père a arrangé d'une certaine manière une attaque viking contre son propre village, afin d'en tirer des gains quelconques de la part des Danois. C'est ce que le chef viking a soutenu quand il est venu chercher sa femme et sa fille, que Kendric avait enlevées pour se venger de l'enlèvement d'Adelar.

— Peut-être était-ce vrai.

— Kendric a affirmé le contraire. Son propre peuple l'a cru, et il n'y a pas eu de preuve de méfaits à part la parole d'un Viking.

— Que croyez-vous ?

— Adelar est ici, non ? Je ne doute pas de sa loyauté envers moi. En outre, je juge un homme sur ses propres mérites, pas sur ceux de son père.

Endredi ne dit rien. Elle ne pouvait contester le désir de Bayard de juger un homme sur ses actions. De fait, elle savait ce que c'était que d'être regardé de haut à cause de l'inconduite d'un parent. Combien, dans son village, avaient insinué qu'elle pouvait être comme sa mère, qui avait couché avec tous les hommes qui le lui demandaient ?

Bayard lui toucha la joue.

— Avez-vous peur de moi, Endredi ?

— Non.

— Vous tremblez.

Il se rapprocha d'elle.

— La nuit est fraîche, mon seigneur.

Elle percevait la chaleur de son corps et fut vivement consciente de leur nudité quand ses bras l'enlacèrent. Elle s'efforça de ne penser à rien. Et surtout de ne pas évoquer Adelar à qui elle eût tant aimé se donner, une fois au moins, en souvenir de leur amour d'antan. Bayard lui ressemblait, certes, mais il n'était pas l'homme qui avait habité son cœur des années durant. Néanmoins, du fait de cette ressemblance, il ne lui inspirait pas de dégoût.

Juste la nécessité d'accomplir son devoir d'épouse avec le plus de respect possible.

— Je vais vous réchauffer, dit-il. Et, de grâce, ne m'appelez pas « mon seigneur » quand nous sommes ici.

La main de Bayard effleura son amulette.

— Qu'est-ce que ceci ? demanda-t-il, une inflexion dure dans la voix. Dagfinn m'a assuré que vous étiez bonne chrétienne.

— Je le suis réellement, Bayard. C'est un porte-bonheur, rien de plus.

— Et que fait ce porte-bonheur ? s'enquit-il, laissant retomber le médaillon.

Ses doigts jouèrent avec la chaîne, frais sur la peau échauffée d'Endredi.

— C'est un charme de Freya.

— Une déesse ?

— Oui.

— La déesse de quoi ?

— Elle veille sur les femmes qui se marient ou ont des enfants. Nous avions coutume de la prier pour qu'elle nous donne des enfants robustes. Etes-vous fâché ?

— Non.

Il rit doucement, un son grave et plaisant qui rendit Endredi heureuse de ne pas lui en avoir dit plus sur Freya, laquelle avait pris des amants après avoir été abandonnée par son époux. Pour son châtiment, on avait fait d'elle une déesse de la Mort, aussi.

— Je porterais vingt de ces charmes si je croyais en leur pouvoir, ajouta-t-il. Je suis heureux que vous espériez avoir des enfants, Endredi.

— Je le souhaite ardemment.

— Je ferai de mon mieux, murmura-t-il avec une pointe de mélancolie.

Avant qu'elle ait le temps de s'interroger sur son intonation, il la couvrit de son corps.

En quelques brefs instants, le mariage fut consommé.

Sans parler, Bayard s'écarta d'elle. Puis elle entendit sa respiration lente et régulière et comprit qu'il s'était endormi.

Serrant son amulette dans ses doigts, Endredi fixa le toit de chaume.

Son époux ne l'avait même pas embrassée.

Et, en dépit de ses prières et de ses résolutions, elle en était soulagée.

5

Adelar quitta le tas de paille moisie sur lequel il avait dormi. Sa tête le lançait, sa bouche était aussi sèche que du vieux cuir et il avait l'impression que sa langue était deux fois plus grosse que d'habitude.

Mollement, il brossa les brins de paille qui couvraient ses vêtements et sortit, à peine conscient des activités quotidiennes qui se déroulaient autour de lui.

Les valets d'écurie échangèrent des sourires amusés quand le puissant guerrier s'éloigna du bâtiment en chancelant, et les femmes d'un certain âge attroupées près du puits voisin sourirent avec condescendance. Quelques filles plus jeunes gloussèrent, mais celles qui étaient en âge de se marier soupirèrent avec nostalgie. Elles savaient qu'un guerrier comme Adelar n'épouserait probablement jamais qu'une fille de *thane*. Toutefois, elles le regardaient, l'admiraient, rêvaient et soupiraient de nouveau.

Adelar ne vit rien de tout ceci. Tout ce qu'il savait était qu'il se sentait en fort mauvais état, que l'air était frais et qu'il y avait une légère couche de gelée blanche sur le sol qu'il fixait. Il se rendit à l'abreuvoir le plus proche et se versa de l'eau froide sur la tête, ce qui le soulagea un peu.

Il jeta un coup d'œil vers la grand-salle, puis vers le ciel. C'était une belle journée sans nuages et le soleil était à mi-chemin du zénith. Les autres avaient sans doute déjà rompu leur jeûne, mais peut-être pas Endredi et Bayard…

Il se renversa encore de l'eau froide sur la tête, puis marcha lentement vers la grand-salle.

Durant tout le festin de noce, il avait lutté pour ne pas regarder fixement Endredi assise sur la large banquette près de Bayard.

Bien sûr, il l'avait reconnue sur-le-champ. Sa beauté calme et sereine, sa riche chevelure d'un roux doré et ses yeux verts inoubliables l'avaient poursuivi trop longtemps pour qu'il ait pu en être autrement.

Elle l'avait vu, aussi, et pendant un moment il avait pensé… espéré… été tenté de dire à Bayard que le mariage ne devait pas avoir lieu.

Mais qui était-il pour s'élever contre les plans de son cousin, surtout quand il ne pouvait être sûr des sentiments d'Endredi ? Jadis, ils avaient éprouvé un vif penchant l'un pour l'autre. Ils l'avaient su tous les deux et lui, au moins, avait chéri cette tendre inclination.

Des années durant, comme un bien précieux dont il n'aurait voulu se séparer pour rien au monde.

Pourtant, elle en avait épousé un autre.

C'était comme si elle avait confirmé sa pire crainte — qu'il ne soit pas digne de son amour. Il était après tout le fils de son père, et même s'il luttait constamment pour prouver qu'il ne ressemblait pas à son traître géniteur, seul importait peut-être aux yeux d'Endredi le fait qu'il était du sang de Kendric, après ce que ce dernier avait essayé de lui faire.

Ils ne s'étaient plus parlé après ce terrible méfait, et il ignorait ce qu'elle pensait de lui depuis ce jour-là.

Les femmes réunies autour du puits se mirent à pointer un endroit du doigt, à rire et à lancer des plaisanteries grivoises. Adelar se tourna pour voir de quoi elles parlaient et aperçut Godwin, à la porte de la hutte de tissage, qui gratifiait Gleda d'un baiser fougueux et d'une caresse audacieuse. Ses chausses étaient à moitié fermées et les habits de la servante pour le moins en désordre. Visiblement, le jongleur n'avait pas passé la nuit dans la grand-salle ou dans les écuries, et n'avait pas été seul.

Quand le couple en proie à la passion se rendit compte qu'il était observé, Gleda s'écarta, décocha un sourire impertinent aux femmes et s'éloigna d'un pas guilleret vers la grand-salle. Elle passa devant Adelar en rejetant ses cheveux en arrière d'un geste dédaigneux.

Sa présence ne fit pas le moindre effet au jeune homme. Il n'y avait qu'une femme qui occupait ses pensées ce jour-là.

Endredi, qui avait passé la nuit avec Bayard et qui lui appartenait, désormais. Il ignorait comment il supporterait de la revoir jour après jour en sachant qu'elle se donnait à un autre. Pour lui, elle restait l'Endredi de sa jeunesse, celle qui aurait dû être à lui. Mais sa loyauté envers Bayard devait lui interdire de penser à elle comme à la femme qu'il convoitait ardemment.

Godwin gratifia les femmes d'une courbette fleurie.

— Salutations, très chères, lança-t-il avec une politesse appuyée. Je n'étais pas conscient que mes prouesses avaient des témoins. Ah, Adelar ! Avons-nous manqué le repas ?

Les femmes continuèrent à glousser entre elles tandis qu'il rejoignait le guerrier.

— Bonjour, Godwin. Je crois que vous avez déjà festoyé, commenta Adelar d'un ton sardonique en poursuivant son chemin vers la grand-salle.

— Et fort bien, confirma Godwin avec un sourire espiègle. Mais vous savez vous-même combien Gleda satisfait un homme.

— Apparemment, n'importe quel homme fait l'affaire.

— Le puissant Adelar est-il jaloux d'un humble jongleur ?

— Pas du tout. Prenez-la, si elle est consentante. Il y a plein d'autres femmes.

— En parlant de femmes, la nouvelle épouse de Bayard n'est pas aussi jolie que les Vikings le disaient, non ?

— Ce n'est pas à nous de discuter de l'épouse de Bayard, rétorqua froidement Adelar.

— Vous êtes d'une terrible humeur ce matin, Adelar. Qu'y a-t-il ? Vous n'avez pas assez dormi ? Avec qui étiez-vous, si ce n'était pas avec Gleda ? Laissez-moi réfléchir… Je sais ! Cette petite esclave du nom d'Ylla vous tenait à l'œil, hier soir. Ou peut-être la servante de l'épouse de Bayard. Elle est vieille, mais vous dites toujours que les femmes mûres possèdent une vaste expérience, qu'elles sont fort enclines à partager…

— Ma seule compagne la nuit dernière a été un tonnelet de cervoise, et je le regrette vivement, maintenant.

— Quoi ? Eh bien, des miracles se produisent, après tout. Adelar s'est réveillé seul pour la première fois depuis combien d'années ? Je dois le dire tout de suite au père Derrick !

— Pouvez-vous calmer votre langue trop déliée ? demanda Adelar. Vous me faites mal à la tête.

— A propos de langues, n'est-il pas stupéfiant de voir ce que Gleda sait faire avec la sienne ?

Adelar ne souhaitait pas avoir un récit complet des capacités de Gleda, aussi hâta-t-il le pas.

— Je meurs de faim.

— Moi aussi. Allons-nous voir quels restes n'ont pas déjà été jetés aux chiens ?

La porte de la chaumine de Bayard s'ouvrit et le seigneur sortit d'une démarche alerte.

— Bonjour ! lança-t-il, son souffle formant des bouffées de vapeur dans l'air frais tandis qu'il s'approchait. Je vais aller chasser, par cette belle matinée.

Adelar détourna les yeux de la chaumine où Endredi avait passé sa nuit de noces.

— C'est une belle journée, en effet, Bayard. Je vais aller chercher mon cheval.

— J'avais l'intention de vous demander de rester ici. Endredi a besoin de quelqu'un pour lui montrer le *burh*.

— Je ne suis pas en état de tenir compagnie à une dame ce matin, répondit Adelar. Et qu'en est-il de Dagfinn et de ses hommes ?

— Ils dorment comme des bûches dans ma grand-salle. J'ai laissé quelques soldats pour les garder. Je ne veux pas passer plus de temps en leur présence que je le dois.

— Je serais fort heureux d'escorter votre épouse, intervint Godwin.

Bayard lui jeta un coup d'œil.

— Peut-être, mais j'aimerais que vous vous occupiez d'Endredi, Adelar. Vous pouvez lui parler dans sa langue et je souhaite qu'elle se sente chez elle.

Son regard était dur et ferme, et Adelar comprit qu'il avait l'ordre de montrer le *burh* à Endredi, même s'il aurait préféré affronter dix Danois en armes.

— Je ferai ce que vous demandez, cousin.

— Bien. Comme vous paraissez particulièrement sinistre ce matin, je pense qu'il serait sage que Godwin vous accompagne.

— Ce sera fort volontiers, mon seigneur, répondit le ménestrel.

— Réveillez le maître-chien. Je crois que trois paires de molosses suffiront aujourd'hui. Je laisse Endredi entre vos mains, Adelar.

Adelar hocha la tête tandis que Bayard s'éloignait vers les écuries. Les femmes près du puits et les valets d'écurie lancèrent des souhaits de bienvenue, auxquels le *burhware* répondit d'un ton jovial.

Godwin considéra son compagnon avec prudence.

— Bayard n'a pas été content de votre réticence.

Adelar ne se donna pas la peine d'attendre le jongleur, qui trottait derrière lui.

— Je n'ai nul désir de jouer les nourrices pour son épouse.

— Fort bien, mais vous auriez dû faire montre de plus de tact. Vous l'avez irrité, alors qu'il paraissait plus heureux ce matin que depuis bien des jours.

— Je sais, répondit Adelar.

De fait, il avait pensé la même chose. Mais il n'avait pas envie de passer du temps avec Endredi. Il ne souhaitait pas la voir le regarder comme elle l'avait fait la veille — comme à l'instant de leurs retrouvailles, lorsqu'il avait cru discerner dans ses yeux de l'émotion et des regrets qui l'avaient mis au supplice, ou, comme plus tard, quand elle était devenue aussi froide et distante que son pays natal. Toutefois, il n'osait pas désobéir à son cousin, et Godwin avait raison sur la bonne humeur de Bayard. Elle avait été bien trop rare ces derniers temps.

Ils s'arrêtèrent à l'entrée de la grand-salle et Godwin siffla entre ses dents.

— Bayard a dit vrai. Regardez ces lourdauds !

Les Danois dormaient là où ils étaient tombés, vaincus par l'ivresse. Certains sommeillaient la tête sur leurs bras posés sur la table, d'autres étaient allongés sur les bancs et certains gisaient même sous les tables. Plus d'un ronflait bruyamment. Un ou deux chiens de Bayard reniflaient les jonchées, cherchant de la nourriture.

Adelar et Godwin les contournèrent et allèrent au bout de la table seigneuriale.

— Pas un morceau digne d'être mangé ! grommela Godwin d'un ton dégoûté, en regardant les restes du festin.

Adelar prit une croûte de pain, puis la laissa tomber dans la paille qui recouvrait le sol. Un chien se jeta dessus et l'avala avec gloutonnerie.

Une voix grave marmonna dans le coin :

— Qui embête les chiens ?

Les deux pieds d'un homme étaient à peine visibles sous un tas de paille et de bêtes.

— C'est vous, Baldric ? demanda le ménestrel.

Un grognement lui répondit.

— Ne pouvez-vous laisser dormir un homme en paix ?

— Bayard veut aller chasser. Il a dit d'amener trois paires de chiens.

— Ce n'est pas le moment de faire une de vos plaisanteries, Godwin, maugréa le maître-chien.

Adelar lui donna un coup de botte.

— Bayard veut partir à la chasse, répéta-t-il.

Baldric se redressa sur son séant quand il entendit la voix sourde et sévère d'Adelar, ses cheveux blonds hérissés comme des brins de paille. Il repoussa les chiens et se leva, grattant ses morsures de puces. Dans la pénombre, le petit homme trapu ressemblait assez à ses molosses.

— C'est vous ? Alors, je le crois.

Sa voix rauque évoquait un chien à qui l'on aurait appris à parler.

— Il y a de quoi manger ?

Godwin haussa les épaules.

— Duff a dû retourner se coucher après avoir servi Bayard.

— Quelle heure est-il ? demanda Baldric. J'aurais entendu le vacarme s'il y avait eu un vrai repas. Et eux aussi, ajouta-t-il en désignant d'un signe de tête les Danois endormis.

— Ils dormiraient probablement sous un orage, et vous aussi. Nous aurions pu vous couper les jambes sans que vous vous en rendiez compte, dit Godwin. Le repas a été servi et nous l'avons manqué.

— Je serai heureuse de vous trouver quelque chose, déclara la voix timide d'une jeune femme.

Adelar se tourna et aperçut l'esclave Ylla qui se tenait sur le pas de la porte.

— Il y a du pain et de la viande dans le cellier. Si vous voulez, je peux vous les apporter.

— Délicieuse créature, je vous en sais gré, répondit Godwin avec une courbette courtoise. Apportez de quoi nourrir trois hommes affamés.

Ylla sourit légèrement et s'empressa de s'éloigner. Baldric siffla, mettant les chiens en alerte.

— Gardez-en pour moi, marmonna-t-il en faisant sortir les molosses.

— Ce n'est pas à *nous* qu'elle apporte à manger, vous savez, déclara Godwin en regardant Adelar d'un air entendu. C'est vous qu'elle veut satisfaire.

Adelar répondit par un grognement digne de Baldric. Godwin le rejoignit sur un banc.

— C'est une jolie petite chose, pas vrai ? Et elle est pucelle, du moins c'est ce qu'a dit le marchand qui l'a vendue à Bayard.

— Elle appartient à Bayard.

Adelar considéra le jongleur avec quelque curiosité.

— Si vous êtes autant piqué d'elle, pourquoi me vantez-vous ses vertus ?

La surprise de Godwin fut comique à voir.

— Par saint Martin dans un marais, pourquoi, en effet ? Trop de cervoise m'a tourné la tête. Oubliez tout ce que j'ai dit !

— Fort bien, mais je vous suggérerais de tenir Ranulf à l'œil. C'est lui à qui l'on ne peut se fier quand il s'agit de pucelles, prévint Adelar.

Le jongleur élargit les yeux.

— C'est vrai, alors, ce que l'on dit de Ranulf et de cette fille de *thane* au *burh* de Cynath ? Combien a-t-il dû payer pour dédommager son père ?

— Vous êtes beaucoup trop intéressé par les ragots, Godwin.

— C'est vous qui me l'avez raconté le premier, observa Godwin. Combien ?

— Je ne connais pas la somme exacte, mais espérons qu'Ordella ne le découvrira jamais. Et, ajouta Adelar d'un ton sévère, je crois qu'elle ne pardonnera jamais non plus au porteur de cette nouvelle.

— Je crois que vous avez raison, acquiesça Godwin. Et Ranulf ferait bien de prendre garde, hein ?

Ylla revint. Elle considéra les Danois endormis d'un air méfiant et les contourna de loin avant de faire de la place sur la table. Quand elle eut posé du pain et de la cervoise devant Adelar, elle sourit timidement.

— Autre chose, messire ?

— Non. Vous pouvez aller.

L'un des Danois remua et souffla bruyamment, et la jeune esclave détala de la grand-salle comme si elle s'attendait qu'il se lève et la prenne en chasse.

— Vous voyez, je disais la vérité. Vous lui plaisez.

— Elle appartient à Bayard, répéta Adelar.

— Qui ne touche jamais les esclaves. Et qui a maintenant une femme dans son lit toutes les nuits.

Soudain, Godwin se frappa le front.

— Ah, je suis le plus grand sot du royaume ! Vous ne vous intéressez pas à cette petite esclave parce que vous êtes entiché d'une autre !

— Et qui cela pourrait-il être ?

— Gleda… Non ! Vous n'avez qu'à faire un signe et elle vous saute sur les genoux. Quelqu'un qui vit ailleurs, peut-être. Laissez-moi réfléchir… Vous ne l'avez pas encore possédée, ou vous ne seriez pas attaché à elle. Un délai mineur, j'en suis sûr.

— Vous semblez avoir foi en mes charmes.

— Essayez-vous de nier que les femmes vous trouvent irrésistible ? Je vous le dis, Adelar, entre vous et Bayard, c'est un miracle s'il reste encore une vierge en Angleterre.

— Qui suis-je pour vous ôter vos illusions ? Mais pensez-vous que je souhaiterais être à la place de Ranulf ? Je ne suis pas aussi riche que lui, pour risquer mon argent à séduire des filles de nobles.

— C'est parfaitement exact. Alors, elle doit être mariée. Et très belle, car tout le monde sait que vous ne voudriez que d'une beauté. Cela élimine Ordella...

Adelar souffla avec dérision.

— Et la femme de Bayard aussi, je pense, car, si elle n'est pas aussi laide qu'Ordella, elle n'est pas non plus ravissante.

Adelar ne répondit pas. La beauté d'Endredi n'était pas de celle que la plupart des hommes remarquaient. Elle était beaucoup plus précieuse. Elle ne se livrait pas ouvertement avec des yeux brillants, des joues roses et des sourires aguicheurs et vides. Elle était bien plus subtile et cela se percevait dans son regard intelligent, dans la légère rougeur qui poudrait ses douces joues lorsqu'elle était embarrassée, dans ses lèvres pleines quand elle esquissait un sourire modeste et suave.

Ce même sourire qu'elle avait offert à Bayard la veille au soir. Adelar planta rageusement son couteau dans le pain devant lui.

— Pourquoi ne cessez-vous point de parler et ne mangez-vous pas ? maugréa-t-il.

— Attention ! Vous m'avez presque tranché la main. Je n'avais pas conscience que vous étiez affamé à ce point. Vous avez raison. Nous ne devons pas traîner ou Bayard sera encore plus irrité. Je ne veux pas être celui qui aigrira davantage son humeur.

6

— Où est le prêtre ? demanda Endredi à Helmi, qui s'affairait dans la chaumine depuis un moment en s'efforçant de paraître occupée.

Elle savait que la servante regorgeait probablement de questions au sujet de son époux, mais elle n'était pas d'humeur à satisfaire la curiosité de sa chambrière.

— Celui-là ? Il a vaqué à leur cérémonie et il est déjà parti, j'ai plaisir à le dire. M'est avis qu'un homme plus pompeux, plus détestable et plus mal pensant n'a jamais existé. Savez-vous qu'il estime que toutes les femmes sont le Mal incarné ? Tout le monde sait que les dieux et les déesses sont à la fois bons et mauvais. Je crois que ce christianisme est un complot saxon pour détruire les relations naturelles entre les hommes et les femmes. J'espère que votre époux ne vous juge pas maléfique, ma dame ? Je présume qu'il vous traite bien ?

Endredi ne répondit pas aux interrogations d'Helmi.

— Ainsi, j'ai manqué la messe.

— Midi approche, ma dame, dit Helmi avec un sourire entendu. Un bon signe, d'être aussi fatiguée. Votre mari doit être un homme viril, pas vrai ?

De nouveau, Endredi ne répondit pas. Bayard avait fait le nécessaire pour consommer leur mariage, sans plus, mais ce n'était pas un sujet à aborder avec quelqu'un d'autre.

Helmi sembla comprendre finalement qu'elle ne souhaitait pas parler de son époux ou de sa nuit de noces.

— Avez-vous des projets pour aujourd'hui, ma dame ? Ou préférez-vous vous reposer ?

— Je souhaite rencontrer tous les serviteurs, répondit Endredi d'un air pensif. Et Bayard a dit qu'il s'assurerait que quelqu'un me montre le *burh,* aussi.

— J'espère qu'il vous fournira une escorte. Nous ne saurions y aller seules. Ce ne serait pas sûr.

Endredi garda son sourire pour elle. Helmi pensait que tous les hommes saxons étaient à peine différents de béliers en rut, quand ils n'étaient pas de sauvages assassins.

— Peut-être l'un des *thanes* nous accompagnera-t-il, déclara-t-elle en se lavant le visage et en prenant le peigne que sa chambrière lui tendait.

Helmi ouvrit le coffre qui contenait ses habits.

— Cette cotte est seyante. Je suis sûre qu'elle plairait à votre époux.

— Qu'en est-il de Dagfinn et des autres ?

— Ils ronflent encore dans la grand-salle, je parie.

— Je crois que tu as raison. Ce serait une intervention des dieux s'ils bougeaient avant la tombée de la nuit, après la quantité de cervoise qu'ils ont bue au festin.

Helmi sourit d'un air malicieux.

— Peut-être préférerez-vous attendre ici le retour de Bayard.

Endredi prit sa fine cape de drap et un coffret de bois aux sculptures ouvragées.

— Je vais rencontrer maintenant les serviteurs de la grand-salle et m'occuper de la préparation des repas. Veux-tu venir avec moi ?

Helmi parut aussi choquée que si sa maîtresse lui avait demandé de courir nue à travers le *burh.*

— Il y aura des Saxons, dans la grand-salle.

— Certes.

— Je… j'ai trop à faire ici, ma dame. Je mangerai plus tard, quand les hommes seront partis. Tous.

Endredi réprima un petit sourire en s'en allant et traversa la cour, étudiant le mur de bois qui ceignait le *burh*. Il était constitué de robustes troncs de chênes, et les pointes étaient dangereusement acérées. La porte par laquelle ils étaient entrés la veille était épaisse, également, et le village qui entourait la forteresse était important pour des Saxons. Il n'était pas aussi grand que certaines des villes vikings, et ne pouvait certainement être comparé à Hedeby ou à un autre des ports vikings, mais manifestement Bayard entretenait des forces de taille — et c'étaient probablement les villageois pourvoyant aux besoins des guerriers qui assuraient le commerce de la bourgade.

Elle pouvait entendre les heurts rythmés de plus d'une forge au travail et, à en juger par l'odeur, elle devina que l'on nettoyait les écuries.

Quelques femmes s'attardaient près du puits et ne cachèrent pas leur curiosité en la regardant. Endredi inclina légèrement la tête, prenant acte de leur présence, mais établissant clairement qu'elle était de rang supérieur à elles.

Elle pénétra dans la grand-salle et s'avisa aussitôt qu'Adelar était là. Son cœur s'emballa. Il était assis tout au bout, près du siège de Bayard, et le jongleur se trouvait à côté de lui.

Il n'était rien de plus qu'un guerrier comme un autre au service de son époux, se rappela-t-elle fermement. Elle porta son attention sur la grand-salle, qui était maintenant de son ressort, et plissa le nez avec dégoût en se frayant un chemin parmi les jonchées souillées.

Le feu était éteint dans le vaste foyer, des gobelets et des cornes à boire étaient éparpillés sur le sol parmi des flaques de cervoise et d'hydromel, des bancs étaient renversés. Plusieurs hommes dormaient encore, indifférents à l'heure et à l'activité qui avait lieu dehors. Endredi aperçut Dagfinn, dont les ronflements évoquaient les grognements d'un ours. Une jeune esclave qu'elle se souvenait d'avoir vue la veille apparut.

— Où sont les serviteurs ? lui demanda-t-elle.

— Je… je ne sais pas, ma dame.

Endredi comprit que la jeune fille mentait, mais il était clair aussi qu'elle était effrayée, aussi lui parla-t-elle aimablement.

— Quel est votre nom ?

— Ylla, ma dame.

— Où sont le cuisinier et les autres serviteurs, Ylla ? Ils n'auront pas besoin de savoir comment j'ai découvert où ils se trouvaient.

— Il… euh… ils… Duff est dans la hutte du potier, ma dame.

— Et Duff est ?

— Le cuisinier, ma dame.

— Ah ! Pouvez-vous m'indiquer la hutte du potier ?

Ylla alla à la porte et la lui indiqua.

Endredi lui tendit le coffret de bois.

— Tenez-moi ceci, dit-elle en quittant la grand-salle pour se diriger vers la hutte.

Une fois arrivée, elle regarda à l'intérieur et vit un homme et une femme à moitié dévêtus, les membres entremêlés. Ils ne s'aperçurent pas de sa présence.

Elle se détourna et regagna la grand-salle, où elle prit une des marmites en fer et une cuillère. Elle se mit à frapper sur le récipient, faisant assez de bruit pour réveiller des morts. Adelar et Godwin la fixèrent, et Ylla parut effrayée jusqu'à ce qu'Endredi lui sourie.

— Par l'œil d'Odin ! cria Dagfinn en se réveillant. Que faites-vous ?

— Il est bientôt midi. Je pensais que vous vouliez peut-être manger.

Il fronça les sourcils et ajusta sa tunique froissée.

— Venez ! commanda-t-il à ses hommes. Je ne souhaite

pas m'attarder ici. Je veux être au plus tôt dans ma propre chemine.

Le chef viking ignora la curiosité de ses soldats tandis qu'il rassemblait ses affaires éparpillées. Ses hommes le suivirent dehors d'un pas mal assuré, plusieurs tenant à peine debout.

Un instant plus tard, ceux qui étaient encore dans la grand-salle entendirent des grommellements courroucés, puis le cuisinier entra, enfilant sa tunique.

— Par tous les diables, qu'est-ce que…

Duff vit qui faisait ce tapage et sourit faiblement.

— Ah, ma dame ! Que faites-vous ici ? C'est… c'est une surprise !

— J'aimerais manger quelque chose, répondit Endredi. Nos hôtes sont déjà partis sans se restaurer. Je suis fort mécontente.

Duff blêmit.

— Par chance, je ne crois pas qu'ils avaient grand-faim. Mais j'ai faim, moi.

— Certes, certes.

Le cuisinier était un homme de haute taille, mais il traversa la grand-salle avec une agilité surprenante.

— Qu'aimeriez-vous ? Du poisson bouilli ? Des anguilles frites ? Du gruau d'avoine ?

— Du pain et du jambon cuit, déclara Endredi.

— Le boulanger…

— … doit aussi être trouvé et se mettre à l'ouvrage. Je suggère que vous rallumiez le feu. Puis je veux que les servantes aident cette fille à nettoyer la grand-salle. C'est une honte.

— Oui, ma dame. Tout de suite, ma dame.

La femme qu'Endredi avait aperçue dans la hutte arriva en ajustant son corselet, les yeux élargis par la surprise et le désarroi.

— Merilda ! aboya Duff, la faisant sursauter. Au travail !

— J'ai ici quelque chose à utiliser dans la cuisine, annonça Endredi en prenant le coffret à Ylla et en s'approchant du cuisinier.

— Vraiment, ma dame ? répondit-il avec un respect hypocrite.

— Oui.

Elle posa le coffret par terre et l'ouvrit. Aussitôt, un délicieux arôme épicé se répandit dans l'air. Malgré lui, Duff s'approcha et regarda à l'intérieur. Le coffret était empli d'une variété de petits pots en terre.

— C'était un cadeau de mariage fait par l'époux de ma grand-mère, expliqua Endredi. Il était commerçant et ces herbes et ces épices viennent de tous les coins du monde connu.

Elle jeta un coup d'œil à Adelar. Il se souviendrait sûrement de Thorston, qui l'avait traité si aimablement et avait été si mal récompensé par sa tentative de fuite.

Duff l'observa, figé d'admiration tandis qu'elle saisissait un pot et en ôtait doucement le couvercle.

— Ceci vient du lointain Orient.

Elle le referma et en sortit un autre.

— Ceci vient de Rome.

Duff arborait le même air que si on lui avait offert de précieux joyaux, jusqu'à ce qu'elle referme le coffret. Les servantes ne feignaient plus de travailler, mais écoutaient impudemment.

— N'avez-vous point l'intention d'utiliser ces trésors, ma dame ? demanda-t-il.

— Bien sûr que si, répondit Endredi. Je les utiliserai moi-même, quand je vous aiderai à préparer les repas.

Il la contempla avec surprise.

— Mais vous êtes l'épouse de mon seigneur !

— J'aime à cuisiner.

— Pour avoir une dame aussi belle et accomplie qui ne cherche pas simplement à être servie, Bayard et le reste d'entre nous serons éternellement reconnaissants à Dagfinn, dit plaisamment le jongleur.

Endredi se tourna vers lui avec un petit sourire, qui disparut lorsqu'elle rencontra le regard d'Adelar.

— Naturellement, j'accueillerai volontiers votre aide, ma dame, affirma Duff en regardant Godwin d'un air sévère, puis en souriant à Endredi.

Elle doutait de sa sincérité, mais elle devina à son expression avide quand il lorgnait sur le coffret qu'il aurait dit n'importe quoi pour pouvoir mettre la main sur certaines de ces épices.

— Commencerons-nous par un ragoût ? Je pense qu'un peu de ceci sera utile, dit-elle.

Elle sortit un pot.

La voix d'Ordella les interrompit.

— Au travail, paresseux que vous êtes !

Tout le monde se retourna tandis que l'épouse de Ranulf s'avançait vers eux à petits pas élégants, le visage plissé par des sourires qui juraient avec l'ordre acerbe qu'elle venait de lancer.

— Les serviteurs peuvent être si fainéants, expliqua-t-elle d'un ton compatissant. Il faudra que vous preniez soin de vous faire craindre pour être obéie.

— Il est bien connu que la terreur inspire la loyauté, déclara Adelar d'une voix grave et sarcastique.

— Merci pour le conseil, répondit Endredi à Ordella, en luttant contre l'envie de regarder Adelar et en s'efforçant de l'ignorer. Si je me rends compte que j'ai des difficultés avec eux, je vous demanderai certainement votre opinion.

— Que faites-vous ici ? demanda Ordella à Adelar, l'air grincheux.

Elle décocha également à Godwin un regard mécontent, tandis que les serviteurs s'empressaient de vaquer à leurs tâches.

— Bayard m'a demandé d'escorter son épouse à travers

le *burh,* aujourd'hui, si cela lui convient, expliqua tranquillement Adelar.

— Ce ne sera pas nécessaire, décréta Ordella, revêche. Je montrerai moi-même à Endredi ce qu'elle a besoin de voir.

— C'est certes votre privilège, rétorqua Adelar. Mais, alors, je désobéirais aux ordres de Bayard.

Endredi les contempla l'un et l'autre, mal à l'aise. Elle n'avait nul désir de passer du temps en compagnie d'Adelar. De fait, même à présent, sa présence était une tension pour elle. Bien qu'elle s'efforçât de s'en empêcher, elle ne cessait de se demander ce qu'il pensait d'elle et d'essayer de déchiffrer ses impénétrables yeux bruns. Il était évident qu'il n'avait aucune envie de rester avec elle, non plus, et il ne l'escortait que pour obéir à Bayard.

Comme elle préférerait passer son temps à cuisiner, d'autant que la nourriture préparée par Duff était un peu fade, même si elle était bonne. Alors, peut-être pourrait-elle oublier un moment Adelar, Bayard et tout le monde dans ce *burh.* Toutefois, elle ne jugeait pas sage de s'opposer aux désirs de son époux. Et bien qu'elle ne souhaitât guère fréquenter Ordella, il valait probablement mieux que celle-ci les accompagnât.

— Je ne vois nulle raison pour laquelle je ne pourrais profiter de votre compagnie à tous les deux, dit-elle enfin.

— Bayard a demandé à Godwin et moi d'escorter Endredi, Ordella, déclara froidement Adelar. Vous devez avoir d'autres choses à faire.

— Je vous assure, Adelar, rétorqua Ordella d'un ton encore plus froid, que certains d'entre nous gagnent leur vie ici. Certes, j'ai maintes choses à faire. Je souhaitais simplement que l'épouse de Bayard se sente la bienvenue.

— Vous y êtes parvenue, intervint vivement Endredi. Je vois qu'Adelar et Godwin ont déjà rompu leur jeûne.

De grâce, Ordella, mangez avec moi. Vous pourrez me parler du village tandis que nous nous restaurerons, avant que vous deviez partir. Je suis fort intéressée par ce que vous avez à me dire.

Ordella jeta un regard triomphal à Adelar et se dirigea vers la haute table.

— Je vais laisser les épices ici pour le moment, dit Endredi à Duff. Utilisez-les avec parcimonie. Elles sont puissantes. Et apportez-nous du pain et de la viande dès que vous le pourrez, je vous prie.

— Apportez de la cervoise, ordonna Ordella à Gleda, qui venait d'arriver.

La servante s'éloigna en hâte.

Endredi était maintenant quasiment seule avec Adelar et Godwin.

— Godwin, voudriez-vous avoir la bonté d'aller chercher ma cape la plus chaude dans la chaumine ? Je sens un léger froid.

— A votre guise, ma dame.

Le ménestrel marqua une pause, puis reprit avec sérieux :

— Vous devriez peut-être me donner un mot de passe, si jamais votre servante pense que je viens la violenter ?

Endredi dut sourire à ses paroles. Il semblait bien comprendre Helmi.

— Je pense qu'Helmi ne vous craindra pas, Godwin, si vous lui souriez comme vous me souriez.

Le ménestrel sourit largement et s'esquiva.

Endredi se tourna vers Adelar, fort consciente qu'Ordella les observait de loin.

— Vous n'avez pas été très astucieux, Adelar, dit-elle calmement, mais avec fermeté. Il n'est pas utile de traiter Ordella comme une ennemie.

— Et vous n'avez nul besoin de plaisanter ainsi avec Godwin.

Il la fixa de ses pénétrants yeux bruns.

— Vous ne savez rien des gens d'ici, en particulier d'Ordella et de Ranulf. Laissez-moi m'arranger d'eux deux à ma façon.

— Il n'y a point de mal à plaisanter un peu avec le jongleur de Bayard. Vous étiez un jouvenceau intelligent, autant que je me souvienne. Votre esprit s'est-il émoussé avec l'âge ? Mon époux a maints ennemis hors du *burh*. Pourquoi s'en faire d'autres à l'intérieur ?

— De nouveau, vous ne comprenez pas.

S'avisant qu'elle ne devait pas passer plus de temps à converser avec lui, malgré l'envie qu'elle en avait et la froideur qu'il lui montrait, elle dit :

— Nous parlerons de cela plus tard.

Puis elle s'empressa de rejoindre Ordella, un sourire sur les lèvres.

— Je suis marrie, mais je voulais faire savoir à Adelar que je ne puis permettre un tel manque de respect dans ma grand-salle.

Les yeux d'Ordella s'élargirent d'un plaisir non feint.

— Je vois que Bayard a choisi sagement son épouse. Adelar est trop libre dans ses manières.

Les deux femmes le regardèrent quitter la grand-salle. Gleda passa devant lui, et Endredi vit la servante se presser contre lui alors que ce n'était pas nécessaire. Il sembla ne rien trouver à y redire, bien qu'il l'ait fustigée, *elle*, pour avoir échangé une innocente plaisanterie avec Godwin. Toutefois, il garda les sourcils froncés et ne parla pas à Gleda.

Endredi détourna les yeux. Elle n'aurait pas dû être heureuse qu'il ignore cette servante. Mais il se pouvait qu'il soit indifférent à maintes choses, car il ne paraissait pas non plus se soucier d'avoir courroucé l'épouse de Ranulf. Ranulf n'était peut-être pas digne de respect, mais il était un parent de Bayard.

Gleda servit de la cervoise aux deux femmes pendant qu'Ylla leur apportait du pain et de la viande.

— Je vois que vous avez réussi à inculquer du respect à cette ribaude, aussi, observa Ordella, les lèvres pincées tandis qu'elle regardait Gleda s'éloigner nonchalamment.

— Ribaude ?

— Elle va avec tous les hommes qui la reluquent, même avec ce sot de Godwin, probablement. Elle sera bientôt de nouveau grosse, et vous serez obligée de trouver une autre servante pour la remplacer.

— De nouveau ? Elle a des enfants ?

— Elle en a eu deux. Ils sont morts à la naissance.

— Oh, comme c'est triste pour elle !

— C'était un châtiment de Dieu, ce qui malheureusement ne l'a pas fait changer d'habitudes, déclara Ordella d'un air grincheux. Je pense que tous les hommes de ce *burh* ont couché avec elle, hormis Bayard, bien sûr. Il possède un certain discernement. Je crois qu'Adelar a couché avec elle toutes les nuits depuis près d'un mois.

Endredi souhaita qu'Ordella soit restée dans sa chaumine. Elle avait semblé assez réservée jusque-là, mais elle montrait qu'elle avait une langue de vipère. Non que les maîtresses d'Adelar lui importent, se dit-elle fermement. Elle appartenait à Bayard et devait oublier le jouvenceau de sa jeunesse.

— Je suppose qu'on ne peut attendre d'Adelar qu'il fasse preuve de discernement ou de discrétion, continua Ordella, considérant que la mère d'Adelar ne valait guère mieux qu'une ribaude elle-même, et qu'une telle conduite se perpétue dans les familles.

Elle se resservit et ne vit pas la façon dont Endredi serrait son couteau dans sa main, ni la légère rougeur qui teintait ses joues.

— Je ne veux pas insinuer, ma dame, que Bayard se conduirait ainsi, poursuivit-elle avec condescendance.

Tout le monde sait que, depuis la mort de Bertilde, il n'a pas touché une autre femme.

Elle soupira tristement.

— Bien sûr, Bertilde était une vraie beauté.

Après un bref instant de colère, Endredi écarta l'insulte involontaire d'Ordella. Après tout, elle ne savait rien de sa propre mère et n'avait pas pu vouloir la blesser en parlant ainsi de celle d'Adelar.

Mais ses autres paroles avaient piqué Endredi telle la pointe d'un couteau. Elle avait toujours su qu'elle n'était pas jolie. De fait, aux petites heures de la nuit, elle s'était souvent demandé si Adelar serait revenu la chercher si elle avait été plus belle.

Elle commençait aussi, malgré elle, à éprouver un début de sympathie pour Adelar. Lui aussi avait vécu avec des ragots et des rumeurs — et pas seulement à propos d'un parent, comme elle, mais des deux. Comme cela avait dû être difficile ! Pas étonnant qu'il ait quitté le village de son père. Pourtant, les ragots et les rumeurs le poursuivaient même ici.

— C'est grand dommage qu'elle n'ait pas donné d'enfants à Bayard, reprit Ordella. Ni Magreth, ni Adda.

— Bayard a eu *trois* épouses ?

— Oui. C'est fort triste, n'est-ce pas ? Toutefois, nous espérons tous que Bayard aura des enfants maintenant.

Endredi jeta un coup d'œil à sa compagne. C'était un mensonge, si elle était bon juge, et elle l'était. Si Bayard mourait sans descendance, qui hériterait de ses terres et de ses biens ? Ranulf, probablement, en tant que son héritier mâle le plus proche, à moins qu'il n'ait rédigé un testament qui en décide autrement.

Elle le lui demanderait. Elle n'appréciait ni Ranulf ni Ordella, dont les yeux luisaient de cupidité comme ceux d'un rat dans le noir.

Bien sûr, si elle donnait un fils à Bayard, l'enfant hériterait. Un homme tel que lui méritait un fils. Beaucoup de fils.

Elle devrait être heureuse de les lui donner. Elle le serait. Plaise à Dieu et à Freya, elle le serait.

7

— Adelar ! cria Ranulf.

Il se hâta pour rattraper le Saxon qui marchait à grandes enjambées vers la grand-salle. Adelar ne s'arrêta pas, ni ne ralentit son allure.

« Arrogant scélérat », pensa Ranulf avec colère. Mais Adelar bénéficiait des faveurs de Bayard, et il savait qu'il serait sage de se montrer plaisant avec lui.

— Adelar ! répéta-t-il avec insistance.

Cette fois, Adelar s'arrêta, parce qu'il avait atteint la porte de la grand-salle.

— Que voulez-vous ? demanda-t-il. Avez-vous quelque chose d'important à me dire ? Je dois faire visiter le *burh* à la femme de Bayard.

Ranulf hocha la tête et tira Adelar sur le côté, dans une allée étroite entre deux chaumines.

— Je ne me fie pas aux Danois.

— Moi non plus.

— Bayard paraît leur faire confiance.

— Pour le moment, tout au moins. Je ne serais pas certain qu'il se fie complètement à eux.

— Il a épousé une femme viking.

— Il a accepté ce mariage parce qu'il était prudent d'agir ainsi. Si les Danois rompent le marché d'une manière ou d'une autre, je suis sûr que Bayard n'hésitera pas à frapper.

— Je ne me fie pas à *elle*, non plus.

— Je ne vois nulle raison de se défier de cette femme.

Elle est l'épouse de Bayard, à présent. Si l'on cause du tort à Bayard, elle aura à en souffrir aussi.

— Peut-être — ou peut-être a-t-elle été envoyée pour nous espionner.

Adelar plissa les paupières.

— Avez-vous des preuves d'un tel forfait ?

— Je ne l'accuse pas formellement, répondit Ranulf, se rappelant fort bien quel était le châtiment pour la calomnie. Il n'avait pas envie de perdre sa langue.

— Je pense simplement qu'il faudrait la surveiller. Vous serez sûrement d'accord sur le fait que ce serait une précaution raisonnable.

— Oui.

— Alors, allez-vous m'aider ?

— A l'espionner ?

— Non, se défendit Ranulf avec une pointe de frustration dans la voix. Pas à l'espionner. Mais si nous découvrons quoi que ce soit…

— Naturellement, Bayard en sera informé.

— Bayard ne vous croira peut-être pas. La femme semble lui plaire, observa Ranulf. Vous êtes dans les confidences de votre cousin. Pensez-vous autrement ?

— Je pense que le mariage de Bayard ne me regarde pas, répondit Adelar d'un ton bourru.

— J'espère pour le bien de Bayard qu'il est heureux. Je suppose que n'importe quelle épouse vaut mieux qu'un lit vide.

Adelar regarda fixement Ranulf, ses yeux sombres aussi acérés que la pointe de sa dague.

— Votre langue trop bien pendue va vous faire tuer, Ranulf.

— Je ne songeais pas à mal, protesta Ranulf d'un air candide, surpris par la véhémence d'Adelar.

De fait, il s'était attendu qu'Adelar se montre plus que disposé à surveiller la femme, qui, après tout, était une

Viking. A la place, il paraissait presque anxieux de la défendre.

Ou seulement Bayard, peut-être.

— Mais qu'en est-il de vous, Adelar ? Vous sentez-vous tout à fait bien ?

Adelar le considéra en haussant un sourcil.

— Je n'ai pas l'intention d'être impertinent, précisa Ranulf en souriant. C'est simplement que vous ne paraissez pas tout à fait vous-même.

— Oui, messire, renchérit Godwin en arrivant derrière eux. Vous aviez coutume d'être si enjoué, et maintenant vous êtes aussi sinistre que le père Derrick un jour de Toussaint.

Adelar décocha un sourire réticent au jongleur. Il n'avait certainement jamais été ce que l'on pouvait qualifier d'enjoué.

— Je me demandais seulement s'il était malade, ajouta Ranulf d'un ton maussade. Et ne devriez-vous point être ailleurs, jongleur — à aider les autres serviteurs ?

Les yeux de Godwin étincelèrent de colère et pendant un instant Adelar pensa qu'il allait protester avant de s'en aller, mais il ne le fit pas. Endredi dirait sans doute que Godwin était sage de tenir sa langue.

— Bonne journée, Ranulf, lança Adelar d'un ton truculent en se détournant pour aller vaquer à sa mission.

Il avait dit la vérité quand il avait déclaré à Endredi qu'elle ne comprenait pas l'hostilité qu'il vouait à Ranulf.

Lorsqu'il était arrivé à Oakenbrook, il s'était rendu compte sur-le-champ qu'il n'était pas le bienvenu pour le neveu de Bayard. A ce qu'il avait deviné, Ranulf craignait qu'il soit venu faire valoir des prétentions auprès de son cousin ou chercher à prendre la place de Ranulf dans l'estime de Bayard — même s'il était évident que ce dernier n'estimait guère son neveu.

Immédiatement, des rumeurs avaient commencé à

courir sur la famille d'Adelar, et celui-ci n'avait pas douté qu'elles venaient de Ranulf ou de sa femme, à la langue de vipère.

Et puis, un jour, Ranulf avait pris le risque de parler de la mère d'Adelar — sans s'apercevoir que ce dernier se trouvait derrière lui, assez près pour entendre chaque mot et saisir chaque nuance.

Pour autant qu'Adelar haïsse son père, il avait adoré sa mère. Il avait entendu parler de son amant, certes, et même s'il répugnait à croire sa mère capable de déshonneur, il en avait appris suffisamment sur son père pour se permettre de lui accorder sa sympathie.

Quand Ranulf avait vu le visage défait de ceux à qui il parlait et s'était lentement détourné pour faire face à un Adelar furieux, il avait eu l'air de vouloir se faufiler sous la bâtisse la plus proche comme le serpent qu'il était.

Il y avait eu un long moment d'un silence intense tandis qu'Adelar était fort près de tirer son arme contre l'homme rougissant, car non seulement Ranulf avait insulté sa mère, mais il s'était arrangé pour parler de telle manière qu'il blâmait également toutes les femmes de la famille, ce qui incluait la mère de Bayard.

Une insulte du neveu de Bayard à son encontre était une chose; une insulte à l'encontre de Bayard en était une autre, bien plus grave encore.

Néanmoins, parce que Ranulf était le neveu de son cousin, Adelar n'avait pas tiré son glaive.

Son visage avait trahi chacune de ses pensées, chacune de ses émotions, cependant, et il n'avait pas jugé utile de les dissimuler.

Ranulf avait su précisément ce qu'il pensait, et Adelar était certain que c'était la crainte de sa vengeance qui l'empêchait de montrer encore plus ouvertement sa cupidité.

Si cela aidait Bayard d'avoir son cousin comme chien de garde, s'était promis Adelar, il serait aussi farouche pour le défendre contre Ranulf que le plus sauvage des molosses de Baldric.

8

— Voici la nouvelle chapelle, déclara Adelar un peu plus tard, ce jour-là.

Il indiqua un bâtiment qui était presque achevé.

Endredi contempla l'imposant édifice de bois au haut toit de chaume, qui se dressait près d'une des rivières qui bordaient le village. D'immenses hêtres l'entouraient, promettant une ombre fraîche en été et une protection contre la neige en hiver.

Comme la plupart des constructions qu'Adelar lui avait montrées, ce bâtiment était fort bien édifié, et solide.

Il était évident que Bayard pensait faire de ce *burh* une bourgade permanente, et pas seulement une forteresse temporaire.

Endredi pouvait lui parler des grandes villes commerçantes que les Vikings visitaient et peut-être même faire quelques suggestions pour celle-ci.

Par exemple, il n'y avait qu'une digue sur la plus large des deux rivières. Ils pouvaient aisément en construire d'autres pour répondre aux besoins du commerce durant les mois d'été, surtout si la paix régnait.

Oui, elle pouvait suggérer maintes améliorations, à condition que Bayard veuille les écouter.

— Le père Derrick brûle de se procurer une sainte relique pour la chapelle, mentionna Adelar, rompant le silence.

— Je pense qu'il attend qu'un morceau de la Sainte

Croix ou un ossement de saint lui tombent du ciel, car il répugne à payer pour se les fournir, observa Godwin.

— Il peut acheter ce genre de chose ? demanda Endredi, incrédule.

— Certes, répondit Adelar en se détournant de la chapelle pour la regarder. Toutefois, la question serait de savoir si ces reliques sont authentiques, et pas simplement des os de poulet ou du vieux bois.

— Voulez-vous dire que des gens vendent de fausses reliques ?

— Tout le temps, confirma Adelar. A ceux qui sont assez sots pour croire tout ce qu'on leur dit.

Endredi ne fit aucun commentaire. Il était révoltant, bien sûr, que certains cherchent à faire du profit par de telles tromperies. Toutefois, elle luttait aussi pour ne pas attacher trop de sens aux paroles d'Adelar. Elle ne cessait de penser qu'il parlait par énigmes, faisant allusion à leur histoire.

Par exemple, avait-elle été sotte de croire ce qu'il lui avait dit longtemps auparavant, quand il l'avait embrassée et aidée à s'enfuir ?

Etait-elle sotte de lui faire confiance maintenant ?

Ou parlait-il juste de se fier à tort à ces voleurs, en se référant simplement aux reliques ?

Quoi qu'il veuille dire, elle espérait qu'ils avaient vu tout ce qu'elle devait voir. Elle ne tenait pas à passer plus de temps en compagnie d'Adelar qu'elle n'avait à le faire, car ses tourments ne la laissaient pas en paix.

Godwin indiqua la rivière d'un signe de tête.

— Aimeriez-vous boire un peu d'eau, ma dame ? Je peux me procurer une coupe auprès des ouvriers de la chapelle.

— Je vous en saurais gré, Godwin.

Le jongleur décocha un large sourire à Adelar.

— Ne colportez pas de ragots sur moi pendant que

je serai parti, dit-il, à moins que ce soit seulement de bonnes choses.

Il s'éloigna en trottant vers l'édifice, laissant Adelar et Endredi cheminer le long de la berge.

Ils s'arrêtèrent sous un grand et vieux chêne, dans un silence embarrassé. Les arbres étaient en fleurs et l'air parfumé de leurs effluves.

Le regard d'Endredi suivit le cours de la rivière. Non loin de là, un groupe de petits paysans riait et essayait en vain de tirer sur des oiseaux avec de petits arcs et des flèches de leur propre fabrication.

Comme ils paraissaient heureux et insouciants ! Elle jeta un coup d'œil à Adelar, se le rappelant à leur âge, bien qu'il ait été moins heureux et certainement jamais aussi insouciant.

Il était fort grand, maintenant, imposant et distant. Il était devenu le guerrier puissant et agile qu'elle avait toujours imaginé. Le guerrier dont elle avait souvent rêvé qu'il revienne en bateau dans son fjord natal pour l'emmener avec lui, jusqu'à ce qu'elle comprenne qu'il l'avait abandonnée pour toujours.

Sa gorge se serra et elle ramena son attention sur les jeunes garçons.

— Où est votre crucifix ?

Sa question posée en danois la fit sursauter. Elle porta une main à sa poitrine et se rendit compte qu'il la fixait.

— Mon crucifix ? Je... je ne le porte pas toujours.

— Est-ce votre père qui vous l'a donné ?

Elle secoua la tête.

— Non, c'est Meradyce.

Il se détourna comme s'il allait la laisser là.

— Ne souhaitez-vous pas savoir comment elle va ? demanda Endredi.

Elle savait que Meradyce avait été pour lui une nourrice, une amie, le premier amour de son cœur d'enfant

— et une traîtresse en devenant l'épouse d'un Viking et sa propre belle-mère.

— Elle va bien et elle est heureuse.

— Je ne l'ai pas demandé. Je voulais juste me renseigner à propos du crucifix parce que c'était celui de ma mère. Votre père l'avait volé.

Comme ses paroles étaient dures et chargées de haine !

— Et qu'a fait *votre* père en retour ? rétorqua-t-elle. Vous pouvez avoir le crucifix. Je vais aller le chercher tout de suite. Et ensuite vous pourrez dire à tous ici que mon père est un voleur. Ou l'avez-vous déjà fait ? Qu'est-ce qu'un mensonge de plus ?

Il lui jeta un regard noir, ses lèvres pleines crispées.

— Je n'ai pas proféré de mensonges.

— Ne jouez pas le sot ignorant avec moi, Adelar.

— Je n'ai rien dit de la période que j'ai passée dans votre village.

Elle le contempla d'un air sceptique.

— Pas même à Bayard ?

— Il est le seul qui sache quelque chose, et seulement ce qui concerne mon père. Les autres savent uniquement que ma sœur est morte chez les Vikings et que j'ai appris votre langue. Cela vous surprend-il que Bayard me permette de rester auprès de lui ? Qu'il se fie à moi comme il le fait ? Comme il *semble* le faire ? Je vous jugeais trop intelligente pour vous fier aux apparences, Endredi. Peut-être se sert-il simplement de moi pour ennuyer Ranulf.

— Si je devais me fier aux apparences, je dirais que vous appréciez ce rôle, observa Endredi avec colère. Est-ce ce que vous êtes devenu, Adelar ? Une sorte de bouffon dont le but n'est pas de distraire mais d'irriter ? Est-ce pour cela que vous m'avez interrogée à propos du crucifix ? Je vous suggère de prendre garde, *bouffon*. Je ne serais pas si prompte à insulter et irriter Ranulf, qui est le neveu de Bayard et un riche *thane*.

— Vous ne comprenez pas la situation au sujet de Ranulf.

— Alors, expliquez-la moi, *bouffon*.

— Cela n'a point d'importance pour vous, répondit-il froidement.

Elle le regarda bien en face et essaya de ne pas voir sur son visage les traces du jouvenceau qu'elle avait connu.

— Ce qui concerne Ranulf concerne Bayard, dit-elle. Et ce qui concerne Bayard concerne son épouse. Expliquez-moi.

Les yeux d'Adelar s'élargirent un instant, puis il haussa les épaules.

— Fort bien, *épouse de Bayard*. Je n'ai pas à déguiser mon aversion pour lui, car il la connaît de toute manière.

— Qu'a-t-il fait pour que vous le haïssiez ?

— Il a déclaré que ma mère ne valait pas mieux qu'une ribaude. Je l'aurais tué, alors, sauf qu'il est le neveu de Bayard et un riche *thane*, précisément, acheva Adelar d'un ton sarcastique.

Il ne pouvait plus la duper avec des apparences, maintenant. Elle le connaissait trop bien, et elle vit que l'insulte de Ranulf lui avait causé une vive douleur, une douleur qu'elle avait elle-même ressentie. Elle pouvait croire réellement que c'était seulement la loyauté d'Adelar envers Bayard qui avait épargné la vie de Ranulf.

— Que je n'apprécie pas les Normands n'est pas un secret, poursuivit-il. Pourquoi en serait-il autrement ? Vous savez ce qu'ils ont fait à mon peuple, à ma famille.

— Ce que je sais, c'est que mon père vous a traité comme un fils.

Elle ne fit pas d'effort pour réprimer la bouffée d'amertume qui l'envahissait toujours à cette idée.

— Je sais que votre père a été un traître, qui a payé pour faire assassiner votre mère, reprit-elle. J'oserai dire que vous avez oublié de leur mentionner que pas un des villageois de votre père n'a été tué, alors que quand il est venu dans *mon* village pour vous chercher, ses hommes et lui ont massacré de nombreuses femmes et de nombreux vieillards innocents. Et ensuite il voulait vendre le reste d'entre nous — ou avez-vous commodément oublié cela, aussi ?

— Je me souviens de tout. En particulier du visage de votre père quand il m'a dit quel genre d'homme est mon père.

— Vous deviez savoir, ainsi que votre peuple.

— Le devions-nous ? Le devais-je ? Vous attendez-vous que je sois reconnaissant de savoir que l'homme qui m'a engendré n'est qu'un vil félon ? Quoi qu'il en soit par ailleurs, il est mon père. Mais Einar n'a pas songé au besoin d'un fils d'avoir un père, ou à la loyauté due à un parent. Il était tellement certain d'agir justement.

— Einar vous a traité comme un guerrier, Adelar. Il fallait que vous sachiez.

— Je voudrais que votre père ne soit jamais venu dans mon village, murmura Adelar avec ferveur, ses yeux sombres emplis de douleur, de colère et, pensa-t-elle, de culpabilité. Je voudrais qu'il m'ait laissé là, comme il était supposé le faire. Je voudrais ne jamais vous avoir rencontrée !

Ses paroles atteignirent profondément Endredi.

— Et moi, je voudrais que vous n'ayez pas été un couard quand votre père m'a emmenée dans sa grand-salle pour me violer. Mais vous n'êtes pas venu à mon secours. Vous n'avez même pas essayé de m'aider !

— Pardonnez-moi d'avoir tardé, ma dame ! lança Godwin de loin.

Il s'empressa de les rejoindre, un grossier gobelet de bois à la main.

— Croirez-vous qu'aucun d'eux n'avait quelque chose dans quoi boire ? J'ai dû aller à la taverne !

Endredi s'efforça de lui sourire placidement, bien que

son cœur continuât à battre comme s'il allait exploser. Enfin, elle avait été capable d'accuser Adelar en face, d'exprimer un peu de la douleur qu'elle avait endurée si longtemps.

Elle risqua un coup d'œil vers lui. Il se tenait nonchalamment, son poids sur une jambe, les bras croisés, le visage indéchiffrable. C'était comme si elle n'avait rien dit du tout.

9

Tandis qu'ils continuaient à marcher à travers le *burh*, Godwin s'avisa qu'Endredi se montrait désintéressée et qu'Adelar était distrait.

Certes, ils n'avaient pas été les plus loquaces des compagnons au début de la visite, mais ce changement subit, après qu'il les avait laissés seuls ensemble, s'avérait fort intéressant.

Adelar avait-il dit quelque chose qui avait insulté Endredi ? Peut-être, cependant elle ne paraissait pas particulièrement offensée. Non, elle semblait triomphante — mais pas heureuse pour autant. Et Adelar ? Son silence n'avait rien de très inhabituel, car c'était un homme taciturne et renfermé la plupart du temps. Mais, ce jour-là, il avait l'air pensif.

Quelque chose s'était passé entre eux. Si la jeune femme avait été plus attrayante, Godwin aurait pu supposer qu'Adelar avait émis une flatterie pouvant être considérée comme une tentative de séduction. Endredi se serait trompée, bien sûr, car Adelar se tenait toujours loin des épouses d'autres hommes. De fait, la préférence du Saxon pour les servantes bien disposées permettait au jongleur de s'amuser à ses dépens.

Néanmoins, quelque chose avait changé entre ces deux-là, et il ferait de son mieux pour découvrir ce que c'était.

Godwin n'était pas le seul à être curieux, au moins en ce qui concernait la nouvelle épouse de Bayard. Le lendemain matin, Ordella se glissa dans la place laissée vide à côté d'Endredi par Bayard, qui était allé superviser l'achèvement d'une armurerie. Ceux qui se restauraient habituellement dans la grand-salle s'attardaient, finissant leur pain et leur cervoise. Le père Derrick, qui était revenu de manière inattendue en se plaignant de prêtres obstinés — reconnaissant par là qu'il s'était querellé et était parti sur un coup de colère — mangeait dans un silence buté. Gleda, Merilda et Ylla commencèrent à débarrasser les restes, et, dehors, on pouvait entendre Baldric qui entraînait déjà une nouvelle meute de chiens.

Adelar ne se trouvait pas dans la grand-salle.

— Je présume que vous avez été contente de votre visite, hier, déclara Ordella, un sourire sur les lèvres et les yeux dénotant cette curiosité avide qu'Endredi avait remarquée dès le début.

— J'ai été fort impressionnée, répondit-elle avec sincérité.

— Je dois dire que j'ai été très surprise du choix de Bayard pour votre escorte, reprit Ordella en fronçant légèrement les sourcils. J'espère que le jongleur n'a point trop parlé. Il se croit tout à fait amusant — une opinion surfaite, si vous me demandez mon avis —, mais il est vaniteux, comme tous les Merciens.

— Je l'ai trouvé très distrayant, déclara Endredi d'un ton frais.

Ordella la mesura du regard.

— Je suppose qu'il a fourni des efforts pour la nouvelle épouse de Bayard. Et je ne pense pas qu'Adelar ait dit plus de dix mots durant tout le temps que vous avez passé ensemble.

— Il m'a donné maintes informations.

— Vraiment ?

— Oui.

— Prenez garde à une langue trop déliée, avertit soudain le père Derrick.

Il se leva avec majesté.

— En particulier à la langue rusée d'une femme ou d'un homme qui rêve de devenir évêque !

Il leur décocha un regard malveillant avant de quitter la grand-salle à grands pas.

— Ah, et penser qu'il a été connu jadis pour ses vers paillards ! lança Godwin d'une voix forte depuis la place qu'il occupait au-dessous du sel. Il y en avait un en particulier, quelque chose à propos du « nid humide de mon désir »...

— Jongleur ! Je suis choquée ! coupa Ordella d'un ton acerbe.

— Je le tiens des meilleures sources, rétorqua Godwin d'un air candide. Je me demande ce qui l'a poussé vers la prêtrise.

— Peut-être une femme lui a-t-elle brisé le cœur, suggéra tranquillement Endredi.

— Peut-être, admit le ménestrel, sans paraître convaincu. Ou peut-être plusieurs.

— Quoi qu'il lui soit arrivé, c'est un personnage fort lassant, tout prêtre qu'il est, se plaignit Ordella. Réellement, je m'étonne que Bayard ne l'envoie pas dans quelque monastère, ou, mieux encore, ne le renvoie pas à Rome.

— Il est né ici, observa Godwin.

Ordella se tourna vers lui avec une expression revêche.

— Je ne me souviens pas de vous avoir demandé votre opinion, Godwin.

Il haussa les épaules, mais quand Ordella refit face à Endredi, il pinça les lèvres et fronça les sourcils en une imitation fort réussie de la femme de Ranulf. Endredi dut se mordre la joue pour ne pas rire.

— Aimeriez-vous m'accompagner à la hutte de tissage ? s'enquit Ordella. Certaines de nos femmes sont fort habiles.

— Je l'apprécierais, répondit Endredi.

Elle devait y aller pour voir comment les femmes saxonnes remplissaient cette tâche importante. Tisserande accomplie elle-même, Helmi avait rassemblé le courage nécessaire pour s'aventurer jusque-là, hors de la chaumine de Bayard — ou bien sa curiosité avait fait taire ses craintes. Elle se montrait assez méprisante envers les méthodes et les motifs saxons, mais Endredi soupçonnait que c'était seulement parce qu'elle était persuadée que le travail de n'importe qui d'autre était inférieur au sien.

Endredi aurait préféré s'y rendre seule plutôt qu'avec Ordella, mais elle ne pouvait refuser sans paraître insultante. Aussi, elle se leva et attendit qu'Ordella la suive.

Les deux femmes quittèrent la grand-salle. Dehors, la journée était chaude et l'air humide. De bas nuages noirs à l'horizon promettaient de la pluie pour plus tard, et Endredi espéra qu'elle arriverait assez vite.

La hutte de tissage faisait partie d'un groupe de constructions juste à l'extérieur des murs du *burh*. C'était un édifice long et bas, dont une partie servait à entreposer les toisons lavées. A l'intérieur, surtout par une journée aussi lourde, régnait une forte odeur de mouton.

Endredi aperçut Helmi, qui avait installé son propre métier à tisser à quelque distance de l'endroit où les femmes saxonnes travaillaient. Elle les ignorait superbement, mais, tandis qu'elles s'approchaient, Endredi la vit plus d'une fois jeter des coups d'œil vers les Saxonnes qui bavardaient. Manifestement, Helmi souhaitait qu'elles remarquent son travail, mais soit elles n'y prêtaient pas attention, soit elles l'ignoraient de la même manière.

C'était probablement aussi bien que la chambrière ne puisse leur parler, car, sinon, elle n'aurait jamais accepté une telle réaction en silence. Et elle leur aurait sûrement dit aussi comment s'y prendre pour tisser.

Helmi et les autres notèrent la présence d'Endredi

et d'Ordella. Helmi hocha la tête pour les saluer, mais l'expression des autres femmes était nettement moins favorable. Elles n'accueillaient vraisemblablement pas de bon gré une maîtresse viking, et ce constat ne dissipa pas la tristesse qu'Endredi ressentit quand elle vit le mépris dans leurs yeux avant qu'elles se remettent au travail.

Tandis qu'elles continuaient à observer les tisserandes, Ordella se rapprocha d'Endredi, la mettant mal à l'aise.

— Bien qu'il me déplaise d'être la porteuse de mauvaises nouvelles, je juge de mon devoir de vous dire ce que j'ai entendu au sujet d'une certaine dame dont Bayard a été disons... fort proche — à la fois avant et *après* votre arrivée.

— Comme le père Derrick, je n'ai point de goût pour les ragots, Ordella, répondit Endredi. En outre, je croyais que vous aviez dit que Bayard était un homme honorable.

— Certes, certes, et j'en étais convaincue. Malheureusement, Ranulf m'a dit depuis...

— Quoi ?

Ne se souciant pas d'abaisser la voix, Endredi haussa un sourcil d'un air sceptique. Si Bayard avait bien une maîtresse, ce n'était pas surprenant. C'était un bel homme et un *thane* fortuné. Elle n'était pas étonnée non plus qu'il continue à la voir. Leur mariage avait été un mariage arrangé, pour le bien de la paix, et son époux la possédait sans passion. De fait, s'il y avait de quoi être surpris, c'était qu'elle éprouve si peu de chose. Elle était vaguement touchée, mais certainement pas bouleversée. Elle était presque contente que Bayard n'abandonne pas complètement cette femme.

— Cette dame a-t-elle un nom ?

Ordella s'empourpra.

— Ranulf n'a pas voulu me le dire.

— Je vois, dit Endredi, soupçonnant à présent que cette maîtresse avait été inventée par dépit. Merci pour cette information. Je questionnerai Bayard au sujet de cette femme anonyme.

Ordella parut horrifiée.

— Oh, je ne ferais point cela, ma dame ! Ce ne sont que des rumeurs, vous savez. Peut-être simplement des ragots mal intentionnés, après tout. Je n'interrogerais pas Bayard.

— Non ? releva Endredi avec un sourire, convaincue qu'elle avait vu juste.

Il n'y avait pas de maîtresse.

— Alors, je vous conseillerais de garder ces ragots pour vous, de crainte que vous ne soyez accusée de calomnie.

Ordella battit rapidement des cils. Manifestement, Endredi n'avait pas réagi comme elle l'espérait.

— Certes, ma dame, certes.

Les tisserandes saxonnes, dont les mains avaient ralenti sur leurs métiers, se remirent à travailler plus promptement.

Après un long silence, Ordella s'éclaircit la gorge d'un air embarrassé.

— Je crois que les hommes s'entraînent dans le champ à manier le glaive. Si vous êtes restée suffisamment ici, peut-être pourrions-nous aller les voir ?

— J'aimerais mieux ne point les déranger. Et il ne serait peut-être pas sage que je m'intéresse à leurs préparatifs de guerre, étant donné que pour beaucoup ici je suis encore — et seulement — une Viking.

Les femmes lui jetèrent un coup d'œil, certaines avec étonnement, d'autres avec dédain.

— Fort bien, donc. Nous n'irons pas.

— Je comprends pourquoi les gens se montrent soupçonneux envers moi, bien sûr, déclara Endredi. Je dois moi-même lutter pour réprimer mes soupçons envers les Saxons.

Ordella et les autres ne dissimulèrent pas leur surprise devant ses paroles abruptes.

— Quand j'étais une jouvencelle, mon village a été détruit par des Saxons, poursuivit Endredi. Une bande de Saxons m'a enlevée, ainsi que les femmes et les enfants qu'ils n'avaient pas tués, pour nous emmener chez eux. Par chance, nous avons réussi à nous échapper.

— Les Saxons ne s'aventurent pas sur les terres des Vikings ! protesta Ordella. Ils ne font que se défendre.

— Cette bande saxonne l'a fait.

— Mais comment des femmes et des enfants ont-ils pu s'échapper d'un village saxon ?

Le ton incrédule d'Ordella allait de pair avec l'expression des autres femmes, et Endredi comprit qu'elles se demandaient toutes la même chose.

— Ce n'a pas été si difficile, déclara-t-elle en laissant percer dans sa voix une pointe de dédain. Ils ne nous croyaient pas capables de les duper. Ils se trompaient.

— Avez-vous été... Avez-vous été...

— Violée ?

Ordella eut la grâce de rougir devant la repartie brutale d'Endredi.

— Non. Mais pas parce qu'une brute saxonne n'y a pas songé. Je l'ai frappé et me suis enfuie. A ce moment-là, les autres s'étaient libérés aussi. Nous avons volé un bateau et sommes rentrés chez nous.

— Toutes seules ? demanda Ordella, stupéfaite.

— Nous étions des femmes vikings, répondit simplement Endredi.

— Oh, certes. Mais vous n'avez pas reçu d'aide dans le village ?

Endredi hésita.

— Non. Toutefois, cela appartient au passé. Maintenant, je suis déterminée à me créer un foyer ici, déclara-t-elle sincèrement, pour montrer que les Vikings et les Saxons peuvent vivre ensemble en paix. J'en ai assez des luttes et du sang versé.

Certaines des femmes approuvèrent d'un signe de tête. Mais pas toutes. Endredi réprima un soupir. Il n'allait pas être facile de vivre ici.

— Par la Vierge Marie, cela semble incroyable. Je suis heureuse que vous n'ayez pas été blessée. Naturellement, Ranulf et moi avons ressenti depuis le début que, puisque Bayard vous a épousée, vous devez être assez spéciale. Nous avons décidé de mettre de côté nos vieux ressentiments contre les Danois et de vous aider.

— C'est fort aimable à vous.

— Il est regrettable que *certaines personnes* ne se laissent pas si aisément influencer. Adelar, par exemple. J'ai été choquée que Bayard lui demande de vous faire visiter le *burh*. J'espère qu'il n'a rien dit qui vous ait fâchée ?

— Non.

— Peut-être que lorsqu'il saura ce qui vous est arrivé, il sera enclin à plus d'amabilité envers vous — comme nous tous.

Ordella engloba d'un geste l'atelier de tissage.

— Peu m'importe ce qu'Adelar pense de moi, déclara fermement Endredi.

— C'est aussi bien, ma dame. De fait, à votre place, je ne me tourmenterais pas pour lui. Il n'est pas assez important pour que l'épouse de Bayard se soucie de lui.

Endredi lui décocha un regard légèrement ennuyé, et assez perplexe.

— Oh ?

— Compte tenu du fait qu'il n'arrivera jamais à grand-chose.

Adelar, jamais n'arriver à grand-chose ? Ordella devait être aussi aveugle que stupide. Avec ses qualités, il pouvait être n'importe quoi, y compris un roi.

— Ce n'est pas un secret que son père est un vieil homme faible. Pourtant, Adelar ne reprendra pas son domaine, comme il le devrait.

— Pourquoi ?

Endredi se dit que cela pouvait intéresser Bayard.

— Je n'en ai aucune idée, à moins que cela n'ait quelque chose à voir avec sa mère. C'était la sœur de celle de Bayard et une femme *adultère*. Son père aurait pu être un grand homme, sans elle. Après sa mort, il ne s'est jamais remarié. Qui pourrait le blâmer de vouloir éviter d'avoir à revivre une chose pareille ? Mais Adelar ne veut pas entendre un mot contre sa mère. Il y a des rumeurs selon lesquelles Kendric veut tout léguer à un fils illégitime. Pourquoi pas, selon moi, si son propre fils l'ignore et défend une femme aussi immorale ? Et puis, bien sûr, il y a la question du temps qu'Adelar a passé chez les Vikings.

— Qu'en est-il de cela ?

— Non pas que je veuille parler contre vous, ma dame, mais je pense que nous pouvons deviner comment il a été traité. Il est parti de chez lui après être resté avec son pauvre père cinq ans seulement après son retour. Il est d'abord allé d'un *burh* à l'autre, et finalement ici, chez son cousin.

— Je suis certain que Bayard est satisfait de sa compagnie.

— Certes. Il est néanmoins fort dommage qu'il haïsse les Vikings. Je doute que vous puissiez faire ou dire quoi que ce soit qui le fasse changer d'avis.

— Je me rends compte que certaines personnes ne sont pas heureuses de ma présence et je ferai de mon mieux pour leur prouver qu'en tant qu'épouse de Bayard, ma première loyauté est envers lui et son peuple. Quant à l'opinion qu'Adelar a de moi, il n'est qu'un homme.

— Il est le cousin de Bayard.

— Et je suis sa femme.

10

Malgré lui, le regard d'Adelar fut de nouveau attiré par Endredi, assise près de son cousin dans la grand-salle. Il observa ses mouvements délicats et gracieux tandis qu'elle portait la nourriture à ses ravissantes lèvres, admira le doux rose de ses joues lisses et chercha à apercevoir ses beaux yeux sous ses paupières modestement baissées.

Et, durant tout ce temps, il se maudit en se traitant de benêt sans volonté.

Pendant des jours, il avait évité d'être près d'elle, et le vif désir qu'elle lui inspirait n'en était pas la seule raison. Il ne souhaitait nullement être amené à lui révéler l'acte de violence éhonté qu'il avait failli commettre pour elle, afin de la défendre contre son père. Pourquoi devrait-il l'admettre, si elle le tenait dans un tel mépris ? En outre, bien qu'il brûlât de se justifier à ses yeux, elle était mariée à son cousin. Qu'elle pense le pire de lui, à partir du moment où elle rendait Bayard heureux.

Et, apparemment, c'était le cas.

Il nota qu'une mèche de ses cheveux s'était échappée de son voile. Elle avait des cheveux magnifiques, plus sombres que lorsqu'il l'avait connue. Comme il mourait d'envie de les toucher de nouveau ! Et de l'embrasser une nouvelle fois — mais pas comme autrefois. Ce baiser avait été le baiser hésitant et interrogateur d'un jouvenceau. Il désirait l'embrasser maintenant avec des lèvres d'homme, et la passion d'un homme.

Mais que ferait-elle s'il agissait ainsi ? Le souffleter ? Le dénoncer à Bayard ?

Cela importait peu, car cela n'arriverait jamais.

Il se leva pour quitter la grand-salle, déterminé à s'éloigner de sa vue. Alors, Bayard l'appela.

— Oui, mon seigneur ? répondit-il en évitant délibérément le regard d'Endredi.

Son cousin lui fit signe de s'avancer.

— Je dois aller voir les sentinelles. Endredi ne souhaite pas se retirer, aussi vous demanderai-je de faire une partie de pions avec elle.

Il vit la surprise sur le visage d'Endredi.

— Peut-être quelqu'un d'autre, mon seigneur. Je n'ai aucun talent pour le jeu.

Bayard fronça légèrement les sourcils, et Adelar se rendit compte qu'il n'aurait pas dû être si prompt à refuser.

— Si vous l'ordonnez, mon seigneur, je serai naturellement heureux de m'exécuter.

— De grâce, Bayard, dit Endredi d'un ton tranquille, en posant une main sur le bras de son époux. S'il ne souhaite pas s'attarder, il n'est nul besoin de l'y forcer.

Bayard lui tapota la main.

— Oh, ne prêtez pas attention aux manières dénuées de charme d'Adelar, dit-il.

Il lança à son cousin un regard acéré qui équivalait à un ordre.

— Je gage qu'il appréciera cette partie, finalement. Cela lui fera du bien de penser à autre chose qu'à son ventre, à se battre et à coucher avec des servantes. Je serai bientôt de retour.

Il se leva.

— Néanmoins, je vous avertis, Adelar. Endredi n'est pas une novice. Je n'ai pas encore réussi à la vaincre.

Lorsque Bayard quitta la grand-salle, d'autres le suivirent. Ranulf et Ordella restèrent, continuant ostensiblement à manger. Endredi pensa qu'ils étaient plus probablement curieux de voir comment Adelar se comportait avec l'épouse de leur oncle.

Ylla et Gleda s'empressèrent de replier la nappe qui couvrait la table à laquelle les nobles étaient assis. Certains des hommes les aidèrent à défaire la longue table sur tréteaux et à la ranger contre le mur. Ylla apporta une petite table ronde pour le jeu. Endredi prit un tabouret, le posa par terre et s'assit sans un mot, le regard fixé sur le damier.

Godwin, qui avait observé tout ce qui se passait en jouant du *fithele*, entama un air enjoué. Ceux qui restaient se mirent à taper dans leurs mains et à chanter les paroles familières de la ballade.

Adelar alla à un coffre qui se trouvait dans le coin et en sortit les pièces du jeu. Il les posa sur la table devant Endredi et tira un banc de l'autre côté.

La musique virevoltait autour d'eux et cela dérangeait Endredi, comme le chant d'un oiseau quand on veut dormir.

— Vous n'êtes pas obligé de rester, dit-elle lorsqu'il s'assit, la voix aussi froide qu'un rude vent d'hiver sur un champ à découvert.

— Bayard l'a souhaité.

— Alors à quoi allons-nous jouer, messire ? demanda-t-elle fort poliment.

— Connaissez-vous le jeu de la capture et de la fuite, ma dame ?

Elle lui jeta un coup d'œil, se demandant s'il faisait une référence cachée à la façon dont ils s'étaient rencontrés, mais son visage ne révélait rien.

— Fort bien, dit-elle. Je prendrai les pièces rouges.

— Alors, je prendrai les noires.

Il saisit ses pièces, sa main effleurant un instant celle d'Endredi. Elle retint son souffle et sentit ses joues se colorer, et se dit que ce n'était rien, rien du tout. C'était la première fois qu'il la touchait depuis des années. C'était tout. C'était pourquoi ce bref contact chair contre chair semblait brûler sa peau comme un charbon incandescent.

Avec des gestes vifs et sûrs, bien qu'embarrassés, elle disposa ses pièces rouges. Le premier joueur à traverser le damier avec sa reine sans être capturé gagnerait. Prête à commencer et décidée à le battre, elle leva les yeux vers lui.

Pour rencontrer cet intense regard sombre qu'elle connaissait si bien.

— Vous d'abord, ma dame.

Elle n'eut pas de voix pour refuser son offre. Elle poussa lentement en avant sa pièce de coin, un manant.

Avec une rapidité qui la déconcerta, il avança sa pièce centrale. La reine. Endredi se mordilla la lèvre. Une attaque directe était un mouvement peu conventionnel, mais probablement pas pour Adelar.

Elle risqua sa reine. Il la contrecarra avec un des *thanes* du côté droit. Elle bougea un autre manant. Sa reine avança d'une case. Droit devant celle d'Endredi. Un mouvement téméraire et imprudent — ou un piège.

Piégée, c'était ainsi qu'elle se sentait, avec Ranulf et Ordella qui l'observaient. C'était l'impression qu'elle avait eue depuis qu'elle était arrivée. Il était clair qu'Adelar ne partageait pas sa crainte de ces deux-là, mais il le devrait. Il n'était jamais sage de sous-estimer un ennemi.

Comme il ne serait pas sage de sous-estimer Adelar si elle voulait gagner.

Il déplaçait ses pièces rapidement, comme s'il anticipait ce qu'elle allait faire. Elle essaya de se concentrer sur le jeu, voulant vaincre et éprouvant le besoin de gagner. Mais elle n'y parvint pas. Son regard, en traître, se posait sur les longs doigts minces d'Adelar. Différents, maintenant. Rendus calleux par les armes. Plus durs et plus âgés. Des doigts d'homme. Elle laissa glisser ses yeux sur ses avant-bras musclés. Il avait toujours été adroit à l'arc. L'était-il encore, ou l'avait-il abandonné comme une arme destinée aux manants et aux fantassins, pas aux nobles ?

La musique continuait, et le sourd murmure des voix rappelait constamment à Endredi qu'ils n'étaient pas seuls. Ils ne seraient plus jamais seuls ensemble.

Elle bougea son *thane* de gauche pour protéger sa reine. Celle d'Adelar était toujours seule, vulnérable au centre du jeu. Il n'était pas sot. Il allait sûrement déplacer d'autres pièces pour la protéger. Elle devait prendre garde de ne pas se laisser piéger.

Une mèche sombre caressait son front, plissé par la concentration.

Qui apaisait son front soucieux quand il avait d'autres tracas que le jeu ? Jadis, elle avait été celle vers qui il se tournait pour quêter du réconfort. Une autre femme avait-elle pris cette place ?

Godwin s'arrêta de jouer et les salua de sa corne à boire.

— Bien que j'aie le plus grand respect pour la sagesse de Bayard, je ne crois pas qu'elle vous gagnera. Pas vrai, Adelar ?

Adelar jeta un coup d'œil à Endredi.

— Seulement si je le permets.

Elle se força à sourire à Godwin.

— Il a une haute opinion de lui-même, ce joueur intrépide.

— A juste titre, ma dame, répondit le ménestrel d'un ton jovial avant d'entamer un autre air. Mais il a toujours été hâtif, et parfois la hâte est une erreur.

Endredi ramena son attention sur le jeu. C'était à Adelar de jouer, mais sa main hésita. Elle leva les yeux vers son visage, et l'expression intense de son regard la choqua.

— Je ne vous ai pas abandonnée, Endredi, chuchota-t-il avec ferveur dans la langue des Vikings.

Il n'était plus capable de rester silencieux face à ses yeux verts froids et distants. Avant, il avait pensé pouvoir ignorer ses paroles acerbes. Ici et maintenant, il ne le pouvait pas.

— J'étais là, poursuivit-il, sa voix vibrant d'une passion insistante. Caché dans la grand-salle de mon père. Je l'aurais tué avant de le laisser vous faire du mal. J'y étais prêt. Ma flèche était en place sur mon arc. Mais je n'ai pas eu besoin de le faire. Vous l'avez frappé et vous vous êtes enfuie.

Elle élargit les yeux, mais ne parla pas.

— Il vous a dit qu'il vous trouvait mince et qu'il aimait les femmes minces, continua-t-il rapidement. Il vous a dit que toutes les femmes vikings ne valaient guère mieux que des ribaudes et que vivre dans votre village avait corrompu Meradyce. Vous l'avez supplié de vous laisser retourner dans la grange avec les autres femmes. Vous ne cessiez de reculer vers la cheminée. Il a dit qu'il vous laisserait partir…

Il marqua une pause et inspira profondément, les mots lui coûtant.

— … quand il en aurait fini avec vous. Puis il vous a prise par les épaules. J'ai levé mon arc, prêt à tirer sur lui, mon propre père ! Prêt à le tuer pour vous sauver.

Elle ne dit toujours rien, une expression incertaine dans ses yeux verts.

— Ne vous êtes-vous jamais demandé comment je me suis trouvé sur le rivage pour vous aider à vous enfuir au moment où vous vous êtes échappée ?

Soudain, ils s'aperçurent tous les deux que la grand-salle était devenue silencieuse et que la plupart des gens les regardaient.

Endredi décocha un bref sourire à Godwin et parla en saxon :

— J'aurais dû être prévenue de son habileté.

Adelar se racla la gorge et haussa les épaules, puis s'adressa aux autres :

— Elle est très intelligente. Je vois pourquoi Bayard a encore du mal à la gagner à ce jeu.

Il la regarda et son regard vert vacilla, avant de s'abaisser.

— Alors, pourquoi n'êtes-vous jamais revenu jusqu'à moi ? murmura-t-elle.

La douleur qui perçait dans sa voix peina Adelar et le transporta en même temps. Elle ne l'avait pas oublié, ni les sentiments qu'ils avaient eus l'un pour l'autre.

— Je voulais revenir à vous, Endredi. Vivement. Mais...

— Mais ?

— J'avais peur.

— De quoi ? Des quelques villageois que votre père n'avait pas tués ? Ou de sa fureur s'il apprenait votre action ?

— Oh, non, répondit-il, portant les yeux sur son visage. Je n'ai jamais craint mon père.

Il inspira à fond.

— J'avais peur de vous.

— De moi ?

— J'avais peur de m'être trompé sur vos sentiments pour moi. J'avais peur que vous me haïssiez parce que j'étais le fils de mon père, surtout après ce qu'il avait essayé de vous faire dans sa grand-salle.

Il la considéra fixement.

— J'avais peur que vous ne m'attendiez pas. Et vous ne m'avez pas attendu.

— Que devais-je faire ? Attendre encore et encore un jouvenceau qui semblait m'avoir oubliée ? *J'ai* attendu, très longtemps, mais il n'y a rien eu. Pas un message, pas un mot.

— Je ne pouvais arriver en bateau dans un village viking, protesta-t-il.

— Vous auriez pu trouver un moyen, Adelar.

De nouveau, il vit la souffrance dans ses yeux emplis de larmes et entendit son chagrin dans sa voix.

— Si vous aviez vraiment tenu à moi, vous auriez pu trouver un moyen.

— Elle va vous prendre tous vos manants, déclara la voix forte de Bayard, résonnant dans l'air.

Surprise, Endredi étouffa une exclamation et fixa le jeu. Elle avait oublié l'existence de tout le monde, à part celle d'Adelar. Ses aveux avaient fait renaître en elle l'espoir qu'il ne l'avait pas abandonnée, et l'amour qu'elle avait si longtemps éprouvé pour lui.

— Non, répondit Adelar, gardant une voix calme au prix d'un grand effort.

Puis il acheva sa manœuvre et captura la reine d'Endredi.

Bayard posa la main sur l'épaule de sa femme. Elle s'écarta vivement et se leva, si bien que sa main retomba. Elle contempla fixement les jonchées et s'efforça de rassembler assez de force pour ne rien montrer de son trouble quand il déclara :

— Venez, Endredi, il se fait tard. Dormez bien, Adelar.

— Dormez bien, mon seigneur, répondit fraîchement Adelar.

Elle laissa Bayard la conduire hors de la grand-salle, consciente de sa main sur son bras, de sa proximité dans le noir et de l'éloignement d'Adelar. En cet instant, il aurait aussi bien pu être sur la lune. Il aurait mieux valu qu'il le soit.

— Avez-vous pleuré ? s'enquit doucement Bayard.

— Je n'aime pas perdre, répondit-elle — ce qui était la vérité, même si cela n'avait rien à voir avec son véritable état d'esprit.

La pleine signification des paroles d'Adelar se frayait un chemin en elle par-delà les barrières qu'elle avait soigneusement édifiées autour de son cœur. Il avait été dans la grand-salle de son père lors de cette terrible nuit, prêt à commettre un parricide pour la sauver !

Elle n'aurait jamais dû douter de lui. Elle aurait dû

garder foi dans leurs sentiments l'un pour l'autre. Son cœur s'envola, puis retomba sur terre tel un paquet d'argile. Car ses révélations, et les émotions par lesquelles elle y avait répondu, arrivaient trop tard.

— Je suis heureux d'apprendre que vous répugnez à perdre, ne fût-ce qu'un jeu, dit Bayard. Moi aussi. Et c'est pareil pour Adelar. Je suis également satisfait que vous l'ayez laissé gagner.

— Je ne l'ai pas laissé gagner.

Il rit doucement.

— J'ai vu vos derniers mouvements. Ils étaient si mauvais qu'un enfant aurait pu vous battre. Pourtant, vous avez semblé réellement contrariée.

— J'ai pensé qu'il valait mieux agir de la manière à laquelle les hommes s'attendent quand une femme perd. Je... Il y a tant de personnes ici qui ne m'apprécient pas, et je sais qu'Adelar est important pour vous.

— Oui, il l'est. Mais je ne crains pas sa réprobation.

— Et celle de Ranulf ?

Bayard rit de nouveau, mais cette fois avec du dédain plus qu'avec une vraie gaieté. Il tint ouverte la porte de la chaumine et elle entra, s'apercevant tout de suite que quelque chose n'allait pas.

— Helmi ? Pourquoi fait-il si froid, ici ? demanda-t-elle.

Helmi se leva et mit de côté la cotte qu'elle raccommodait.

— Parce que cette stupide esclave saxonne n'a pas encore apporté de braises pour le réchaud.

Bayard suivit Endredi à l'intérieur, mais ne dit rien. Il alla simplement à la petite table et se servit de la cervoise.

— Tu ne pouvais pas aller en chercher ? s'enquit Endredi d'un ton calme.

Helmi porta les yeux de sa maîtresse à Bayard, puis de nouveau à sa maîtresse, et son irritation se changea en incertitude.

— C'est le travail d'une esclave, répondit-elle.

— Ou d'une servante, répliqua Endredi. Je suggère que tu ailles en chercher tout de suite.

A ce moment-là, Ylla apparut sur le seuil, portant un panier de charbon à son bras. Elle hésita, les yeux élargis par la crainte quand elle vit le regard hostile d'Helmi. Endredi s'avança et prit le charbon.

— Vous pouvez partir, dit-elle, et la jeune fille décampa telle une souris terrifiée.

Endredi se tourna vers Helmi.

— Toi aussi.

— Mais, ma dame, je devrais allumer le feu...

— Laisse-nous.

Helmi fronça les sourcils, mais obéit.

Bayard observa Endredi pendant qu'elle plaçait le charbon dans le réchaud sur un lit de brindilles qu'Helmi avait préparé. Prenant un silex, elle fit jaillir une étincelle et alluma le feu.

— Vous savez bien le faire, commenta-t-il.

— Je ne suis pas habituée aux serviteurs, avoua-t-elle. En vérité, je préférerais qu'Helmi ne soit pas là.

— Je la renverrai, si cela vous fait plaisir.

— Ce ne sera pas nécessaire.

— Mais si elle vous ennuie...

— Ce n'est pas la faute d'Helmi.

— Je pourrais renvoyer Helmi chez elle et vous pourriez avoir Ylla comme servante.

— C'est une esclave.

— Je l'affranchirai, si cela vous plaît.

Pourquoi fallait-il qu'il soit si aimable avec elle ?

— On penserait qu'Helmi nous a offensés, et elle en souffrirait peut-être.

— A votre guise. Mais que dites-vous d'Ylla ?

Endredi réfléchit un instant.

— Helmi n'est pas jeune. Il faudrait quelqu'un pour

l'aider. Ylla paraît intelligente et elle pourrait apprendre beaucoup d'Helmi si on lui en donnait l'occasion.

— Ce sera comme vous voulez.

Endredi lui sourit, le premier vrai sourire qu'elle lui prodiguait.

— Merci.

Elle s'avisa soudain qu'il avait l'air fatigué, peut-être même malade. Elle alla vers lui.

— Qu'y a-t-il, Bayard ? Etes-vous souffrant ?

Il sourit largement et, à cause de son souci pour lui, elle ne remarqua pas cette fois sa ressemblance avec Adelar.

— Ce n'est rien. Je suis simplement fatigué.

Elle s'assit sur le tabouret près de lui.

— Je puis peut-être vous aider, Bayard. On m'a appris à soigner.

— Je suis seulement fatigué.

— Et troublé. Est-ce par Dagfinn ?

— Oui. Vous le connaissez. Peut-on se fier à lui ?

— Non.

Il la regarda avec quelque surprise.

— Non ? Tout simplement ? Et vous en êtes si sûre ?

— On peut lui faire confiance pour qu'il respecte un marché aussi longtemps que le marché en question est en sa faveur. Tant que les Saxons du Wessex seront forts, il tiendra sa parole. Mais si les Danois voient une chance de vaincre les Saxons et leurs alliés, cela changera sûrement.

— Vous me donnez à la fois des raisons d'espérer et de déchanter.

— Je vous offre la vérité. Il y a une autre chose que je voudrais vous dire, Bayard. Mon père est un Viking riche et puissant dans les terres au-delà des mers. Dagfinn ne sera pas enclin à attaquer la maison de sa fille, et je ne pense pas qu'il le fera à moins d'être sûr de son succès.

— Alors je dois m'assurer que Dagfinn n'ait pas de telles espérances.

— Une attaque ne vient pas toujours de l'extérieur. Qu'en est-il de vos propres hommes ? De Ranulf ?

— Ranulf est un sot. Malheureusement, il est aussi mon parent le plus proche. Et du fait qu'il est fort riche, il compte beaucoup d'amis.

— Renvoyez-le sur ses propres terres.

— Ce n'est pas si simple. Comment puis-je le forcer à partir si je garde Adelar avec moi ?

— Adelar a-t-il donc des terres ?

— Alfred a décrété qu'un homme n'a à servir son seigneur comme guerrier au sein du *fyrd* que la moitié de l'année. Adelar s'attarde parce qu'il n'a nulle envie de voir son père. Je l'accepte, car j'apprécie d'avoir une personne vraiment loyale près de moi.

Endredi se leva lentement et prit les mains de son époux dans les siennes. Adelar ne pourrait jamais être à elle. Jamais. Bayard méritait une épouse loyale.

— Je vous ai juré loyauté, Bayard.

Il lui jeta un regard étrange.

— L'avez-vous fait ?

— Oui.

Elle se pencha et l'embrassa, bougeant sa bouche sur la sienne en un mouvement lent et sensuel.

Il se leva à son tour et l'enlaça de ses bras. Des bras forts, qui la tenaient comme elle l'avait si souvent rêvé... mais de la part d'un autre.

Bayard s'écarta et lui sourit chaudement.

— Je vous crois, Endredi.

Elle lutta contre les larmes qui lui montaient aux yeux et lui dédia un sourire tremblant.

— J'en suis si heureuse, mon seigneur.

Elle s'appuya contre lui, déterminée à remplir son serment. Déterminée à oublier.

Il souffla la faible flamme des chandelles et pressa des baisers brûlants sur ses joues et dans son cou. Ses doigts dégrafèrent les broches sur ses épaules et sa cotte glissa à terre. Avec un sourd grognement de désir, Bayard la souleva dans ses bras et la porta jusqu'à leur lit.

— Je veux être une bonne épouse pour vous, murmura-t-elle dans le noir.

— Vous l'êtes.

Elle sentit qu'il défaisait les lacets de sa camisole.

— Je veux vous satisfaire.

Il glissa une main sous le vêtement dénoué.

— Vous me contentez.

Il fit glisser la chemise de ses épaules, et sa main continua sa lente exploration.

— Je veux que vous ayez des enfants.

— Oui, répondit-elle honnêtement.

Oui, elle ferait son devoir.

Il caressa habilement son corps, d'une main sûre. Il effleura ses seins, son ventre, ses cuisses. Elle ne combattit pas l'excitation qu'il provoquait en elle, mais le laissa la conduire au-delà de ses craintes et de ses soucis, vers un autre endroit constitué de sensations et de volupté. Sa langue lécha ses seins, en taquinant les pointes durcies jusqu'à ce qu'elle gémisse et s'arque de désir.

Réagissant à ses caresses, le voulant, elle s'agrippa à ses larges épaules et noua ses jambes autour de lui. *Cet* homme était son époux. Cet homme seul avait le droit de faire ceci avec elle. Ce serait différent avec Bayard. Il fallait que cela le soit.

Mais quand il pénétra en elle, son sang palpita au rythme du nom d'un autre homme.

Adelar, Adelar, Adelar...

11

— Je pense que Bayard est un sot énamouré, déclara Ordella d'un ton décidé, en se dévêtant dans la pénombre de la chaumine.

Allongé dans le lit, Ranulf regarda sa femme en fronçant les sourcils d'un air renfrogné.

— Je ne vois rien à suspecter. Bayard est heureux, elle semble loyale. Et elle sait se taire.

L'expression d'Ordella se fit encore plus malveillante à ces derniers mots, qui étaient si manifestement dirigés contre elle.

— Oui, elle *semble* loyale. Pour l'instant. Qui peut dire ce qui arrivera si les Danois attaquent ?

— Vous avez été avec elle plus que moi. Qu'en pensez-vous ?

— Je pense qu'elle est fort intelligente et fort habile à déguiser ses véritables pensées.

— En d'autres termes, vous n'avez rien pu découvrir sur elle.

— Si. Elle a été prisonnière des Saxons, une fois. Elle nous hait autant que nous haïssons les Danois.

— Alors, pourquoi a-t-elle épousé un Saxon ?

— Parce que Dagfinn voulait cette alliance, benêt que vous êtes. Ce n'est qu'une femme — qu'aurait-elle pu dire ? Mais peut-être nourrit-elle une rancune secrète contre nous tous. Peut-être conspire-t-elle pour nous faire assassiner de nuit. Elle pourrait mijoter toute sorte de choses.

— Bayard ne partage pas vos craintes, objecta Ranulf d'une voix lasse.

— Bayard n'a peut-être pas connaissance de sa haine. C'est une créature rusée, Ranulf. Il se pourrait qu'il n'ait aucune idée de ses véritables sentiments.

Ranulf continua à regarder sa femme d'un air sceptique.

— Est-elle sortie du *burh* ?

— Oui.

— Seule ?

— Non. J'étais avec elle.

— Alors, comment envisage-t-elle cette attaque meurtrière, Ordella ? Au moyen de la sorcellerie ?

— Cela se pourrait. Je ne la crois pas chrétienne, en dépit des affirmations de Dagfinn.

— Elle va à la messe.

— Cela ne veut rien dire. Elle pourrait utiliser quelque magie viking.

Voyant que Ranulf demeurait rétif à ses inquiétudes, Ordella ajouta :

— Et il y a quelque chose qui ne va pas entre Endredi et Adelar.

— Quelque chose ? Quoi donc ?

Avec toute la frustration qu'elle éprouvait, Ordella s'écria :

— Je ne le sais pas exactement !

— Alors, peut-être l'imaginez-vous aussi. A moins qu'Endredi ne lui ait jeté un charme.

— Je ne serais pas si prompte à plaisanter avec ce genre de chose. Il se comporte justement comme un homme victime d'un charme. Vous l'avez vu dans la grand-salle, ce soir. Il pouvait à peine écarter les yeux d'elle.

— Ils jouaient juste à un jeu. Un jeu auquel Bayard avait ordonné à Adelar de jouer.

— Ils étaient plongés dans une conversation fort sérieuse pour l'épouse d'un autre homme et un guerrier forcé à jouer. Si seulement je comprenais la langue des Vikings ! se lamenta Ordella.

— Ils discutaient probablement de la partie, rien de plus.

Ordella lui décocha un autre regard dégoûté.

— Il est le plus bel homme du Wessex, à part Bayard — et vous, bien sûr. Peut-être parlait-elle d'un autre genre de jeu.

— N'avez-vous pas vu son visage ? protesta Ranulf. Adelar l'indispose. C'est un Saxon, après tout, et vous dites qu'elle nous hait. Il se peut qu'elle ne soit pas flattée par ses attentions, s'il en a. Et peut-être craint-elle que quelqu'un fasse courir des rumeurs.

Il regarda sa femme d'un air entendu, avant de poursuivre :

— Il se pourrait aussi qu'elle trouve ses égards sujets à soupçons. Ou même répugnants. Et n'oubliez-vous point qu'Adelar, entre tous les hommes, n'essaierait jamais de séduire la femme de Bayard ?

— Mais elle ne le sait pas.

Las d'essayer de suivre les méandres de l'esprit d'Ordella, Ranulf maugréa :

— Comme ce serait mieux pour nous tous si Adelar s'en allait !

— C'est peu probable. Où irait-il, sans compter que Bayard le traite aussi bien ? Si seulement il y avait un moyen de se débarrasser de ces deux-là !

Nue, à présent, Ordella glissa son corps maigre sous les draps. Ranulf ne fit pas un geste pour la toucher et se laissa glisser dans le sommeil.

— J'ai trouvé ! s'exclama-t-elle soudain.

— Quoi ? demanda Ranulf en sursautant.

— Si Endredi donne un fils à Bayard, nous n'aurons rien. Si Adelar reste proche de Bayard, nous n'aurons peut-être rien non plus. En supposant qu'Adelar séduise la femme de Bayard et qu'ils soient découverts, ils cesseraient tous les deux de nous ennuyer. Et Bayard serait tellement honteux qu'il se réfugierait dans un monastère !

Fronçant les sourcils, Ranulf se tourna pour faire face à sa femme dans l'obscurité de la chaumine.

— Nous ne pouvons forcer Adelar et Endredi à commettre l'adultère. Et si nous les accusons à tort, nous pouvons avoir la langue coupée pour calomnie.

— Qui parle de les forcer ?

— Que voulez-vous dire ?

— Nous devons trouver un moyen de les *encourager*, voilà tout. Adelar est bel homme. Elle doit se sentir seule. Bayard ne cesse de les pousser à passer du temps ensemble, en espérant probablement qu'Adelar perdra ses préjugés contre les Vikings. Mais il peut provoquer bien plus que cela !

— Adelar est entièrement loyal envers Bayard.

— Peut-être. De fait, cette loyauté n'a jamais été éprouvée. Qui sait ce qu'Adelar pourrait faire s'il pensait que personne ne se doutait de rien ? S'il se croyait en sécurité ? Je vous le dis, Ranulf, déclara-t-elle en devenant plus excitée encore par ces possibilités, j'ai vu la façon dont il la regardait ce soir. Mon idée n'est pas si tirée par les cheveux.

Ranulf hocha lentement la tête.

— Vous êtes une femme intelligente, Ordella. Vous pouvez avoir raison. Si ceci se produit, nul ne se mettra plus en travers de mon chemin.

— De *notre* chemin.

Ordella fit courir ses doigts sur le corps de son mari, effleurant les pointes de ses seins.

Excitée, elle plaqua ses hanches contre lui, un petit sourire sur les lèvres en songeant à la facilité avec laquelle elle le manipulait.

Et certaine que n'importe quelle femme serait une proie facile pour Adelar, s'il la désirait.

La seule question était : pouvaient-ils pousser Adelar à convoiter l'épouse de Bayard ?

12

Bayard chevauchait lentement derrière les autres hommes tandis qu'ils traversaient la forêt. En avant de lui, il pouvait entendre Ranulf qui essayait de dire à Baldric comment déployer les chiens pour la chasse.

Comme personne n'était à son côté, Bayard laissa apparaître sur son visage la pleine mesure de l'aversion qu'il vouait à Ranulf. Son neveu était un sot. Baldric en savait plus sur les chiens que Ranulf n'en saurait jamais, ni ne pourrait savoir.

Pire, Ranulf était un benêt cupide qui n'avait pas même l'idée de dissimuler adroitement sa cupidité. De fait, il convoitait si fort les terres et les biens de Bayard qu'il endurait sans rien dire d'innombrables insultes — des insultes qui auraient chassé depuis longtemps un homme plus intelligent et moins intéressé.

Malheureusement, Ranulf ne partait pas, même alors que Bayard plaçait si visiblement les conseils et la compagnie d'Adelar au-dessus des siens.

Le regard de Bayard se porta sur Adelar, légèrement devant lui. Son cousin chevauchait comme il le faisait toujours, bien que ce ne fût qu'une partie de chasse, le dos droit et la tête bougeant perpétuellement, à l'affût de quelque chose qui n'allait pas.

Adelar était tout ce qu'un guerrier devait être et serait aussi un bon chef, si seulement il avait confiance en lui. Il était courageux mais pas téméraire, et pouvait se montrer subtil dans sa sagesse.

De nouveau, Bayard maudit en silence le père d'Adelar. Kendric avait empoisonné l'enfance et l'adolescence de son fils et menaçait de gâcher également le reste de sa vie. Adelar pensait qu'il était marqué par les péchés de son père. En dépit de la confiance de Bayard, il continuait à croire qu'il souffrait de déshonneur.

Bayard poussa un profond soupir. Peut-être était-ce aussi bien, si Adelar devait jouer dans ses plans le rôle qu'il lui réservait. Un homme qui se considérait totalement honorable n'accepterait jamais ce qu'il avait à demander.

Toutefois, son plan dépendait aussi de l'opinion d'Endredi sur le guerrier saxon. Il se demanda de nouveau ce qui s'était passé pendant la partie de pions entre Endredi et Adelar. Elle avait été bel et bien bouleversée, malgré ses dénégations. Et Adelar avait lui aussi été troublé, plus troublé que Bayard ne l'avait jamais vu.

C'était un bon signe qu'ils éprouvaient quelque chose l'un pour l'autre, mais il ne voulait pas que ce soit de la colère, de la suspicion ou du mépris. Il était important que sa femme et son cousin s'apprécient, au moins, sinon son plan ne marcherait jamais.

Endredi était une femme calme et intelligente. Cela devait avoir fait bonne impression sur Adelar. Ce n'était pas une véritable beauté, mais il y avait en elle une sérénité qui était fort attrayante pour un homme. Elle dirigeait bien les serviteurs et faisait en sorte que les gens l'acceptent comme son épouse.

Peut-être devrait-il ignorer un peu Endredi, se dit-il. Pousser Adelar à avoir pitié d'elle. Cela pourrait les rapprocher. Mais peut-être Adelar penserait-il qu'elle était responsable du désintérêt de son époux. Non, il n'irait sûrement pas jusque-là. Même Adelar devait voir qu'Endredi serait une épouse parfaite pour n'importe quel *thane*. Il rejetterait la faute sur lui, Bayard, et ce serait tant mieux.

Quant à ce que pensait Endredi, ce serait plus difficile à jauger. Elle était capable de garder ses sentiments bien cachés.

Quoi qu'il en soit, Adelar était un bel homme, plein de qualités. Et toujours assez distant pour piquer l'intérêt d'une femme. Elle devrait trouver en lui un objet de curiosité, sinon davantage.

Peut-être la meilleure façon de procéder était-elle celle qu'il avait adoptée, les forcer simplement à passer du temps l'un avec l'autre. Adelar en viendrait sûrement à reconnaître les mérites d'Endredi, et Endredi se rendrait compte de la solitude d'Adelar. Cela toucherait son cœur tendre.

Bayard plissa le front, concentré sur ses pensées. Il se souvint qu'Endredi avait dit qu'elle souhaitait apprendre à monter à cheval. Apparemment, les Vikings n'éduquaient pas leurs femmes et le père d'Endredi s'était montré quelque peu protecteur vis-à-vis de sa fille.

Il ouvrit la bouche, sur le point d'ordonner à Adelar de servir d'instructeur à son épouse, quand il aperçut Ranulf et réfléchit un instant.

Il avait été encore plus dur que d'habitude avec son neveu, ces derniers temps, et peut-être valait-il mieux qu'il se montre un peu plus circonspect dans le traitement qu'il lui réservait, dans le cas où son plan échouerait et où Ranulf serait son héritier.

De fait, Adelar éprouvait un tel mépris pour Ranulf qu'il considérerait sûrement comme un sort abominable d'avoir à endurer sa compagnie, fût-ce pour quelques leçons. Cela le conduirait à ressentir de la sympathie pour Endredi, ce qui serait une excellente chose.

Bayard appela Ranulf à son côté et lui ordonna d'apprendre à monter à sa femme, dès qu'elle serait prête à le faire.

— J'en serai fort honoré, se rengorgea Ranulf, visiblement trop heureux de recevoir cette petite marque d'un retour dans les faveurs de son oncle. Je commencerai cet après-midi même, si elle y est disposée.

— Bien, dit Bayard, parfaitement conscient qu'Adelar avait arrêté son cheval pour les écouter.

Il se rapprocha de Bayard tandis que Ranulf s'éloignait, un sourire rayonnant sur son visage étroit.

— Vous quêtez les grâces de Ranulf ? demanda-t-il.

— J'ai jugé préférable de ne pas lui donner d'autres causes d'irritation, au moins pour le moment, répondit Bayard d'un ton tranquille.

Il sourit largement à son cousin qui hocha la tête, avec une expression lugubre.

— Je suppose qu'Endredi le comprendra, même si elle ne goûtera sûrement pas le fait d'avoir Ranulf pour maître.

— Oh ? Qu'est-ce qui vous fait penser cela ?

— Quelque chose… qu'elle a dit l'autre jour.

— Quelle chose ?

— Elle ne l'aime pas. Elle voit sa nature envieuse.

— Moi aussi. Mais je suis surpris qu'elle vous ait parlé de lui. Elle n'est pas femme à partager ses pensées.

— Elle m'a averti qu'il n'était pas sage de ma part de rendre mon aversion si évidente.

— Pensez-vous qu'elle a raison ?

Adelar haussa un sourcil d'un air interrogateur.

— Ranulf sait ce que je ressens pour lui. Il ne servirait à rien de feindre l'affection.

— Cependant, cousin, je dois me ranger à l'avis d'Endredi. Les choses peuvent changer rapidement, Adelar, si nous livrons bataille. Je n'ai nul désir de laisser mes terres à Ranulf, mais je ne pourrai peut-être pas l'empêcher, aussi un peu plus de respect ne serait-il pas malvenu. Allons, ne prenez pas cet air courroucé.

Bayard soupira.

— Je pense que j'ai intérêt à apaiser Ranulf moi-même,

conclut-il d'une voix sombre. C'est pourquoi je lui ai demandé d'apprendre à Endredi à monter. Ou auriez-vous voulu vous en charger ?

— Non.

— Là. Alors, j'ai pris la bonne décision. Dites-moi, Adelar, comment vous semble Endredi ?

— Je ne vois pas ce que vous voulez dire.

— Diriez-vous qu'elle est heureuse ?

— Je n'en ai aucune idée. Qu'en pensez-vous vous-même ? Elle est votre épouse.

— Je pense qu'elle a quelque peu le mal du pays. Je souhaite que vous passiez plus de temps avec elle.

Adelar fronça les sourcils, et Bayard se demanda s'il n'en avait pas trop dit.

— Bon, quand vous pourrez, amenda-t-il. Je suis sûr qu'Endredi se sentira bientôt chez elle ici.

Il marqua une pause et écouta les aboiements des chiens.

— Baldric a lâché la meute. Chassons donc et espérons que Ranulf se perdra de nouveau.

— Je ne le ferai pas !

Ranulf fusilla du regard Ordella qui se tenait dans leur chaumine, les mains sur les hanches et les épaules jetées en avant.

— Ne soyez pas sot, Ranulf ! lança-t-elle avec colère. C'est précisément l'occasion dont nous parlions. Demandez simplement à Adelar de prendre votre place. Dites-lui que vous vous êtes fait mal au pied en chassant.

— C'est la première fois depuis des jours que Bayard me témoigne sa faveur, et vous vous attendez à ce que je rejette cette marque ?

— Oubliez-vous que nous visons davantage que la faveur de Bayard ? En outre, quelle sorte de tâche vous assigne-t-il là ? Ce n'est pas un honneur conforme à votre rang de jouer les maîtres d'équitation.

— Mais il me l'a *demandé,* geignit Ranulf tel un enfant réprimandé.

— Etes-vous un *thane,* ou un serviteur ?

Un de leurs esclaves, portant des jonchées fraîches, parut à l'entrée de la chaumine.

— Sortez, lourdaud ! ordonna Ordella d'un ton rude.

— Vous ne pouvez me parler ainsi ! protesta Ranulf.

— Je ne vous parlais pas. C'était Olrith.

Néanmoins, Ranulf continua à bouder.

— Bayard me l'a demandé, répéta-t-il.

— Je vous le dis, Bayard vous insulte par cette requête, bien que je pense que vous avez agi sagement, mentit Ordella. Vous avez accepté aimablement de faire une chose aussi inférieure à votre condition, jusqu'à ce que vous soyez blessé et dans l'incapacité de remplir vos engagements envers Bayard. Votre bonne volonté ne sera pas remise en cause et il ne trouvera rien à y redire.

Elle hésita un instant.

— Vous avez été seul à un moment donné de la chasse, j'espère, pour que personne ne songe à se défier de votre excuse ?

— Oui, reconnut Ranulf d'un air embarrassé. Ils se sont enfoncés dans ces fourrés, de nouveau, et j'ai été séparé d'eux.

En d'autres termes, il s'était encore perdu, pensa Ordella avec mépris.

— Maintenant, vous devez demander à Adelar, à regret, de prendre votre place.

Ranulf soupira d'un air las. Il était incapable de résister à sa femme quand elle se montrait si insistante.

— Fort bien, je ferai ce que vous dites, acquiesça-t-il, la mort dans l'âme.

13

Adelar regarda Ranulf s'éloigner en boitant.

Le simplet ! Il avait enfin eu une chance de rendre service à Bayard, et il s'était blessé. Au moins, il ne serait pas si prompt à quémander des responsabilités pendant quelque temps.

Adelar se détourna et marcha vers les écuries, se disant qu'il avait accepté de prendre la place de Ranulf par souci d'Endredi. Elle n'aimait pas le neveu de Bayard et accueillerait sûrement de bon gré n'importe quel remplaçant. Par lui en particulier, espérait-il. Maintenant qu'elle savait qu'il ne l'avait pas abandonnée ni oubliée, il lui plaisait de penser qu'ils pourraient peut-être être amis. Amis, rien de plus.

Il regarda le *burh* autour de lui. C'était une belle et chaude journée. L'odeur de la terre humide lui était apportée par une brise légère des champs récemment labourés. L'herbe qui poussait ajoutait son propre parfum à l'atmosphère.

Lorsqu'il pénétra dans la pénombre des écuries, un rayon de soleil éclaira les brins de paille et de foin qui flottaient dans l'air. Un cheval hennit et Adelar alla vers la jument, une douce bête qui serait parfaite pour Endredi.

Il caressa la tête lisse de l'animal et lui chuchota des compliments.

— Où est Ranulf ?

Adelar pivota sur lui-même et aperçut Endredi qui se tenait sur le seuil, le front plissé.

— Il s'est blessé et regrette de ne pouvoir vous donner votre leçon. Il m'a demandé de prendre sa place.

Adelar sourit. Pas du sourire sardonique qu'il offrait aux autres, mais du sourire qu'Endredi se rappelait. Le bonheur se diffusa en elle, rayonnant depuis l'endroit secret de son cœur qui n'appartenait qu'à lui.

Mais elle ne devait pas s'autoriser de tels sentiments. Ils étaient erronés. Ils étaient coupables et honteux alors qu'elle était mariée à un autre. Toutefois, savoir qu'Adelar avait été prêt à tuer Kendric pour la protéger rendait sa lutte pour réprimer ses sentiments d'autant plus difficile.

Même quand il n'était pas devant elle, elle ne pouvait s'empêcher de penser à Adelar, sans cesse. Elle était incapable de regarder Bayard sans songer qu'il se trouvait entre elle et l'homme qu'elle désirait réellement. Et elle craignait d'être tentée de parler un jour de ses émotions confuses à Adelar ou même à Helmi, plutôt que de les garder enfermées en elle.

Adelar vivait dans ce *burh* parce qu'il était l'ami de confiance de son cousin, et donc il y resterait probablement. Elle devait apprendre à régler les problèmes que lui posait sa présence.

Elle savait que le meilleur moyen était de se tenir éloignée de lui, et cependant, en cet instant, elle ne put trouver dans son cœur la force de lui dire de partir.

Elle secoua la tête sans un mot et l'observa pendant qu'il sellait deux chevaux, essayant de ne pas fixer ses bras nus et musclés, ses longues jambes minces vêtues de chausses qui moulaient ses cuisses, ou ses cheveux noirs qui frôlaient ses larges épaules.

Enfin, il termina et montra le chemin vers la prairie.

— Commençons-nous ? demanda-t-il d'une voix neutre, comme si elle était n'importe qui.

Ou personne.

Bien. Cela l'aiderait à le traiter comme s'il était n'importe qui, ou personne.

— Oui.

— Posez votre pied dans ma main et je vous hisserai sur le cheval. Tenez-vous là, indiqua-t-il en désignant le pommeau de la selle, et jetez votre jambe par-dessus votre monture.

Il joignit ses mains et attendit.

Elle marqua une pause, incertaine.

— Où… comment… ?

— Vous pouvez d'abord poser les mains sur mes épaules pour vous stabiliser.

Elle le fit, aussitôt consciente de ses muscles sous sa tunique et de son propre cœur qui s'emballait. Quand il haussa ses mains, elle leva une jambe et se retrouva juchée sur la selle, péniblement haut, pensa-t-elle. Au moins, la jument ne bougea pas.

Sans effort et avec une grâce féline, il sauta sur sa propre monture à côté d'elle.

— Maintenant, prenez votre bride dans vos mains et tenez-la ainsi.

Il lui montra comment, et elle fit de son mieux pour suivre son exemple.

— Pas si serré, critiqua-t-il. Vous devez vous tenir en selle avec vos genoux.

Elle jeta un coup d'œil à ses jambes et à ses muscles tendus. En déglutissant, elle s'efforça de se concentrer sur la bride.

— C'est mieux. Essayons d'avancer au pas. Soulevez juste la bride un peu plus haut, la jument comprendra.

Endredi obéit et ils firent lentement le tour du champ. Cela prit un certain temps avant qu'elle ne se sente plus sur le point de glisser, ou qu'elle n'ait plus l'impression que l'intérieur d'elle-même ne se remettrait jamais de ces secousses.

Adelar arrêta son cheval et commença à lui enseigner comment indiquer un changement de direction, en prenant ses mains dans les siennes pour mieux le lui montrer.

Son toucher était ferme et sa peau rugueuse sur la sienne, toutefois, il était doux, aussi.

Endredi sentit une vive rougeur envahir son visage, mais elle ne souhaita pas qu'il s'interrompe dans son geste. Elle avait envie de saisir sa main et de la presser contre ses lèvres, afin de lui témoigner son amour.

Quand il eut fini, il la lâcha, puis la regarda soudain avec intensité.

— Bayard est d'accord sur le fait que je devrais traiter Ranulf avec plus de respect, dit-il avec gravité. Il apprécie votre sagesse.

— Cela me fait plaisir, répondit-elle doucement, les yeux baissés.

— Vous le rendez heureux, Endredi. Il est fortuné de vous avoir pour épouse.

Elle remua, mal à l'aise, consciente de l'envie qui perçait dans sa voix.

La jument se méprit sur son mouvement, le prenant pour un signal de se mettre au galop. Elle démarra en trombe. Le cri perçant d'Endredi retentit dans l'air tandis que sa monture se dirigeait à vive allure vers les fourrés à l'orée du bois voisin, la ballottant comme un sac de noix.

Grâce au ciel, l'animal s'arrêta avant de s'enfoncer dans les buissons épineux. Endredi se cramponna à sa selle, soulagée, et prit une inspiration tremblante quand elle s'avisa qu'Adelar était à côté d'elle.

— Avez-vous du mal ? demanda-t-il en démontant promptement et en s'approchant d'elle.

— Non. Toutefois, je pense que la leçon devrait prendre fin pour le moment, répondit-elle d'une voix altérée.

Il hocha la tête et leva les bras pour l'aider à descendre.

— J'ignore ce que vous avez fait, mais la jument a cru que vous vouliez accélérer. Etes-vous sûre d'aller bien ?

— Oui. Ce n'a été qu'une petite frayeur.

Elle posa les mains sur ses avant-bras musclés et se laissa glisser de la selle. Il était près d'elle, si près qu'elle pouvait presque compter les cils noirs qui bordaient ses yeux sérieux et sentir le battement de son pouls à l'intérieur de son propre corps.

— Bon.

Il lui sourit chaudement, avec de l'affection et du soulagement. Elle rougit, mais ne put détacher son regard de lui.

Soudain, l'expression d'Adelar changea et il l'attira dans une brèche entre les buissons, à l'écart de la prairie.

— Endredi, dit-il doucement.

— Adelar, murmura-t-elle.

Elle avait l'impression d'avancer sur la fine couche de glace d'une rivière en hiver, et que celle-ci commençait à céder.

— Etes-vous vraiment heureuse avec Bayard ?

Elle se prépara à parler, prête à mentir de nouveau. Prête à lui rappeler qu'elle était mariée à son seigneur. Prête à refermer la porte de sa prison.

Mais ce regard dans ses yeux bruns ! Cette nostalgie, ce désir — tout répondait aux sentiments de son propre cœur, et elle ne put que dire la vérité.

— Je suis aussi heureuse que je puis l'être.

— Je me sens misérable, de vous voir sans arrêt et de ne jamais pouvoir être près de vous. De ne jamais pouvoir vous toucher, vous embrasser…

Il courba la tête vers elle, incapable de résister au besoin qui le poussait vers elle, incapable de songer à autre chose qu'au désir de l'étreindre et de goûter ses lèvres. De la sentir à lui, ne fût-ce qu'un instant. Elle s'écarta, retenue par les puissants liens de l'honneur.

— Je suis l'épouse d'un autre. De grâce, n'en dites pas plus.

Il la prit tendrement dans ses bras, malgré sa réticence, et la tint contre lui, moins comme un amant que comme un consolateur qui voulait partager ses tourments. Qui le faisait peut-être déjà.

Vaincue, elle appuya son visage sur son torse et se permit de savourer sa force et sa chaleur qui l'enveloppaient tout entière.

— Je suis malheureux, Endredi, dit-il d'une voix rauque. Chaque instant où je vous vois avec Bayard m'emplit de douleur.

— Nous ne pouvons rien y faire.

— Vraiment ?

Il la regarda dans les yeux, les siens lui posant une question muette qu'elle n'avait pas osé ni voulu considérer jusque-là. Et ici, maintenant, seule avec lui, il ne lui semblait soudain pas si honteux de céder à une passion aussi vraie que la leur.

D'être avec lui, enfin.

De partager leur amour et leurs désirs.

Après tout, elle n'était pour Bayard qu'une épouse de convenance. Il ne l'aimait pas, elle ne lui volerait rien en s'abandonnant à Adelar.

Hormis son honneur, se rappela-t-elle.

Mais Adelar était l'homme de sa vie, celui à qui elle s'était toujours sentie promise. Comment pourrait-elle le repousser indéfiniment ? Ressemblait-elle à sa mère ? se demanda-t-elle avec terreur.

Il y eut un mouvement entre les arbres tout proches. Effrayée, Endredi regarda par-dessus l'épaule d'Adelar, scrutant le bois. Elle s'écarta vivement de lui.

— Eloignez-vous de moi, dit-elle d'une voix forte. Sinon, je dirai à Bayard ce que vous avez essayé de faire.

Le visage d'Adelar exprima le choc et la surprise. Il recula, saisi.

— C'est une bonne chose que personne ne vous ait vu, poursuivit-elle. Je garderai ceci secret, à cause de l'estime que Bayard vous porte. Mais je vous le dis, Adelar, essayez encore de me séduire et j'en informerai mon époux.

Là-dessus, elle s'en alla, le laissant la suivre fixement des yeux.

— Adelar, au nom du ciel, que pensiez-vous faire là ? Bayard vous tuerait, s'il le savait !

Adelar pivota en entendant les paroles de Godwin.

— Combien de temps m'avez-vous espionné ? demanda-t-il rudement.

— Espionné ? Je ne faisais rien de tel. Je marchais simplement dans le bois en essayant de composer une ballade sur les pinsons et les rossignols, et je vous ai trouvé en train de chercher à séduire l'épouse de Bayard !

Le jongleur fronça les sourcils en s'approchant.

— J'avais une plus haute opinion de vous.

Adelar s'efforça de ne pas paraître trop concerné et de ne pas regarder dans la direction d'Endredi.

— Sa jument s'est emballée et elle a eu peur. Je ne faisais que la réconforter. Elle a mal interprété mon geste.

Godwin prit une expression sceptique, et il fit passer la cape qu'il portait d'une main dans l'autre.

— La réconforter, Adelar ? A qui pensez-vous parler ? Je vous connais trop bien. Vous devriez être reconnaissant que ce soit moi qui vous aie vu, et non Ranulf.

— Ranulf devait lui apprendre à monter, mais il s'est blessé au pied.

Adelar haussa les épaules.

— J'admets que ce n'était pas une chose sage à faire. Considérez-moi comme averti — bien que vous ayez vu sa réaction. Elle m'a repoussé sans ambages.

— Oui. Vous devriez aussi lui savoir gré qu'elle ne dise

rien à Bayard. S'il pensait que vous faisiez autre chose que la réconforter, il ne vous le pardonnerait jamais. Venez, je vais rentrer avec vous.

Adelar prit les brides des chevaux qui attendaient. A distance, il aperçut Endredi qui disparaissait par la porte du *burh*.

Godwin lui emboîta le pas.

— Elle pourrait décider d'informer Bayard, après tout, dit-il d'un ton pensif.

— Je ne crois pas.

Le ménestrel s'arrêta.

— M'a-t-elle vu ? Essayiez-vous vraiment de la séduire ? Y parveniez-vous ? Est-ce pour cela qu'elle vous a interrompu ? demanda-t-il, soupçonneux.

— Elle m'a interrompu parce qu'elle s'est méprise sur mon geste, et qu'elle a le sens de l'honneur.

— Alors, c'est vraiment une femme fort remarquable et fort avisée, ce qui est une bonne chose, je dois dire.

— Pour la dernière fois, Godwin, je n'essayais pas de séduire la femme de Bayard.

Il avait été emporté par son désir brûlant et par la réaction d'Endredi. Il savait fort bien ce qui aurait pu arriver, mais ce n'aurait pas été une entreprise de séduction, car Endredi lui appartenait déjà, il en était certain.

Cela aurait été l'accomplissement de tous ses espoirs et de tous ses rêves.

Toutefois, si Endredi n'avait pas remarqué Godwin à temps ou si cela avait été quelqu'un d'autre, ils auraient été dans une situation fort périlleuse. Il n'oserait pas la replacer de nouveau dans de telles circonstances.

Il n'existait qu'un moyen de s'assurer qu'il ne céderait plus à la toute-puissante tentation d'être avec elle, et il s'y plierait.

Pour le bien d'Endredi, et pour le sien.

14

Adelar ajusta la lanière de sa sacoche derrière sa selle, dans le petit matin qui filtrait à travers les fentes des murs des écuries.

Son paquetage contenait peu de choses en dehors de ses armes, de sa cotte de mailles ou *byrnie*, constituée de petits anneaux de fer entrelacés, et de quelques vêtements.

Dans le bois au-delà du *burh*, une alouette saluait l'aube de son chant. Les valets dont la tâche était de nourrir et d'abreuver les chevaux et de nettoyer les écuries dormaient encore à poings fermés, tandis qu'autour de lui les bêtes remuaient et piétinaient la paille.

Sifflotant doucement pour imiter l'oiseau, Godwin se tenait à proximité, les bras croisés, appuyé contre un montant de bois.

— Que faites-vous ?

— Qu'est-ce qui vous amène de si bonne heure dans les écuries ? Où est Gleda ?

— Elle dort quelque part. Il semble que nous nous soyons tous les deux lassés de nos charmes mutuels.

— Ah ! Ainsi, vous vous sentiez seul et pensiez amuser les chevaux avec vos traits d'esprit ?

— J'étais simplement curieux, quand je vous ai vu quitter la grand-salle avec cette sacoche sous le bras. Bayard vous a-t-il demandé de porter un message ?

— Je m'en vais.

— Je puis le voir. Où allez-vous, et pourquoi ?

— Vous feriez un bon inquisiteur, Godwin. Je crois que vous devriez cesser d'être un jongleur et postuler à cette fonction.

— Est-ce que Bayard vous envoie dans quelque mission secrète ?

Les yeux du ménestrel luisaient d'intérêt.

— Non. J'ai passé plus que le temps nécessaire au sein du *fyrd*. Je souhaite partir.

— Vous n'avez nullement laissé voir que vous étiez insatisfait de votre sort. Et d'autres peuvent penser que vous avez une bonne raison de partir aussi soudainement. Est-ce le cas ?

Adelar marqua une pause et dévisagea le jongleur d'un air sévère qui eût été digne du père Derrick.

— Qu'insinuez-vous ?

— La femme de Bayard. Est-elle la raison de votre départ ?

— Non.

— Etes-vous inquiet qu'elle cause une fracture entre vous et Bayard ?

— Non.

— Alors, pourquoi partez-vous ? Votre période au sein du *fyrd* est terminée depuis longtemps, et vous n'avez jamais laissé entendre que vous souhaitiez partir auparavant.

— Peut-être suis-je las de vos constants bavardages.

— Vous appréciez mes bavardages, je le sais. Maintenant, si vous disiez que vous êtes las de voir la vilaine figure de Ranulf ou celle d'Ordella, je pourrais le croire. Ou est-ce une autre femme ?

— Pourquoi attribuez-vous toujours ce que je fais à des femmes ?

— Parce que tant d'entre elles vous aiment. Et je pensais que vous les aimiez aussi.

— Ce n'est pas une femme, mentit Adelar.

— Vous rougissez comme un jouvenceau.

— *Ce n'est pas une femme.*

— Fort bien, je vous crois. Mais peut-être devriez-vous donner cette raison à Bayard. Ce serait sûrement mieux de fournir une excuse plausible au lieu de dire simplement que votre temps est terminé, comme si vous veniez juste de découvrir qu'une année s'est écoulée.

Adelar fronça les sourcils, mais il supposa que Godwin avait raison : il devrait fournir une explication à Bayard, même s'il savait qu'il faisait bien de s'en aller — avant que quelqu'un soupçonne que les sentiments qu'il portait à l'épouse de son seigneur n'étaient pas ceux qu'ils devraient être.

Il avait été un sot de vouloir croire qu'il pouvait cacher ses sentiments à tous, ainsi qu'à lui-même. Il avait suffi d'un moment seul avec Endredi pour réveiller toute la passion qu'il éprouvait pour elle. S'il restait, cela pourrait se reproduire, et n'importe qui pourrait s'en apercevoir. Il ne voulait pas prendre ce risque.

— Et si vous ne donnez pas une explication crédible à votre départ, certains pourront se demander si vous avez appris quelque chose qui vous dresse contre Bayard, continua Godwin. Ils pourraient décider de l'abandonner aussi. Alors, Cynath l'apprendra et qu'en sera-t-il pour Bayard, si son suzerain se met en courroux ? Il pourra se sentir trahi. Après tout, il vous a traité mieux que Ranulf, à ses risques et périls. Et songez, Adelar, qu'il n'y aura plus personne pour lui donner de sages conseils. Tout le monde sait que Ranulf ne pense qu'à ses propres intérêts.

— Bayard a son épouse pour le conseiller.

— Ce n'est qu'une femme. Quels sages conseils peut-elle donner, à part si Bayard la questionne au sujet de vêtements et de bijoux ?

— D'autres hommes viendront chez lui et me remplaceront. C'est un bon seigneur, et Cynath le sait. Vous voyez des problèmes qui ne se produiront pas.

— Peut-être votre départ sitôt après le mariage fera-t-il s'interroger Bayard sur la sagesse de son choix. Il semble heureux maintenant, mais il se peut qu'il blâme son épouse de votre éloignement.

Adelar fit face au ménestrel.

— Contrairement à certains, je ne crois point que Bayard aurait une idée aussi stupide.

— Allez-vous retourner au *burh* de votre père ?

— Il me semble vous avoir dit que je préférerais mourir que d'être au même endroit que lui.

— Alors, où irez-vous ?

— N'importe où où un homme peut gagner sa vie en se battant. Ou peut-être éprouverai-je le besoin de faire un pèlerinage. Peut-être irai-je visiter Rome.

— Vous ? Un pèlerinage ? persifla Godwin. Cela durera le temps que vous tombiez sur une accorte gueuse.

— Et quel mal y aurait-il à cela ? rétorqua Adelar, sardonique.

— Cela ne dissipera pas vos tourments, déclara le jongleur, son visage jovial soudain sérieux.

Adelar lui jeta un coup d'œil.

— Quels tourments ?

— Je l'ignore. Quelque chose venant de votre passé. Est-ce parce que la femme de Bayard est une Viking, et vous rappelle votre enlèvement ?

— Je vous le répète, Godwin, Endredi n'a rien à voir avec ma décision.

— Il semble que je ne puisse rien dire pour vous faire changer d'avis. Vous allez manquer à Gleda.

— Vous pourrez la consoler.

— Et Ylla. Elle va pleurer toutes les nuits quand vous serez parti.

— Maintenant que Bayard l'a affranchie, je suppose qu'elle aura d'autres choses à penser.

Un bruit de sabots et le tintement de harnais les interrompit. Les deux hommes se regardèrent.

— Bayard n'attend aucun visiteur, dit Adelar d'un ton bref.

Ils se hâtèrent vers la porte des écuries.

— Ils viennent de chez Cynath, constata Godwin, médusé, en contemplant l'étendard que l'un des cavaliers brandissait à l'avant de la troupe.

Les arrivants montaient de très beaux chevaux, et plusieurs chiens de race couraient à côté d'eux.

— Je connais cet homme, dit Adelar en désignant d'un signe de tête un cavalier bien habillé, aux cheveux noirs, qui portait des armes ouvragées. C'est Dunstan.

— Le fils aîné de Cynath ?

— Oui.

— Pas étonnant qu'il ait l'air de se prendre pour le *Britwalda*. Quel âne !

— Son père fait partie du Witan depuis plus de vingt ans et est le suzerain de Bayard, aussi feriez-vous bien de prendre garde à ce que vous dites de Dunstan.

— J'espère que j'aurai peu à faire avec lui à part maintenir un sourire sur son visage gras. Il pourrait utiliser son ventre comme une arme.

— Godwin, soyez prudent. Il est peut-être enrobé, mais c'est un bon guerrier. Je l'ai vu se battre. Je n'aimerais pas vous voir transpercé par son glaive.

— Merci pour vos aimables paroles, messire. Mais vous ne serez pas ici pour le voir s'il le fait.

Dunstan sauta à bas de son cheval et jeta sa bride à l'un des hommes de Bayard.

Adelar observa le cortège qui continuait à arriver.

— Ce doit être une affaire importante, si Dunstan vient et avec autant d'hommes, dit-il pensivement. Peut-être devrais-je repousser mon départ le temps d'apprendre ce qui l'amène ici, et de si bonne heure.

15

Si Bayard était préoccupé par la présence de Dunstan, il ne le montrait pas, constata Adelar en pénétrant dans la grand-salle. La plupart des guerriers et des *thanes* étaient encore à l'intérieur, en train de finir le premier repas de la journée. Le père Derrick, qui se jugeait sans nul doute indispensable à toute assemblée importante, siégeait non loin de la droite de Bayard.

Endredi n'était pas là.

Adelar observa son cousin qui accueillait Dunstan avec ce qu'il fallait de protocole et de déférence, avant de lui offrir un siège à sa droite et de l'inviter à manger.

En silence, Adelar prit une place au-dessous du sel, ne souhaitant pas attirer l'attention sur lui. Il était curieux de savoir ce qui amenait Dunstan, sans plus.

Ensuite, il partirait.

Godwin s'assit près de lui et se servit de la viande bouillie.

Duff, le cuisinier, visiblement dérouté par l'arrivée inattendue de cet important visiteur, s'empressait de donner des ordres acerbes aux autres serviteurs, qui paraissaient quelque peu abasourdis. Gleda, en particulier, se mouvait comme si elle pataugeait.

Bayard n'avait pas l'air troublé, et Adelar se demanda s'il avait su que Dunstan devait arriver.

Tandis qu'il observait les deux hommes, Bayard regarda dans sa direction.

— Adelar ! appela-t-il. Je m'interrogeais sur votre

absence. Vous ne devriez pas vous morfondre là-bas ! Venez nous rejoindre.

Adelar obéit avec réticence, car même si le ton de Bayard était amical, il contenait une réprimande. Il s'installa à côté de Ranulf, qui n'aurait même pas cédé devant un ange si l'on avait essayé de s'asseoir entre Bayard et lui.

— Ce que j'ai à dire concerne uniquement les hommes en qui vous avez le plus confiance, annonça Dunstan sans préambule vers la fin du repas.

Bayard hocha la tête, sans paraître offensé par son ton autoritaire.

— Adelar, père Derrick et Ranulf, restez, dit-il.

Il nomma quelques autres guerriers.

— Le reste, dehors. Gleda, allez chercher mon épouse.

Il y eut quelques marmonnements mécontents parmi ceux qui n'avaient pas été choisis, en particulier quand il fut évident que l'escorte de Dunstan n'avait pas l'intention de se retirer.

Néanmoins, les hommes de Bayard quittèrent lentement la grand-salle.

— Ainsi, c'est vrai. Vous êtes marié, déclara Dunstan sans se soucier de cacher son déplaisir.

— Oui, répondit Bayard, un sourire sur les lèvres. Un homme ne peut vivre seul éternellement.

— Un homme n'est jamais seul s'il se fie à Dieu, intervint le père Derrick.

Dunstan jeta un coup d'œil surpris à l'homme d'Eglise.

— Fort juste, mon père, répondit calmement Bayard.

— L'autre rumeur qui nous est parvenue — puisque vous n'avez pas requis la permission de mon père pour vous marier — est-elle vraie également ? Qu'il s'agit d'une Danoise ?

— Cynath n'a jamais jugé nécessaire d'interférer dans les décisions de Bayard, déclara Adelar. Il n'était pas utile de l'ennuyer avec celle-ci, non plus.

Dunstan le regarda froidement.

— Je ne m'adresse pas à vous, fils de Kendric.

Il se tourna pour parler à Bayard, mais se tut quand Endredi entra dans la grand-salle.

Le souffle d'Adelar se coinça dans sa gorge lorsqu'elle hésita en voyant les visiteurs. Il percevait son trouble et en souffrait pour elle.

Ses yeux verts brillaient à la flamme des torches. Ses joues lisses et pâles se teintèrent de rose et ses lèvres s'écartèrent comme si elle voulait poser une question.

Il savait qu'elle ne le ferait pas, cependant. Elle resterait silencieuse et écouterait — bien à sa façon.

Lorsqu'elle s'approcha, il promena les yeux sur ses épais cheveux blond-roux, couverts d'un voile de la soie la plus fine qu'il avait jamais vue. Le reste de ses vêtements, une cotte vert d'eau et un bliaut d'un vert plus sombre, lui allait à merveille et glissait sur son corps avec une fluidité qui témoignait de leur qualité. Il la trouva magnifique.

Dunstan l'examinait aussi, mais sans la déférence due à une noble dame et à l'épouse de l'allié de son père. Il la regardait comme si elle n'était rien d'autre qu'une servante. Ou une esclave.

— C'est la femme ? demanda-t-il avec insolence.

Le visage d'Endredi rougit et elle courba la tête. Adelar eut toutes les peines du monde à rester silencieux. Même le père Derrick parut choqué par ce traitement méprisant d'une femme qui était, après tout, l'épouse d'un *burhware*.

— C'est mon épouse, Endredi.

Bayard était lui aussi clairement offensé par les manières de Dunstan, car son ton fut réprobateur lorsqu'il se leva et escorta Endredi jusqu'à la place à côté de lui.

— Ce que j'ai à dire n'est pas destiné aux oreilles d'une femme, déclara Dunstan.

— Quoi que vous ayez à dire, vous pouvez le dire devant mon épouse.

Bayard était digne d'elle, pensa Adelar, et elle de lui. Il n'avait pas de place entre eux.

Qu'avait-il à lui offrir, *lui* ? Pas de terres, pas de fortune. Rien que son cœur, et le déshonneur.

Elle méritait mieux. Et Bayard méritait le genre d'épouse qu'elle serait pour lui.

— Je ne parlerai pas des affaires du roi avec une Danoise dans la grand-salle.

Adelar s'empourpra violemment, la colère fusant dans son corps à cette rebuffade, même si, s'il s'était agi d'un autre Danois, il eût été le premier à acquiescer. Mais c'était d'Endredi que Dunstan parlait ainsi.

Toutefois, ce n'était pas son rôle de la défendre. Ni sa place.

— Je suis sûr qu'il n'était pas dans vos intentions de jeter le doute sur ma sagesse, rétorqua fraîchement Bayard, car, bien sûr, une insulte envers ma femme est une insulte envers moi.

— Vous jouez à un jeu dangereux, Bayard, avertit Dunstan.

— Et une insulte est tout sauf une plaisanterie, Dunstan. Ma femme restera, ou je m'en irai.

— Mon père...

— Votre père sait qu'il a ma dévotion et qu'il l'aura toujours. Il sait que je suis l'un des *burhwares* du roi car ma loyauté est sans reproche. Il sait que j'ai mené des hommes depuis que vous étiez un nourrisson au sein de votre mère. Votre père accepterait mal qu'une insulte me soit faite.

Endredi se leva.

— Bayard, je vous sais gré de votre foi en moi. Néanmoins, si ma présence est malvenue, je vais retourner à notre chaumine.

Dunstan la contempla fixement, bouche bée.

— Etes-vous si surpris que je parle votre langue, messire ?

demanda-t-elle posément. Je suis en partie saxonne, mais je vois que cette information n'est pas allée jusqu'à vous. Néanmoins...

Elle se tourna vers Bayard.

— ... je ne souhaite pas rester là où ma présence est source de désaccord.

La tête haute, elle traversa la salle.

Elle s'arrêta sur le seuil et décocha un sourire qui était à la fois fier et dédaigneux.

— J'espère que vous pourrez rester pour la nuit, Dunstan. Vous êtes toujours le bienvenu ici.

Bayard eut l'air surpris et ravi, jusqu'à ce que Dunstan se tourne vers lui.

— Maintenant que je l'ai vue, je comprends votre désir de vous marier, admit le fils de Cynath avec un sourire entendu. J'ignorais qu'elle avait du sang saxon. De grâce, pardonnez mes paroles hâtives.

Le vaurien se montrait encore impudent, car il n'y avait nulle contrition dans son ton ni dans son attitude. Adelar n'eut que plus envie de le tuer.

— En viendrons-nous à l'objet de votre visite ici ? demanda Bayard, prouvant une fois de plus pourquoi il était un si bon chef.

Il avait la capacité d'écarter de lui les affronts personnels pour traiter les sujets importants.

— Il s'agit d'Aethelwold, répondit Dunstan, ses manières sagement adoucies.

— Qu'en est-il de lui ? A-t-il attaqué ?

— Il continue d'envoyer de petites bandes depuis l'Essex pour harceler le pays. Toutefois, Edward craint qu'il conduise une attaque majeure cet été ou au printemps prochain. Le roi a convoqué une réunion du Witan et de tous ses *thanes* loyaux. Mon père m'a envoyé pour vous ramener avec moi.

— Avec mon armée ? Où et quand ?

— Au *burh* de Cynath. Dans cinq jours. Il n'a pas besoin de tout votre *fyrd*. Juste vous et quelques-uns de vos hommes, afin de discuter nos plans.

Gleda et Ylla entrèrent dans la grand-salle. Gleda portait un tonnelet de vin, Ylla un plateau avec des hanaps en argent.

Dunstan observa les servantes d'un œil intéressé, tandis qu'elles tendaient les hanaps emplis de vin aux convives. Gleda regarda avec impudence l'élégant Dunstan, mais il fixait Ylla, plus jeune et plus jolie. Celle-ci exécuta sa tâche vivement et bien, sans jamais rencontrer le regard de qui que ce soit.

Gleda se mouvait plus lentement, et, lorsqu'elles sortirent, elle ondula des hanches d'une façon encore plus provocante que d'habitude.

— Votre grand-salle vous fait honneur, Bayard, dit Dunstan.

— Je suis heureux de l'entendre dire par le fils de Cynath.

Bayard s'adossa à sa chaise.

— Edward ne donne pas à ses alliés beaucoup de temps pour se rassembler.

— C'est pourquoi il ne convoque pas les *fyrds*. Il préfère s'en tenir à des plans, pour le moment.

— Et découvrir si des hommes du Wessex vont suivre Aethelwold, probablement. Nous pouvons être prêts à partir dans deux jours. Profiterez-vous de notre hospitalité jusque-là ?

— Oui, grand merci à vous.

— Ranulf, vous choisirez cinq hommes qui m'accompagneront au *burh* de Cynath. Père Derrick, je suis sûr d'avoir besoin de votre sagesse et de votre foi. Je laisserai le commandement du fort à Adelar.

Dunstan hocha la tête en signe d'approbation, et Ranulf sourit d'un air satisfait.

— Cousin ! protesta Adelar.

— Je sais que vous préféreriez venir avec moi, Adelar, mais je me sentirai mieux si vous gardez mon domaine et mes biens, répondit Bayard. Et si vous veillez sur mon épouse.

Adelar n'ajouta rien. Il voulait dire à Bayard, sur-le-champ, qu'il avait l'intention de partir sans attendre, mais la présence de Dunstan et la déplaisante satisfaction de Ranulf le firent taire.

— Je projetais d'aller chasser, aujourd'hui, déclara Bayard. Voulez-vous vous joindre à nous, Dunstan ? A ce qu'il paraît, un de mes gens a vu un cerf blanc comme neige dans le bois. Une telle bête devrait nous procurer du plaisir.

— Rien ne saurait me contenter davantage — sauf de chasser Aethelwold ! répondit Dunstan avec un rire sonore. Mes chiens sont avides de se mettre en chasse.

— Baldric ! cria Bayard.

— Je suis là, mon seigneur, répondit la voix grave du maître-chien de l'extérieur de la grand-salle.

Il passa la tête par la porte.

— Tous les chiens qui le peuvent chasseront aujourd'hui.

— Oui, mon seigneur. Tom devra...

— Assurez-vous que les chevaux de mes hommes soient soignés, ordonna Dunstan.

— Je ne le puis, messire. Une chienne est en train de mettre bas et cela ne s'annonce pas facile.

Là-dessus, Baldric disparut.

Dunstan regarda Bayard avec stupeur.

— Vous permettez à ce serviteur de me parler ainsi ?

— Je vais demander aux valets d'écurie de s'occuper de vos chevaux pour le moment. Et oui, je permets au meilleur maître-chien du Wessex, de Mercie, du Kent et de l'Essex de parler ainsi, quand ma meilleure chienne a des petits.

Nullement amadoué, mais décidant manifestement

qu'il valait mieux ne pas répondre, Dunstan se leva, suivi par son entourage.

— Vous plairait-il d'avoir le meilleur de la litière ? offrit Bayard. Je vous l'assure, ce sont les meilleurs chiens de chasse que vous verrez jamais.

Il n'y avait nulle servilité dans son ton, mais sa proposition prouvait sa sagesse. Dunstan acquiesça et se prépara à sortir avec meilleure grâce qu'il en avait montré jusque-là.

— Je vous rejoindrai bientôt, dit Bayard en se levant à son tour. Je vais chercher ma cape.

Le reste des hommes se leva aussi et commença à prendre ses armes, pendant que Dunstan et son escorte s'en allaient.

— Bayard, je voudrais vous dire un mot, annonça Adelar à voix basse, mais pas suffisamment.

Ranulf s'approcha d'eux.

— Qu'est-ce qu'Adelar peut avoir à dire qui requière un tel secret ? demanda-t-il.

— Il suffit qu'il le juge nécessaire, Ranulf, répondit calmement Bayard. Laissez-nous et attendez-moi aux écuries.

Ranulf lança une œillade soupçonneuse à Adelar, mais il se joignit aux hommes qui sortaient.

Adelar se tourna vers son cousin et remarqua soudain combien Bayard paraissait fatigué, ce jour-là. Son visage était tiré, et des cernes sombres soulignaient ses yeux.

— Alors, cousin, dit Bayard. Ainsi que Ranulf le disait, qu'est-ce qui requiert un tel secret ?

— Je ne puis rester ici.

— Je suis marri si vous êtes offensé parce que je ne vous ai pas demandé de venir avec moi au conseil de Cynath.

— Non, vous vous méprenez, cousin. J'envisageais de quitter ce *burh* aujourd'hui.

— Pourquoi ? Que s'est-il passé ? L'un de mes hommes

ou moi-même avons-nous fait quelque chose pour vous fâcher ?

— Non, Bayard.

Bayard fronça les sourcils.

— Il a dû y avoir quelque chose pour provoquer cette soudaine décision. Pensez-vous que je laisserai mon parent — qui est aussi mon meilleur guerrier — partir sans un mot d'explication ?

— J'ai fait mon temps dans le *fyrd*.

— Je ne m'attendais pas que *vous* vous conduisiez comme les hommes qui ont abandonné Thorney Island alors que les Danois allaient se rendre, juste parce que leur temps de service était terminé, objecta Bayard d'un ton de reproche.

— Vous avez d'autres hommes pour prendre ma place.

— Je ne me fie à personne autant qu'à vous.

— Vous avez votre épouse.

— Qui est, quoi que j'aie pu dire à Dunstan, une Danoise.

— Mais vous lui faites confiance, n'est-ce pas ? Si je devais rester pendant que vous serez au *burh* de Cynath, ce ne serait pas pour agir comme un geôlier.

Et certainement jamais pour Endredi.

— Alors je vais devoir laisser Ranulf ici. Ou le père Derrick. Je ne souhaite pas soumettre Endredi à la loi de l'un ou l'autre, mais vous m'y obligez.

Bayard, par ces mots, avait fourni à Adelar la seule raison capable de l'inciter à rester. Ranulf n'oserait jamais s'en prendre directement à Endredi, mais il était rusé comme un serpent. Il trouverait mille façons subtiles de lui empoisonner la vie. Et la piètre opinion que le père Derrick avait des femmes était suffisante pour épuiser la patience d'Endredi elle-même.

— Fort bien, Bayard. Je resterai jusqu'à votre retour, déclara-t-il, les mâchoires crispées.

Bayard sourit, le plaisir illuminant son visage.

— Merci, Adelar. J'ai besoin de vous, et Endredi aussi.

Adelar hocha la tête, s'avisant qu'il savait exactement ce qu'une mouche ressentait quand elle découvrait qu'elle était prise dans du miel.

16

Dagfinn fronça les sourcils en considérant l'espion.

— Vous êtes certain de ceci ? Le Witan au complet en plus d'autres *thanes* et guerriers ?

— Oui. Le roi a requis un rassemblement partiel au *burh* de Cynath dans cinq jours. Les *thanes* et les *ealdormen* ont beaucoup à discuter.

— Vous découvrirez tout ce que vous pourrez, en particulier sur la construction de *burhs*. Et vous me donnerez une description de celui de Cynath. J'ai également besoin d'être informé sur la Mercie et le Kent. Vont-ils suivre Edward, ou y a-t-il une chance qu'ils laissent les hommes du Wessex se battre seuls ?

— Si Aethelwold est sage, il choisira de combattre d'abord le Wessex. Il se peut que les hommes de Mercie et du Kent attendent de voir ce qui se passe, et Edward sera privé de leur aide. Ce serait encore mieux, bien sûr, si Edward était tué. Alors, Ethelred de Mercie serait le meilleur choix pour un roi. Même ces arrogants simplets du Witan devraient accepter.

Dagfinn se rembrunit.

— J'admets que ce que vous dites paraît juste, mais c'est l'ambition qui meut Aethelwold, pas la sagesse. Toutefois, je m'en tiendrai à votre avis.

— Bien. Il y a autre chose.

— Quoi ?

— C'est à propos d'Endredi. Et du cousin de Bayard, Adelar.

— L'arrogant individu qui parle notre langue ? Qu'y a-t-il à leur sujet ?

— Il a tenté de la séduire.

— Par l'œil d'Odin ! Est-ce vrai ?

— Si je vous le dis.

— Il n'a pas réussi, affirma Dagfinn avec conviction.

Les yeux de l'espion s'élargirent.

— Vous le saviez ? Comment ?

Le rire de Dagfinn ressembla à un grognement.

— Je ne le savais pas, mais je connais Endredi. Son cœur est aussi plein de glace que les mers du Nord en hiver. Je n'apprécie nullement la veuve de mon frère, mais elle ne trahirait jamais un époux.

— Moi, je connais Adelar, et je ne serais pas si prompt à l'éliminer. S'il veut une femme…

— S'il la veut, qu'il l'ait.

— Bayard peut décider de la renvoyer.

— Il n'oserait pas !

Dagfinn plissa légèrement les paupières.

— Le mariage est consommé, n'est-ce pas ?

— Je n'ai pas accès à ce genre d'information, mais je crois que oui.

— Alors, il doit la garder. Ou faire ce que vous, les chrétiens, faites avec les femmes infidèles. Peu m'importe.

— Mais un possible adultère devrait vous importer. Bayard serait déshonoré.

— Et alors ?

— Ce serait un signe de faiblesse. Certains de ses *thanes* pourraient être persuadés de l'abandonner. Lui — et son *burh* — seraient moins protégés.

Dagfinn posa une bourse lourde de pièces d'argent sur la table devant lui. Des bracelets de femme tintèrent au bras du traître qui tendit la main pour la prendre.

— Trouvez la preuve d'un adultère et de la disgrâce de Bayard, et vous recevrez davantage. Entre-temps, découvrez tout ce que vous pourrez sur cette réunion.

— Cela peut prendre un certain temps, et il sera plus difficile de quitter le *burh* quand Bayard sera rentré.

— Même avec ce fin déguisement ? rétorqua Dagfinn. Je ne vous aurais pas pris moi-même pour autre chose qu'une vieille femme.

Il tendit au traître une corne à boire.

— Pourquoi faites-vous ceci ? demanda-t-il, incapable de contenir sa curiosité brûlante.

— Parce que je hais l'idée d'un Saxon du Wessex gouvernant mon pays.

— L'Angleterre ? s'enquit le Danois, de la suspicion dans la voix.

Son compagnon prit une expression dédaigneuse.

— La Mercie. Je me soucie du reste du pays comme d'une guigne. Seules m'importent les provinces gouvernées par un roi mercien.

Dagfinn fronça les sourcils.

— Vous n'incluez pas la Danelaw ?

— Bien sûr que non. Vous, les Normands, y êtes trop établis pour vous en chasser. Il vaut mieux travailler avec vous que contre vous. Il y aura assez pour les Danois et les Merciens quand nous possèderons le Wessex.

— Edward ne sera pas facile à battre. Et les hommes du Kent lutteront farouchement pour éviter qu'un autre Mercien ne les gouverne.

— Ils ont pansé leurs blessures pendant si longtemps qu'ils sont sûrement trop faibles pour combattre.

— Beornwulf n'aurait jamais dû humilier Eadbert Praen de cette façon.

— Il conduisait une rébellion. Il était naturel qu'on lui arrache les yeux et qu'on lui coupe les mains.

— Et si vous êtes pris à fomenter une rébellion contre votre roi, penserez-vous alors qu'un tel châtiment sera justifié ? demanda Dagfinn.

— Je ne serai pas pris, affirma le traître.

17

Au repas du soir, Dunstan fournit tous les efforts possibles pour prouver à Bayard et à Endredi qu'il n'était pas mal disposé envers eux et qu'il regrettait ses doutes sur la loyauté d'Endredi.

Pour la plupart des témoins, il pouvait sembler que Bayard était satisfait et Endredi amadouée. Adelar savait qu'il n'en était pas ainsi, car l'expression soigneusement gardée d'Endredi ne le trompait pas. Elle ne se fiait pas à Dunstan, ne l'appréciait pas et ne se laisserait certainement pas conduire à croire qu'il avait changé d'avis aussi radicalement après les mots féroces qu'il avait prononcés le matin même. Toutefois, elle reconnaissait visiblement que Dunstan était un homme puissant — même si c'était à déplorer — et qu'il ne serait pas sage de l'offenser.

Dunstan était également bien trop intéressé par les femmes de la grand-salle. Il les surveillait de son regard lent, impertinent et arrogant. Gleda lui souriait d'un air aguicheur et lui rendait témérairement ses œillades. Ordella lui dédiait un regard vide, une réponse appropriée au léger rictus qu'il arborait lorsqu'il regardait cette femme trop maigre au nez crochu. Ylla rougissait et s'empressait tellement de faire son travail qu'elle renversa le vin qu'elle servait à Ordella. Celle-ci la fustigea d'un mot dur.

Les yeux de la jeune fille s'emplirent de larmes lorsqu'elle sortit en hâte pour aller chercher de la cervoise dans le cellier. Ordella avait une langue acérée et elle ferait bien d'apprendre à la dompter, songea Adelar. Endredi avait établi fort clairement qu'elle appréciait Ylla. De fait, tout le monde devinait que c'était sur sa requête que Bayard avait affranchi la jeune esclave.

Dunstan se leva et rota bruyamment.

— Si vous voulez bien me pardonner, mon seigneur, mon réservoir a besoin d'être vidé.

Bayard hocha la tête et revint à sa conversation avec le voisin d'Endredi. Il se penchait de près vers sa femme, avec un sourire chaleureux lorsqu'il la regardait. Adelar était au supplice.

Godwin prit place au milieu de la grand-salle.

— Une ballade pour vous amuser, nobles ? Un jeu ? Une plaisanterie ? Qu'en dites-vous, ma dame ? Mon seigneur ?

— Une ballade, répondit Bayard. Quelque chose de nouveau.

— J'en ai composé une en l'honneur de votre épouse, dit le ménestrel. Je l'appelle « La dame aux yeux charmants ».

Bayard rayonna et Endredi rougit joliment.

Adelar ne put supporter de rester un moment de plus. Il se leva abruptement.

— Vous partez ? demanda Ranulf, la voix rendue épaisse par la boisson.

— Je suis fatigué. Je vais dormir.

— Seul ? lança Ranulf en ricanant d'une façon grotesque.

— Jaloux, Ranulf ?

— Pas de vous. Pas d'un homme qui ne couche qu'avec des servantes ou des esclaves.

Adelar sourit lentement.

— Au moins, je n'ai pas à payer d'amendes pour mes égarements.

— Je ne pense pas que Gleda vous attendra, cette fois.

— Cela m'est égal. Dormez bien, Ranulf. Avec votre charmante épouse.

Adelar s'inclina devant Bayard, s'excusa et sortit.

La superbe et captivante mélodie de Godwin le suivit dans le silence de la nuit. Par habitude, il examina le mur extérieur du *burh* et vérifia que les sentinelles faisaient bien leur ronde. Même s'il était probable que les Danois de Dagfinn respecteraient l'alliance conclue avec Bayard, il y avait d'autres bandes de Vikings qui ne la respecteraient pas. Et les hommes du Kent ne s'étaient joints aux Saxons du Wessex que depuis peu ; ils pouvaient fort bien projeter une révolte.

Il s'éloigna d'un pas pressé vers les écuries, fuyant la musique. Les chaumines qui entouraient la grand-salle étaient silencieuses, la plupart de leurs habitants étant à table. Ils continueraient à boire et à écouter Godwin pendant un bon moment, encore.

Il passa devant la hutte où Baldric gardait les chiennes qui mettaient bas. Il entendit la voix grave et rauque du maître-chien qui chantait ce qui ressemblait à des louanges. La meilleure chienne de Bayard avait fait des prodiges, ce jour-là, donnant naissance à dix chiots qui semblaient assez forts pour survivre.

Adelar continua vers les écuries. Il y ferait chaud et il pourrait s'allonger sur la paille et essayer de dormir, ou, au moins, de penser à autre chose qu'à Endredi. Il ne s'appesantirait pas sur le bonheur apparent de tout le monde et sur sa propre détresse.

Puis, de l'intérieur du bâtiment, il entendit les bruits d'une lutte et les cris étouffés d'une femme.

18

Adelar ouvrit la porte des écuries. De l'ombre montaient des gémissements et une voix sourde et gutturale, insistante. Une voix d'homme. Puis un chuchotement — une jeune femme qui implorait :

— Non, de grâce, messire !

Adelar poussa le battant de sorte qu'il heurta le mur avec fracas.

— Qui est là ? demanda-t-il, tandis que ses yeux s'habituaient à l'obscurité.

Dunstan s'avança.

— Laissez-nous !

— Qui d'autre est là ?

— Cela ne vous regarde pas.

Adelar sourit avec froideur.

— Si vous retenez une servante de mon seigneur et lui causez du mal, cela me regarde certainement.

Ylla apparut, rassemblant les pans de son corselet déchiré de ses doigts tremblants. Ses joues étaient mouillées de larmes et ses épaules secouées de sanglots.

— Elle n'a pas eu de mal, grommela Dunstan.

— Vous pouvez partir, dit Adelar à la jeune fille.

La tête basse et les yeux emplis de gratitude, elle se faufila devant lui et sortit.

— Vous n'aviez pas de raison d'agir ainsi, protesta Dunstan. Tout le monde sait que les femmes se débattent uniquement pour accroître l'ardeur d'un homme.

— Peut-être, répondit Adelar avec un haussement d'épaules. Mais c'est une protégée de l'épouse de Bayard. Si elle se plaint que vous l'avez violentée, Endredi ne sera pas contente.

Il laissa planer ses paroles, espérant que Dunstan en saisirait le sens : si Endredi était mécontente, Bayard le serait aussi.

— Mon père m'a dit que la grand-salle de Bayard serait hospitalière, marmonna Dunstan en reprenant sa ceinture.

Adelar attendit qu'il le rejoigne près de la porte.

— Je vais vous faire une confidence, Dunstan, et seulement parce que je suis certain de pouvoir me fier à votre discrétion, déclara-t-il d'un ton sérieux. Le père d'Endredi est un homme fort farouche. Je pense que Bayard est sage de la rendre heureuse, au moins pour le moment.

— Je ne crains aucun Danois, et je suis surpris d'entendre que ce n'est pas le cas de Bayard.

— Bayard se montre simplement prudent. Le père d'Endredi n'est pas l'un des Normands apprivoisés de la Danelaw. Bayard et votre père n'aimeraient pas avoir à le combattre et à combattre ses hommes, je puis vous l'assurer. Ils font apparaître les guerriers qui ont attaqué Alfred comme des enfants jouant à la guerre. Si sa fille a des raisons de mécontentement, je ne doute pas qu'Einar viendra en personne.

Dunstan regarda Adelar tandis qu'ils traversaient la cour ensemble.

— Est-ce pour cela que Bayard l'a épousée ? Pour tenir son père éloigné de ses terres ?

— Comme vous le savez, Bayard est un homme secret, aussi ne l'a-t-il pas dit ainsi. Mais vous et moi savons également que Bayard voit loin. Peut-être a-t-il entendu des rumeurs concernant des troubles imminents, ce que la convocation de votre père semble confirmer. Par ce mariage, il s'assure d'avoir un ennemi de moins à combattre.

Dunstan relâcha lentement son souffle.

— Je vois.

Il jeta un nouveau coup d'œil à Adelar.

— Je suis content que vous m'ayez dit ceci. Je n'aurais jamais touché cette femme si je l'avais su.

Adelar eut un petit rire.

— Il me plaît autant qu'à vous qu'une femme réchauffe mes nuits, aussi vous donnerai-je un autre petit conseil. Cette servante à la poitrine imposante vous a regardé toute la soirée. Je pense que vous n'avez qu'à lui faire un signe pour l'avoir.

— Elle n'est pas aussi jolie.

— Elle est fort habile, Dunstan. De maintes façons.

— Vraiment ?

— Oui.

Dunstan sourit d'un air concupiscent.

— Grand merci à vous, Adelar, dit-il en entrant dans la grand-salle.

« Quel sot ! » pensa Adelar avec dédain, en s'éloignant de lui.

— Je vous remercie aussi, messire, déclara doucement Ylla, dans l'ombre.

Adelar pivota dans la direction de sa voix et elle s'avança dans le clair de lune.

— Il m'est tombé dessus quand j'ai quitté le cellier et m'a entraînée dans les écuries. J'étais trop effrayée pour appeler au secours.

— Votre maîtresse aurait été fort courroucée s'il vous avait fait du mal.

Elle posa les mains sur son bras et se pressa contre lui.

— Je suis très heureuse que vous soyez venu.

Soudain, Adelar prit conscience des seins de la jeune fille contre son bras et du désir qui brillait dans ses yeux.

Il ne pouvait avoir Endredi. Pourquoi ne pourrait-il avoir cette fille consentante, à la place ? Elle lui ferait oublier un moment ses tourments. Avec un petit rire, il attira Ylla dans ses bras.

— Vous êtes reconnaissante, pas vrai ? Mais peut-être êtes-vous trop jeune pour les façons d'un guerrier.

Elle lui sourit.

— Je suis plus âgée que j'en ai l'air, messire. Une femme a avantage à paraître une enfant lorsqu'elle n'a pas de droits.

— Vous êtes une fille — une femme — intelligente, Ylla.

— Il me plaît de vous l'entendre dire.

Elle se pressa de nouveau contre lui, cette fois de tout son corps. Pourquoi pas ? Pourquoi pas ? se répéta-t-il, tout en sachant qu'en la prenant il penserait encore à Endredi.

Il la souleva aisément dans ses bras et traversa la cour à grandes enjambées vers une hutte qui servait à entreposer le grain. Il poussa la porte et la referma d'un coup de pied lorsqu'ils furent entrés.

L'odeur de l'orge et de l'avoine emplit ses narines lorsqu'il laissa Ylla glisser à terre dans l'obscurité. Elle était plus petite et plus menue qu'Endredi, mais quand il fit courir ses mains sur son corps, il ne douta pas qu'il enlaçait bien une femme.

Ses cheveux bruns étaient longs et épais, et il enfouit les doigts dedans.

Elle passa ses bras autour de lui.

— Je suis pucelle, messire, murmura-t-elle d'une voix tremblante.

Endredi n'était plus vierge. Elle avait donné sa virginité à un autre homme.

Il n'allait pas penser à Endredi maintenant, se fustigea-t-il. Il allait prendre du plaisir. Il se pencha et embrassa farouchement Ylla, laissant ses besoins conduire ses actions. Il la caressa habilement et la sentit se détendre dans ses bras.

Sans cesser de l'embrasser, il la souleva de nouveau et

la porta à l'arrière du bâtiment, l'allongeant sur une pile de sacs rugueux. Les yeux accoutumés à l'obscurité, il la regarda et sourit en voyant la faim qui se lisait sur son visage lorsqu'il la couvrit de son corps.

Elle le voulait, et il n'y avait aucune raison qu'il ne la possède pas. Avec des mouvements lents et ondulants, il chercha à attiser son désir pour lui. Il l'embrassa encore, cette fois tendrement, afin d'apaiser les craintes qu'elle pouvait avoir, et laissa glisser ses lèvres le long de sa joue et de son cou. Elle gémit lorsqu'il taquina sa clavicule de sa langue en pressant ses hanches contre elle, pour lui faire sentir son excitation.

Il continua à abaisser sa bouche sur son corps, lentement, jusqu'à ses seins exposés par sa cotte déchirée. Il s'arrêta un long moment pour en chatouiller les pointes durcies de sa langue. Il coula une main entre ses jambes, la fit remonter, repoussant ses jupes sur sa taille. Il défit ses chausses, se plaça au-dessus d'elle, et — elle n'était pas Endredi.

Son ardeur retomba. Avec un grognement sourd et déconfit, il s'écarta d'elle.

— Qu'y a-t-il, messire ? demanda Ylla, la voix fluette dans l'obscurité.

— Je ne puis prendre ce que vous offrez, maugréa-t-il.

C'était lui qui était défaillant, pas Ylla, et il ne voulait pas qu'elle se blâme de cet échec. Il ne pouvait révéler non plus la véritable cause de son impuissance.

— Messire, chuchota-t-elle en se rapprochant de lui dans la petite hutte étouffante.

Elle passa une main sur son torse.

— Je vous en prie, messire, insista-t-elle. Je veux que vous me preniez.

Ses doigts frais s'insinuèrent dans sa tunique.

Il ne répondit pas, alors elle continua, ses paroles venant du cœur et indubitablement sincères.

— Je suis encore pucelle simplement parce que la plupart des hommes, comme vous, me prennent pour une enfant. Mais cette ruse touche clairement à sa fin. Quand Dunstan s'est emparé de moi, j'ai craint que le moment soit venu où un homme me posséderait contre mon gré. J'ai souvent redouté ce jour-là.

— Vous n'êtes plus une esclave. Vous pouvez refuser.

— Combien de servantes vous ont-elles refusé, messire ?

— Aucune, mais...

— Mais vous êtes un noble et elles n'étaient que des servantes.

Adelar s'adossa aux sacs de grains, soudain honteux. Il avait toujours assumé avec arrogance... Oh, ciel, comme cela le faisait ressembler à son père !

— Je suis toujours une servante, poursuivit Ylla. Je savais au fond de moi que Dunstan pouvait faire ce qu'il voulait, mais j'ai découvert que je ne pouvais pas rester allongée et lui permettre de me dépuceler. Et puis vous êtes arrivé.

Sa voix s'adoucit et elle posa la tête sur le torse d'Adelar.

— Je vous admire depuis longtemps, messire. Je voulais... j'espérais que vous seriez le premier. Si je pouvais choisir, je vous choisirais.

— Ylla, je...

Elle pressa un baiser sur sa bouche.

— De grâce, messire, laissez-moi finir. Je sais que vous êtes un noble et que je ne suis qu'une servante. Je sais que je ne puis rien vous demander. Mais je le ferai, cette fois. Je vous en prie, messire, j'aimerais que vous soyez le premier. Alors, quoi qu'il advienne ou quel que soit l'homme qui me forcera, j'aurai un beau souvenir à chérir.

Sa voix se coinça dans sa gorge.

— Ce sera un choix que j'aurai fait.

Adelar écarta doucement ses cheveux de ses joues humides.

— Les choses peuvent changer en mieux pour vous, dit-il à voix basse.

— Ou en pire, rétorqua-t-elle avec amertume. Je ne suis pas née esclave, messire. J'ai été volée quand j'étais enfant et vendue. Endredi est une bonne maîtresse, et Bayard un juste seigneur, mais ils peuvent mourir. Et, alors, mon sort reposera entre d'autres mains.

Adelar retint une exclamation étouffée à ces paroles prosaïques, car elles étaient vraies. Endredi pouvait mourir — et son cœur mourrait avec elle.

— Je suis marrie de dire de telles choses de votre cousin, s'empressa d'ajouter Ylla, se méprenant sur sa réaction. Mais nous savons tous les deux que la guerre peut venir, et des batailles, et la mort.

Elle se redressa pour le dévisager, le regard intense.

— Je vous en prie, messire, je vous en prie. Prenez-moi. Juste cette fois.

Il secoua la tête.

— Ylla, ce que vous m'offrez est un présent que je ne puis accepter. Je... je ne le mérite pas.

La porte s'ouvrit soudainement, et sur le seuil il put distinguer une silhouette de femme éclairée par la faible flamme d'une lampe. Avant qu'il puisse s'écarter d'Ylla, Endredi appela la jeune fille.

— Ma dame! s'exclama Ylla dans un souffle.

Endredi plissa les yeux pour voir les deux personnes qui se séparaient hâtivement.

L'une était Ylla, qui se remit vivement sur pieds. Quand l'autre personne se leva à son côté dans la pénombre, Endredi porta une main à sa gorge comme pour réprimer le cri de douleur qui s'y formait. Car il s'agissait d'Adelar, son torse nu luisant à la lumière de la lampe.

Son regard passa de lui à Ylla, et elle nota son visage

échauffé et ses lèvres légèrement gonflées. Adelar avait possédé Ylla, lui avait fait l'amour ici, sur des sacs de grains ! Après avoir cherché à l'embrasser, elle, et lui avoir juré son amour !

— Endredi, murmura Adelar en s'avançant vers elle.

Son mouvement et le son de sa voix prononçant son nom la firent réagir.

— Ylla, vous avez négligé vos devoirs, lança-t-elle d'un ton coupant.

— Je suis marrie, ma dame...

— Allez.

La jeune fille passa devant elle et elle se tourna pour partir à son tour.

— Endredi !

Elle ignora le ton suppliant d'Adelar. Elle ne pouvait le regarder. Ne pouvait supporter de penser à ce qui avait dû se passer en ce lieu. Il la prit par le bras.

— Endredi !

— Lâchez-moi, Adelar, ou je dirai à Bayard que vous avez osé poser la main sur moi.

Il obéit.

Elle sortit en courant de la hutte, serrant la lampe dans ses doigts gourds, le fuyant. Pas vers la chaumine. Ylla y serait.

Elle ouvrit la porte des écuries et la referma derrière elle. Sa gorge la brûlait sous ses efforts pour réprimer ses sanglots, et maintenant qu'elle était seule, elle abandonna la lutte. Des larmes coulèrent de ses yeux et la flamme vacilla entre ses doigts tremblants. Elle la souffla, puis s'affala par terre, ses épaules se soulevant, la respiration hachée.

Elle n'avait nul droit d'éprouver la jalousie qui traversait son corps, emplissant son esprit de colère et son cœur de douleur. Elle était mariée à un autre homme, devait lui être loyale et porter ses enfants. Agir autrement était impensable pour elle, et cependant — cependant elle désirait Adelar jusque dans la moelle de ses os.

Longtemps auparavant, il l'avait écoutée, lui avait parlé, l'avait traitée avec respect et lui avait laissé sentir qu'il avait besoin d'elle, aussi. Il était comme une partie d'elle absente depuis trop longtemps de sa vie. Maintenant il était de nouveau là, mais sa présence ne lui prodiguait nul réconfort. Comment le pouvait-elle, quand l'avoir à proximité lui donnait l'impression de mourir de soif à côté d'une rivière empoisonnée ?

La porte des écuries s'ouvrit en grinçant. Vivement, Endredi porta son poing à sa bouche pour étouffer ses sanglots et chassa ses larmes d'un battement de cils pour voir qui entrait.

C'était Adelar, à présent entièrement vêtu et portant une cape.

— Endredi ?

Sa voix grave vint jusqu'à elle, mais elle ne répondit pas. Il la trouva néanmoins. Elle se remit debout, esquivant sa main tendue.

— Adelar, laissez-moi.

Il ôta sa cape et la lui tendit.

— Vous avez froid.

Comme elle frissonnait, elle ne pouvait nier son observation, mais elle ne prit pas la cape. Elle s'enveloppa de ses bras.

— Je vais aller dans ma chaumine.

Elle ne put réprimer la trace d'amertume qui perçait dans sa voix.

— Elle devrait être prête, maintenant.

— Il ne s'est rien passé entre Ylla et moi. Dunstan l'a accostée et…

— Pensez-vous que je sois devenue sotte avec l'âge ? Etait-ce en la défendant contre Dunstan que votre tunique s'est retrouvée par terre ? Je ne suis plus une enfant, Adelar.

— Je sais, dit-il doucement.

— Elle aurait dû être à son travail, c'est tout. Si vous désirez Ylla et qu'elle est consentante, je ne ferai ni ne dirai rien pour vous arrêter. A moins que cela n'interfère dans ses devoirs.

— Je ne désire pas Ylla. Il n'y a qu'une femme qui touche mon cœur.

A ses mots prononcés à voix basse, le cœur d'Endredi tambourina contre ses côtes comme une charge de cavalerie. Cependant elle ne pouvait nier ce qu'elle avait vu de ses propres yeux, en dépit de son besoin grandissant de croire autre chose.

Il s'approcha et drapa sa cape autour d'elle. Pendant un instant, elle s'autorisa à goûter l'intimité qui les enveloppait — comme le vêtement doublé de fourrure l'enveloppait de sa chaleur. Mais juste un instant.

— Je suis l'épouse de votre seigneur, murmura-t-elle, levant les yeux vers son regard sombre et perçant.

— Oui.

— Alors, il n'y a rien d'autre à dire entre nous.

— Non.

Il la dévisageait fixement, son expression indéchiffrable.

— Je ne le trahirai pas.

Elle sentit le doux frôlement de la fourrure sur sa peau.

— Moi non plus.

Le souffle d'Adelar caressa sa joue. Elle aperçut la chair de son torse sous sa tunique délacée. Il posa ses mains fortes sur ses épaules.

— Je dois partir, murmura-t-elle.

— Oui, répondit-il calmement, en l'attirant à lui.

Elle pressa ses mains contre lui comme pour le repousser, tout en levant son visage vers son baiser.

Elle se rejeta en arrière.

— Ceci est mal ! Ne me touchez pas, Adelar !

Elle courut à la porte et saisit le loquet, puis baissa la tête et chuchota :

— Je vous en prie, pour notre bien à tous les deux, ne me touchez plus jamais !

Elle ouvrit la porte, arracha sa cape de ses épaules et la lui lança.

Puis elle s'en alla.

19

Adelar resta debout dans les écuries. Perdu dans ses pensées, il ne bougea pas pour ramasser sa cape. Ou pour suivre Endredi.

Elle avait raison. Elle appartenait à Bayard, son époux et son seigneur. Et plus que cela, elle était Endredi, qui mourrait plutôt que de trahir sa loyauté.

Il le savait mieux que personne, car c'était l'une des premières choses qu'il avait admirées en elle. Elle n'avait jamais prononcé un mot contre son père, même alors qu'Einar ne lui prêtait nulle attention. A la place, elle avait cherché à gagner son approbation.

Comme elle cherchait probablement à gagner l'approbation de Bayard, maintenant.

Sot qu'il était. Il aurait dû y penser.

A en juger par la bonne humeur de son cousin, elle y réussissait visiblement.

Il n'avait pas le droit de mettre son mariage en danger.

Il n'avait pas le droit de se placer entre Endredi et son époux.

Il devait écarter son désir pour elle et se rappeler son serment de loyauté à Bayard.

Aussi, pour satisfaire Bayard et pour le bien d'Endredi, resterait-il au *burh* pendant que son cousin se rendrait à l'assemblée des sages et des *thanes*, même si cela devait être pour lui un supplice de tous les instants. Puis, lorsque Bayard reviendrait, il s'en irait.

Il n'osait tout simplement pas s'attarder, car bien qu'Endredi fût interdite pour lui, il n'était pas sûr que son cœur s'en souvienne longtemps.

Déterminé à faire son devoir, il quitta les écuries à longues enjambées.

Ranulf entra en chancelant dans sa chaumine et faillit trébucher sur Ordella, qui faisait le guet à la porte.

— Stupide lourdaud ! marmonna-t-elle en tirant le coin de sa cape de sous les pieds de son époux, ce qui le fit basculer à l'intérieur de la pièce.

– Au nom de saint… saint Alcuin, que diable faites-vous ? demanda Ranulf en colère, d'une voix pâteuse.

Ordella se tourna vers lui et ferma la porte, s'y adossant avec une expression grincheuse sur son visage de mégère. Elle désigna d'un geste les deux servantes qui dormaient dans le coin.

— Baissez la voix, espèce d'âne !

— Baissez la vôtre, maugréa-t-il. Elles dormiraient sous un orage, ces deux-là.

Puis il lui jeta un regard concupiscent.

— Vous m'attendiez, hé ?

— Benêt que vous êtes ! siffla Ordella. Je gardais l'œil sur certaines choses fort fascinantes.

— Dans le noir ?

Ranulf se dirigea vers la table, sur laquelle était posé un gobelet d'hydromel.

— N'avez-vous point assez bu ? lança sa femme.

— Je tiens encore debout, non ?

Il vida le gobelet et rota.

Ordella souffla avec mépris.

— Vous sentez comme si vous aviez séjourné dans un tonneau de cervoise.

Il ne répondit pas, mais se laissa choir lourdement sur un tabouret.

— Alors, qu'avez-vous vu ? Dunstan et cette gueuse ? Ce à quoi ils pensaient était clair.

— Quelque chose de bien plus intéressant, je vous l'assure.

Les yeux de Ranulf parurent un peu moins vitreux.

— Oh ?

— Je vous le dirai demain matin.

Ordella ôta sa cape et la posa sur un coffre. Elle alla au lit, ignorant son mari.

Ranulf se leva.

— Qu'avez-vous vu ? insista-t-il. Etait-ce important ?

Elle continua à se dévêtir, ses lèvres fines pincées en une ligne réprobatrice dans son visage allongé.

Fronçant les sourcils, Ranulf la rejoignit et se posta devant elle.

— Qu'avez-vous vu ?

— J'ai dit que je vous le dirai demain. Vous êtes ivre.

A travers la brume de son ivresse, Ranulf fusilla du regard la femme ordinaire qui le traitait comme s'il était un serviteur à ses ordres.

De la même manière qu'Adelar le traitait. Et Bayard. Et la plupart des autres.

Mais il n'était pas un chien, il était un homme de sang noble, et il montrerait à cette créature qu'elle ferait bien de s'en souvenir.

Il leva la main et la frappa durement sur la figure.

— Dites-le moi !

Ordella tomba en arrière, stupéfaite, les yeux élargis par la frayeur. Ranulf pressa sa main qui le picotait à la suite du coup, mais il était grandement satisfait de voir sa peur — et quelque peu dégrisé. Il leva de nouveau la main d'un geste menaçant.

— Dites-moi ce que je veux savoir !

— C'était Endredi. Et Adelar, répondit-elle d'une voix tremblante, avec un nouveau respect.

Les yeux de Ranulf brillèrent.

— Ensemble ?

— Oui, acquiesça-t-elle, une note de triomphe dans la voix. Nous ne pourrions avoir mieux arrangé les choses nous-mêmes.

— Dites-moi ce que vous avez vu.

— Je vous guettais…

Ranulf pensa que cela se tenait. Elle l'avait souvent attendu ainsi, puis harcelé de mille questions sur cet homme ou cet autre, leurs alliances, leurs faiblesses, à l'affût de n'importe quel petit brin d'information qu'elle pourrait utiliser dans ses stratagèmes.

— … et j'ai vu Endredi qui sortait précipitamment de sa chaumine. Elle cherchait quelqu'un, c'était évident. Je me suis souvenu qu'Ylla avait quitté la grand-salle quelque temps plus tôt et je me suis demandé si c'était elle qu'elle cherchait. Elle s'est mise à aller dans les huttes et les dépendances, poursuivant sa quête.

— Vous n'avez pas proposé de l'aider, observa Ranulf.

— Non. Je ne veux rien avoir à faire avec cette esclave. Mais Adelar est d'un autre avis, ajouta-t-elle d'un air rusé.

Ranulf paraissait un peu moins hostile, et Ordella continua avec empressement :

— J'ai vu Endredi se rendre dans la hutte à grains. Alors qu'elle y était depuis quelques instants, Ylla est sortie en courant, sa cotte déchirée. Elle est retournée tout de suite à la chaumine. Puis Endredi est sortie à son tour, mais elle n'est pas rentrée chez elle. J'ai pensé que c'était étrange et j'étais sur le point d'aller voir ce qui se passait… quand *Adelar* est sorti de la hutte à grains.

Ordella baissa la voix pour prendre un ton de conspiratrice.

— Il finissait visiblement de s'habiller !

— Alors, il était avec Ylla, pas avec Endredi, grommela Ranulf. Je ne vois rien d'aussi excitant à cela.

— Je n'ai pas fini ! Adelar a suivi Endredi dans les écuries.

— Et ?

— Ils sont restés *seuls* ensemble.

— Longtemps ?

— Non, reconnut Ordella à regret. Mais quand elle est sortie, elle est restée un moment sur le seuil, et j'ai vu qu'elle portait une cape. Elle n'en avait pas auparavant, et je suis sûre que c'était celle d'Adelar. Puis elle l'a ôtée et jetée à l'intérieur. Je pense qu'elle était *jalouse*.

— Eh bien, eh bien, eh bien, fit Ranulf d'un ton pensif, avec un sourire malveillant. L'épouse de Bayard jalouse des frasques d'Adelar avec une simple servante. Voilà de fait des nouvelles bienvenues.

— Oui, acquiesça Ordella, songeuse elle aussi.

— Qu'y a-t-il encore ?

— Ils n'ont peut-être pas commis l'adultère… pour l'instant. Et nous aurons besoin de preuves.

— La parole d'un *thane*, sûrement…

— Pensez-vous honnêtement que Bayard ajoutera foi à votre parole plutôt qu'à celle d'Adelar ? demanda-t-elle, sarcastique.

Elle vit le courroux dans les yeux de son mari et ajouta :

— Il le devrait, bien sûr. Mais il ne le fera pas. Non, il nous faudra d'autres témoins.

Ranulf eut un sourire cruel.

— Ce ne sera sans doute pas si difficile, puisque Bayard les laisse seuls ici.

Le sourire d'Ordella fut encore plus méchant.

— Je pense que c'est une bonne chose que je n'aille pas avec vous au *burh* de Cynath, dit-elle.

20

— Comme vous pouvez le voir, mon seigneur, mon père a consacré beaucoup d'efforts et d'argent aux fortifications, se vanta Dunstan tandis que Bayard et le reste de la troupe à cheval arrivaient au sommet de la butte boisée près du *burh* de Cynath.

La forteresse était imposante et dominait la rivière et les collines environnantes. Il y avait plusieurs bâtiments bien construits à l'intérieur des murs et bon nombre d'autres édifices à l'extérieur.

Lorsqu'ils s'arrêtèrent pour contempler le *burh*, Bayard remarqua un cours d'eau qui gargouillait le long de la route bien entretenue et se jetait dans la rivière. Sur les berges poussaient du gaillet, de la scabieuse pourpre, des fougères et de longues herbes minces qui s'inclinaient sous la brise. Du lychnis rouge et des clochettes, de l'aubépine et des genêts fleurissaient un peu plus loin, leurs taches roses, bleues, pourpres et jaunes se détachant contre les bruns et les verts des arbres voisins.

Les branches des chênes et des aulnes en fleurs se balançaient au-dessus d'eux, et Bayard aperçut de petites corolles jaunes parmi les feuilles pointues et vert sombre de buissons de houx. Des oiseaux gazouillaient dans les arbres et un écureuil roux folâtrait, car c'était une belle journée de mai. De légers nuages blancs parsemaient le ciel. Comme toujours sur les collines, de douces brises susurraient à travers bois, se mêlant au tintement des harnais et au halètement des chiens.

— Il a fait de belles constructions, vraiment, répondit Bayard, plus impressionné par ce qu'il voyait que par les vantardises de Dunstan.

Ce dernier poussa son cheval en avant. Derrière lui, Bayard et son escorte firent de même, chevauchant lentement vers la forteresse.

Bayard ne pouvait s'étonner du site choisi par Edward pour une importante réunion du Witan et d'autres de ses fidèles. Cynath était farouchement loyal au roi, qui avait été nommé successeur par le Witan selon la coutume saxonne. Alfred, dans son exceptionnelle sagesse, s'était retenu de désigner un héritier dans son testament, même si les protestations auraient été rares. Malheureusement, son neveu Aethelwold avait impudemment ignoré le Witan, exigeant le droit de gouverner en vertu d'un ancien document qui établissait qu'Alfred et ses frères devaient régner tour à tour. Alfred, le plus jeune, avait régné en dernier, et Aethelwold, fils de son frère aîné, s'attendait manifestement à ce que la succession lui revienne.

Si Aethelwold avait eu un brin d'intelligence, il aurait suivi l'exemple d'Edward et se serait fait un nom à la bataille, de telle sorte que si quoi que ce soit arrivait à Edward — et, considérant la constante menace de guerre, cela risquait de se produire — il aurait eu une chance d'être choisi comme successeur. A la place, Aethelwold s'était déclaré roi, avait enlevé une nonne, s'était emparé d'un *burh* et avait annoncé qu'il se battrait ou mourrait là. Puis il avait abandonné la nonne et ses fidèles en pleine nuit. Aucun soldat saxon n'avait de respect pour lui, désormais, et c'était seulement parce que les Danois voyaient d'un bon œil la division entre les Saxons qu'ils avaient décidé de le reconnaître comme roi.

Malheureusement, Alfred n'avait ni la force ni les

moyens nécessaires pour repousser les hordes vikings quand il avait pris le pouvoir, aussi avait-il cherché à les empêcher de s'emparer de tout le pays saxon de la seule façon possible, en leur donnant la Danelaw. Mais beaucoup de choses avaient changé et été apprises durant son règne.

Edward n'était pas homme à acheter ses ennemis. La plupart des seigneurs saxons ne doutaient pas qu'il avait l'intention de s'en prendre aux Danois et de les soumettre à la loi saxonne. Il s'était distingué comme chef et comme guerrier, et nombreux étaient ceux qui le suivraient volontiers au combat, dont Bayard.

Bayard pouvait entendre Ranulf et les autres parler derrière lui, faisant des commentaires sur le *burh* de Cynath. Même le père Derrick était impressionné, à en juger par ses remarques. Cynath ne pouvait recevoir plus grand compliment. Le prêtre était instruit, grâce aux encouragements d'Alfred qui l'avait envoyé se former à Rome avec d'autres. Il avait trouvé beaucoup à critiquer dans le *burh* de Bayard, citant tel ou tel exemple de *L'Iliade* et se référant à toutes les œuvres classiques qu'il avait lues. Il était intelligent, fatigant et farouchement convaincu d'avoir toujours raison. Endredi apprécierait sûrement son absence.

Quant à l'absence de son époux... Bayard n'avait toujours pas d'idée très claire sur ce que sa femme pensait de lui. Elle n'avait pas d'aversion pour lui, mais c'était tout ce qu'il pouvait deviner.

Il éprouva une pointe de jalousie à la pensée d'Endredi et d'Adelar assis ensemble dans sa grand-salle pendant qu'il était parti, même si c'était ce qu'il avait souhaité.

Le cortège s'arrêta, et Dunstan sauta à bas de sa monture. Bayard et ses hommes démontèrent à leur tour. Des valets d'écuries s'empressèrent de sortir pour se charger des chevaux. Plusieurs esclaves et serviteurs s'affairèrent autour des arrivants, et l'air était empli du bruit des voix et des diverses activités. On discernait aussi le tapage des armes qui étaient forgées et les cris des hommes qui s'entraînaient au combat.

D'un geste de la main, Dunstan introduisit ses hôtes dans la grand-salle. Un serviteur attendait pour prendre leurs armes, puis ils se dirigèrent vers Cynath, qui siégeait dans un lourd fauteuil sculpté au fond de l'édifice bien aménagé. Un feu brûlait dans le long foyer central et des tapisseries enfumées ornaient les murs. Nombre de glaives, de boucliers, de haches de guerre et de lances étaient également accrochés, rappel muet des forces impressionnantes commandées par Cynath.

— Salutations, mon seigneur Cynath, lança Bayard avec chaleur à l'homme qui avait été plus que son suzerain dans sa jeunesse.

Cynath avait été son mentor, son maître et son ami et le restait, bien qu'il se soit élevé à une position de grand pouvoir au sein du Witan.

Cynath se leva et s'avança avec un sourire heureux, et ils échangèrent le baiser de salut. Les cheveux blancs de Cynath effleuraient ses épaules encore musclées et sa barbe blanche tombait sur son torse puissant. Au total, il était un homme mieux bâti que son fils, qu'il salua à son tour. De fait, Dunstan était déjà trop gros pour être un grand guerrier, alors que Cynath semblait toujours pouvoir vaincre plusieurs hommes au combat avant d'être essoufflé.

L'*ealdorman* salua les membres de l'escorte de Bayard avec une dignité seigneuriale.

— Père Derrick, dit-il respectueusement quand il arriva au prêtre. Je suis honoré de vous recevoir dans ma grand-salle. Vous rappelez-vous le père Absalom, de votre séjour à Rome ?

— Certes ! répondit le père Derrick, avec plus d'enthousiasme que Bayard lui en avait jamais vu exprimer. Un homme de Dieu fort érudit et fort pieux.

— Il est récemment arrivé ici. Peut-être aimeriez-vous le rencontrer ?

— Ce serait magnifique, mon seigneur. Où puis-je le trouver ?

— Il est dans la chapelle.

— Avec votre permission, mon seigneur.

Le père Derrick n'attendit pas l'autorisation de Cynath et sortit à grandes enjambées.

Cynath se tourna vers Bayard avec une expression sérieuse, même si ses yeux acérés dansaient de rire.

— Un prêtre est certes nécessaire auprès d'un seigneur, pour nous rappeler que nous sommes de simples pions dans la volonté de Dieu. Toutefois, il vaut parfois mieux que les gens de guerre pensent d'abord à la bataille, et prient ensuite pour demander de l'aide.

Cynath sourit largement.

— En outre, cet individu m'aigrit la cervoise dans le ventre.

Bayard et les autres gloussèrent, car la plupart d'entre eux ressentaient la même chose. Pour un homme qui n'avait jamais vraiment manié un glaive ou commandé à des guerriers, le père Derrick était prompt à donner des conseils — en oubliant souvent que les hommes devaient manger ou qu'une journée de marche se limitait à vingt miles.

— Vous avez l'air d'aller bien, mon seigneur, dit Bayard en s'asseyant sur un banc voisin, tandis que Cynath reprenait son siège.

— Vous aussi, Bayard, répondit Cynath d'un ton jovial.

Néanmoins, il considéra son ancien élève avec une légère méfiance.

— Je suppose que je dois en déduire que ce mariage vous convient.

Il fit signe au reste du groupe de s'asseoir. Dunstan s'avança et s'assit devant tout le monde, se jetant sur une chaise à la droite de son père. Cynath lança un coup d'œil à son fils, mais ne dit rien.

— Tous les hommes veulent des fils, répondit Bayard.

— Cela est vrai, concéda son suzerain.

— Et en épousant cette femme, j'espère éloigner les pillards vikings de mes terres.

— S'ils respectent votre accord.

— Ils le respecteront. Leur chef ne semble pas décidé à se battre.

Cynath lui tendit une corne à boire.

— Contre vous, en tout cas.

Ranulf, Dunstan et les autres prirent aussi des cornes posées sur la table, et une servante les emplit d'hydromel.

— Vous semblez fort sûr de comprendre ces Vikings.

— Je comprends Dagfinn. Et je n'ai vu nulle raison de me défier de mon épouse.

— Vous avez toujours été sage, Bayard.

— Merci, mon seigneur.

Les deux hommes échangèrent un regard complice et laissèrent un silence chargé de souvenirs partagés s'installer entre eux.

— Quand le roi arrive-t-il ?

— Dans deux jours. Jusque-là, vos hommes et vous êtes les bienvenus dans ma grand-salle. Je fais préparer une autre chaumine pour votre usage quand Edward sera là.

— Vous êtes un bon hôte, Cynath.

— Je suis heureux de vous l'entendre dire.

— Est-ce que quelqu'un connaît les plans d'Aethelwold ?

— Pas encore, mais Edward semble disposé à attendre qu'il fasse le premier mouvement. Il y a trop d'endroits où il peut frapper. Si tout le monde est préparé, nous pouvons bouger rapidement pour l'intercepter.

— Espérons qu'ils choisiront une attaque par la terre. Nous ne pouvons compter battre les Danois en mer.

Cynath hocha la tête.

— Il est regrettable qu'ils aient pris l'Essex.

— Qu'en est-il des Merciens ? demanda Dunstan. Avez-vous entendu quelque chose à leur sujet ?

— Ils sont toujours avec nous.

Ranulf et les autres échangèrent des regards sceptiques. La femme d'Alfred avait été la fille d'un *ealdorman* de Mercie, et il avait marié sa fille à Ethelred, le plus puissant des *ealdormen* merciens. Toutefois, il était possible qu'il subsiste une certaine amertume, parce qu'un homme du Wessex gouvernait la Mercie, à la place de leur propre roi.

— Ils se rendent sûrement compte qu'ils seront vaincus par les Danois sans nous, déclara Bayard d'un ton songeur. Nous devons rester unis pour avoir un espoir de les battre.

— Oui. Mais à présent, dit Cynath, je suis sûr que vous avez tous faim et soif après votre voyage. Mangez, buvez et écoutez mon jongleur. Il revient juste d'Agincourt avec de nouvelles devinettes.

21

Quelque temps plus tard, Bayard et Cynath étaient assis l'un près de l'autre dans la grand-salle silencieuse. Le jongleur avait été congédié et les servantes renvoyées. Quelques hommes étaient encore éveillés, mais ils parlaient doucement entre eux au bout de la salle, où ils s'apprêtaient à se coucher pour la nuit. Dunstan dormait déjà, avec des ronflements sonores.

— Il est bon de vous avoir de nouveau près de moi, Bayard, dit tranquillement Cynath.

— Je suis toujours heureux de venir dans votre *burh,* répondit Bayard en souriant, même si cette fois je n'étais pas sûr de votre accueil. Votre fils a laissé entendre que vous me considériez comme un traître.

Cynath soupira d'un air las.

— Il est le fils de sa mère, celui-là. Il dit tout ce qui lui passe par la tête, comme un simplet.

Il décocha un sourire désabusé à Bayard.

— Pouvez-vous imaginer ce que c'est que de vivre avec une femme qui dit toujours tout ce qui lui traverse l'esprit ?

— Alors, vous apprécieriez Endredi, Cynath. C'est une femme calme.

— Estimez-vous heureux, Bayard.

— Vous aviez ici une servante du nom de Janeth.

— Elle vit toujours dans le *burh.*

Cynath lui jeta un coup d'œil acéré.

— Je ne pensais pas que vous la connaissiez assez bien

pour se rappeler son nom. Je crois me souvenir que c'est Adelar qui a joui de ses faveurs.

— En effet.

— Il sera peut-être déçu d'apprendre qu'elle est mariée à mon armurier.

— Il y a eu un enfant, je crois. Un fils ?

— Oui. Il est mort il y a moins de trois mois. Janeth n'a jamais donné le nom du père.

— Vous avez vu Adelar. Qu'en pensez-vous ?

— C'est possible, je suppose. Mais Janeth était une fille peu farouche. L'enfant me ressemblait assez aussi.

Il y avait dans la voix de Cynath une trace de fierté qui fit sourire légèrement Bayard et lui causa une pointe de jalousie.

— Aurait-il pu être l'enfant d'Adelar ?

— Est-ce important de le savoir ?

— Non. J'ai entendu des rumeurs et je m'interrogeais.

— Nous ressemblons à deux vieilles femmes jasant au puits, observa Cynath d'un ton ironique. Bientôt, nous allons nous mettre à vanter nos guerriers comme les mères le font de leurs enfants.

— Dunstan est un bon combattant.

— Parce qu'il n'a pas encore eu le bon sens de s'aviser de ce qui pourrait lui arriver à la bataille. Je le dis bien qu'il soit mon fils.

Cynath considéra Bayard avec affection, puis regarda les glaives identiques accrochés derrière eux.

— Je préférerais que vous soyez mon fils.

— Il m'a questionné au sujet de mon glaive, dit Bayard en suivant son regard.

— Que lui avez-vous dit ?

— Que c'était un présent reçu de vous. Il a pensé que c'était fort généreux de votre part de me donner une réplique de votre propre glaive.

— Je devrais peut-être me féliciter que mon fils manque

d'imagination. Il ne me pardonnerait jamais s'il savait que je vous ai donné mon glaive et que j'en ai fait faire une réplique pour moi.

— Toutefois, Cynath, au moins vous avez des fils.

— C'est vrai, Bayard, aussi ne puis-je vous en vouloir de vous être remarié, même si vous ne m'avez demandé ni ma permission, ni mon avis. Et si ce que vous dites de cette femme est exact, alors je crois que vous avez choisi sagement. Je sais combien vous aspirez à avoir un enfant.

Cynath et Bayard regardèrent tous les deux Ranulf qui dormait la tête sur la table et un gobelet à la main, ayant sombré un moment plus tôt.

— Je comprends pourquoi vous ne souhaitez pas laisser vos biens à celui-là.

— Oui, dit froidement Bayard.

— Je vois que vous ne lui avez toujours pas pardonné.

— Son insulte était intolérable.

— Vous étiez des enfants.

— Des jeunes gens.

— C'était avant que vous veniez chez moi, rappela Cynath.

— Oui, mais peu avant.

Bayard se tourna vers Cynath avec un regard dur.

— Pardonneriez-vous jamais à quelqu'un qui a traité la sœur de votre mère de ribaude et insinué que le reste des femmes de la famille partageait probablement la même moralité ?

— Non.

Bayard sourit lentement.

— Nous nous ressemblons beaucoup, Cynath. Nous l'avons reconnu aussitôt, n'est-ce pas ?

— Mais il n'a pas vraiment accusé votre mère d'immoralité.

— C'est la seule chose qui lui a sauvé la vie. Cependant,

si vous aviez vu son visage, Cynath, vous auriez su comme moi qu'il tenait toute la famille pour moins qu'honorable.

— Votre cousin Adelar est-il au courant de cette accusation contre sa mère ?

— S'il le savait, Ranulf serait mort.

— Pourtant, vous les gardez tous les deux près de vous.

— Ranulf n'est pas un sot complet. Il sait qu'insulter la mère d'Adelar lui vaudrait la mort, même si elle morte depuis longtemps.

— Qu'en est-il de son père ?

— C'est une question à laquelle il est plus difficile de répondre. Qu'Adelar n'aime pas son père est clair, vu qu'il refuse de rester avec lui. Considérant quel genre d'homme est Kendric...

— Ces accusations n'ont jamais été prouvées. Ce qui se dit à propos de la mort de sa femme n'est peut-être que rumeurs. Quant à conduire les Vikings contre son propre *burh,* c'est tout simplement ridicule.

Bayard ne répondit pas. Cynath n'avait jamais rencontré Kendric, lui si. C'était un vrai serpent, rusé, avec la belle apparence d'Adelar mais aucun de ses principes. Bayard le croyait capable de n'importe quoi ou presque, et, au souvenir des paroles d'Adelar, il savait que ce que l'on disait de Kendric était vrai.

— Je pensais que vous amèneriez Adelar avec vous.

— Non. Je lui ai laissé le commandement de mon *burh*.

— Avez-vous l'intention de le lui léguer ? Si quoi que ce soit vous arrivait lors d'une bataille, il me déplairait d'avoir à mettre Ranulf à sa tête.

— A moi aussi.

— Vous seriez mort, fit remarquer Cynath.

— Ce serait suffisant pour faire lever mon esprit de ma tombe.

— Alors, pourquoi persistez-vous à garder Ranulf près

de vous ? Il pense manifestement que vous avez l'intention de lui laisser votre domaine et vos biens.

— Peut-être que je le laisse rester près de moi comme un chat joue avec une souris, jusqu'à ce que je puisse lui ôter ce qu'il veut des mains.

— Il se peut que vous jouiez à un jeu dangereux.

Cynath décocha à Bayard un regard pénétrant.

— Et il serait encore plus dangereux de jouer avec Adelar.

Bayard remua, mal à l'aise.

— Que voulez-vous dire ?

— Adelar est le plus bel homme que j'aie jamais vu. Les femmes aiment les beaux hommes.

— Vous êtes bien placé pour le savoir.

Cynath se resservit à boire.

— Est-ce une mise à l'épreuve de votre épouse ? demanda-t-il enfin. La laisser avec l'homme le plus séduisant et le plus loyal que vous ayez et voir si elle essaie de le charmer pendant que vous n'êtes pas là ?

— Non.

— Oh ! Cela ne vous est vraiment pas venu à l'esprit ? s'enquit tranquillement Cynath.

— Si je devais agir ainsi, j'aurais fait en sorte qu'Ordella vienne avec nous. Cette femme a des yeux de faucon et une langue de vipère.

— Certes, concéda Cynath. A moins que vous ne vouliez vous assurer qu'il ne se passe rien entre eux deux. Comme mettre une jument et un étalon dans des stalles séparées, mais assez près pour qu'ils puissent se sentir.

Bayard fronça les sourcils à la comparaison terre à terre de Cynath, mais admit en lui-même qu'elle était assez juste. Néanmoins, il répéta :

— Je suis certain de leur loyauté envers moi.

— Alors, si vous avez une telle foi en Adelar et une

telle aversion pour Ranulf, pourquoi ne nommez-vous pas Adelar votre successeur dans votre testament ?

— Si je nomme Adelar dans mon testament, Ranulf finira sûrement par le savoir et il causera des problèmes.

— Oui, il a beaucoup d'amis. Il y a aussi la question du *burh* de Kendric, observa pensivement Cynath. Adelar peut être à même d'en hériter.

— J'en doute. Kendric partage l'animosité de son fils, et il a d'autres fils.

— Aucun d'eux n'étant légitime.

— Malgré tout, je pense qu'il désignerait l'un d'eux de préférence à Adelar, puisque son fils a si peu de ressemblance avec lui.

— Ordella est tout à fait capable d'user de son influence, aussi.

— Oui, le seul véritable espoir que j'ai d'empêcher Ranulf de prendre tout ce que je possède est d'avoir un enfant à moi. Alors, toute la force de la loi sera de mon côté, ainsi qu'Adelar. Et j'ai épousé une femme qui se battra sûrement pour ce qu'elle croit juste, que ce soit pour elle ou pour ses enfants.

— Ah !

Cynath soupira tandis que les pièces du puzzle se mettaient en place. Néanmoins, il jeta à Bayard un regard de côté.

— Espérons que cela arrivera, alors.

Bayard eut un sourire crispé.

— Je fais de mon mieux.

— Et si ce n'est pas le cas ?

— Adelar a établi clairement qu'il n'a absolument aucune ambition ni désir de commander. Je n'aurai d'autre choix que de nommer Ranulf.

Cynath bâilla et se leva.

— Vous avez raison. Les choses seraient bien plus simples si votre nouvelle épouse vous donnait un fils. Il se fait tard. Je vous souhaite une bonne nuit.

Quand Bayard se leva péniblement, avec une grimace, Cynath demanda :

— Qu'est-ce qui ne va pas, Bayard ?

— Une raideur, mon seigneur, rien de plus. Je ne suis plus le jouvenceau que j'étais, répondit Bayard avec un sourire forcé. Dormez bien, mon seigneur.

— Le temps nous touche tous, Bayard. Dormez bien.

22

— Dans quelle pomme acide avez-vous mordu ce matin ? demanda gaiement Godwin tandis qu'Adelar se levait du lit de paille installé sur un banc de la grand-salle. Ou avez-vous mal aux dents ? Est-ce pour cela que nous ne vous avons presque pas vu ces derniers jours ?

Pour toute réponse, Adelar se rembrunit davantage.

— Je ne vois pas d'enflure sur votre beau visage. Ah ! Est-ce Ylla ?

— J'étais à la chasse.

— Est-elle fâchée contre vous ? Etes-vous irrité contre elle ? Ou boudez-vous parce que Bayard a choisi de vous laisser en arrière ?

— Ne cessez-vous jamais vos inutiles jacasseries ? grommela Adelar.

Il bâilla et inspecta la grand-salle.

— Mes inutiles jacasseries ? Est-ce ainsi que vous interprétez mes tracas pour votre santé ? Un beau merci, je dois dire ! Je devrais peut-être voir si le maître de ce nouveau *burh* dans la vallée a besoin d'un jongleur.

— Qui boude, à présent ? Venez, allons voir ce que Duff a préparé ce matin.

— Vous m'avez rappelé la meilleure raison de rester ici. Sa cuisine s'est considérablement améliorée.

Godwin suivit Adelar à la table et s'assit près de lui.

— Alors, ce nouveau *burh*. Qui va le commander ? Est-ce trop espérer que ce soit Ranulf ?

— Bayard m'a dit que Cynath décidera plus tard. Peut-être Oswald, s'il continue à faire du bon travail avec la construction.

— Il est plutôt jeune, non ?

— Je pense que c'est la seule raison qui fait hésiter Bayard.

— Et il a peu de fortune. Je n'ai vraiment pas d'autre choix que de rester ici.

Adelar ne se laissa pas duper un instant. Bayard donnait généreusement à Godwin de l'argent et des cadeaux. Le jongleur serait stupide de chercher la protection d'un autre seigneur.

— Qu'en est-il de vous ? demanda Godwin. Vous n'avez qu'à demander, et Bayard vous attribuera le commandement.

— Je n'aspire nullement à commander quoi que ce soit.

— Par tous les saints, vous êtes un homme obstiné.

— Et vous regorgez de questions.

— Voici Ylla, dit Godwin en hochant la tête vers la jeune fille qui entrait. Vous voyez ? Elle ne vous regarde même pas.

— Et alors ?

Godwin désigna le cuisinier, qui s'affairait à préparer le premier repas de la journée.

— Et Gleda a passé la nuit avec Duff. Merilda va en avoir une attaque, lorsqu'elle le découvrira.

— Jaloux ?

— Pas de Gleda. Ylla est une jolie fille et une Mercienne, comme moi. Si vous ne la désirez plus…

— Je ne suis pas d'humeur à écouter vos bavardages, aujourd'hui, Godwin.

Le jongleur haussa les épaules d'un air résigné.

— Fort bien. Je vais simplement porter ma langue bavarde ailleurs.

— Bien.

Adelar le regarda gambader vers Ylla et se mettre à parler à la jeune fille.

Il passa les doigts dans ses cheveux et fit pivoter son cou raide.

Puis Endredi entra dans la grand-salle. Comme elle était charmante, avec ses grands yeux interrogateurs, son calme olympien, son attitude grave. Ce jour-là, sa cotte était d'un brun sombre, ses bijoux simples et modestes. Elle n'avait pas l'air de l'épouse d'un *burhware,* mais plutôt de la jeune fille qu'elle avait été.

Avait-il tort d'ignorer les exigences de son cœur ? Et qu'en était-il de son cœur à elle ? Elle l'avait désiré, cette nuit dans les écuries. Le désirait-elle encore ? Ou était-elle assez forte pour nier l'attirance qui avait semblé flamber dans l'air entre eux cette nuit-là, et qui continuait depuis ?

Ordella arriva pour rompre son jeûne, ses manières réservées. Elle avait été malade, et n'avait pas bougé de sa chaumine depuis le matin précédent. Sa maladie n'était pas grave, ce qu'Adelar regrettait, car elle passait son temps à les observer, Endredi et lui.

Baldric était assis au bout de la grand-salle, les chiens non loin de lui. Les bêtes attendaient patiemment les bons morceaux de viande qu'il leur donnerait. De fait, le maître-chien gardait le meilleur de ses repas pour ses protégés, qu'il traitait beaucoup mieux que bien des gens ne traitaient leurs enfants.

Helmi était assise aussi au-dessous du sel. Elle observait les Saxons et prenait soin d'être aussi loin d'eux que possible. Lorsqu'elle aurait mangé, elle partirait tout de suite pour la hutte de tissage, où elle semblait passer le plus clair de son temps depuis qu'Ylla était devenue la servante d'Endredi.

S'avançant, Adelar prit la place de Bayard à côté d'Endredi et ignora l'expression dédaigneuse d'Ordella.

C'était son droit de prendre cette place, puisque Bayard avait fait de lui son second.

Duff, Merilda et Gleda parlaient ensemble ou, semblait-il, se querellaient à propos de quelque chose. Le bruit de leur querelle se fit plus fort, et Endredi fronça les sourcils d'un air presque aussi réprobateur qu'Ordella.

Soudain, Gleda poussa Merilda. Sans prévenir, la dispute devint une bagarre, les femmes poussant des cris, des glapissements et se lançant des épithètes déplaisantes. Certains des guerriers commencèrent à brailler des encouragements aux lutteuses. Adelar se leva à moitié de son siège, avant de se rappeler qu'il n'était pas responsable de la conduite des serviteurs. C'était le rôle d'Endredi.

Endredi marcha alors vers les deux femmes, qui roulaient dans la paille en se frappant l'une l'autre. De la vaisselle brisée jonchait le sol et des aliments étaient éparpillés un peu partout. La belle boîte à épices de bois était toute cassée.

— Arrêtez! cria-t-elle, furieuse, même si les autres penseraient peut-être qu'elle était juste irritée.

Adelar n'était pas dupe. Il percevait son courroux.

Les hommes se turent. Les deux bagarreuses l'ignorèrent jusqu'à ce qu'elle aille à Gleda et la détache de Merilda.

— J'ai dit, arrêtez!

Gleda, haletante, darda un regard noir sur Merilda.

— Elle a commencé!

Merilda, lui rendant son regard, se mit lentement sur ses pieds.

— Elle m'a frappée la première!

— Elle m'a traitée de ribaude!

— C'en est une!

— Tu es juste jalouse parce que Duff ne veut plus de toi!

— Tu coucherais même avec Baldric s'il t'offrait une pièce!

— Menteuse!

— Traînée !

Endredi se plaça entre elles.

— Il suffit.

Tout à coup, le menton de Merilda se mit à trembler.

— *C'est* une ribaude, ma dame ! Elle m'a pris mon homme !

Endredi n'appréciait guère Gleda, mais Merilda n'avait point de droits sur Duff. Ils n'étaient pas mariés, ni même promis, pour autant qu'elle le sût. S'ils l'étaient, alors Gleda serait en tort.

Duff remua, mal à l'aise, à une courte distance de là. Endredi le regarda.

— Eh bien ?

— Eh bien, ma dame, je… C'est-à-dire elle… Merilda, veux-je dire. Elle s'est mis dans la tête que j'ai dit que je l'épouserais…

— Tu me l'as dit, sacripant ! Je ne t'aurais pas laissé poser une main sur moi, sinon !

— Avez-vous dit que vous l'épouseriez ? demanda Endredi.

— Non.

Gleda arbora un sourire satisfait jusqu'à ce qu'Endredi s'enquière :

— Avez-vous l'intention d'épouser Gleda ?

Duff secoua la tête.

— Quoi ? s'écria Gleda. Tu l'as promis !

— J'ai dit que je le *pourrais*, précisa Duff, la mine sombre.

— Gleda et Merilda, si l'une de vous se livre encore à ce genre de scène, je veillerai à ce que vous soyez envoyées loin d'ici.

Endredi se baissa et ramassa la boîte à épices endommagée.

— Quant à vous, Merilda, je vous suggère de moins

écouter les promesses des hommes. Duff, je vous donne le choix : épousez Merilda ou Gleda, ou quittez ce *burh*.

— Mais messire Adelar..., commença Gleda d'un ton plaintif, en le regardant avec désarroi.

Elle se remit à pleurnicher.

— Bayard sera fâché, geignit Duff.

Adelar leva la main pour réclamer le silence.

— C'est l'épouse du *burhware* qui décide de ces affaires, déclara-t-il fraîchement.

Endredi éprouva une bouffée de gratitude, puis se dit qu'elle ne devrait pas être aussi contente. Elle était parfaitement capable de contrôler ses serviteurs et n'avait pas besoin de son assistance.

Mais ceci était terminé et elle n'avait nulle envie de prolonger l'incident, aussi retourna-t-elle à son siège. Adelar, comme toujours, ne put rester indifférent à sa proximité et au léger parfum de lilas qui montait d'elle. L'absence de Bayard le mettait à rude épreuve et il avait hâte qu'elle s'achève, même si, par ailleurs, il appréciait d'avoir Endredi tout à lui.

Merilda, pâle et avec une expression torve, s'éloigna en silence, suivie d'un Duff repentant et d'une Gleda qui sanglotait.

Quand le repas reprit son cours, Adelar s'éclaircit la gorge pour attirer l'attention d'Endredi.

— J'ai cru comprendre que vous souhaitiez de l'aide pour distribuer les aumônes.

— Je puis m'arranger seule, répondit-elle calmement.

— Ce n'est pas un problème.

— Je suis à votre disposition, ma dame, offrit plaisamment Godwin.

— Merci, Godwin. J'accepte votre offre. Cela gagnera du temps.

Ensuite, Endredi s'adressa à Ordella, qui montrait un intérêt avide pour leur conversation.

— Comment vous portez-vous, ce matin ?

— Beaucoup mieux, répondit Ordella. Le remède que vous avez préparé a été efficace.

— Je suis heureuse de l'entendre.

— N'est-elle point une femme intelligente ? s'enquit Ordella auprès d'Adelar.

Il ne répondit pas, et Endredi fut contente qu'il reste silencieux. Elle pouvait voir la suspicion sur son visage, et s'étonna qu'Ordella ne s'en rende pas compte. Elle aussi trouvait cette sollicitude douteuse.

Pendant un moment elle parla à Ordella de médecines, puis de plantes à teinture, et décrivit comment les différentes étoffes prenaient les nuances. N'importe quoi qui empêche Adelar de prendre part à la conversation, car le seul son de sa voix suffisait à l'émouvoir.

Enfin, il se leva pour partir. Endredi le regarda s'éloigner, puis fixa la table pour cacher ses yeux. Nul ne devait voir combien elle était troublée.

Troublée ? Non, c'était plus que cela. Elle ne savait que trop bien combien Adelar tenait profondément à elle, et qu'ils devaient tous les deux se forcer à ignorer leurs sentiments — surtout en l'absence de Bayard.

Il semblait qu'il essayait de le faire. Depuis cette nuit dans les écuries, il était resté aussi loin d'elle que possible. Son attitude distante la peinait, même s'il ne pouvait y avoir d'autre alternative. Ses attentions un moment plus tôt et la façon dont il l'avait soutenue devant les serviteurs ne faisaient qu'ajouter à sa misère.

Elle avait espéré que plus elle passerait de temps ici, plus il lui serait facile de traiter Adelar simplement comme un des hommes de son époux. C'était impossible. Chaque fois qu'elle entrait dans la grand-salle, la première chose qu'elle faisait était de voir s'il était là. Quand il y était, elle devait lutter pour éviter de le regarder. Quand il n'y était pas, elle éprouvait une consternation qui la submergeait presque.

Mais elle devait combattre sa passion, ses désirs. Elle ne devait pas céder à la tentation. Et elle ne devait rien laisser voir aux autres, pas seulement dans son intérêt, mais dans celui d'Adelar. Et de Bayard. Un adultère donnerait à Ranulf le pouvoir de tous les détruire, et cela ne devait jamais arriver.

Elle se dit que sa dénégation devait la rendre forte, encore et encore.

Cependant, chaque nuit elle commettait l'adultère dans ses rêves, imaginant que c'était Adelar qui était dans son lit. Etait-ce si mal ? Pouvait-elle empêcher ses pensées dévoyées, alors qu'elle aimait Adelar depuis si longtemps et plus qu'elle-même ?

Etait-ce sa faute si l'homme qu'elle désirait tellement était l'image même de son époux ?

Cela causait-il du tort à quelqu'un qu'elle s'octroie cette petite consolation ?

Non, sûrement pas.

Elle poussa un soupir haché. Elle se sentait si faible, si impuissante.

Si seule.

Adelar s'approcha de Godwin tandis que le jongleur se préparait à aider à distribuer les aumônes.

— Faites-moi savoir qui sont les vieilles femmes à qui vous faites des dons, dit-il.

— Depuis quand vous intéressez-vous aux vieilles femmes ? demanda Godwin en gloussant. Ne préférez-vous point que je vous indique les plus jeunes ?

Adelar se rembrunit.

— C'est une affaire sérieuse, Godwin. On parle d'une

étrange vieille femme dans les bois. Je l'ai vue moi-même alors que je chassais.

— Vous ne l'avez pas reconnue ?

— Non, j'étais trop loin. Mais je n'aime pas l'idée que quelqu'un se cache dans la forêt, fût-ce une vieille femme.

— Peut-être appartient-elle à quelqu'un du *burh* ?

— Si c'est le cas, personne ne la réclame. Ce n'est peut-être qu'une vieille femme inoffensive, mais je veux savoir.

— Je garderai les yeux et les oreilles ouverts, promit Godwin d'un ton solennel.

23

Adelar fut à la fois soulagé et marri de voir Bayard, le père Derrick, Ranulf et le reste de l'escorte franchir les portes d'Oakenbrook plus de quinze jours plus tard. Son commandement avait été rendu plus facile par l'absence de Ranulf, mais cela avait été une période tendue et anxieuse à cause d'Endredi.

Il eût préféré attendre qu'une bataille commence. Alors, au moins, il aurait su exactement comment se battre contre l'ennemi.

Comment affrontait-on une adversaire comme Ordella, qui était les yeux et les oreilles de Ranulf, moins intelligent qu'elle ? Elle avait suivi Endredi comme une ombre, tel un esprit malveillant. Il aurait mis fin à cette situation s'il n'avait pas été certain qu'un tel geste n'aurait fait qu'exciter la curiosité d'Ordella. Il s'y serait risqué, néanmoins, s'il n'avait pas été sûr également qu'Endredi pouvait tenir tête à une femme comme Ordella.

Toutefois, ni Ranulf, ni Ordella, ni même l'armée des Danois n'étaient son pire ennemi. Le seul qui méritait ce nom, c'était lui-même, ou plutôt ses traîtres et tumultueux sentiments.

Il ne pouvait se méprendre sur la passion qu'il éprouvait pour Endredi, ni espérer d'apaisement. Il n'agirait pas comme son père le ferait, ignorant les liens de la loyauté et de l'honneur pour satisfaire ses propres aspirations.

Là, tandis qu'il observait Bayard qui saluait chaleureusement Endredi et la suivait dans leur chaumine, il se détesta de nouveau pour la jalousie qu'il était incapable de dominer.

Il réussit à ignorer les vantardises de Ranulf à propos des *thanes* qu'ils avaient rencontrés et des importants hommes d'Eglise avec qui ils avaient dîné. Dans la grand-salle, il parvint à sourire aux plaisanteries de Godwin et à prêter attention aux longs discours du père Derrick sur sa rencontre avec le père Absalom et sur les nouvelles de Rome. Mais il ne put cesser d'imaginer Bayard et Endredi seuls ensemble.

Toutefois, le pire était encore à venir. Au repas qui célébrait le retour de Bayard, celui-ci insista pour qu'Adelar s'asseye à sa gauche entre Endredi et lui.

— Nous avons des affaires à discuter, expliqua-t-il quand Adelar parut sur le point de protester.

Adelar prit place à côté d'Endredi. Elle portait une cotte de drap fin d'une ravissante nuance de bleu, qui faisait paraître ses yeux encore plus verts, même si elle ne le regardait pas directement. Ses cheveux étaient couverts d'un voile de soie diaphane qui frôlait ses joues lisses. Deux broches en argent ouvragé qu'il n'avait jamais vues auparavant ornaient ses épaules. Probablement des présents de Bayard, pensa-t-il.

Il observa ses mains fines qui prenaient son gobelet et se rappela comment elle avait coutume de lui taper sur les doigts d'un geste joueur lorsqu'il essayait de s'emparer de nourriture, quand ils étaient plus jeunes. Elle lui décochait alors un regard sévère, mais un sourire couvait toujours au fond de ses yeux.

— Adelar, je ne voulais pas vous offenser en vous prenant à ma gauche, dit tranquillement Bayard quand le repas commença.

En sursautant d'un air coupable, Adelar jeta un coup d'œil à son cousin.

— Je ne me sens pas offensé, répondit-il sincèrement. Je suis honoré d'être à votre table.

— Bien, dit Bayard.

Il paraissait indolent, mais Adelar supposa qu'écouter d'interminables discussions politiques devait produire un tel effet, ainsi que le voyage du retour.

— Je présume que rien de fâcheux n'est arrivé en mon absence ?

— Non, mon seigneur.

— Endredi m'a dit que vous avez été un bon commandant.

— Je suis heureux de cette appréciation de votre épouse, répondit Adelar en rougissant légèrement, à son grand dam.

— Endredi a fait une conquête ! déclara Bayard d'un air entendu.

Adelar le regarda vivement, puis regarda Endredi, qui paraissait choquée.

— Une conquête, Bayard ? demanda-t-elle d'un ton hésitant. Je ne vous comprends point.

— Adelar.

— Mon seigneur ! protesta Adelar.

— Allons, Adelar, tout le monde peut le voir. Avouez-le — vous ne pensez plus que j'ai fait une erreur en épousant une femme viking.

— Mon seigneur, je...

— Si vous le pensiez, vous auriez ignoré complètement mon épouse durant mon absence, et je sais que vous ne l'avez pas fait. A présent, contredisez-moi à vos risques et périls, le défia Bayard d'un ton jovial.

Adelar perçut le soulagement d'Endredi, qui allait de pair avec le sien.

— Vous avez sans nul doute trouvé une femme viking digne de votre confiance, répondit-il.

— Ce n'est pas tout à fait la réponse que j'attendais, mais c'est un début.

Bayard s'adossa à son siège et posa son couteau.

— C'est un soulagement pour moi d'entendre que ma petite partie du royaume, au moins, est exempte de troubles. Le mariage est une bonne chose, Adelar.

— Dans votre cas, je suis d'accord.

— Plusieurs *thanes* ont demandé de vos nouvelles. En particulier ceux qui ont des filles.

Adelar se contenta de grogner et reprit de la viande, fort conscient d'Endredi silencieuse à côté de lui.

— Vous êtes toujours considéré comme un choix de valeur sur le marché du mariage, Adelar.

— Cela ne me préoccupe point.

— Avez-vous l'intention de ne jamais vous marier ?

— Pourquoi le ferais-je ? Je n'aurai point de terres à transmettre.

— Votre père…

— Il peut rôtir en enfer pour ce qui est de moi, comme vous le savez parfaitement, Bayard.

— Ne voulez-vous point de fils ?

— Je n'ai pas grand désir de mettre un enfant au monde.

Il vit que Bayard fronçait les sourcils et s'avisa que ce n'était pas le moment d'exprimer une opinion aussi tranchée. Bayard, après tout, ne cachait pas son obsession d'avoir des fils. Il se força à sourire.

— Si cela signifie m'enchaîner à une seule femme.

Bayard gloussa et Adelar sentit la tension se dissiper.

— Que pensez-vous de mon noble cousin, Endredi ? demanda Bayard avec gaieté. Lui et ses idées de chaînes ?

— S'il considère les vœux du mariage comme des chaînes, répondit doucement Endredi, peut-être vaut-il mieux qu'il ne se marie pas. Pour le bien de la femme.

Adelar la regarda fixement. Il se sentait enchaîné par des vœux de mariage, mais non parce que *lui* était marié.

— Bien répondu, approuva Bayard. Ne la dévisagez pas ainsi, Adelar. Elle a raison, après tout. Avez-vous entendu ce qu'a dit Endredi, Ranulf ? Et vous avez essayé de me convaincre de ne pas l'épouser !

Ranulf esquissa un sourire forcé.

— D'après tout ce que j'ai vu et entendu, mon seigneur, il est évident que je me trompais. Je vous demande humblement pardon.

24

Plus tard ce soir-là, Bayard contempla Adelar alors qu'ils étaient assis ensemble dans la grand-salle. Les hommes qui ne s'étaient pas encore retirés siégeaient sur les bancs, parlant entre eux, buvant et chantant de temps à autre des bribes de chansons. Godwin essayait de jongler avec des tabourets, sans grand succès.

Le feu avait baissé, et la seule lumière provenait des braises et des faibles flammes de lampes à huile posées sur la table.

— Je suis heureux de penser que la plupart des *thanes* approuvent les plans d'Edward, déclara Adelar d'un ton pensif, en faisant courir ses doigts sur sa corne à boire finement sculptée. Nous n'avons nul besoin d'autres dissensions entre nous.

— Oui. C'est une bonne chose, également, qu'Alfred ait marié une fille à un Mercien, sinon nous ne serions pas aussi unis.

— Les Merciens ont besoin de nous.

— Les gens du Kent continuent à se plaindre.

— Seulement pour exprimer leur haine des Merciens, me semble-t-il. Je suis sûr que si l'on en vient à une bataille, ils s'uniront tous à nous contre les Danois.

— Je l'espère, dit Bayard en soupirant d'un air las.

— Etes-vous fatigué ?

— Non.

Bayard prit sa corne à boire.

— Endredi m'a dit aujourd'hui qu'elle n'est pas grosse.

— Une nouvelle infortunée pour vous, Bayard.

— Oui. Il se peut que cet ensemble de bâtiments soit tout ce qui restera pour montrer que j'ai vécu.

Surpris par l'inhabituelle mélancolie de son cousin, Adelar demanda :

— Cynath est satisfait, non ?

— Oui. Mais le *burh* n'est encore rien qu'un empilement de bois et de pierres, aisément destructible.

— Vous assurez la sécurité de votre peuple grâce à ces constructions, observa Adelar. Et c'est plus que ce que je laisserai après moi.

Bayard sourit à son cousin, le visage rougi par la lueur des braises.

— C'est la récompense du devoir et des responsabilités, Adelar. Savoir que le monde a été rendu un peu différent par votre présence.

— Vous avez apporté plus qu'une légère différence, Bayard.

— Peut-être. Le penser satisfait ma vanité, tout comme cela me dérange de savoir que je devrai sans doute transmettre tout ceci à un homme qui ne voit que le pouvoir qu'il pourra exercer, et non les obligations qui en découlent. Etes-vous toujours certain de ne pas vouloir commander, Adelar ?

— Je n'ai nul désir de porter ce fardeau.

— Mais les récompenses peuvent en valoir la peine, objecta Bayard en désignant d'un geste sa vaste grand-salle.

— Non.

Bayard joua avec sa corne à boire.

— Peut-être avez-vous raison. Je donnerais tout ceci pour avoir un fils, Adelar. Un héritage de chair et de sang, pas de pierre froide et de bois dur.

Adelar considéra son cousin, si inhabituellement sérieux, et souhaita ne pas avoir à dire ce qu'il devait, mais il avait déjà trop tardé. Il parla lentement, levant son regard vers le visage de Bayard.

— Bayard, je m'en vais.

— Pourquoi ? Je pensais que vous aviez surmonté vos objections concernant ma femme.

— Cela n'a rien à voir avec elle. Elle est l'épouse de mon seigneur, et en tant que telle je dois l'accepter. Je pars parce que mon temps dans le *fyrd* est terminé. Je souhaite m'en aller demain, à la première heure.

— Comment vous ai-je offensé ?

— Vous ne m'avez point offensé, Bayard. Croyez-le.

— Alors, pourquoi partir ?

Adelar hésita, plus déchiré que jamais par sa décision. Bayard était différent, ce soir-là, si triste et apparemment empli de sombres pensées.

Bayard lui jeta un regard acéré.

— Adelar, je vous connais assez bien pour savoir que vous avez pris cette décision et que vous chercherez à vous y tenir. Je… je voulais attendre quelque temps encore avant de dire ce que je dois vous dire, mais vous semblez si déterminé que vous ne me laissez pas le choix.

Il se pencha vers Adelar et murmura :

— J'ai une grande faveur à vous demander, que je ne puis demander à aucun autre.

Adelar vit son expression intense et se demanda ce qui pouvait la causer.

— Vous savez que vous n'avez qu'à parler, cousin.

Les yeux baissés, Bayard déclara :

— Je veux que vous possédiez ma femme.

— *Quoi ?*

— Je veux que vous fassiez l'amour à Endredi.

— Avez-vous perdu l'esprit ? demanda Adelar, confondu par une requête aussi inconcevable.

Il lutta pour garder sa voix basse, tandis que son cerveau s'efforçait de saisir ce que Bayard disait.

— Je me meurs.

Bayard le pensait, le croyait. Sa conviction se lisait dans ses yeux, évidente.

— Je... je ne comprends pas, déclara Adelar d'un ton haché, espérant encore qu'il puisse y avoir quelque erreur.

— Je suis malade depuis longtemps et j'ai vu plus de médecins, de moines et même de sorcières réputées que je ne me soucie de m'en souvenir. Il n'y a pas d'espoir pour moi. Je veux qu'Endredi porte un enfant avant que je meure, et vous êtes mon seul espoir.

— Je ne le crois pas. Vous ne paraissez même pas souffrant !

Bayard eut un sourire sardonique.

— Combien de fois, au cours des dernières semaines, m'avez-vous dit que j'avais l'air fatigué ? J'étais pourtant bien reposé. Adelar, vous savez combien je désirais des fils. Maintenant, plus que jamais, il m'en faut un.

— Que voulez-vous dire ? Que vous êtes trop malade pour...

Adelar hésita, répugnant à toucher à l'intimité de la chaumine de Bayard.

— Pour faire l'amour à ma femme ? Je l'ai fait, Adelar.

Bayard vida sa corne à boire, ce qui fournit à Adelar le temps de dominer à la fois le moment de joie indue qu'il avait éprouvé en pensant que Bayard n'avait pas possédé Endredi, et la déception que lui causait la réponse de son cousin.

— Je crois que je n'ai jamais été capable d'engendrer des enfants. Vous savez que j'ai aimé maintes femmes, Adelar. Mais je n'en ai jamais engrossé une.

— Comment pouvez-vous en être sûr ?

— Parce que j'ai promis à chaque femme avec qui j'ai couché que si elle portait mon enfant, je la récompenserais généreusement. Certaines ont essayé de me duper, mais il y a toujours eu des preuves que l'enfant ne pouvait être de moi. Maintenant, je suis certain d'être incapable d'être père, à cause de ma maladie.

Son expression se fit dure et déterminée.

— Je ne souhaite pas laisser mes terres et mes biens à Ranulf. Je voudrais vous les laisser, Adelar.

— Je n'en veux pas ! protesta Adelar.

— Je sais, et je sais aussi que Ranulf ne se tiendrait jamais tranquille avant de vous les avoir repris. Aussi, si je ne puis vous transmettre mes possessions, je les transmettrai à un fils. Votre fils, qui me ressemblera assez pour que nul n'ose mettre en doute sa filiation, pour le cas où quelqu'un aurait des soupçons.

— Bayard...

Adelar ne souhaitait rien tant que de pouvoir aimer Endredi, mais pas de cette façon-là. Par tous les saints et les martyrs, pas de cette façon-là.

— Il y a une autre raison pour laquelle je vous ai choisi. Vous rappelez-vous cette servante au *burh* de Cynath, Janeth ?

— Janeth ? Non.

— Vous devriez vous en souvenir — elle vous a donné un fils il y a trois ans.

— C'est la première fois que j'en entends parler, déclara Adelar avec méfiance.

— J'ai entendu une rumeur à propos du bébé et je pensais que vous le saviez. Comme vous n'en avez jamais parlé, je me suis demandé s'il s'agissait simplement d'une rumeur, rien de plus, alors j'ai questionné Cynath au sujet de cette fille. Il n'est pas certain de l'identité du père, mais il ne fait pas de doute pour moi que l'enfant pourrait être le vôtre.

— Vous pensez que j'ai un fils ?

— Vous en aviez un. Il est tombé malade et il est mort.

— Oh.

Il était étrange d'avoir un fils, puis de le perdre dans

un laps de temps aussi bref. Mais pas plus étrange, peut-être, que ce que Bayard disait par ailleurs.

— Au moins, vous savez que vous pouvez engendrer des fils, déclara doucement Bayard. Je donnerais n'importe quoi, paierais n'importe quel prix pour savoir que j'en suis capable. Mais je ne le suis pas.

— Vous ne pouvez en être sûr, comme je ne puis être sûr que l'enfant de Janeth était le mien.

— Il ne me reste pas de temps à perdre en vains espoirs, Adelar, ou en vagues illusions. J'ai besoin d'un fils — et Endredi aussi. Je pense que vous êtes notre dernière et notre meilleure chance. Songez à ce qui pourrait se passer quand je serai mort, si Ranulf hérite. Il n'aura pas de scrupules à la renvoyer à ce lourdaud de Dagfinn, ou même pire. Si elle a un enfant qui passera pour le mien, elle bénéficiera d'une certaine sécurité. Je suis certain qu'elle se battra pour les droits de cet enfant aussi farouchement qu'une mère ours défendant ses petits.

— C'est pourquoi vous avez demandé à Dagfinn si elle était dotée d'une forte volonté.

— Oui. Je songeais à me remarier depuis un certain temps, mais je voulais une femme qui pourrait lutter pour elle-même, et le ferait. Je crois que je l'ai trouvée.

Une image traversa l'esprit d'Adelar sans qu'il le veuille, de la nuit où Endredi et les autres avaient échappé à son père. Elle avait été si forte, si déterminée à rentrer chez elle. Se battre pour son enfant ? Elle le ferait, jusqu'à la mort.

— Puis Dagfinn a fait sa proposition. J'ai pensé que c'était un signe de Dieu et j'ai osé espérer que mon épouse répondrait à mes autres prières. Cela n'est pas arrivé. J'ignore combien de temps Dieu m'accordera, Adelar, alors je dois vous demander cela. S'il advient que vous vous attachiez à elle, vous pourriez même envisager de l'épouser quand je ne serai plus là. Mais je veux être certain que la cupidité de Ranulf sera étouffée avant cela.

— Endredi… Est-elle au courant de cette… proposition ?

— Non. Je préférerais qu'elle ne sache pas que je vous ai fait cette demande.

— Vous voulez que je la *séduise* ?

Bayard eut un sourire contraint.

— Pour me laisser un peu de fierté. C'est une autre raison pour laquelle je vous ai choisi, Adelar. Vous n'avez pas de problème à charmer les femmes.

— J'en aurai si la femme est Endredi. Sa loyauté envers vous la placera hors de ma portée.

En le disant, il sut que c'était vrai. Et — Dieu lui vienne en aide — il aurait souhaité que cela ne le soit pas.

— Parlez-lui de votre maladie. Elle peut être en mesure de vous aider.

— La pensée de coucher avec Endredi vous tente-t-elle si peu ?

— Bayard, je n'ai nul désir d'être un étalon pour répondre aux besoins d'un autre homme, déclara sincèrement Adelar, en luttant contre la tentation qui le dévorait. Et vous me demandez — vous *nous* demandez — de commettre l'adultère.

— Je sais.

— Qu'en sera-t-il si Ranulf ou quelqu'un d'autre le découvre ? Vous devrez nous punir.

— Si cela arrive, je ne vous condamnerai pas, bien sûr. Si vous avez un enfant avec elle, je le ferai passer pour mien. Nul n'osera mettre ma paternité en question, pas même Ranulf.

— La confession et l'absolution sont-elles supposées effacer un tel péché ? Qu'en sera-t-il si je meurs en état de faute ? Je pourrais aller en enfer.

— J'y ai songé aussi, Adelar, aussi je comprendrai si vous refusez. Croyez-moi quand je dis que je souhaiterais qu'il en fût autrement. Je donnerais tout pour un enfant de moi, mais Dieu a jugé bon de me refuser cette joie.

Peut-être ai-je tort d'essayer de changer les choses. J'ai passé beaucoup de temps à y penser, et tout ce que je puis dire, c'est que si vous acceptez, vous me ferez un grand présent et vous protégerez Endredi.

— Godwin nous a vus ensemble, et depuis il me surveille comme une nourrice. Quant à Endredi, elle m'évite complètement. C'est tout simplement impossible.

Il attendit que Bayard réponde, notant ses traits tirés et son apparence hagarde. Certains des hommes avaient dit que Bayard était tombé malade durant le voyage. Il devina que c'était la maladie dont Bayard pensait qu'elle le tuait qui empirait.

Bayard poussa un profond soupir.

— J'ai un plan final pour le cas où vous ne pourriez ou ne voudriez pas séduire Endredi, dit-il enfin. C'est une ruse, mais je pense que c'est mon seul espoir.

— Quel est-il ?

— Nous nous ressemblons, Adelar. Pas assez pour tromper quelqu'un de jour, mais la nuit, dans une chaumine obscure, les rideaux du lit tirés…

— Vous voulez que je prétende être vous ?

— Cela semble être la seule solution.

— Nous ne nous ressemblons pas à ce point, Bayard. Endredi s'en rendrait sûrement compte. Et oubliez-vous que vous portez une barbe, alors que je n'en ai pas ?

— Si j'accepte de laisser un autre homme faire l'amour avec ma femme, pensez-vous que j'hésiterai à me débarrasser de ma barbe ? Elle aura disparu demain matin.

Il dédia à Adelar l'ombre d'un sourire.

— Et je suspecte qu'un homme de votre adresse saura suffisamment distraire Endredi pour qu'elle oublie les soupçons qu'elle pourrait avoir.

— Où serez-vous, pendant que je la *distrairai* ? Vous ne pourrez être à deux endroits à la fois.

— J'attendrai dans l'un des entrepôts. Quand vous

aurez fini, marmonnez que vous devez sortir et venez me chercher.

— Et si l'on me voit entrer dans la chaumine et en sortir ?

— Portez ma cape. Nous sommes de la même taille.

— Bayard, je n'apprécie nullement cette supercherie.

— Moi non plus, Adelar. Et si cette ruse ne marche pas, j'accepterai d'abandonner. Mais ne me répondez pas ce soir. Réfléchissez-y, comme j'y ai réfléchi des jours durant. Si vous décidez de refuser, qu'il en soit ainsi.

Adelar réfléchit tout au long d'une interminable nuit sans sommeil. Et au matin, quand Bayard apparut dans la grand-salle sans sa barbe et les yeux anxieux, il dit à son cousin que la réponse était « oui ». Par devoir. Pour répondre aux désirs de Bayard et protéger Endredi, essaya-t-il de se convaincre. Mais il savait bien que c'était son amour brûlant pour Endredi qui avait emporté sa décision, le rendant incapable de résister à la tentation.

25

Endredi était seule dans son lit. Bayard avait suggéré qu'Ylla et Helmi dorment dans la grand-salle, dorénavant, et elle n'avait pas fait d'objection. Parfois, lorsqu'elle ne pouvait plus contenir son désarroi, elle s'autorisait le luxe de verser des larmes — quand Bayard s'attardait dans la grand-salle, comme ce soir-là. Elle savait que c'était une faiblesse et se jurait chaque fois que ce serait la dernière.

Après tout, il y avait d'autres choses pour lui occuper l'esprit. Bayard avait beaucoup à dire aux *thanes* et aux guerriers sur les plans qui avaient été discutés au *burh* de Cynath. Il lui en avait parlé, et elle lui savait gré de sa confiance.

Bayard et Cynath étaient d'accord sur le fait qu'Oakenbrook serait un site évident pour une première attaque des Danois. Dagfinn semblait prêt à respecter ses serments concernant les terres de Bayard, mais ils n'étaient pas certains qu'il les respecterait éternellement.

Endredi non plus. Elle connaissait trop bien Dagfinn. Il était avant tout cupide, et s'il se sentait assez confiant dans la capacité des Danois à triompher, il foulerait aux pieds toutes ses promesses.

Et même si Dagfinn lui-même se montrait réticent, nombre de ses hommes croyaient encore que les Saxons étaient faibles. Dagfinn pourrait être forcé à entrer en guerre contre son gré, à moins de tout perdre.

Ne jouait-elle pas un beau rôle, songea-t-elle avec

amertume, à se montrer si dure dans son jugement sur Dagfinn ? Ses sentiments et son désir pour Adelar n'étaient pas autre chose que de la trahison. Elle trouvait par trop facile d'oublier ses propres serments, prononcés quand elle était devenue l'épouse de Bayard.

Cela serait différent si son époux était un homme cruel et brutal. Ou un sot malavisé. Mais il n'était rien de tout cela. Il était aimable, généreux, honorable — tout ce qu'une femme pouvait désirer en un mari.

Pourtant, tout ce qu'elle désirait, *elle,* était un autre homme, un homme qui ressemblait trop à son époux. Elle avait remarqué auparavant la similarité entre Adelar et son cousin, mais maintenant que Bayard avait rasé sa barbe, la ressemblance était troublante.

Elle entendit la porte de la chaumine s'ouvrir et se refermer et elle s'enfonça davantage sous les couvertures, feignant d'être endormie. Incertaine, en proie à la confusion, elle voulait juste qu'on la laisse tranquille. Elle garda les yeux fermés et rendit sa respiration profonde et régulière pendant que son mari se dévêtait et soufflait la flamme de la lampe à huile qu'elle avait laissée allumée sur la table.

Sans émettre un son, il se glissa dans le lit à côté d'elle.

Sa main remonta lentement le long de son bras jusqu'à son épaule, puis caressa sa joue. Il se rapprocha. Elle sentit sa peau nue contre elle. Sa main redescendit, suivit sa jambe et effleura sa cuisse.

Ces mouvements alanguis étaient différents des manières habituellement plus promptes de Bayard, songea-t-elle vaguement. Différents aussi des gestes empruntés de Fenris, son premier mari, sous les draps.

Délicieusement différents. Elle roula sur le dos, consciente de l'homme nu allongé près d'elle dans le noir.

— Bayard ? chuchota-t-elle d'un ton interrogateur.

Il ne lui répondit pas par des mots. A la place, des lèvres fermes se pressèrent sur les siennes en un baiser brûlant.

Des doigts frôlèrent légèrement sa peau, taquinant la pointe de ses seins. Puis des mains fortes et rugueuses se saisirent de ses épaules et des cheveux caressèrent sa gorge tandis qu'elle gémissait doucement, les sens en émoi malgré elle. Comment pouvait-elle réagir ainsi à son époux alors qu'elle en aimait un autre ? se demanda-t-elle, troublée.

— Bayard, dit-elle dans un soupir, tendant les mains pour toucher son visage.

Elle se figea. Ce n'était pas le visage de Bayard. Ce n'étaient pas ses lèvres ni ses mains sur sa chair.

Elle s'assit abruptement, le regard fixe. Elle tira les couvertures à elle pour cacher sa nudité et essaya de voir le visage de l'intrus dans l'obscurité.

— Adelar ! s'écria-t-elle, soudain tout à fait sûre. Que faites-vous ? Quittez ce lit tout de suite !

— Endredi, je vous en prie ! Je vous désire tellement !

— Je suis la femme de Bayard. Sortez ou je hurle.

Elle descendit maladroitement du lit, manquant trébucher dans l'ombre, horrifiée qu'il ait osé agir ainsi. Elle attrapa sa chemise et l'enfila vivement.

Il était toujours dans le lit. Le lit de Bayard.

— Etes-vous fou, Adelar ? lança-t-elle, son intonation oscillant entre une question et une supplication. Sortez immédiatement, avant que Bayard vous trouve ici !

Les doigts tremblants, elle essaya de rallumer la lampe à huile, mais n'y parvint pas.

Soudain, une main chaude et forte se referma sur son poignet.

— Lâchez-moi ! ordonna-t-elle en se débattant.

— Endredi, plaida-t-il. Endredi !

Elle sut qu'elle aurait dû fuir lorsqu'il l'enlaça.

— Endredi, j'ai essayé de rester loin de vous. Vous le savez mieux que quiconque. Même ce soir, je me suis dit que je voulais seulement vous parler. Mais je suis trop faible. Je n'ai pas pu résister. Dieu me vienne en aide, je ne le peux pas.

— Je ne trahirai pas mon époux ! chuchota-t-elle d'un ton urgent, s'imposant d'être forte malgré les désirs de son cœur.

— Je ne souhaite nullement trahir mon cousin. Mon seigneur. Mais mon amour pour vous est plus fort que tout.

— Il est tout cela, Adelar, et il est mon mari.

— Je sais. Je me le suis dit une centaine de fois. J'ai même essayé de partir.

— Vous auriez dû. De grâce, partez maintenant.

— J'ai besoin de vous, Endredi. Tellement que je suis prêt à tout risquer.

Elle prit une grande inspiration tremblante, touchée par les mots qu'il murmurait dans le noir. En percevant la sincérité et le désespoir. Sentant une vérité correspondante dans son propre cœur.

— Adelar, je... je...

Il la lâcha et alluma la lampe. La flamme fit naître des ombres vacillantes sur son large torse nu et cacha ses yeux sombres.

— Endredi, regardez-moi maintenant et dites-moi que vous ne voulez pas de moi. Dites-moi de partir, et je le ferai.

Elle secoua la tête.

— Adelar...

— Dites-moi que vous ne me convoitez pas, et je partirai cette nuit même. Dites-moi que vous ne m'avez jamais convoité, y compris dans le village de votre père la première fois que nous nous sommes embrassés. Ou la dernière fois où nous nous sommes vus dans le *burh* de mon père. Ou la première fois où nous nous sommes retrouvés ensemble dans la grand-salle de Bayard. Je n'ai jamais cessé de vous vouloir, Endredi. Toutes ces années, j'ai rêvé de vous, je vous ai désirée, j'ai eu besoin de vous. Je ne veux rien d'autre dans toute ma vie, que vous.

Elle le dévisagea fixement, le jouvenceau qu'elle avait tant aimé, l'homme qu'elle désirait plus que tout au monde. Elle avait combattu ses sentiments pour lui pendant des jours et réprimé sa nostalgie de lui pendant des années. Maintenant, ici, elle ne pouvait plus lutter.

— Oh, Adelar ! s'écria-t-elle en se laissant choir sur le sol. Je vous veux de tout mon cœur et je voudrais qu'il n'en fût rien. Nous avons notre devoir et notre honneur. Si nous perdons cela, que restera-t-il ?

Il s'agenouilla devant elle et prit doucement ses joues dans les paumes de ses mains.

— Dans les longues nuits de notre vie, le devoir et l'honneur nous réconforteront-ils ? Si nous nions ce que nous éprouvons si fortement, que nous restera-t-il ?

Le silence d'Endredi lui donna de l'audace.

— Ce que nous ressentons l'un pour l'autre ne peut pas être mal, Endredi. C'est bon. C'est juste. C'est ce qui était destiné à être. Dites-moi que vous êtes d'accord et répondez-moi non pas comme l'épouse de Bayard, mais comme l'Endredi que j'ai connue.

Il l'embrassa de nouveau, tendrement, doucement, avec tant d'espoir et d'aspiration qu'elle fut incapable de protester davantage.

Leur baiser s'approfondit tandis qu'un désir indéniable s'emparait d'eux telle une liane les enveloppant de ses circonvolutions. Durant un bref instant, Endredi sut qu'elle devrait s'écarter avant qu'il soit trop tard. L'instant passa et elle continua à embrasser Adelar, toutes pensées de trahison et de péché consumées par le besoin d'être avec lui. Lui aussi hésita un instant — jusqu'à ce que les mains d'Endredi se mettent à le presser contre elle.

Puis ils furent perdus pour tout, sauf pour eux deux dans la pénombre de la chaumine.

Leurs langues se touchèrent, se retirèrent, se touchèrent

de nouveau et se joignirent. Elle le caressa lentement, prenant vie dans ses bras tandis qu'il la caressait aussi.

Une vive chaleur la consumait et du feu brûlait dans ses membres. Sa respiration s'accéléra, s'accordant à la pulsation rapide de son sang dans ses veines. Elle n'était plus vierge, mais nul homme n'avait jamais suscité en elle un désir aussi ravageur.

Adelar la souleva et la porta sur le lit. Sans interrompre leur baiser, il l'allongea et la rejoignit. Il avait possédé maintes femmes, mais c'était comme si elle était la première. Doucement, il glissa la main dans son abondante chevelure ainsi qu'il avait rêvé de le faire tant de fois. Il sentait sa poitrine s'abaisser et se soulever sous lui, percevait les battements de son cœur qui s'emballait au même rythme que le sien.

Mettant fin au baiser avec un long soupir, il fit lentement descendre ses lèvres sur sa peau lisse. Il s'émerveilla lorsqu'elle leva les mains et, les doigts tremblants, dénoua les lacets de sa chemise. Il plongea les yeux dans les vertes profondeurs des siens et y lut sa confiance, son amour.

— Endredi, chuchota-t-il, certain qu'ils avaient depuis toujours été destinés l'un à l'autre.

Dieu l'avait voulu, sinon Il ne la lui aurait pas ramenée. Néanmoins, il s'arrêterait encore si elle le lui demandait.

— Adelar, murmura-t-elle, pressant un baiser sur son torse nu et brûlant.

C'était une bénédiction, un acquiescement, une supplication. La dernière retenue qu'il s'imposait s'estompa et mourut en lui, annihilée par les flammes de son désir.

Ils s'embrassèrent encore. Et encore. Il goûta ce qui restait du sel de ses larmes. Elle s'agrippa des deux mains à ses épaules quand ses lèvres trouvèrent ses seins, en taquinant les pointes durcies. Elle ondulait sous lui, ses mouvements sensuels accroissant le rythme des siens.

Toutefois, parce que c'était Endredi, il ne voulait pas

aller vite. Il voulait savourer chaque instant passé dans ses bras. Comme si elle était d'accord avec lui, elle continua elle aussi à explorer lentement son corps de ses yeux, de ses lèvres et de ses mains.

C'était tout ce dont elle avait rêvé, et davantage. Il la touchait comme aucun homme ne l'avait jamais fait, comme s'il ne considérait pas son propre plaisir, mais seulement le sien. Et il lui donnait du plaisir à foison. Non, plus encore. De l'excitation, de l'extase, un ravissement au-delà de tout ce qu'elle avait pu imaginer.

Avide de s'unir à lui, elle s'arqua contre lui et prit son sexe roide dans sa main, le guidant vers elle. Lentement, très lentement, il vint à sa rencontre. L'intensité de leur amour et de leur passion rendit cet instant inoubliable. Puis ils s'engagèrent ensemble dans le voyage de la volupté, fondus l'un dans l'autre, jusqu'à ce que deux cris étouffés rompent le silence de la chaumine. Ce qu'ils avaient vécu ensemble était la culmination de tous leurs rêves, un partage d'une beauté qui était au-delà des mots.

26

— Adelar !

Il sentit deux mains douces qui le secouaient et s'éveilla aussitôt, le souvenir de l'endroit où il se trouvait et avec qui envahissant sa conscience.

— Endredi ? murmura-t-il.

— Oui. Vous devez partir maintenant, Adelar, avant que Bayard arrive.

Il se redressa à ses paroles urgentes et la contempla. Elle était si belle, vêtue d'une chemise blanche qui semblait luire à la lumière vacillante de la chandelle qu'elle avait allumée. Ses cheveux flottaient sur ses minces épaules. Ses mains fines, qui tremblaient, lui rappelèrent le pouvoir incroyable qu'elle possédait de l'exciter et de le bouleverser. Il mourait d'envie de l'attirer à son côté et de l'embrasser jusqu'à ce que les oiseaux matinaux se mettent à chanter, jusqu'à ce que le soleil soit haut dans le ciel, jusqu'à ce qu'il soit trop tard pour le repas du soir, jusqu'à ce que l'heure de dormir vienne de nouveau.

Mais la façon dont elle tremblait lui démontrait qu'elle était effrayée.

— Il se fait tard, dit-elle encore. Bayard peut arriver à tout moment, et, s'il vous trouve ici, il vous tuera.

— Non, répondit-il tranquillement.

Néanmoins, il attrapa ses chausses et les enfila. Il essaya de songer à un moyen de la rassurer qui laisserait sa fierté à Bayard.

— Il ne se soucierait pas que vous soyez son cousin. C'est un homme fier. Il ne pourrait ignorer un adultère.

Il entendit l'angoisse qui perçait dans sa voix et alla à elle, prenant son corps parfumé dans ses bras.

— Je ne regrette rien, murmura-t-elle avec ferveur, appuyant sa joue sur son torse. Je ne regrette pas mes sentiments pour vous, ni ce que nous avons fait.

— Moi non plus, Endredi. De grâce, ne vous inquiétez pas.

— Comment puis-je l'éviter ? Ce que nous avons partagé est une faute au regard de la loi, même si cela ne l'est pas dans nos cœurs. Si Ranulf le découvrait…

— Laissez-moi m'occuper de Ranulf. Et de quiconque pourrait vous tourmenter. Je vous protégerai sur ma vie.

— Oh, Adelar !

Elle émit un soupir haché et ses épaules s'affaissèrent, mais seulement un bref instant.

— Vous *devez* partir. Sortez prudemment, mon amour, de crainte que l'on vous voie.

— Je serai prudent.

Il s'écarta d'elle et ils se dévisagèrent, se remémorant leur désir et leur plaisir qui avaient dépassé tout ce qu'ils auraient pu imaginer. Ils étaient faits l'un pour l'autre, depuis toujours.

— Allez, tout de suite ! le pressa-t-elle encore, en le tirant vers la porte.

Il se coula dans l'obscurité de la nuit couverte et se faufila dans l'ombre quand la lune émergea des nuages. La brise annonçait de la pluie avant le matin et une chaude journée.

Adelar s'arrêta et huma profondément les parfums portés par le vent d'été, s'accordant un moment de précieux bonheur.

Il ne regrettait pas ce qui s'était passé. Endredi était à lui et il était à elle. Le lien qui les unissait était trop fort pour être brisé par quelqu'un. Ni par Bayard. Ni par Ranulf. Ni par les Danois.

Bien qu'ils auraient des ennuis si Ranulf découvrait leur liaison. Bayard lui-même, en dépit de ses assurances, ne pourrait complètement ignorer son neveu, surtout si celui-ci allait trouver Cynath avec ses soupçons.

Depuis le jour de la leçon d'équitation, quand il avait eu la première véritable preuve des sentiments d'Endredi, Adelar avait considéré ce qu'il devrait faire si cela arrivait, et il était préparé. Godwin lui avait fourni la solution. Il dirait qu'il avait possédé Endredi contre son gré et il en subirait les conséquences, quelles qu'elles soient. Endredi tomberait en disgrâce, mais nul ne réclamerait sa mort. Elle pourrait se réfugier dans un couvent où elle serait vivante, au moins.

Il continua en direction de la grand-salle. Qu'avait voulu dire Endredi, quand, à la fin, elle l'avait pressé de partir ? Voulait-elle qu'il quitte la chaumine… ou le *burh* ? Maintenant qu'il connaissait la profondeur de ses sentiments pour lui, il ne la laisserait plus jamais à moins de recevoir l'ordre d'aller se battre. Il risquerait n'importe quoi pour rester près d'elle, pour être avec elle, pour l'aimer et la protéger jusqu'à la fin de sa vie.

La grand-salle était sombre, la seule lumière venant des braises couvant dans le foyer. L'un des chiens de Baldric gronda et se leva. Avant que le molosse n'éveille son maître endormi, Adelar tendit la main et le caressa, en parcourant la salle du regard. Bayard était assis au fond, sur la banquette. Son cousin ne dormait pas, mais attendait, une expression interrogative sur le visage. Il resserra sa main sur l'accoudoir du siège quand Adelar s'avança vers lui d'une allure nonchalante.

— Est-ce fait ? chuchota-t-il d'une voix anxieuse.

— Oui.

Bayard soupira et détourna les yeux. Le cœur d'Adelar

se contracta pour son noble et fier cousin qui lui avait permis d'exaucer le plus cher de ses souhaits.

— Elle a cru que c'était vous.

L'ombre d'un sourire passa sur le visage de Bayard et Adelar fut heureux d'avoir menti et rendu à son seigneur une parcelle de la dignité qu'il méritait.

Bayard fit un geste vers Ylla qui dormait sur une paillasse non loin de là.

— L'avez-vous eue ?

Epuisé, Adelar décocha à son cousin un regard perplexe.

— Pourquoi demandez-vous cela ?

— Parce qu'il est évident pour quiconque a des yeux qu'elle vous convoite, et je me demandais si vous en aviez tiré avantage.

Adelar contempla les jonchées, par terre.

— Non, je ne l'ai pas fait.

— Demandez-lui de vous retrouver dans la hutte de tissage demain soir.

Adelar releva les yeux vers Bayard et fronça sombrement les sourcils.

— Pourquoi ?

— Je pensais simplement que si vous le faisiez, je pourrais aller avec elle en prétendant être vous. Si d'autres croient que vous couchez avec Ylla, cela détournera les soupçons. Ne voyez-vous pas, Adelar ? poursuivit-il. Si certains viennent à penser que vous avez été avec Endredi, Ylla dira que vous étiez avec elle. Elle n'est qu'une servante, certes, mais si vous affirmez la même chose cela aura l'accent de la vérité. En outre, nous serons absents en même temps de la grand-salle.

Adelar considéra son cousin dont le visage ressemblait tant au sien, maintenant, et vit qu'il était parfaitement sérieux. Aussi choquante que soit cette suggestion, il ne pouvait nier l'idée qu'une telle ruse éloignerait les soupçons.

Oh, Dieu, il n'aurait jamais dû mentir et déclarer qu'il avait réussi à tromper Endredi.

Mais admettre qu'Endredi avait su qu'il n'était pas son époux... En dépit du fait que le complot était le propre plan de Bayard, il ne pouvait être certain que son cousin accueillerait gracieusement la nouvelle que sa femme avait commis l'adultère en le sachant.

Toutefois, comment pouvait-il accepter ce subterfuge supplémentaire ? Qu'en serait-il si Ylla se rendait compte que c'était Bayard aussi rapidement qu'Endredi avait compris qu'il n'était pas son mari ?

— Supposez qu'Ylla découvre la vérité ?

— Si Endredi ne l'a pas découverte, Ylla ne le fera pas non plus, déclara fermement Bayard, manifestement convaincu qu'il en serait ainsi.

Parce que la sécurité d'Endredi était la chose la plus importante pour lui, Adelar acquiesça finalement. Il ajouta néanmoins :

— Cela ne me plaît pas.

— A moi non plus, mais cela empêchera les autres d'avoir des soupçons.

— A demain soir, donc, Bayard.

27

Adelar s'assit à la table à côté de Godwin tandis que Gleda et Merilda servaient les plats du repas du soir.

— Où avez-vous été toute la journée ? demanda-t-il au jongleur. Vous étiez parti avant l'aurore.

— Vous savez que j'aime à marcher dans les bois quand je compose ma musique, répondit Godwin avec aisance.

Du coin de l'œil, Adelar observa Endredi qui parlait avec le père Derrick. Comme elle lui paraissait belle ! Plus charmante encore qu'elle le lui avait semblé à la lueur de la bougie, qui avait fait resplendir sa peau du chaud éclat de l'or fondu. Ce soir-là, son teint pâle possédait la vive luminosité de la pleine lune. Il brûlait de lui parler, mais il savait qu'il devait se contenter de la regarder, pour l'instant.

— Je crois que j'ai vu ce cerf blanc, déclara Godwin.

Les paroles du jongleur détournèrent l'attention d'Adelar d'Endredi.

— Avez-vous aperçu cette femme dont je vous ai parlé ?

Godwin secoua la tête.

— Avez-vous posé des questions sur une vieille femme quand vous avez aidé à distribuer les aumônes ? s'enquit encore Adelar.

— Oui. Personne n'a remarqué une étrangère.

— J'ai vu cette femme, Godwin.

— A quoi ressemblait-elle ?

— Elle était trop loin et portait une cape, aussi n'ai-je pu distinguer ses traits.

— Dommage. C'était peut-être Helmi.

— Je me le suis demandé, aussi.

— Mais que ferait-elle dans les bois ?

— Peut-être allait-elle retrouver quelqu'un, mais si c'était le cas, je ne pense pas qu'elle avait un rendez-vous avec un amoureux, ou qu'elle allait chercher du bois, observa Adelar.

— C'est une accusation sérieuse, Adelar. Je croyais que vous ne vous défiiez plus des Danois, maintenant.

— Je ne me défie pas de l'épouse de Bayard. C'est pourquoi je n'ai rien dit à mon cousin. Mais je suis d'avis que cette servante devrait être surveillée.

— Je suis d'accord, même si je suis sûr qu'il n'y a pas lieu de s'inquiéter.

Ranulf et Ordella entrèrent dans la grand-salle, et Godwin sourit largement.

— Saint Martin dans un marais, ne s'agit-il point là d'un couple heureux ? Regardez la tête de la femme — on dirait qu'elle a mordu dans un citron.

— Je crois que Ranulf a goûté aux charmes de Gleda.

— Lui aussi ? s'esclaffa Godwin. Pas étonnant qu'Ordella ait cet air-là !

— Je devrais vous avertir, Godwin, que Gleda reluque vers vous. Elle veut un mari.

— Je ne pense pas que Gleda veuille d'un jongleur pour époux. Elle a des ambitions plus élevées.

Godwin regarda Adelar d'un air entendu.

— C'est une gueuse généreuse et au cœur tendre, ce qui signifie que je ne lui conviendrais pas, remarqua Adelar.

— Je ne puis le nier. Elle aime un homme capable de la faire rire.

— Peut-être a-t-elle raison, alors, de vous regarder comme elle le fait.

Adelar fit un léger signe de tête en direction de Gleda, qui contemplait effectivement le jongleur comme une femme considérant un coupon d'étoffe qu'elle souhaitait acheter.

— Je ne souhaite nullement épouser une colombe usagée, répondit Godwin avec un tel mépris qu'Adelar le dévisagea, surpris.

Le jongleur sourit aussitôt et ajouta avec une feinte humilité :

— Je suis peut-être un bouffon, mais j'ai quelque fierté, messire.

Il désigna Ylla du menton.

— Que pensez-vous faire à propos d'Ylla ?

— Ce que je pense faire ?

— Oui. En avez-vous fini avec elle ?

— Je n'ai jamais commencé.

Les yeux de Godwin brillèrent d'intérêt.

— Vraiment, Adelar ?

— Vraiment, Godwin.

Ylla jeta un coup d'œil dans leur direction, et Adelar lui fit signe de les rejoindre.

— Mais j'en ai l'intention.

Tandis qu'elle se rapprochait de leur banc, Adelar considéra Godwin avec curiosité.

— Etes-vous intéressé par elle ?

— Cela importerait peu que je le sois, répondit le jongleur en souriant et en haussant les épaules. Comment puis-je rivaliser avec un beau et noble guerrier comme vous ?

Ylla attendit près d'eux, visiblement incertaine de ce que l'on voulait d'elle, jusqu'à ce qu'Adelar tapote le banc à côté de lui.

— Asseyez-vous.

— Ne voulez-vous point vous asseoir plus haut à la table ? demanda-t-elle, son regard hésitant passant d'Adelar à Godwin.

— Je souhaite rester avec Godwin et vous.

Ylla sourit avec un plaisir si vif et si vrai qu'Adelar eut honte de lui-même. Quelle toile emmêlée aidait-il à tisser, et qui serait pris dedans ?

— Je dois m'occuper de mes devoirs, messire.

Il lui prit la main et se pencha vers elle.

— Peut-être vos devoirs pourraient-ils vous conduire à la hutte de tissage, ce soir, quand le souper sera fini.

Elle élargit les yeux, puis — oh, combien il se haïssait de cette duperie — elle sourit, son visage s'illuminant comme si une bougie avait été éclairée à l'intérieur.

— J'y serai, messire, murmura-t-elle d'une voix intense, lui retirant lentement sa main avant de s'éloigner.

— Et vous vous demandez pourquoi je n'essaye pas, marmonna Godwin d'un ton sarcastique.

28

Adelar et Bayard se retrouvèrent dans les écuries emplies d'ombre quand la lune fut à la moitié de son périple, et échangèrent rapidement leur cape et leur tunique.

— Quand vous m'entendrez pousser le cri du hibou, vous devrez partir, dit Bayard en relevant la capuche sur sa tête.

Adelar donna son assentiment.

— Ou si vous m'entendez, moi.

— Où est Ylla ?

— Elle vous attend dans la hutte de tissage. Où est Helmi ?

— Dans la grand-salle, où elle sera chaque nuit. Elle n'était pas contente, mais elle ne me désobéira pas.

— Jusqu'à quel point lui faites-vous confiance ?

— A Helmi ? Je ne me fie guère à elle, mais elle semble vouer une grande affection à Endredi et je doute qu'elle veuille voir sa maîtresse touchée par la disgrâce. Néanmoins, j'ai jugé sage de l'éloigner de la chaumine.

— Je crains qu'elle ne puisse être une espionne.

— Helmi ? demanda Bayard d'un ton dubitatif. Elle n'a pas quitté le *burh* une seule fois.

— En êtes-vous certain ? J'ai vu une étrange femme dans les bois alors que je chassais, et ce plus d'une fois. Je pense qu'il serait sensé de la faire surveiller.

— Je l'ai toujours fait surveiller. Bien que je croie pouvoir me fier à Endredi, je n'ai jamais eu confiance dans la loyauté d'Helmi. De fait, je préférerais la renvoyer à Dagfinn, mais Endredi craint qu'elle ne soit punie. C'était sans doute une autre femme qui ramassait du bois.

Bayard alla à la porte, puis hésita sur le seuil et se détourna.

— Adelar, j'espère que vous comprenez qu'il ne me plaît point de tromper Endredi de cette manière.

— Oui, Bayard. Et Ylla est une jeune fille bien.

Bayard soupira.

— Adelar, nous devrions peut-être mettre fin à tout ceci.

— Le mal a déjà été fait.

— Une fois. Un péché. Continuer, cependant…

— Bayard, vous l'avez voulu. Vous me l'avez demandé. J'ai accepté et maintenant je ne souhaite pas m'arrêter.

— Que dites-vous là ?

— Je dis que je désire Endredi plus que je tiens à mon propre souffle.

— Adelar, elle est mon épouse !

— Pensez-vous que mon cœur soit fait de pierre, Bayard ? Je suis fort attaché à elle, et pas seulement comme à la mère possible d'un fils.

— Comment osez-vous me parler ainsi ?

— Je l'ose parce que c'est la vérité.

— Je tiens à Endredi, moi aussi.

— Tellement que vous laissez un autre homme coucher avec elle ? Tellement que vous allez vous-même posséder une autre femme en prétendant être un autre pour détourner les soupçons ? Regardez-nous, Bayard, dit froidement Adelar en désignant les vêtements qu'ils avaient échangés. Quelle sorte de démons sommes-nous devenus ?

Bayard s'affala sur un tas de paille voisin.

— Vous avez raison, Adelar. Je n'aurais jamais dû vous demander cela. Je pensais avoir tout planifié, mais j'oubliais que l'on ne peut faire obéir les cœurs. Je tiens à Endredi, et cela m'emplit de douleur chaque fois que je pense à vous avec elle.

Il regarda Adelar avec une expression pleine d'angoisse et de chagrin.

— J'ai entamé ceci parce qu'il me faut un fils et que je ne puis en engendrer un. Je désire toujours un fils plus que tout, même plus qu'Endredi. Tout ce que vous voulez est Endredi elle-même. Quand je serai mort, j'espère que vous l'épouserez. Pour l'heure, Adelar, je m'en remets à vous pour continuer cette ruse ou y mettre fin cette nuit.

Adelar savait qu'il ne pouvait donner qu'une seule réponse, la seule que son cœur acceptait.

— Nous nous sommes embarqués dans cette entreprise, Bayard, et je ne puis m'en détourner maintenant, quoi qu'il advienne.

29

Le hululement d'un hibou rompit le silence de la nuit. Allongé dans les bras d'Endredi, Adelar leva la tête.

— Il se fait tard, chuchota-t-il en caressant sa joue soyeuse du bout des doigts.

Elle baisa sa paume rugueuse.

— Je voudrais que vous puissiez rester avec moi, dit-elle doucement.

— Moi aussi.

Mais, en disant ces mots, il sortit du lit.

Elle tendit la main et caressa son dos nu.

— Vous frissonnez.

— Il fait froid, déclara-t-il en prenant ses chausses.

Il se détourna et lui décocha un sourire espiègle.

— Sans votre corps pour me tenir chaud.

— Est-ce tout ce que je suis pour vous, mon intrépide Saxon ? Un corps pour vous réchauffer ?

Il la contempla, le visage solennel.

— Oh, non. Vous êtes beaucoup plus que cela, Endredi.

L'expression intense et passionnée de ses yeux la transporta et la rendit incapable de répondre, que ce soit sérieusement ou en plaisantant.

Le hibou hulula de nouveau, et Adelar se mit à s'habiller.

Endredi s'accorda le plaisir de l'observer. Comme il était musclé, mince et adroit dans ses mouvements. Aussi gracieux qu'un chat.

Il enfila sa tunique, une tunique noire qu'elle ne lui

avait jamais vue auparavant et qui ressemblait à celle que Bayard avait portée ce soir-là. Avec, il ressemblait encore plus à son cousin. Il ramassa sa cape et la drapa sur ses épaules.

— C'est la cape de Bayard, dit Endredi en la reconnaissant aussitôt.

— J'ai dû me tromper dans la grand-salle.

— Vous avez intérêt à la remettre en place, déclara-t-elle, une pointe d'inquiétude dans la voix.

Durant un moment, comme chaque fois qu'elle se trouvait avec Adelar, elle avait oublié le caractère interdit de leur amour.

— C'est une bonne chose qu'il se soit attardé, sinon il l'aurait cherchée.

— Oui.

— Pourquoi est-il resté dans la grand-salle ?

— Godwin racontait de nouveau la légende de Beowulf, et Bayard l'écoutait.

— Je sais gré à Godwin, alors, d'avoir dévidé un aussi long récit.

— Moi aussi, Endredi. Mais Godwin doit avoir bientôt fini, et je n'ose pas tarder.

— Pardonnez-moi cette intrusion, mon seigneur, dit soudain l'un des gardes en passant la tête dans la chaumine obscure. J'ai des nouvelles de la femme que l'on nous a dit de guetter.

Endredi remonta les couvertures jusqu'à son menton et jeta un coup d'œil à Adelar, qui s'était vivement détourné de la porte et prenait un pichet de vin posé sur la petite table, comme s'il se servait à boire.

— La femme ? s'enquit-elle, se demandant quelle femme était assez importante pour qu'un garde vienne prévenir Bayard à cette heure avancée de la nuit.

— L'avez-vous vue ? marmonna Adelar.

Sa voix ressemblait assez à celle de Bayard pour duper la sentinelle, qui n'était qu'un simple fantassin.

— J'ai vu quelqu'un qui se faufilait dans les bois et j'ai aussitôt averti le commandant de la garde. Il m'a envoyé sur ses traces avec Matthew, mais j'ai le regret de dire que nous n'avons pas pu la trouver, mon seigneur.

— Elle se déplaçait donc rapidement ?

— Elle était courbée comme une vieille femme, mais elle avançait fort vite pour une vieillarde.

— Je vois. La prochaine fois, prenez Baldric et les meilleurs chiens.

— Oui, mon seigneur.

— Vous pouvez vous retirer.

— Oui, mon seigneur.

Endredi attendit que le garde s'en soit allé, puis quitta le lit et enfila son surcot doublé de fourrure.

— Quelle est cette femme dont vous parliez ? Bayard ne m'en a rien dit.

— Ce n'est peut-être rien. J'ai vu une étrange vieille femme dans les bois à maintes reprises. Je veux simplement savoir qui elle est.

— Vous craignez une espionne ?

Adelar la considéra fixement et hocha la tête.

— Je n'aime point les mystérieux vagabonds, même si ce ne sont que de vieilles femmes.

— Moi non plus.

Endredi jeta un coup d'œil nerveux à la porte.

— Je pense que vous devriez partir, Adelar, avant qu'un autre garde arrive.

Il vit la tension inscrite sur son visage et maudit le garde d'être venu à la chaumine. Elle était aussi craintive que la première fois où ils avaient été ensemble.

Et, cependant, il était peut-être sage de se méfier. Ce serait une erreur d'abaisser leur garde. Bien que Bayard soit consentant, il serait désastreux que Ranulf ou Ordella découvrent leur liaison.

Il attira Endredi dans ses bras.

— Fort bien, je vais m'en aller.

— Soyez prudent, Adelar.

— Toujours, mon aimée.

30

Godwin poussa le ballot sous la hutte de tissage, dans la cachette qu'il avait préparée. Puis il se redressa, essayant de ralentir sa respiration haletante tandis qu'il se dissimulait dans l'ombre.

Il s'en était fallu de peu, pensa-t-il en examinant les murs à une certaine distance, avec les sentinelles visibles dans le clair de lune. Il avait été vu et presque rattrapé, cette fois.

Et pour quoi ? Il avait eu peu de choses à dire à Dagfinn, à part le fait que Ranulf avait de nouveau badiné avec une servante et courroucé sa femme. Cet homme semblait de moins en moins capable d'agir sagement, et n'importe quel sot pouvait voir qu'Ordella était la plus intelligente des deux. Il ne s'attendait pas non plus que Dagfinn se serve de l'information qu'il avait glanée. Mais Dagfinn la transmettrait aux Danois proches d'Aethelwold, cependant.

Godwin jeta un coup d'œil au-delà de la hutte. Personne en vue, et la sentinelle la plus proche parlait à un autre garde. Il se faufila en contournant la cahute et se dirigea vivement vers les portes du *burh,* qu'il franchit en douce. Une fois à l'extérieur, il se mit à siffloter un air enjoué.

— Qui va là ? cria le garde.

— Godwin, répondit-il.

Il attendit qu'on lui ouvre.

— Que faites-vous dehors si tard ? demanda le soldat d'un ton soupçonneux.

— Je rendais visite à une amie, répondit le jongleur avec un clin d'œil complice.

— Ce sont des temps dangereux, mon brave, dit le garde, la mine méfiante. Vous feriez bien de garder votre arme dans son fourreau.

— A quoi bon une arme rengainée ? rétorqua Godwin en souriant largement. Je préfère en faire usage.

Il se tortilla des hanches d'un geste suggestif, ce qui fit sourire le soldat.

— Toutefois, je vous suggérerais de point trop traîner, observa-t-il.

— Pourquoi ? Vous attendez-vous à des troubles ?

— Peut-être.

— Fort bien, alors. Je suivrai vos conseils, déclara Godwin avant de se remettre en marche.

Il l'avait vraiment échappé belle, se répéta-t-il. Il se pouvait qu'il se soit déjà attardé trop longtemps chez Bayard pour sa sécurité. Et, cependant, cela l'irritait de partir en laissant Bayard et ses gens aussi abrités. Ce *burh* était important pour la défense du Wessex ; si seulement il pouvait ruiner son commandement, afin qu'il soit plus facile à prendre ! Mais il ne voulait pas que le fortin soit détruit, non plus. Ce serait un beau joyau dans la couronne d'un roi. D'un roi mercien.

Un léger mouvement attira son attention. D'instinct, il se réfugia dans l'ombre d'un bâtiment, tous ses sens en alerte.

C'était la porte de la chaumine de Bayard qui s'ouvrait. Si tard ? Il pensait que le seigneur s'était retiré depuis longtemps.

La silhouette d'un homme sur le seuil fut illuminée un bref instant par la lumière qui venait de l'intérieur, puis l'individu s'éloigna furtivement. A la façon dont sa tête allait d'un côté à l'autre, il surveillait les sentinelles avec autant de soin que Godwin l'avait fait.

Que faisait donc Bayard, à se faufiler hors de sa chaumine à cette heure de la nuit ? Allait-il retrouver quelqu'un ? Une amante, peut-être ? Ou était-ce autre chose ?

Non. Il se rendait simplement à la grand-salle. Sauf que... Tandis que Godwin observait l'homme qui continuait prudemment son chemin, il nota quelque chose de familier dans la grâce agile de ses mouvements. Sa démarche *ressemblait* à celle de Bayard, mais elle était différente... et sa taille ne correspondait pas tout à fait. De fait, il avait plutôt l'air... *d'Adelar* !

Godwin regarda fixement, plissant les paupières pour y voir dans le noir. Non, il ne pouvait se tromper. Il avait passé plus de temps que quiconque en la compagnie d'Adelar.

Durant un moment de vertige, l'importance de ce qu'il avait surpris le submergea. C'était ce dont il avait besoin, la dague qui mettrait en pièces l'étoffe de ce *burh* ! Adelar passant une partie de la nuit dans la chaumine de Bayard, sûrement avec sa femme !

Pour un homme aussi fier que Bayard, cette double trahison d'une épouse et d'un cousin en qui il se fiait équivaudrait pratiquement à une blessure à mort. Et ce serait certainement la mort d'Adelar, et peut-être aussi celle de la femme viking.

Si cela arrivait — ou même si ce n'était qu'une simple possibilité — ce serait le moment parfait pour une attaque de la part de Dagfinn ou d'un autre Danois plus ambitieux. Ils pourraient faire valoir que le châtiment d'Endredi par Bayard était une insulte pour leur peuple, car les Danois étaient partisans du divorce, contrairement aux chrétiens. Godwin était certain que l'un d'eux accueillerait avec joie l'occasion de venger une offense, réelle ou imaginaire, si cela représentait une chance de piller le *burh* de Bayard.

La question, à présent, était de savoir comment procéder exactement avec l'accusation. Il ne devrait pas être celui qui avertirait Bayard, car il n'était considéré guère mieux qu'un serviteur.

Ranulf. Il faudrait que ce soit lui.

Il y avait certains ici qui soutiendraient une action de Ranulf visant le pouvoir, si cette affaire venait à la lumière, car Ranulf était riche et paierait sûrement bien ceux qui lui voueraient allégeance.

Godwin savait aussi qu'il était impératif qu'il soit parti quand Ranulf lancerait son accusation. L'homme était un sot en qui l'on ne pouvait se fier pour garder longtemps pour lui une telle information. Si Bayard réussissait d'une manière ou d'une autre à traverser cette épreuve, le jongleur voulait être à l'abri de sa vengeance.

Donc, Godwin décida d'attendre quelque temps — le temps d'être complètement certain de l'adultère — avant de prévenir Ranulf. Et même alors, il dirait seulement qu'il avait des soupçons. Entre-temps, il irait trouver Dagfinn et l'avertirait que Ranulf allait accuser Endredi d'adultère, et qu'il devait se préparer à profiter de la situation. Ensuite, il rentrerait en Mercie, où il dirait à son *ealdorman* que les Danois allaient attaquer Oakenbrook et que la défense du Wessex serait d'autant plus affaiblie.

Il sourit. Adelar et Endredi lui avaient fourni l'arme dont il avait besoin pour voir la fin de Bayard et probablement celle du Wessex, aussi.

31

Quelques jours plus tard, Helmi marmonna dans son menton alors qu'elle rangeait la chaumine.

— Regardez ces points, se plaignit-elle en examinant l'ourlet d'une cotte d'Endredi. C'est affreux. Une aveugle coudrait mieux qu'Ylla. Vous n'avez nul besoin d'elle. Vous n'auriez pas dû l'affranchir.

Endredi poussa un soupir lassé. Elle ne se sentait pas bien, était fatiguée, et avait peu de patience pour les jérémiades d'Helmi ou ses ragots.

— Veux-tu s'il te plaît aller me chercher de l'eau fraîche ? demanda-t-elle, impatiente que la servante s'en aille.

Helmi hocha la tête.

— Fort bien, car qui sait où se trouve cette fille ? Elle aurait dû être de retour depuis longtemps avec les herbes. Je vous le dis, ma dame, la façon dont elle se comporte est honteuse ! Elle fait la fière et se place au-dessus de sa position ! Juste parce qu'elle couche avec Adelar…

— *Quoi ?* s'exclama Endredi, brusquement en alerte. Qu'as-tu dit ?

Helmi s'arrêta à mi-chemin de la porte et se tourna vers sa maîtresse, le visage empreint de surprise.

— Vous ne saviez pas, à propos d'eux deux ?

— Qu'y a-t-il à savoir ? demanda Endredi, lentement et délibérément.

L'expression d'Helmi changea, passant de l'étonnement à un triomphe rusé.

— Cette petite ribaude a été avec lui pendant la nuit — et ensuite elle s'est montrée trop fatiguée pour accomplir une journée de travail convenable. Chaque fois que je lui dis qu'elle devrait se reposer davantage, l'impudente créature a le toupet de…

— Sors.

— Je croyais que vous saviez et que cela vous était égal. Je sais que vous appréciez cette gueuse, ma dame, et je ne voulais pas que vous pensiez que j'étais jalouse ou autre chose, comme si je pouvais l'être. Quoi, j'abats deux fois plus de besogne qu'elle…

— *Sors !*

Helmi considéra fixement Endredi comme si elle s'était soudain changée en ogresse, puis elle rougit vivement et s'empressa de quitter la chaumine.

Endredi s'assit sur le tabouret le plus proche, le cœur tellement étreint et avec une telle nausée qu'elle pouvait à peine penser. Adelar l'avait-il quittée la nuit pour aller ailleurs, pour rejoindre une autre femme ? Il avait dit qu'il accorderait de l'attention à Ylla afin de détourner les soupçons. Jusqu'à quel point, et quelle sorte d'attention voulait-il dire ?

Oh, qu'avait-elle fait ?

Elle posa une main sur son ventre, combattant la sensation de malaise, bien qu'elle ne puisse plus ignorer le fait qu'elle était grosse, grosse d'un enfant qui n'était pas celui de Bayard.

Qui ne pouvait pas l'être.

Il n'avait pas couché avec elle depuis ses dernières menstrues. Il avait déclaré qu'il ne se sentait pas bien. Elle en avait vu les signes et pris cela pour l'explication du fait qu'il préférait ne pas faire l'amour avec elle.

Sotte qu'elle était ! Sotte aveugle et énamourée ! Elle allait sûrement payer pour sa folie, maintenant ! Et à juste titre, car elle avait trahi son époux.

Il méritait une épouse loyale, et elle l'avait trompé. Pire encore, elle désirait continuer à le tromper.

Avec un homme qui était peut-être... Non. Elle ne pouvait croire ce qu'Helmi avait dit. Ce devait être un mensonge, ou une erreur. Adelar tenait trop à elle. Néanmoins, en dépit de sa foi en lui, un petit vestige de doute demeurait, car, après tout, elle aurait affirmé qu'elle ne pourrait jamais commettre l'adultère, non plus.

Mais qu'en était-il du bébé ? Dans son cœur, elle savait que quel que soit le châtiment que Bayard décréterait, il ne voudrait pas sa mort. Le bannissement, peut-être. Une vie séparée d'Adelar lui semblait aussi dure que le trépas.

Toutefois, son enfant vivrait. Devrait vivre, pour qu'elle ait une partie d'Adelar à aimer durant le reste de son existence.

Elle se leva et alla au petit coffre où elle avait rangé les débris de sa boîte à épices. Son mariage — sa vie — étaient comme cette boîte, brisés et apparemment irréparables.

Bientôt, elle devrait parler à Bayard.

Sans nul doute, il vaudrait mieux qu'elle garde pour elle l'identité du géniteur. Mais qu'en serait-il d'Adelar ? Il devinerait que c'était son enfant. Il comprendrait sûrement qu'ils devaient garder le secret. Quant au nourrisson, les deux hommes se ressemblaient tellement que nul ne mettrait en question la paternité de Bayard.

Endredi toucha les morceaux de bois cassés, puis les remit ensemble. Elle aussi avait été le fruit d'une relation adultérine, et elle savait que cette tare pouvait entacher la vie de son enfant.

Elle n'avait pas été coupable de sa naissance, et l'enfant qu'elle portait ne le serait pas non plus, même si elle devait mentir pour s'assurer qu'il n'ait pas à subir de honte à cause de sa filiation. Cela signifiait que Bayard ne devrait pas avoir le moindre soupçon... et qu'elle devrait faire en sorte qu'il en soit ainsi.

Comme en réponse à ses pensées, son mari entra en boitant dans la chaumine et se laissa choir sur un tabouret avec un soupir.

Endredi s'empressa auprès de lui.

— Qu'y a-t-il ? Etes-vous blessé ?

Il sourit faiblement.

— Non, ce n'est rien. Une légère douleur au côté, c'est tout.

Endredi s'agenouilla près de lui.

— Laissez-moi vous aider.

Il tressaillit quand elle le toucha et se recula.

— Ce n'est pas grave. Cela m'est déjà arrivé.

Elle le considéra avec défiance.

— Combien de fois ?

— Toute ma vie.

— Oh.

— Cela passera bientôt.

Endredi se leva. Elle avait entendu parler de ce genre d'affection, des gens ayant une faiblesse des intestins qui causait une douleur de temps en temps, laquelle douleur s'apaisait ensuite. Cela expliquerait l'expression tirée du visage de Bayard et ces lignes de tension autour de ses lèvres.

Elle examina ses yeux. Si les blancs étaient jaunes, ce serait le signe d'une maladie plus ennuyeuse. Elle ne vit rien de mauvais, mais elle savait aussi que le jaunissement pouvait arriver si progressivement qu'il pouvait aisément être ignoré. Et elle avait été si accaparée par ses propres tracas qu'elle n'avait peut-être pas perçu le changement.

— Cette douleur, est-elle vive, ou sourde ? demanda-t-elle avec anxiété.

— Elle a déjà cessé.

Bayard sourit largement, avec sa bonne humeur habituelle.

— J'ai pensé qu'il valait mieux ne pas tenter le sort en

continuant à chasser. En outre, il me répugnait de vous laisser seule.

Il saisit les morceaux de la boîte.

— Je vais demander à quelqu'un de la réparer.

— Non, dit-elle. Elle était d'un dessin fort compliqué. Elle ne serait pas la même.

— Je suis marri qu'elle ait été cassée.

— Vous êtes si aimable avec moi, Bayard, dit-elle doucement en lui faisant face, déterminée à faire ce qu'elle devait pour le bien de son enfant.

Elle plaça les mains sur son bras et s'agenouilla devant lui.

— Les servantes ne sont pas là et je... Vous m'avez manqué.

— Je suis content d'avoir abandonné la chasse, alors.

Elle se força à sourire.

— Je veux dire... vous passez tant de temps dans la grand-salle.

— Les hommes apprécient que leur seigneur passe du temps avec eux. Comme il est fort probable que nous devrons bientôt aller à la bataille, il est important de créer un sentiment de fraternité.

Endredi fit remonter sa main vers son épaule.

— Je comprends. Mais quelquefois je me sens seule.

Il lui sourit de nouveau, et cette fois elle sut qu'il perçait ses intentions à jour.

— Pas maintenant, Endredi, de grâce. Pour autant que cela me tente, je craindrais que la douleur revienne. Il vaut mieux que je me repose un moment.

Déçue, soulagée et se détestant de ne pas agir mieux que Gleda, Endredi hocha la tête.

— Vous sentez-vous mieux, aujourd'hui ? demanda-t-il.

— Oui.

— Bon. Les gens commencent à faire des remarques sur votre absence dans la grand-salle. Il y a longtemps que vous ne nous y avez pas rejoints.

— J'étais trop souffrante pour être de bonne compagnie, mon seigneur.

— Je comprends, bien sûr. Votre présence à la messe, en dépit de votre maladie, a été remarquée. Vous avez certainement emporté l'adhésion du père Derrick. J'admire votre dévotion, moi aussi, mais d'autres se demandent si vous êtes vraiment malade ou si vous cherchez simplement à rester seule — ce qu'ils considèrent comme une offense.

— En particulier Ordella et Ranulf, je suppose, observa-t-elle sèchement.

— Je vois que vous connaissez bien mon neveu et sa femme. Oui, en particulier eux deux.

— Je me rendrai dans la grand-salle pour le repas du soir.

Bayard l'observa tandis qu'elle rangeait les morceaux de la boîte. Son attention la troubla, et elle ne put le regarder.

— Vous vous sentez mieux, n'est-ce pas ? s'enquit-il aimablement. Si vous êtes encore souffrante, l'opinion de ces deux-là n'importe pas.

— Je vais beaucoup mieux.

Bayard hésita un moment.

— J'espérais qu'il s'agissait des malaises qui viennent de la grossesse, dit-il avec mélancolie. Je donnerais n'importe quoi pour avoir un enfant, Endredi.

S'il avait été avec elle récemment, elle lui aurait fait part de sa condition en cet instant. Mais ce n'était pas le cas et elle savait qu'elle ne devait rien dire, quoi qu'il lui en coûtât devant la nostalgie de son époux. Certes, il y aurait des questions plus tard, quand l'enfant naîtrait. Elle dirait que le bébé était né avant terme.

Toutefois, elle devait donner à Bayard des raisons de croire que l'enfant était le sien. Elle tendit les mains et l'attira à elle, l'embrassant tendrement.

— Restez avec moi maintenant, Bayard, murmura-t-elle, se haïssant de sa rouerie.

Il s'écarta, une expression satisfaite et pourtant inhabituelle sur le visage.

— Pas maintenant, répéta-t-il.

Elle essaya de sourire.

— Alors, puis-je faire quelque chose pour que vous vous sentiez mieux, mon seigneur ?

— Un peu de ce vin fort que Duff cache dans le cellier m'aide toujours, répondit-il. Cela vous ennuierait-il de lui demander d'en apporter ?

— Bien sûr que non, affirma-t-elle. Aimeriez-vous que Godwin vienne vous amuser avec une histoire ? Il a peut-être même le temps de vous réciter Beowulf avant le repas du soir.

— Non. Je ne suis pas d'humeur à écouter ses plaisanteries, déclara Bayard. Et je déteste Beowulf.

Endredi lui jeta un regard étrange en se dirigeant vers la porte. Peut-être avait-il donné l'impression de plus souffrir qu'il en avait l'intention, pensa-t-il. Néanmoins, elle ne dit rien et sortit en hâte de la chaumine.

Quand il fut sûr qu'Endredi était loin, Bayard se courba en deux et gémit sourdement. Les douleurs empiraient et se produisaient avec une fréquence croissante. Le vin le soulagerait un peu.

Il alla à son propre coffre, près du lit, et en souleva lentement le couvercle. Cachée dans un compartiment se trouvait une petite fiole contenant une substance fort rare et fort chère, préparée en Orient à partir de pavots. Il porta la fiole à ses lèvres et but une petite quantité de la mixture. Il l'avait fait chaque fois que la douleur était intolérable et chaque nuit avant de se rendre à la hutte de tissage, de crainte d'avoir une crise pendant qu'il était avec Ylla.

Il s'allongea sur le lit et songea à Ylla et à la nuit dernière. Elle était si douce et si empressée, si fière et si heureuse de se croire choisie par Adelar.

Bien que Bayard appréciât et respectât Endredi, il avait toujours l'impression qu'il y avait une part d'elle-même qu'elle ne lui laisserait jamais approcher, des recoins de son cœur qu'elle ne partagerait jamais avec lui.

Une autre douleur l'assaillit et, avec un grognement, il posa sa main sur l'endroit sensible et espéra que Dieu lui pardonnerait toutes ses duperies lorsqu'il mourrait.

32

— Que voulez-vous, jongleur ? demanda Ordella en fusillant Godwin du regard sur le seuil de sa chaumine.

— Je... je ne sais pas à qui d'autre confier ceci, répondit le ménestrel sur le ton de la conspiration.

— Quoi ?

Tandis que Ranulf attendait la réponse de Godwin, il essaya de remplir son gobelet vide avec la carafe en argent posée sur la petite table. Malheureusement, sa main n'était pas ferme et plus de cervoise se répandit sur la table qu'il n'en tomba dans le gobelet.

Ordella jeta un regard dégoûté à son époux ivre et fit signe à Godwin d'entrer.

— Cela a intérêt à être important, marmonna-t-elle.

Godwin se força à chasser son aversion de son visage et fit en sorte de paraître dûment préoccupé.

— Je crois que ceci n'est pas destiné à des oreilles de servantes, déclara-t-il d'un ton plein de sous-entendus en regardant la chambrière qui attendait de servir Ordella.

Celle-ci congédia d'un geste impatient la femme d'âge moyen, qui s'empressa de sortir.

— Maintenant, qu'y a-t-il de si important et de si secret, hein ?

— C'est au sujet d'Adelar et de l'épouse de Bayard.

Cette déclaration accrocha toute l'attention des deux époux.

Ranulf se redressa comme l'un des chiens de Bayard sur les traces d'un animal blessé.

La réaction d'Ordella fut légèrement plus subtile. Légèrement.

— Qu'en est-il d'eux ? demanda-t-elle.

— Je... C'est-à-dire, l'autre nuit... Oh, peut-être n'est-ce rien, après tout.

Godwin se tourna pour partir.

— Arrêtez ! cria presque Ranulf.

Il se mit sur ses pieds en vacillant et attrapa le jongleur par le bras, le ramenant à l'intérieur de la chaumine. L'odeur de cervoise aigre qui se dégageait de lui était presque insupportable, mais Godwin se laissa conduire.

— Asseyez-vous, dit Ranulf d'une voix pâteuse, en poussant le ménestrel sur un tabouret.

Ordella se pencha sur lui tel un charognard.

— Que s'est-il passé l'autre nuit ? Quelle nuit ?

— Il y a quelques jours, répondit Godwin avec une feinte réticence. Je rentrais tard... d'un rendez-vous galant.

— Nous ne nous soucions point de ce que *vous* faisiez, asséna Ordella.

— Bien. Il était tard. Fort tard. Je retournais à la grand-salle, quand j'ai vu quelqu'un sortir de la chaumine de Bayard.

— *Quelqu'un* ?

Ordella et Ranulf se penchaient tellement sur lui pour l'entendre qu'il craignit qu'ils ne lui tombent dessus.

Il se leva, incapable de supporter leur proximité, et se mit à faire les cent pas comme s'il était agité.

— Ce n'était pas Bayard. Je suis tout à fait certain qu'il s'agissait d'Adelar.

— En êtes-vous sûr ? demandèrent-ils en chœur.

— Aussi sûr que je puis l'être, répondit Godwin. J'ai songé à aller trouver Bayard, mais je ne pouvais tout simplement pas lui annoncer cette… cette *vile* traîtrise. Il se fie à Adelar comme à un frère.

— J'ai toujours su que ce mariage était une erreur ! s'écria Ordella d'un air triomphal. Je savais que ces deux-là joueraient un mauvais tour !

Elle décocha à son époux un regard entendu.

— Et maintenant *Godwin*, le plus grand ami d'Adelar, l'a vu de ses propres yeux.

Ranulf se dirigea en chancelant vers la porte.

— Je dois aver… avertir Bayard, marmonna-t-il.

— Non ! s'écrièrent Ordella et Godwin à l'unisson.

Ranulf s'arrêta si abruptement qu'il tomba.

Tandis qu'il se remettait sur ses pieds, Godwin regarda Ordella, instantanément suspicieux.

Que mijotait-elle ?

— Je ne suis pas sûr que ce serait sage, commença-t-il d'un ton incertain, hésitant en attendant de voir quel vent gonflait les voiles d'Ordella.

— Non, ce ne le serait pas, confirma-t-elle. Pas maintenant, alors que sa femme a été souffrante. Et ce ne doit pas être un simple jongleur qui accuse Adelar. Il faut que ce soit *vous*, Ranulf.

Son mari sourit largement, comme un simplet.

— Mais nous devons attendre que l'un de nous ait vu ceci par lui-même, afin d'ajouter de la crédibilité à nos paroles.

Elle jeta un regard éloquent à Godwin, et il comprit exactement de qui elle voulait parler.

— Fort bien. Mais nous devons attendre un peu. Je… je me trompe peut-être, mais je crois qu'Adelar a pu me voir. Il se doit d'être prudent, pour le cas où quelqu'un l'espionnerait.

— Comment avez-vous pu être aussi stupide ? demanda Ordella.

Godwin haussa les épaules.

— Il m'a pris au dépourvu.

— Entendu, dit-elle d'un ton malveillant. Nous allons attendre quelques jours de plus, mais alors je veux voir cette trahison par moi-même.

33

— Endredi ? chuchota Adelar en entrant dans sa chaumine.

Il ôta la cape de Bayard et se rapprocha du lit aux rideaux tirés.

— Endredi ?

Il tendit la main et écarta les tentures.

Elle était allongée sur le côté, le dos tourné.

— Pourquoi êtes-vous ici, Adelar ? demanda-t-elle à voix basse, d'un ton chagriné.

— Parce que je ne puis rester loin de vous.

— Si vous vous sentez seul, peut-être Ylla sera-t-elle heureuse de vous tenir compagnie, rétorqua-t-elle en sortant du lit et en drapant son surcot fourré sur ses épaules.

Il contourna le lit pour la rejoindre.

— Endredi !

— Etes-vous un amant aussi prodigieux, Adelar ? D'abord moi, puis Ylla la même nuit ?

Il fronça les sourcils.

— Vous savez que ce n'est pas cela. Je pensais que si quelqu'un soupçonnait qu'il y a plus entre nous que ce qu'il devrait y avoir, ces soupçons s'estomperaient si je paraissais occupé avec Ylla.

— Que voulez-vous dire par « occupé » ?

Elle s'éloigna de lui, et son geste le fit souffrir.

— Endredi, je ne désire que vous. Vous le savez. Vous ne pouvez en douter, après ce que nous avons partagé.

— Ce que nous avons partagé est un péché, Adelar. Un terrible péché.

Il alla à elle et la prit dans ses bras, la tenant tendrement contre lui.

— Non. Nous étions destinés l'un à l'autre, Endredi, déclara-t-il fermement, convaincu de ce qu'il disait. Pourquoi, sinon, Dieu vous aurait-il ramenée à moi ?

Elle l'enlaça étroitement et poussa un soupir.

— Je suis marrie de douter de vous, Adelar. Mais Helmi a dit…

— Peu importe ce qu'Helmi a dit. Tout ce qui compte maintenant, c'est nous.

— Non. Il y a Bayard, aussi, qui mérite mieux.

Comme il ne répondait pas, elle prit une profonde inspiration et continua :

— Je… j'attends un enfant, Adelar. Votre enfant.

Un tumulte d'émotions envahit Adelar. La joie qu'Endredi et lui aient créé un enfant. La peur pour la santé d'Endredi. Le soulagement pour Bayard, dont l'objectif était atteint. Mais, par-dessous tout cela, il éprouvait un chagrin incommensurable à l'idée que cet enfant ne pourrait jamais être légitimement reconnu comme le sien.

Elle s'écarta et s'éloigna. Ses yeux sévères étaient implacables, comme si toute la force de son sang viking se concentrait dans son regard.

— Bayard doit croire que cet enfant est le sien. Vous devez partir, Adelar. Si je dois continuer à être l'épouse de Bayard et la mère de l'enfant que tout le monde prendra pour le sien, vous ne devez plus venir me rejoindre.

— Endredi, voulez-vous me tuer ? implora doucement Adelar, en allant vers elle les mains tendues.

Il la reprit dans ses bras.

— Je ne puis vivre en vous contemplant de loin, sans pouvoir faire ceci — il baisa sa joue — ou ceci — il pressa les lèvres sur ses yeux — ou ceci…

Il l'embrassa sur la bouche.

Endredi était forte et résolue, mais ni assez forte ni assez résolue pour résister à l'homme qu'elle avait toujours désiré. Qui faisait partie d'elle, et le serait pour toujours.

Elle prit une profonde inspiration.

— Alors, nous devons nous enfuir ensemble.

— Nous serons déshonorés.

Et le rêve de Bayard sera détruit. Ranulf gagnera, ajouta Adelar en lui-même.

— Je sais. Mais je veux être avec vous, Adelar. Nous ne pouvons vivre ici, avec cette duperie et ces mensonges. Combien de temps se passera-t-il avant que quelqu'un découvre notre crime ?

Adelar prit tendrement son visage entre ses mains.

— Endredi, les dés ont été jetés quand vous êtes revenue dans ma vie, mais nous ne devons pas considérer que nous-mêmes. Bayard serait déshonoré aussi. Et il y a autre chose...

Il hésita, puis poursuivit :

— Il ne se porte pas bien, Endredi.

— Quoi ?

— Vous vous en êtes sûrement rendu compte ?

— Il m'a dit qu'il était simplement fatigué. Et que lorsqu'il souffre, c'est d'une douleur qu'il a eue toute sa vie.

— Je crois que c'est plus grave.

Il n'était pas utile qu'elle sache toute l'étendue de la condition de Bayard. Pas encore. Cela ne ferait qu'ajouter à son anxiété, et elle était déjà assez troublée.

— Si nous nous enfuyions, son état pourrait empirer. Et Ranulf serait comme un vautour au-dessus de sa couche.

— Oui, Ranulf, dit doucement Endredi en s'écartant de lui. J'oubliais Ranulf.

— Avez-vous parlé de l'enfant à Bayard ?

Elle secoua la tête.

— Alors, vous le devriez, et bientôt. Cela le réjouira.

— Oui.

Elle n’eut pas le courage d’avouer à Adelar ce qu’elle devrait faire pour que Bayard accepte sa grossesse sans avoir de doutes. Elle plongea les yeux dans les siens, qui étaient aussi sombres qu’une nuit sans lune.

— Adelar, vous ne pourrez jamais reconnaître cet enfant. Il devra toujours être considéré comme celui de Bayard.

— Je le sais. Et ce sera mieux pour son bien.

— Oui.

— Mais dans mon cœur, je saurai toujours que c’est *notre* enfant, Endredi. Le fruit de notre amour.

— Oui, murmura-t-elle, levant son visage pour qu’il l’embrasse.

Alors, elle ne songea plus à Bayard, à leur trahison ou à leurs mensonges. L’idée qu’ils doivent bientôt se séparer la ravageait, mais tout ce qu’elle savait en cet instant était qu’Adelar se trouvait là avec elle, la désirant, ayant besoin d’elle comme elle avait besoin de lui.

Leur passion s’embrasa avec leur baiser, une chaleur intense se répandant dans leurs veines. Avec des gestes empressés, les mains avides et se chuchotant des mots doux, ils se dévêtirent l’un l’autre et s’étendirent sur leurs vêtements.

Leur désir était tel qu’ils ne perdirent pas de temps à se caresser. Ils brûlaient trop de s’appartenir, de se perdre l’un dans l’autre. Tandis qu’ils s’embrassaient avec fougue, le corps d’Adelar couvrit celui d’Endredi, fort et brûlant. Avidement, elle se souleva pour répondre à ses assauts, exultant de le sentir en elle une fois encore, la dernière fois peut-être, lorsqu’il se joignit à elle.

Vivement, sûrement, il la posséda, leur union aussi parfaite que toujours. Et elle prit tout autant possession de lui, tandis que la volupté et la force de leur amour les emportaient dans le tourbillon des émotions et l’extase.

Comment pourrait-elle supporter de renoncer au bonheur qu'elle trouvait dans les bras d'Adelar ? se demanda-t-elle, désespérée et transportée à la fois. Pourtant, il le faudrait. Pour protéger leur enfant.

34

— Je bois pour que votre santé se maintienne ! lança Dunstan d'une voix sonore, quelques jours plus tard, en levant sa corne à boire en guise de salut dans la direction de Bayard.

A travers la grand-salle, d'autres l'imitèrent, y compris Endredi. L'odeur de la fumée la rendait malade, aussi se tenait-elle le plus loin possible du foyer. Elle essayait d'écouter la conversation — et de ne pas regarder Adelar, assis à quelque distance de là avec des soldats de Dunstan.

Ce dernier était arrivé dans l'après-midi avec d'autres ordres de son père. Le jeune homme appréciait manifestement la nourriture préparée par Duff et le vin offert par Bayard, car il y avait fait largement honneur.

— Mon père était fort inquiet pour votre état, reprit-il, se penchant si près de Bayard qu'il était dangereusement proche de tomber du banc. Il a entendu dire que vous n'alliez pas bien.

— Je suis tout à fait remis, répondit Bayard.

— Vous savez, Bayard, mon père n'aurait jamais pardonné à l'un de ses autres *thanes* d'avoir épousé une Danoise sans le consulter. Mais il vous tient en grande estime. Et moi non plus, bien sûr, je ne voudrais pas que quelque chose vous arrive avant que nous nous occupions de ce mécréant d'Aethelwold.

— Je savais qu'il approuverait.

Bayard jeta un coup d'œil à Endredi, un sourire au coin des lèvres.

— Y a-t-il des nouvelles du traître ? demanda-t-il, redevenant sérieux.

Endredi se força à écouter.

— Aucune. Aethelwold est probablement en train de bouder dans quelque grand-salle, à s'enivrer et à coucher avec des servantes, maintenant qu'il a abandonné cette nonne.

De toute évidence, Dunstan ne faisait pas le parallèle entre sa conduite et celle d'Aethelwold. Bien qu'il fût un homme lascif, aux appétits insatiables, il ne risquerait jamais la censure de ses hommes en enlevant une religieuse, ainsi qu'Aethelwold l'avait fait.

— Puisse Dieu avoir pitié de son âme vile et maudite, entonna le père Derrick sans la moindre miséricorde dans la voix.

— Toutefois, mon père pense qu'Aethelwold et les Danois peuvent encore nous surprendre.

— Comment cela ?

— S'il conduit les Danois contre la Mercie et laisse les Saxons tranquilles, les Merciens ne seront pas contents. L'alliance entre nous pourrait être détruite.

— Cynath croit-il vraiment qu'il fera cela ? demanda Ranulf.

— Il doute qu'Aethelwold soit assez intelligent pour y penser, mais il sait que quelqu'un d'autre peut le faire. Les Danois ne sont pas stupides, si Aethelwold l'est.

Dunstan donna un coup de coude à Ranulf, assis à côté de lui.

— Cette gueuse devient plus avenante à chaque jour qui passe, observa-t-il en désignant d'un signe de tête Ylla qui marchait lentement le long des bancs, remplissant les cornes à boire.

Il surprit le regard réprobateur d'Endredi.

— Je crois que je devrai me résigner à vivre comme un prêtre durant mon séjour ici, marmonna-t-il en guise d'excuse.

Le père Derrick entendit sa remarque et lui décocha un regard sévère.

— Vous parlez comme s'il s'agissait là de quelque chose de déplaisant, Dunstan. Je vous l'assure, si vous en aviez la persévérance, vous deviendriez plus proche de Dieu.

— Ou bien fou, murmura Dunstan avec un grand sourire à Bayard.

Endredi aperçut Godwin qui s'attardait derrière Bayard et Dunstan. Elle repoussa son tranchoir et s'adressa à lui.

— Qu'y a-t-il, Godwin ?

Le jongleur sourit largement.

— Excusez-moi de vous interrompre, messires et mes dames. J'allais entamer une ballade et j'espérais découvrir ce que notre noble hôte préférerait. Je vous assure, messire Dunstan, que je ne suis pas un ménestrel ordinaire.

Dunstan rota et lui jeta un coup d'œil sceptique.

— Il dit vrai, confirma Bayard en riant. N'est-ce pas, Endredi ?

Elle hocha la tête.

— De fait, messire, il est fort talentueux.

Dunstan plissa le front, réfléchissant.

— Je crois que j'aimerais entendre... Beowulf.

Bayard se tourna vers sa femme et poussa un lourd soupir. Elle se leva aussitôt.

— Messires, si vous voulez m'excuser, je suis assez lasse, dit-elle. Je vais me retirer. Je vous souhaite une bonne nuit.

Bayard se leva aussi, avec une expression concernée mais les yeux souriants.

— Ma mie, permettez-moi de vous escorter jusqu'à notre chaumine. Vous m'excuserez aussi, n'est-ce pas, Dunstan ? Je reviendrai... plus tard.

Il prit Endredi par le bras et l'accompagna dehors. Elle ne regarda personne tandis qu'ils sortaient. Ni Ranulf. Ni Ordella. Ni Adelar.

Une fois hors de la grand-salle, elle inspira une grande goulée d'air frais.

— Je vous remercie de m'avoir fourni une occasion de m'échapper, dit son époux lorsqu'ils entrèrent dans leur chaumine.

Helmi attendait à l'intérieur, et il lui désigna la porte.

— Vous pouvez nous laisser.

Lorsqu'elle fut partie, il saisit un gobelet de cervoise qu'elle avait empli.

— L'idée de rester assis à côté de ce lourdaud de Dunstan tout au long de ce poème est assez pour rendre quelqu'un vraiment malade.

Comme Endredi ne répondait pas, il la regarda d'un air interrogateur.

— Etes-vous souffrante, Endredi ? Vous paraissez fort pâle.

— Je vais bien.

Elle savait qu'elle avait hésité assez longtemps et commença à se dévêtir.

— Je suis heureuse que vous soyez de nouveau en bonne forme, Bayard.

Il l'observa un long moment, jusqu'à ce qu'elle ne soit plus vêtue que de sa chemise de toile, et elle vint vers lui. Elle lui prit le gobelet des mains et le posa sur la table.

— Prenez-moi, murmura-t-elle, passant les bras autour de son cou.

Il fallait qu'elle fasse cela. Elle devait se donner à cet homme qu'elle ne désirait pas. Elle devait…

Il lui rendit tendrement son baiser.

Femme adultère !

Ces mots si laids s'inscrivirent en lettres de feu dans son esprit, mais elle continua à l'embrasser.

Menteuse !

Elle lutta pour ignorer les protestations de son cœur. Il fallait qu'elle le fasse. Il fallait...

Bayard la tenait si gentiment.

Il mérite mieux que toi !

Oh, Dieu, oh, douce Freya, qu'était-elle devenue ?

Soudain, Bayard se recula.

— Endredi, qu'y a-t-il ? demanda-t-il. Vous pleurez.

Elle mit ses mains sur son visage tandis que ses épaules étaient secouées de sanglots. C'était plus fort qu'elle. Elle ne pouvait duper Bayard plus longtemps.

— Oh, Bayard ! Ne me regardez même pas ! gémit-elle.

Il ôta ses mains de son visage.

— Qu'y a-t-il, Endredi ? répéta-t-il, ses paroles sonnant autant comme un ordre que comme un mot gentil. Dites-moi !

Elle ravala un sanglot et s'écarta de lui.

— Pardonnez-moi, Bayard. Je suis grosse !

Il retint une exclamation et la prit par les épaules, la forçant à lui faire face.

— En êtes-vous certaine ?

Elle hocha la tête, muette de détresse, attendant qu'il l'accuse.

A la place, Bayard sourit.

— C'est une magnifique nouvelle, Endredi ! Vous me donnez une telle joie ! Un enfant — pensez, un enfant !

Il l'étreignit farouchement.

— Je dois aller dans la grand-salle et annoncer ce grand événement !

— Bayard ! s'écria-t-elle avec tant d'urgence qu'il cessa aussitôt de sourire.

Comment pouvait-elle continuer à le tromper alors qu'il était si bon, si aimable ? Elle ne pouvait le récompenser par une vile fausseté.

— Bayard, vous devez savoir la vérité, commença-t-elle,

déterminée à faire ce qui était juste en dépit des risques qu'elle courait. L'enfant…

— Me rend l'homme le plus heureux du royaume.

— Bayard, de grâce, laissez-moi m'expliquer. Chaque soir où vous êtes attardé dans la grand-salle…

— Vous avez cédé à la somnolence. Quand je vous rejoignais, vous étiez maintes fois à moitié endormie.

Endredi le fixa, déconcertée par ses réponses. Il y avait toujours un sourire sur son visage, mais ses yeux… Elle discerna dans son regard une lueur qui n'était ni de la colère ni de la confusion, mais de la contrition.

Pourquoi Bayard semblerait-il contrit ?

A cet instant, Adelar parut sur le seuil.

— Pardonnez-moi cette intrusion, Bayard. Les sentinelles veulent savoir…

Il s'interrompit, les dévisageant tous les deux avec une subite hésitation.

— Entrez, Adelar, et oyez mes bonnes nouvelles ! lança Bayard d'un ton jovial.

Il passa un bras sur les épaules de son cousin et l'attira à l'intérieur.

— Endredi attend un enfant.

Un regard passa entre les deux hommes qui se tenaient si près l'un de l'autre, tellement semblables. Tous deux l'air satisfait, et en même temps étrangement contrarié.

Endredi couvrit instinctivement son ventre de ses mains, pour se protéger.

C'était comme s'ils étaient unis dans une sorte de conspiration, Bayard ne se montrant pas soupçonneux alors qu'il aurait dû l'être, Adelar ne paraissant nullement coupable…

Anéantie tandis qu'une possible explication se présentait à elle, elle recula en chancelant vers un tabouret et s'assit avec lourdeur, les dévisageant fixement. Ils la regardèrent tous les deux, alors.

L'homme qui désirait un enfant par-dessus tout.
L'homme qui avait engendré cet enfant.
Son époux.
Son amant.
Deux conspirateurs.

35

— Je veux la vérité, annonça-t-elle, déterminée à la connaître.

Déterminée à l'entendre de leurs propres lèvres.

— Je ne comprends pas ce que vous voulez dire, déclara Bayard.

Mais Adelar comprenait. Elle le vit dans ses yeux, qui paraissaient coupables, maintenant.

— Endredi, murmura-t-il.

— Je ne veux pas vous parler pour l'instant, Adelar. Je veux entendre la vérité de mon époux.

— De nouveau, je ne vous comprends point, répondit Bayard d'un air innocent.

Elle le fusilla du regard, certaine maintenant de ce qu'elle avançait.

— Qu'Adelar était mon amant n'était pas un secret pour vous, n'est-ce pas ? Vous avez toujours su ce qu'il y avait entre nous ? Vous avez volontairement détourné les yeux. Je veux savoir pourquoi.

— Endredi, vous devez être plus malade que je ne le pensais. Cette accusation n'a pas de sens...

— Pour quelle sotte me prenez-vous, Bayard ? demanda-t-elle, la colère enflant en elle. Dites-lui, Adelar ! Dites-lui que j'ai su dès le début que ce n'était pas mon époux qui était dans mon lit !

Bayard pâlit, et il se tourna pour faire face à Adelar.

— Elle a toujours su que c'était vous ? s'enquit-il doucement, l'incrédulité se mêlant au reproche dans sa voix.

— Oui, reconnut Adelar. Elle l'a toujours su.

Endredi se leva avec majesté.

— J'ai commis l'adultère de mon plein gré.

Bayard détourna les yeux, mais, lorsqu'il parla, il jeta un coup d'œil à Adelar.

— Pourquoi ne me l'avez-vous pas dit ? demanda-t-il d'un ton altéré.

— Je n'ai pas vu de raison de le faire.

— C'était pour préserver la fierté qui me restait, n'est-ce pas ?

— La fierté ? Qui ose parler de fierté ici ? s'écria Endredi. Nous sommes tous de honteuses créatures. Vous, Bayard, pour votre consentement. Moi, pour prendre un amant parce que... parce que je le désirais et que je pensais qu'il me désirait aussi.

— Je n'ai fait ce que Bayard demandait que parce que je vous désirais ardemment, Endredi, déclara Adelar d'une voix ferme. Je n'aurais pas pu être avec vous autrement. J'aurais fait n'importe quoi pour être avec vous.

— Endredi, écoutez-moi, dit Bayard d'une voix douce et chagrinée. S'il y a quelqu'un à blâmer dans cette affaire, ce blâme me revient. Tout ceci était mon plan, mon stratagème.

— Bayard *a demandé* ? Il y avait *un plan* ? s'exclama Endredi avec stupeur et incrédulité. Pourquoi ?

— Je suis incapable d'engendrer un enfant, répondit calmement Bayard.

— Vous avez demandé à Adelar de m'engrosser ? Mais vous n'êtes pas impuissant !

— Néanmoins je ne puis procréer, aussi ai-je cherché à modifier le sort que Dieu m'avait fait en demandant à Adelar... de m'aider.

— Et vous avez accepté de tenir le rôle de l'étalon ?

lança-t-elle avec dédain à Adelar, le haïssant d'avoir cédé et se haïssant elle-même de s'être laissé prendre à ses paroles de miel.

Elle se tourna rageusement vers son mari.

— Et si Adelar avait refusé ? A qui d'autre auriez-vous demandé ?

— Endredi, de grâce, à personne, se défendit Bayard. Il fallait que ce soit Adelar parce qu'il me ressemble beaucoup, et que nul ne pourra remettre en question la filiation de l'enfant.

Sa voix prit de la force.

— Je vous en prie, comprenez-moi. J'ai besoin d'un enfant, Endredi, car je ne veux pas laisser ce que j'ai bâti à Ranulf. Alors, j'ai fait ce que je pensais devoir être fait. Je suis marri de vous avoir trompée.

— Ce que je comprends, c'est que je suis seulement l'instrument de vos plans et de vos désirs. Avez-vous songé un instant à moi, à *moi*, Endredi ? Avez-vous accordé la moindre pensée à mes peurs, à mes tourments, à ma honte ?

— Je regrette ces mensonges, dit vivement Bayard. Je regrette la douleur que j'ai causée. Je tiens à vous, Endredi, comme à une sage et bonne amie.

Il s'arrêta et regarda Adelar.

— Je ne mentirai pas et ne dirai pas que j'ai apprécié ce que j'ai décidé, mais Adelar vous est plus attaché que je ne pourrai jamais l'être. Et je suis heureux de cet enfant. J'espérais que vous n'auriez jamais besoin de connaître la vérité.

Endredi se leva et alla vers Adelar.

— Je comprends pourquoi Bayard a fait ce qu'il a fait, bien que je ne l'approuve point, et je sais que je tenais à vous au-delà des liens de la loi et de l'honneur. Mais qu'en est-il de vous, mon beau guerrier saxon ? Pourquoi avez-vous agi ainsi ? Par compassion pour Bayard ?

Adelar la contempla d'un regard sombre et intense.

— Endredi, je pensais chaque mot que je vous ai dit. Je vous désirais, j'avais besoin de vous. Bayard m'a fait une offre qui répondait à toutes mes attentes, et que je n'ai pas eu le courage de refuser. Vous devez me croire, insista-t-il avec ferveur, en serrant ses mains dans les siennes. Je vous ai voulue depuis le temps où nous étions des jouvenceaux. Je n'ai jamais désiré une femme autant que vous.

Avant qu'Endredi puisse répondre, Bayard intervint :

— Vous la connaissiez déjà ? Pourquoi n'en avez-vous rien dit plus tôt ?

— Quand aurait-ce été le bon moment ? riposta Adelar avec une pointe de colère, en se tournant vers lui. Je n'étais pas sûr que c'était la même Endredi jusqu'au jour de votre mariage. Même alors, je ne l'avais plus vue depuis des années. Elle était veuve — je pensais qu'elle ne tenait plus à moi, qu'elle m'avait oublié.

— De fait, il aurait mieux valu que ce soit le cas, déclara Endredi avec amertume, en s'éloignant.

— Pourquoi avez-vous résisté à ma suggestion, alors ? demanda Bayard. Vous avez essayé de m'en dissuader.

— Parce qu'elle me semblait déshonorable. Parce qu'elle l'était.

— Néanmoins, vous avez assez vite perdu vos scrupules, observa froidement Bayard.

— Ne me fustigez pas maintenant. C'était votre proposition, afin de retirer à Ranulf de l'argent et du pouvoir.

— Que savez-vous réellement de mes raisons, Adelar ? riposta Bayard. Vous n'aurez jamais un commandement, et vous n'en connaîtrez jamais les joies et les peines. Vous ne verrez jamais votre œuvre presque achevée en sachant qu'un sot peut la détruire ! Et comment pouvez-vous me parler de déshonneur, vous qui coucheriez avec n'importe quelle femme se montrant assez consentante !

— Etes-vous un saint homme, pour me dire de ne

pas toucher aux femmes ? Au moins, je n'offre pas mon épouse à un autre comme une jument de reproduction !

— Arrêtez ! s'écria Endredi, bouleversée. Arrêtez !

Elle dévisagea les deux hommes, son courroux tempéré par l'angoisse et le chagrin.

— Nous sommes tous coupables, ici. De maintes choses. Mais le temps des récriminations est passé.

Elle s'efforça de paraître forte.

— Tout ce qui compte est mon enfant. Rien de ceci ne doit être dévoilé. Jamais.

— Mon enfant, déclara Adelar.

— Oui, votre enfant, admit Bayard avec réticence. Vous avez raison, Endredi.

— C'est pourquoi vous devez partir, dit Endredi à Adelar, en luttant pour ignorer sa douleur tandis qu'elle le regardait. Quittez ce *burh*. Laissez-nous.

— Endredi ! supplia-t-il. Je ne voulais pas vous blesser. Vous devez vous en rendre compte.

Bayard se rapprocha de sa femme et se tint auprès d'elle, faisant face à Adelar.

— Je crois qu'elle a raison là-dessus aussi, Adelar. Il vaudrait mieux que vous partiez, au moins jusqu'à la naissance de l'enfant.

Adelar darda un regard noir sur son cousin.

— Que suis-je maintenant, Bayard ? Un vulgaire pion, un manant dont on se sert et que l'on jette ? Vous avez encore besoin de moi. Qu'en est-il de votre maladie ?

Il plissa les paupières.

— Ou était-ce un mensonge ?

— Non, répondit Bayard. Je me meurs.

— *Quoi ?* s'exclama Endredi.

Elle se tourna vers son mari, le prit par les épaules et scruta son visage.

— Vous avez dit que votre maladie n'était pas grave.

Que vous l'aviez eue toute votre vie. Vous ne pouvez être mourant.

Bayard essaya de sourire, mais ses yeux — quelle douleur dans ses yeux !

— Cette maladie est mortelle, ma femme. Un autre mensonge dont je dois vous demander pardon. J'ignore combien de temps il me reste. C'est pourquoi j'ai demandé à Adelar de faire ce qu'il a fait. Je dois avoir un fils avant de mourir.

— Bayard ! Bayard ! murmura-t-elle en secouant la tête. Vous auriez dû m'en parler ! Je puis vous aider !

— Non, vous ne le pouvez pas.

Adelar les observa, le mari et sa femme. Oh, Dieu, il n'avait pas de place ici, après tout. Pour le bien de l'enfant, il devait s'en aller, car il ne serait pas capable de se tenir loin d'Endredi. Jusqu'ici ils avaient échappé aux soupçons, mais il ne pouvait prendre le risque d'exposer leur secret. Bayard avait d'autres guerriers, nombre d'entre eux étant des hommes courageux et loyaux. Il y en aurait sûrement un qui pourrait remplacer un cousin. Un sur qui Bayard pourrait compter pour partager le fardeau du commandement.

— Je m'en irai comme vous le demandez, déclara-t-il avec réticence. Aujourd'hui. Mais sachez que c'est la dernière chose que je ferai pour vous, Bayard.

— Vous avez mes remerciements, Adelar, répondit son cousin. Mais vous ne pouvez partir tout de suite. Que dira Ranulf si vous partez si soudainement ?

Adelar s'avança lentement vers lui.

— Je ne me soucie point de ce que dira Ranulf. Vous avez une langue en or, Bayard. Vous trouverez une explication quelconque. Comme mon père le ferait.

Il regarda une fois encore Endredi, son visage pâle auréolé par ses cheveux blond-roux qui brillaient à la lueur du feu. Un visage et des cheveux qu'il ne toucherait plus jamais. Qu'il ne verrait jamais plus.

— Vous et moi craignions tous les deux que je ressemble à Kendric, mais je pense que vous avez épousé celui qui lui ressemble le plus, en fin de compte.

— Ne partez pas avant que j'annonce la nouvelle dans la grand-salle, dit Bayard en s'écartant de sa femme. Je vous en prie, Adelar.

— Supplier ne vous va pas, Bayard. Pour le bien de l'enfant, et cela seulement, je resterai jusqu'au jour suivant le sabbat.

Bayard hocha la tête.

— Endredi, dit-il, vous devez venir dans la grand-salle, aussi.

Elle les regarda tous les deux, sa colère dissipée. Elle n'éprouvait qu'une profonde et douloureuse tristesse, car en dépit de ce qu'ils avaient fait, elle ne pouvait les haïr.

— A votre guise, Bayard.

36

Godwin posa sa harpe quand Bayard se leva de la banquette. Endredi, qui paraissait pâle et quelque peu souffrante, observa son époux qui levait la main pour réclamer le silence.

— J'ai de grandes nouvelles, que je veux partager avec vous tous ! annonça Bayard.

Godwin fronça légèrement les sourcils.

— Ma femme est grosse !

La grand-salle explosa en une cacophonie de vivats et de souhaits. Godwin sourit, mais en lui-même il essayait de calculer ce que cela pourrait signifier pour l'avenir.

Alors, Ranulf s'avança au centre de la salle.

— Messires ! cria-t-il, attirant l'attention de tous. Il se peut que cet enfant ne soit pas celui de Bayard !

Les exclamations de surprise furent remplacées par des murmures choqués. Aussi stupéfait que les autres, Godwin se leva à moitié de son siège, fixant Ranulf. *L'imbécile !* Ce n'était pas le moment. Il était censé être loin. Et il n'était pas sage non plus de lancer cette accusation alors que Bayard était si visiblement heureux de cette naissance.

Les gens regardèrent Endredi. Elle devint aussi blanche qu'une toison d'agneau lavée, mais ne se pâma pas.

Pendant qu'Endredi retenait l'attention générale, Godwin se leva et se faufila vers la porte.

Bayard s'approcha lentement de Ranulf, qui n'avait pas bougé.

— Qu'avez-vous dit, neveu ? demanda-t-il calmement.

Mais son regard fit trembler le jeune homme, et ce ne fut pas amélioré par la vue d'un Adelar furibond qui se levait de sa place tel un archange vengeur.

Ranulf jeta un coup d'œil nerveux à sa femme, dont l'attention était captée par Bayard. Elle n'était pas heureuse de son éclat, non plus, à en juger par ses lèvres pincées, mais pourquoi regardait-elle Bayard de cette façon ?

— Je... je..., balbutia Ranulf en regardant désespérément autour de lui.

Il aperçut Godwin qui s'esquivait.

— Jongleur ! cria-t-il. Arrêtez le jongleur !

Godwin comprit qu'il ne pouvait s'enfuir. Agir ainsi ne ferait qu'éveiller les soupçons. Il se maudit en silence d'avoir mis Ranulf dans ses confidences.

Puis il se rendit compte que le fils de Cynath observait la scène comme un simple paysan fasciné par le tour le plus facile d'un jongleur. Il semblait disposé à croire les mots hâtifs de Ranulf. Peut-être d'autres hésitaient-ils, aussi.

— Ceci ne concerne pas un vulgaire bouffon, protesta Godwin en prenant l'air stupéfait.

— C'est Godwin qui a accusé le premier Adelar et Endredi ! se récria Ranulf.

Godwin fixa, les yeux écarquillés, celui qui s'attendait visiblement à ce qu'il se porte comme témoin. Il décida sur-le-champ de garder le silence quand Bayard lui fit signe de s'avancer. Il ne parlerait pas tant qu'il ne serait pas plus certain des sentiments de Bayard dans cette affaire, ainsi que le faisait apparemment Ordella. Adelar l'observait avec attention, mais il ne regarda pas dans sa direction.

— De quoi exactement Godwin les a-t-il accusés ? s'enquit froidement Bayard.

Ranulf, seul au milieu de la salle, avait l'air d'un enfant terrifié.

— *De quoi accusez-vous mon cousin et ma femme ?*

— Je ne les accuse de rien, mon seigneur, mais Godwin…

— De quel crime *Godwin* les rend-il coupables, donc ?

— D'adultère, répondit Ranulf à voix basse, avec un autre coup d'œil nerveux à Adelar.

— Je ne vous ai pas entendu, neveu.

— D'adultère ! couina Ranulf.

Adelar sauta par-dessus la table et porta les mains à la gorge de Ranulf avant que quiconque ait le temps de battre des paupières.

— Arrêtez ! cria Bayard en s'empressant de les rejoindre.

Adelar ne s'arrêta pas.

— Je vous ai dit d'arrêter !

Bayard empoigna Adelar et l'écarta de force de Ranulf qui haletait et s'étranglait.

— Je vais m'occuper de ceci, Adelar !

Les deux hommes se firent face, et pendant un moment Godwin pensa qu'Adelar avait l'intention de désobéir. Puis il hocha brièvement la tête et recula.

— Vous ne commettrez pas l'adultère ! lança le père Derrick d'un ton sévère, en se mettant sur pieds comme s'il était l'Eglise et ses lois incarnées.

— Nul n'a formellement accusé quelqu'un d'un crime aussi détestable, déclara Bayard d'un ton appuyé. Ou le faites-vous ? demanda-t-il à Ranulf.

— Godwin l'a dit le premier, mon seigneur, répondit Ranulf d'une voix rauque. Moi-même, je n'ai rien vu et ne lance aucune accusation.

Le dégoût envahit Godwin. Ranulf était un couard, un vil, un stupide couard. Adelar aurait dû le tuer.

— Eh bien, Godwin, que dites-vous ? demanda Bayard aussi calmement que s'ils discutaient d'un poème ou d'une chanson.

Qu'est-ce qui n'allait pas chez Bayard ? s'interrogea Godwin. Il avait à peine cillé quand Ranulf avait interrompu la célébration. Maintenant encore, il semblait loin d'être troublé. Adelar, lui aussi, paraissait plus courroucé qu'effrayé, pourtant il devait savoir qu'aucun noble ne pardonnerait l'adultère.

Le seul d'entre eux qui avait l'air vraiment bouleversé était la femme, pâle et immobile.

Mais Bayard devrait être en colère. Par Dieu, il devrait avoir des envies de meurtre — à moins qu'il pense que ce n'était qu'un mensonge proféré par Ranulf. La vérité devait être connue maintenant, donc, si Godwin voulait que son plan de destruction fonctionne.

Il abaissa les épaules d'un air chagriné et parla avec une feinte réticence.

— J'ai vu Adelar quitter votre chaumine au milieu de la nuit.

Tandis que Bayard retournait pensivement à sa place, Godwin parcourut des yeux ceux qui se trouvaient dans la grand-salle. Le père Derrick avait les paupières closes, comme s'il priait. Ranulf était blême, avec des gouttes de sueur sur le front. Le regard d'Adelar était rivé sur son cousin. Quant au reste, ils regardaient aussi Bayard, et ceux qui ne le faisaient pas évitaient de croiser le regard de Godwin. Comme s'il était le coupable, *lui*.

Cette accusation était censée causer une dissension parmi les guerriers de Bayard, et une crise de confiance dans l'autorité de chef de ce dernier. Cependant, nombre de ses hommes semblaient aussi calmes et imperturbables que lui, ces sots stupides et aveugles.

Godwin redressa les épaules d'un geste de défi.

— Bayard, c'est ma considération pour vous qui a retenu ma langue, mais, à présent, je dois parler. Je suis *certain* que c'était Adelar qui quittait votre chaumine en pleine nuit. Pas une fois, mais plusieurs.

— Adelar et moi nous ressemblons beaucoup, Godwin, dit Bayard en s'asseyant. Je vous le demande de nouveau, accusez-vous Adelar d'avoir commis l'adultère avec ma femme ? Réfléchissez bien, jongleur.

C'était un avertissement clair et net.

— Je n'en doute nullement, Bayard, répondit Godwin avec plus de fermeté.

Puis il leva le bras et désigna Ordella.

— Elle l'a vu aussi.

Les yeux froids et sombres de Bayard se fixèrent sur Ordella.

— Accusez-vous également Adelar et Endredi ?

Il y eut un long silence avant qu'Ordella réponde :

— Non, mon seigneur. Je ne le fais pas.

— *Quoi ?* glapit Godwin.

Elle avait autant à gagner que lui en accusant Adelar et Endredi d'adultère.

— Godwin est venu nous trouver avec ce récit, mon seigneur, cela est vrai, continua Ordella, ignorant la réaction du jongleur. Mais, comme vous, nous avons répugné à le croire. Je veux dire, il n'est qu'un bouffon mercien. Toutefois, nous étions fort inquiets pour votre bonheur et la sécurité du *burh*, aussi nous n'avons pas voulu écarter complètement ses paroles. Il m'a demandé de l'accompagner pour espionner votre épouse. Je l'ai fait, mais je vous l'assure, Bayard, je n'ai rien vu.

— *Vile menteuse !* cria Godwin en se ruant sur elle. Je vais vous faire dire la vérité ! Vous l'avez vu de vos propres yeux !

Avant qu'il atteigne Ordella, Adelar l'intercepta et l'écrasa sur l'une des tables en chêne. Godwin se débattit pour lui échapper, mais Adelar le maintenait de toute sa force.

Haletant, Godwin finit par repousser Adelar et fit face à Bayard, dardant sur lui un regard noir. Cet homme était un cocu, et il laissa voir tout son mépris sur son visage.

— Ylla ! appela Bayard.

— Oui, mon seigneur, répondit la voix timide de la jeune servante.

— Pouvez-vous nous dire où était Adelar au milieu de la nuit ?

Elle hocha la tête, l'air effarouché.

— Avec moi, mon seigneur.

— Toutes les nuits ?

— Non... mais la plupart.

— Helmi ! cria Bayard.

La chambrière s'avança, le visage plein de dédain quand elle regarda Godwin et Ranulf qui se terrait sur place. Sans attendre qu'on l'interroge, elle déclara dans un saxon hésitant :

— Cet homme est un chien de menteur, mon seigneur. Adelar n'a pas pu être dans votre chaumine, ou je l'aurais su.

— Elle passe ses nuits dans la grand-salle ! protesta Godwin.

Helmi pinça les lèvres d'un geste éloquent.

— J'aurais su qu'un étranger était venu dans la chaumine, soit par la vue, soit par l'odorat. Les hommes ont leur propre odeur.

Baldric, qui était resté à l'arrière sans se faire remarquer, éleva soudain la voix :

— Elle a raison, mon seigneur. Les chiens peuvent toujours distinguer les hommes à l'odeur !

— Dois-je être contredit par une vieille servante danoise et un maître-chien ? demanda Godwin.

Il lança un regard mauvais à Adelar, qui avait un sourire légèrement méprisant sur les lèvres. Puis à Bayard, dont l'expression était quasiment identique.

Quasiment identique.

Pourtant il ne doutait pas que c'était Adelar qui était sorti de la chaumine de Bayard. Où était ce dernier ?

Avec une femme qui pensait être avec Adelar ? Cela

semblait impossible, mais comment expliquer autrement la suffisance de Bayard, à moins qu'il n'ait été au courant ?

Etait-ce plus que cela ? Avait-il conspiré pour que son cousin partage la couche de sa femme ? Pourquoi ?

Bayard préférait-il les étreintes d'une servante ?

Alors, Godwin rencontra les yeux durs et sombres de Bayard et comprit que la raison importait peu, car il ne la connaîtrait jamais. Il avait déjà perdu.

Mais il ne s'avouerait pas vaincu. Pas encore.

— Je sais ce que vous avez fait, dit-il, les dents serrées. Vous n'êtes pas digne d'être un *thane*.

— Prenez garde à vos paroles, jongleur, l'avertit Bayard.

— Je ne suis pas un jongleur paysan qui doit chanter pour son souper ! s'écria Godwin. Je vous le dis, je *sais* ! Ne voyez-vous point ce qu'il a fait ?

Il se tourna vers les autres guerriers et désigna les deux cousins d'un geste.

— Adelar et lui ont échangé leur place !

37

Il y eut un calme soudain. Un silence incrédule.

Jusqu'à ce qu'Endredi contourne la table pour venir affronter son accusateur. Le moment qu'elle avait redouté était arrivé, et elle savait ce qu'elle devait faire pour sauver la réputation de son enfant, ainsi que la sienne et celle de ceux qu'elle aimait.

Elle s'arrêta devant Godwin.

— Pensez-vous — vous ou n'importe quel homme ici — que je ne me rendrais pas compte que ce n'est pas mon époux qui est dans mon lit ? demanda-t-elle avec mépris.

Lentement, elle pivota et étudia tout le monde dans la grand-salle, puis posa les yeux sur le profond regard brun de Bayard.

— Et si je m'en étais rendu compte, je vous l'assure à tous, mes hurlements auraient atteint les plus hautes nuées. J'accorde autant de prix à mon honneur que Bayard ou Adelar. Je le répète, y a-t-il quelqu'un ici qui peut croire que je ne m'apercevrais pas qu'un autre homme est dans mon lit ?

Les hommes autour d'elle secouèrent la tête, y compris le père Derrick et Ranulf. Même Ordella avait l'air d'admettre qu'un tel subterfuge était impossible.

Endredi refit face à Godwin.

— Pourquoi dites-vous ceci, Godwin ?

— Parce que c'est la vérité !

Adelar s'avança, mais Bayard leva la main.

— Non, ce n'est pas vrai. L'enfant que porte Endredi est le mien et seulement le mien, déclara-t-il fermement.

Endredi alla s'asseoir à côté de son mari, évitant les yeux d'Adelar.

— Pourquoi quiconque vous croirait-il, Godwin, dit-elle lentement, si vous n'êtes pas un jongleur, comme vous venez de le dire ? Et si vous n'êtes pas un jongleur, qui ou qu'êtes-vous ?

Godwin se redressa et lança :

— Je n'ai pas à répondre à une Danoise.

Le changement dans son attitude frappa Adelar. Soudain, il se rappela le jour où Godwin l'avait surpris alors qu'il se tenait avec Endredi au bord de la prairie. Il portait une cape, bien que la journée ait été chaude. Avant que Godwin se redresse, il avait à peu près la même taille que la mystérieuse femme. S'il se voûtait un peu plus, comme s'il était une vieille grand-mère... Et il disparaissait souvent dans les bois.

— Répondez à ma femme ! ordonna Bayard. Qui êtes-vous ?

— Je n'ai pas à vous répondre non plus, mais je dirai ceci : ma famille a compté des rois et des princes de Mercie durant des générations.

— Vous êtes un espion ! l'accusa Adelar d'une voix sonore. Bayard, je suis sûr que c'est lui que j'ai vu dans les bois, venant de la Danelaw !

— *Judas !* s'écria le père Derrick.

Godwin tournoya sur lui-même pour faire face à Adelar.

— Les Saxons sont des sots ! Bientôt, vous serez tous des paysans, comme vous le méritez !

Les guerriers se seraient jetés sur lui, alors, si Bayard n'avait pas de nouveau levé la main. La force de son autorité était telle qu'ils reculèrent comme un seul homme.

— Je n'ai pas besoin de votre pitié ! cria Godwin avec emportement.

Il sortit un *scramasax* qu'il avait caché dans sa tunique et l'agita frénétiquement.

— Tuez-moi si vous pouvez — mais je tuerai d'abord quelques-uns d'entre vous ! Et ensuite les Danois viendront !

Il regarda Endredi et sourit largement, une version démoniaque de son expression habituellement bonasse.

— Dagfinn m'a bien payé pour ce que j'ai eu à lui dire.

— Ma femme m'a déjà prévenu que l'on ne peut se fier à Dagfinn, déclara Bayard aux Saxons. Nous nous attendons à n'importe quelle traîtrise de sa part.

Il considéra Godwin avec un mélange de mépris et de regret.

— Vous étiez un bon jongleur, Godwin.

Il leva la voix pour que tous puissent l'entendre.

— Godwin s'est condamné lui-même avec sa propre langue comme espion et comme traître, et a calomnié mon épouse et mon cousin.

Il fit signe à un de ses soldats de s'avancer.

— La sentence devrait être la mort, mais il ne veut pas de ma pitié, aussi ne lui accorderai-je point un trépas rapide et miséricordieux. Conduisez-le aux baraquements et trouvez ce qu'il a dit à Dagfinn, par n'importe quel moyen. Quand il aura avoué, coupez-lui la langue, crevez-lui les yeux et jetez-le hors de mon *burh*.

38

— Mon seigneur ! appela Adelar par-dessus le tumulte qui régnait dans la grand-salle après le départ de Godwin.

Endredi le regarda s'avancer, le visage hagard et tiré. Elle avait l'impression qu'une vie entière s'était écoulée au cours de cette soirée, et se demanda s'il le lui semblait à lui aussi.

— Qu'y a-t-il, cousin ? demanda Bayard en prenant son siège d'un air las.

Son visage était également pâle et altéré, la tension de la confrontation clairement visible sur ses traits.

— Je ne puis rester ici après avoir été si rudement insulté.

— Cousin, répondit Bayard d'un ton sincère, ne laissez point les paroles hâtives de Ranulf vous bouleverser.

Il jeta un regard noir à son neveu qui s'était calmé.

— De fait, dit vivement Ranulf, vous avez mes plus plates excuses.

Adelar le considéra d'un air sombre.

— Ce n'était pas votre première insulte, Ranulf, mais ce sera la dernière que vous m'offrirez. Bayard, je partirai demain matin, sans quoi je pourrais être tenté de commettre un meurtre.

Endredi sut au fond de son cœur qu'Adelar était habile de se servir de cette excuse pour partir de cette manière, afin qu'aucun soupçon ne soit attaché à Bayard ou à elle-même. Mais perdre de précieux derniers jours avec lui, même s'ils n'auraient pas pu être seuls, était une épreuve de plus à endurer.

— Où comptez-vous aller ? demanda-t-elle doucement, se disant qu'il n'y avait pas de raison qu'elle ne pose pas cette question.

— Je l'ignore.

Comme sa voix était froide et dure ! Peut-être était-il heureux de ce prétexte pour partir tout de suite. Il avait été si courroucé. Toutefois, elle avait subi autant de torts que lui, peut-être plus.

Oh, elle ne voulait pas qu'ils se séparent ainsi !

— Si je devais avoir besoin de vous, reviendrez-vous ? demanda Bayard.

— Je ne sais pas quelles pourront être mes obligations, mon seigneur, répondit Adelar. Il se peut que j'aie des devoirs envers un autre seigneur, d'ici là.

Une ombre de chagrin passa sur son visage, et le cœur d'Endredi fut de nouveau déchiré.

Il ne voulait pas partir. Elle ne voulait pas qu'il s'en aille. Mais il le devait.

Il le devait.

— J'espère que vous nous reviendrez quand mon enfant sera né, reprit Bayard.

Endredi perçut l'espoir, le pardon et le regret qui perçaient dans sa voix et espéra qu'Adelar les entendrait aussi.

— Peut-être.

Ce fut tout ce que dit Adelar avant de traverser la grand-salle à longues enjambées et de franchir la porte.

39

La capuche d'Adelar ruisselait sous la tenace pluie de printemps qui durait depuis trois jours. Il plissa les paupières pour voir devant lui, le long de la route boueuse. Là. Il pouvait distinguer sa destination, à présent.

Amer, courroucé et le cœur empli de douleur, il avait quitté Oakenbrook sans avoir de plan précis. De fait, il n'en avait pas eu de tout l'hiver, hormis qu'il devait rester loin d'Endredi et de Bayard.

Durant toute la saison, il avait chevauché sans but à travers la campagne, allant d'un *burh* à l'autre comme il l'avait fait lorsqu'il était parti de chez lui. Du fait de son adresse au combat, on se souvenait en bien de lui, et il n'avait pas eu de mal à se faire accueillir.

Pourtant, il ne se satisfaisait jamais de rester au même endroit. Il y avait toujours quelque chose qui le faisait se remettre en chemin, que ce fût une table pauvrement servie, des compagnons belliqueux ou la fille ordinaire d'un seigneur avec du désir dans les yeux.

Et il éprouvait toujours une constante et insondable nostalgie pour Endredi.

Il ne pouvait penser qu'à elle.

Près de neuf mois s'étaient écoulés, le temps pour elle de mettre son enfant au monde — son enfant à lui — et cependant il rêvait encore de la tenir dans ses bras, en sécurité et heureuse, en s'interrogeant sur le bébé à naître.

Combien il souhaitait qu'Endredi et l'enfant aillent bien, et combien il désirait être avec eux !

Naturellement, il pensait à Bayard, aussi. En dépit de ce qui s'était passé entre eux, il espérait que la maladie de son cousin n'empirerait pas avant qu'un autre *burhware* soit trouvé.

Ranulf le sot s'insinuait dans son esprit, également, ainsi qu'Ordella à la langue de vipère et le traître Godwin.

Maintes fois, il était presque retourné en arrière, prêt à ravaler sa fierté pour savoir comment les gens d'Oakenbrook se portaient.

Trop souvent. Mais si Endredi était aussi ferme dans sa résolution de le voir parti, pouvait-il faire autrement que de garder ses distances ?

La veille, il s'était rendu compte de l'endroit où il se trouvait, et combien il était près de son ancienne maison. C'était une simple coïncidence, s'était-il dit. Il n'avait pas prêté attention au paysage et aux arbres.

Mais à présent, alors qu'il s'approchait et pouvait déjà distinguer les troncs épais des murs, il savait qu'il s'était dirigé vers ce but, lentement et régulièrement, depuis le jour où il avait quitté Oakenbrook.

Sur le point de devenir père, il était revenu voir le sien.

Pour découvrir, une fois pour toutes, dans quelle mesure ils se ressemblaient.

Fort peu de chose avait changé dans le *burh* de son père au cours de ses années d'absence, constata-t-il en chevauchant vers la forteresse qui dominait la région.

Il examina les portes à travers la pluie battante. Le bois était usé et gris sous l'effet de l'âge, mais les murs paraissaient toujours robustes, même s'il ne pouvait distinguer de gardes campés à leur sommet.

Ce *burh* se trouvait beaucoup plus au sud qu'Oakenbrook, aussi des gardes n'étaient-ils peut-être pas nécessaires. C'était un beau *burh,* solide et fort. Néanmoins, une horde de Vikings avait remonté la rivière, une fois, et une autre pouvait encore le faire.

C'était une trop belle forteresse pour un homme comme Kendric, avait-il pensé jadis, mais qui était-il pour jeter la pierre à son père, lui qui avait fait un enfant à l'épouse d'un autre homme ? Qui avait laissé son désir pour une femme balayer les liens de la loyauté, et tous les serments de parenté et d'amitié ?

Il avait eu plein de temps pour penser à ce qui s'était passé et pour se rendre compte que, s'il avait un regret, c'était de ne pas avoir empêché le mariage de Bayard et d'Endredi au printemps précédent. S'il l'avait fait, toute cette douleur et tout ce chagrin auraient pu être évités.

Mais il ne l'avait pas fait, et maintenant il n'avait d'autre choix que de rester éloigné d'Oakenbrook.

— Qui va là ? demanda une voix chevrotante, le vent et la pluie rendant les paroles de l'homme difficiles à saisir.

— Adelar ! répondit-il haut et fort.

— Hein ?

Un vieil homme se montra, la tête couverte d'une capuche trempée. Un nez crochu fut le seul trait qu'Adelar put discerner.

Le Saxon démonta et prit la bride de son cheval. Il s'approcha des portes.

— C'est moi, Adelar.

Le vieil homme ouvrit un peu plus. Il rabattit sa capuche et leva sa tête grise pour regarder l'arrivant, plus grand que lui. Adelar le reconnaissait, à présent. C'était Ern, qui avait jadis été un guerrier, et qui était maintenant voûté et édenté avec l'âge. Ern ne sourit pas, ni ne donna de signe de bienvenue. Il indiqua simplement à Adelar de conduire son cheval à l'intérieur, puis referma les portes derrière eux.

Bon, pensa Adelar. Il ne s'était pas attendu à un accueil chaleureux.

Il regarda autour de lui. Alors que de dehors le *burh* paraissait inchangé, à l'intérieur c'était une autre histoire. Ce qui avait été autrefois une fière forteresse était maintenant un ramassis de bâtiments à divers stades de déchéance. Certaines des chaumines s'étaient complètement effondrées, d'autres étaient manifestement sur le point de le faire. La hutte de l'armurerie et les celliers semblaient être relativement en meilleur état. De fait, le *burh* paraissait déserté, et Adelar se demanda si une épidémie avait décimé les habitants. Ou peut-être s'étaient-ils simplement abrités de la pluie.

Au milieu du *burh* se dressait l'énorme grand-salle que son père avait construite lorsque le père d'Endredi avait détruit l'autre village. C'était toujours un bâtiment imposant, peu changé depuis la nuit où Kendric y avait emmené Endredi pour la violer. Elle n'aurait pas de peine à le reconnaître.

Les lèvres d'Adelar se pincèrent de dégoût. De toutes les constructions, c'était celle qu'il aurait volontiers vue démolie. Mais il avait toujours été dans les façons de faire de son père de prendre soin avant tout de ses propres biens.

Il conduisit son cheval aux écuries et chercha du regard quelqu'un pour nourrir et abreuver l'animal. Le vieil homme arriva en trottinant.

— Il n'y a que moi ici, marmonna-t-il. Je vais m'occuper de votre cheval, messire. Puis vous avez intérêt à aller voir le *thane*. Il n'aime pas être ignoré.

Adelar prit une pièce dans sa bourse et la donna au vieillard, avant de traverser la cour pleine d'ornières et de flaques et de pénétrer dans la grand-salle.

Ceci était la grand-salle de son père, qui avait été jadis la plus luxueuse à des lieues à la ronde ?

Les murs étaient nus, sans la moindre tapisserie. Il n'y avait pas non plus d'armes exposées çà et là. Une table se trouvait encore sur l'estrade au fond de la salle. Les autres meubles manquaient ou, à en juger par les restes dans le foyer, étaient partis en fumée. Eparpillés sur le sol, gisaient plusieurs pichets et des tonnelets de vin et de cervoise, manifestement vides. Les jonchées étaient si sales qu'Adelar se dit qu'elles n'avaient pas dû être changées depuis un an. Deux chiens osseux se levèrent des ordures, grondant sourdement.

Pendant un moment, Adelar pensa que ce bâtiment était désert aussi, à l'exception des chiens, jusqu'à ce qu'il aperçoive un homme et une femme qui dormaient sur un tas de paille.

Il s'approcha avec précaution.

La femme était allongée sur l'homme et ronflait doucement. Ses jupes étaient remontées jusqu'à sa taille, révélant des jambes lourdes et sales. Ses cheveux emmêlés couvraient le visage de l'homme et se répandaient sur sa cotte en haillons, qui avait jadis été fort belle.

C'était une des cottes de sa mère, s'avisa Adelar avec un sursaut. Mû par une subite flambée de soupçons, il donna des coups de pied à l'homme, sauvagement.

— Levez-vous ! tonna-t-il, déterminé à savoir ce qui s'était passé ici et pourquoi cette gueuse sale portait la cotte de sa mère.

Son père se redressa sur son séant, tel un homme ivre. Son visage était échauffé et coléreux, ses yeux rouges, et il était devenu fort corpulent.

— Par saint Pierre, qui diable…

Il s'arrêta et ses yeux s'élargirent lorsqu'il rencontra le regard hostile d'Adelar.

— Bonjour, *père*.

Kendric se leva aussi vite qu'il put, envoyant la fille rouler dans la paille. La femme, soûle, marmonna simplement quelque chose et continua à dormir, tandis que Kendric redressait sa tunique tachée et souriait. Il avait perdu plusieurs dents.

— Je savais que vous reviendriez ! s'exclama-t-il avec excitation.

Il poussa la femme du pied.

— Vous voyez ! Je vous avais dit qu'il reviendrait !

Elle ne répondit pas, mais Kendric ne parut pas le remarquer. Il prit Adelar par le bras et le tira vers le foyer éteint.

— Je savais que vous reviendriez, Adelar, répéta-t-il. Après tout, la famille est la famille, pas vrai ? Buvons un peu de vin. Ou de la cervoise.

— Que s'est-il passé ici ? demanda Adelar, la voix aussi froide que le foyer.

Kendric s'arrêta dans sa quête d'un pichet encore plein.

— Ce scélérat de Cerdric.

Adelar croisa les bras. Cerdric était l'aîné des bâtards de son père, celui dont Kendric avait crié qu'il hériterait de tous ses biens le jour où Adelar était parti en jurant de ne jamais revenir.

— Qu'a-t-il fait ?

Kendric vida ce qui restait dans un pichet et s'essuya la bouche d'un revers de main.

— Vous ne voyez pas ? Il m'a volé.

— Comment ?

— Il a presque tout pris, cet ingrat bâtard. Je l'ai bien traité, pourtant. Il avait tout ce qu'il voulait. De l'argent. Des armes. Des femmes. Et puis, un jour, il m'a dit qu'il voulait le *burh*. Bien sûr, j'ai refusé. Il s'est mis en colère, l'impudent ! En colère ! Contre moi !

Adelar crut son père. Il avait rencontré Cerdric, qui pouvait donner des leçons de cupidité à Ranulf lui-même.

— Alors, il est parti en emportant tout ce qu'il pouvait. La plupart des guerriers sont partis avec lui. Les sangsues ! Attendez qu'il n'ait plus d'argent. Ils le quitteront assez vite ! Je lui ai dit que vous reviendriez. Je lui ai dit que je m'assurerais qu'il n'ait jamais le commandement de ce *burh*, ni d'aucun autre ! Et savez-vous ce qu'il m'a dit ? Il m'a dit qu'il n'avait pas besoin de moi ! Une fois que je lui ai tout donné ! Il n'avait rien, avant.

Adelar observa avec détachement son père qui se remettait à chercher quelque chose à boire.

— L'ingrate crapule ! Il verra ! Un jour, l'argent aura disparu et il reviendra me voir en rampant, pas vrai, Adelar ? Il reviendra. Ils reviennent tous. Ils essaient de faire leur chemin dans le monde sans moi et ils échouent. Je sais qu'il reviendra aussi et qu'il implorera mon pardon.

— Pensez-vous que je sois revenu pour cela, pour vous demander pardon ?

Kendric vacilla en se redressant.

— Non… non ! Certes non, mon fils.

Il sourit à Adelar, hypocrite.

— Vous êtes revenu comme un fils soucieux de son devoir, non ? Pour me soutenir dans ma vieillesse. Je savais que vous n'oublieriez pas vos obligations. Nous avons tous les deux commis des erreurs, hein, mon fils, mais c'est du passé. Nous allons donner une leçon à ce bâtard. Cet endroit redeviendra aussi grandiose qu'autrefois, maintenant que vous êtes de retour. Cerdric verra. Nous lui montrerons.

Adelar ne doutait pas que son père était heureux de le revoir, mais seulement parce qu'il pensait qu'il pouvait l'aider à restaurer le *burh* dans sa gloire d'antan.

Kendric n'avait d'amour dans le cœur pour personne à part lui-même. Il n'en avait jamais eu et n'en aurait jamais, et maintenant il restait sans rien.

Tandis qu'Adelar regardait l'épave humaine qui l'avait engendré, toute la haine qu'il avait éprouvée pendant si longtemps se flétrit et disparut.

Kendric aurait pu être un grand homme, et, à présent, il n'était plus rien. Il n'était même pas digne d'être haï.

Lui, Adelar, avait péché parce qu'il aimait Endredi et

aurait fait n'importe quoi pour être avec elle. Maintenant encore, il restait loin d'elle parce que c'était ce qu'elle voulait, bien que cela aille à l'encontre de tous les désirs de son cœur.

Il glissa une main dans sa tunique et en sortit la bourse qui contenait le reste de son argent. Il la tendit à son père.

— Tenez. Vous en aurez besoin.

— Pourquoi ? Vous ne restez pas ? Ce *burh* — je m'assurerai que vous le commandiez.

— Je ne souhaite pas le prendre.

— Ah ! Je vois ce que vous faites ! Vous êtes venu me prendre ce que vous pouvez avant que Bayard meure ! Vous pensez obtenir *mon* argent et *son* commandement ! cria Kendric, devenant encore plus rouge.

— Que dites-vous là ?

Kendric eut un sourire malveillant.

— Croyez-vous pouvoir me duper avec vos airs innocents ? Tout le monde sait que Bayard se meurt. Que cela remonte à la Noël. Vous ne recevrez rien de lui, non plus !

Adelar regarda fixement son père. Depuis qu'il avait quitté Oakenbrook, il n'avait jamais demandé de nouvelles de Bayard, pensant que le moins était dit sur son passé, le mieux c'était.

Et personne ne lui avait jamais rien révélé. S'il y avait eu des rumeurs, il ne les avait pas entendues.

Il pivota sur ses talons et marcha d'un pas décidé vers la porte.

— Adelar ! Adelar, revenez !

Kendric courut après son fils.

— J'ai parlé sans réfléchir ! Adelar, revenez ! J'ai besoin de vous ! Il faut que nous donnions une leçon à Cerdric !

Le temps qu'il arrive à la porte, le cheval d'Adelar s'éloignait déjà au galop du *burh*.

40

— Que voulez-vous dire, ne pas les laisser entrer ? demanda Ranulf.

Ses yeux étaient emplis de frayeur tandis qu'il fixait Endredi, assise près du lit où Bayard était couché. Helmi s'affairait à proximité et ne cachait pas son mépris pour l'attitude couarde de Ranulf.

Endredi se tourna avec lassitude vers le neveu de son époux. Depuis la Noël, quand l'état de Bayard avait subitement empiré et qu'ils n'avaient plus pu garder sa maladie secrète, Ranulf avait essayé de prendre le commandement.

A la suite des problèmes avec Godwin, sa femme et lui se montraient fort discrets. Néanmoins, pas un jour ne passait sans qu'Endredi redoute qu'ils essaient de s'emparer du *burh*. Ou que Dagfinn attaque.

Et pas un jour ne passait sans qu'elle éprouve une terrible nostalgie d'Adelar, de tout son cœur.

— Que veut Dagfinn ? s'enquit-elle, se demandant si Ranulf exagérait.

Bien qu'elle ne crédite pas le Viking de sentiments généreux, il se pouvait qu'il ne soit pas venu pour attaquer, mais simplement pour rendre visite à un allié.

Certes, il avait probablement déjà entendu parler de la maladie de Bayard, et une visite pouvait aisément se changer en une attaque s'il sentait que le *burh* était assez vulnérable.

— Ne comprenez-vous point ? s'écria Ranulf avec

angoisse. Il y a au moins deux cents Danois rassemblés devant les portes. Chacun d'eux est armé et prêt à livrer bataille. Je ne puis simplement dire à Dagfinn de s'en aller !

Bayard avait passé tout le temps qu'il avait pu à essayer d'enseigner à Ranulf comment défendre le *burh*, lui expliquant les stratégies, s'efforçant de lui inculquer la façon d'être un chef.

Mais visiblement en vain. Ranulf était un couard qui ne serait jamais capable de commander.

— Je n'ai nul désir de parler à Dagfinn, répondit Endredi en tamponnant le front transpirant de son époux.

Elle se sentait elle-même fort mal en point, ce matin-là, avec peu de forces pour affronter Ranulf, Dagfinn ou qui que ce soit d'autre. Le soleil ne s'était levé que depuis un petit moment, et elle n'avait pas dormi. Une série de crampes l'avait empêchée de prendre le peu de repos qu'elle s'octroyait après avoir soigné Bayard.

Le terme de sa grossesse était presque arrivé, et elle craignait que les douleurs ne soient dues à cela. Néanmoins, parfois — surtout s'il s'agissait d'un premier enfant — les contractions disparaissaient simplement.

— Il ne croira pas que je suis sincère avec lui, se lamenta Ranulf.

— Expliquez-lui que Bayard est occupé à d'autres affaires, que je suis souffrante et que je ne puis le voir.

— Ne pourriez-vous lui parler vous-même ?

Helmi s'avança, ses lèvres pincées en une mince ligne déterminée.

— Je vais dire à ce troll de Dagfinn de s'en aller et de nous laisser tranquilles, si vous ne le faites pas.

La voix faible de Bayard les interrompit. Le *burhware* se redressa péniblement sur son séant, son corps jadis puissant émacié, ses yeux brillant de la fièvre qui ne le quittait plus désormais.

— Je ne suis pas encore mort, Ranulf. Dites-le à

Dagfinn, et dites-lui que je puis deviner pourquoi il est venu. Il n'aurait jamais osé attaquer tant que j'étais en bonne santé et que j'avais Adelar à mon côté. Il arrive maintenant tel un corbeau, pensant qu'il sera aisé de me vaincre. Dites-lui de s'en aller ou nous le chasserons d'ici par la force. Puis ordonnez à mes hommes de prendre les armes. Je les conduirai moi-même, si Dagfinn ne croit pas mes paroles. Tout de suite, Ranulf !

Son neveu hocha la tête d'un geste saccadé et se retira. Bayard posa les pieds par terre.

— Bayard, vous ne devez pas vous lever ! protesta Endredi.

Il lui sourit, son expression une version contractée par la douleur de son visage jadis jovial.

— Helmi, donnez-moi mon justaucorps en cuir et ma cotte de mailles. Endredi, restez ici.

Quand Helmi apporta le *byrnie* qui lui arrivait jusqu'aux genoux et le vêtement de dessous en cuir matelassé, Bayard se leva lentement. Il regarda la chambrière.

— Trouvez Ylla et Gleda et amenez-les ici. Je vais envoyer un garde armé pour protéger cette chaumine. Quoi qu'il advienne, quand vous reviendrez avec les servantes, vous ne devez pas quitter ma femme. Comprenez-vous ?

— Oui, mon seigneur.

Helmi fit une courbette et s'empressa de sortir.

— Bayard !

Il prit les mains d'Endredi dans les siennes.

— Tant qu'il me restera des forces, je me battrai pour vous protéger, vous et l'enfant. Nous savons tous les deux pourquoi Dagfinn est venu. Le plus étonnant est que cela lui ait pris si longtemps.

Il caressa la joue de sa femme.

— Si l'on en vient à une bataille, et que cette bataille soit perdue, vous devez vous enfuir d'ici. Allez auprès de Cynath.

— Il n'y aura pas de bataille, affirma Endredi avec ferveur. Il ne le faut pas.

Bayard lâcha ses mains et soupira.

— J'espère que Dagfinn partira. Néanmoins, j'aimerais qu'Adelar fût là.

— Il se peut qu'il revienne, murmura-t-elle.

— Si vous étiez à sa place, après tout ce qui s'est passé, le feriez-vous ? demanda Bayard.

— Je... je ne sais pas. Mais je ne suis pas Adelar. S'il a entendu parler de votre maladie...

— Adelar est un homme fier. Je ne puis être certain moi-même de ce qu'il fera. Toutefois, s'il ne revenait pas, Cynath vous aidera. Il s'assurera aussi que l'enfant hérite. Le père Derrick a mis mon testament en sûreté dans la chapelle. Même un feu ne le toucherait pas, et les Danois ne le trouveront jamais.

Ses paroles ressemblaient tellement à de dernières recommandations que les yeux d'Endredi s'emplirent de larmes.

— Bayard, ne parlez pas ainsi !

Il enfila avec difficulté sa tunique matelassée. Pendant qu'elle l'aidait à la fermer, il dit :

— Si Adelar revient après ma mort et vous demande de l'épouser, accepterez-vous ?

Elle s'interrompit dans son geste.

— Je pense que vous le devriez, Endredi. Il tient à vous plus que je n'ai jamais vu un homme tenir à une femme. Et je sais que dans votre cœur, vous le désirez encore.

— Bayard, de grâce ! Ce n'est pas le moment...

— Si.

Il prit ses joues dans ses mains, ce geste rappelant si fort celui d'Adelar qu'elle put à peine le supporter.

— Endredi, dit-il doucement. Je suis fort attaché à Adelar, à ma façon. Et je n'ai jamais pu donner mon cœur à une femme. Je mourrais heureux de savoir que vous serez ensemble. Vous, Adelar et l'enfant.

Bayard s'écarta et souleva lentement sa cotte de mailles.

— Je pense qu'il reviendra. Pour vous, Endredi, sinon pour autre chose.

— Je l'espère, pour notre bien à tous. Il ne m'a pas abandonnée autrefois, même s'il semblait l'avoir fait. Il ne nous abandonnera sûrement pas alors que nous avons le plus grand besoin de lui.

Bayard, vêtu pour la bataille, prit son glaive.

— Rappelez-vous, ce glaive doit retourner à Cynath, avec mon respect et mes remerciements.

Il serra fortement le pommeau, mais ses doigts tremblaient.

— Vous ne comptez pas vous battre vous-même, n'est-ce pas ? Vous êtes trop faible.

— Je suis le *burhware,* Endredi. C'est mon devoir.

Il lui dédia l'ombre d'un sourire.

— Toutefois, espérons que Dagfinn nous laissera en paix s'il croit qu'il devra me combattre pour obtenir ce qu'il veut. Et si une bataille doit avoir lieu, nous savons tous les deux qu'il y a de pires façons de mourir.

Il plaça doucement sa main sur son ventre rebondi.

— Prenez soin du bébé, Endredi.

Elle hocha la tête, fière d'être sa femme.

— Je le protégerai au péril de ma vie.

Ranulf arriva en toute hâte dans la chaumine, les yeux élargis par la peur.

— Ils ne veulent pas écouter ! Ils disent que je mens. Ils ont demandé si Bayard était déjà mort. Ils ont reculé un peu, mais je crois qu'ils ont l'intention de se battre !

— Alors, vous feriez bien de vous armer, Ranulf,

déclara calmement Bayard, car Dagfinn ne prendra pas mon *burh* tant que j'aurai un souffle de vie.

Son neveu pâlit.

— Vous êtes trop malade pour combattre ! s'écria-t-il. Vous ne pouvez nous conduire à la bataille !

— Voulez-vous prendre le commandement ?

— Non ! Non, mon seigneur ! Ce... ce n'est pas ma place, bredouilla Ranulf.

— Je pensais que c'était ce que vous diriez.

Bayard se tourna vers Endredi.

— Adieu, Endredi.

Elle prit sa main amaigrie et la pressa sur sa joue.

— Adieu, Bayard, murmura-t-elle.

Ranulf se détourna et sortit devant Bayard.

Soudain, Endredi sentit une crampe aiguë, et tandis qu'elle se pliait en deux, elle perdit les eaux.

Bayard la fixa d'un air impuissant.

— Endredi !

Elle alla jusqu'à la table, une autre douleur lui contractant le ventre.

— C'est l'enfant, Bayard. Je vais le mettre au monde. Je pensais... j'espérais que les douleurs étaient une fausse alerte.

— Que devrais-je faire ?

— Helmi et les autres seront là bientôt. J'ai appris à Ylla ce qu'il faut faire.

Elle s'appuya des deux mains sur la table et ferma les yeux.

— Cela peut durer un moment. Allez. Tout ira bien.

Bayard regarda son visage pâle, contracté par la douleur.

— Pendant que vous livrerez votre bataille, Endredi, je livrerai la mienne. Et je vous promets de gagner.

41

Adelar démonta sous le couvert du bois. De sa position sur la crête, il pouvait voir la ligne des Danois rassemblés dans l'espace ouvert devant le *burh* de Bayard. Les hommes se tenaient nerveusement sous le soleil brillant, les armes à la main, leurs casques étincelants sur la tête.

Les portes du *burh* s'ouvrirent et le premier groupe de guerriers saxons sortit en courant, brandissant des lances et des boucliers ronds. Ils commencèrent à former le mur de boucliers, une ligne de défense en avant du commandant. Derrière eux venaient les fantassins qui portaient des épieux et des glaives, des boucliers et des gourdins. Sur les murs, les archers se mettaient en place.

Les Danois étaient venus pour livrer bataille, et les hommes de Bayard répondaient à leur défi. On ne pouvait en douter.

Prestement, Adelar tira son *byrnie* de sa sacoche et l'enfila. L'instant suivant, il eut son large glaive dans une main, son *scramasax* dans l'autre, son bouclier dans le dos et il descendit à vive allure la pente rendue glissante par la rosée.

Les Danois criaient des insultes aux Saxons en prenant position et les Saxons leur répondaient de même, aussi Adelar n'avait-il pas besoin d'éviter de faire du bruit.

Il s'arrêta brutalement dans des buissons de houx au pied de la butte, tandis qu'une silhouette casquée franchissait lentement les portes d'Oakenbrook pour venir se placer au centre des hommes.

Bayard.

Ce devait être Bayard, entouré de ses guerriers, prêt à donner le signal de la bataille. Et derrière lui venait le père Derrick, armé, sommant Dieu de bénir les Saxons et de maudire les Danois, vouant ces derniers aux flammes éternelles de l'enfer.

Bayard avançait très lentement, comme s'il souffrait.

Où était un commandant en second ? Ou même Ranulf ?

Dans quel délai lui, Adelar, pouvait-il se porter à l'aide des Saxons ? Il se trouvait derrière les lignes danoises. Pouvait-il les contourner et rejoindre les hommes de Bayard ?

Soudain, avec un cri à vous figer le sang, Bayard leva le bras et donna le signal de l'attaque. Aussitôt, une grêle de flèches s'abattit sur les Danois qui s'élançaient en avant.

Avant de pouvoir bouger, Adelar entendit du bruit non loin de lui — des paroles hâtivement prononcées et des pieds qui couraient. Il se tourna et aperçut deux personnes qui s'enfuyaient précipitamment dans les bois.

Ranulf et Ordella.

Ranulf ne portait pas d'armes ni de cotte de mailles, mais un coffre qui semblait peser fort lourd. Il était sûrement plein de pièces ou d'autre butin. Ordella pliait elle aussi sous le même fardeau.

Aussitôt, Adelar s'élança pour les intercepter.

— Ranulf ! appela-t-il. Le champ de bataille est derrière vous, bon à rien !

Tous deux s'arrêtèrent, le dévisageant.

— Que faites-vous ici ? demanda Ordella sur le ton de la bravade, bien que son regard nerveux se portât vers la bataille dont le tumulte s'accroissait. Je sais ce que vous êtes, Adelar, même si j'ai prétendu le contraire devant Bayard. Si vous êtes sage, vous allez nous laisser poursuivre notre chemin.

— Oui, acquiesça Ranulf, l'air oppressé. Je... je me rends auprès de Cynath. Je suis un messager, envoyé pour prévenir le suzerain...

— Vous êtes un lâche, Ranulf.

— N'essayez pas de nous arrêter ! avertit Ordella tandis qu'Adelar s'approchait.

Elle posa le lourd coffre qu'elle portait.

— Qu'avez-vous dans ces coffres ? demanda Adelar en s'arrêtant devant Ranulf.

Autour d'eux, ils pouvaient entendre le bruit sourd de flèches perdues qui frappaient les arbres et le sol.

— Je dois aller informer Cynath à propos des Danois, insista Ranulf.

Alors, Adelar sentit une douleur aiguë dans son côté. Il se tourna tandis qu'Ordella s'éloignait d'un bond, serrant la poignée d'une petite dague qu'elle avait plongée dans son flanc.

Il se rendit compte que, bien que la blessure soit plus qu'une égratignure, son *byrnie* l'avait protégé d'un coup mortel.

Il leva son glaive, prêt à frapper, quand les yeux d'Ordella s'élargirent soudain. Elle piqua du nez, une flèche plantée dans le dos.

Ranulf laissa tomber le coffre qu'il portait et s'enfuit en courant. Mais avant qu'il aille loin, Adelar lâcha son glaive et lança son *scramasax* dans sa direction. Ranulf s'arrêta, les bras écartés, puis s'affala sur le sol tel un oiseau mort.

Haletant sous la douleur et l'effort, Adelar ramassa son glaive et s'avança en vacillant jusqu'à Ordella. Elle était bien morte, l'expression figée en une grimace, les yeux écarquillés.

Il s'agenouilla et lui ferma les paupières. Après quoi, il déchira un morceau de sa cotte et l'enfila sous son *byrnie* afin d'étancher le sang de sa blessure.

Aussi vite qu'il le put, il rejoignit le champ de bataille, s'arrêtant un moment pour chercher Bayard des yeux.

Son cousin se tenait là, au centre. Avec un farouche cri de guerre, Adelar courut sur les Danois, se frayant un chemin avec son glaive jusqu'à Bayard.

Les Vikings, surpris et déconcertés par ce qu'ils prenaient pour une attaque par l'arrière, s'écartèrent, avant de se rendre compte qu'il ne s'agissait que d'un seul Saxon. Mais, alors, Adelar se trouvait déjà auprès de Bayard.

— Adelar ! cria le *burhware*. Venez-vous vous battre pour moi, ou contre moi ?

— Je viens protéger Endredi, répondit Adelar en prenant position dans le dos de son cousin.

— J'en suis heureux, lança Bayard par-dessus le vacarme.

Alors, avec un autre cri de guerre, Adelar se dirigea vers Dagfinn.

42

Endredi pinça les lèvres pour s'empêcher de hurler tandis que la douleur l'assaillait de nouveau. La sueur l'aveuglait, et elle luttait pour mettre son enfant au monde.

Quelque chose n'allait pas. Elle ignorait quoi, ne pouvait penser au-delà de la souffrance qui semblait la déchirer.

— Sortez ! entendit-elle crier Helmi à travers le voile de l'agonie qu'elle traversait. Nous ne voulons pas de vous ici !

La voix grondante de Baldric lui répondit.

— J'ai aidé plus de chiennes à mettre bas que vous n'avez de cheveux sur la tête, femme. Laissez-moi passer !

Endredi s'efforça de s'asseoir.

— Baldric ?

— Oui, répondit-il rudement.

Il passa une main experte sur son ventre.

— Sur vos pieds, ma dame.

Elle hocha la tête. Le moment devait être proche.

— Quelque chose… ne va pas, gémit-elle en se tournant pour mettre les pieds par terre.

— Pas du tout, répliqua Baldric. C'est toujours dur la première fois.

Il n'était qu'un maître-chien, mais ses paroles la soulagèrent tandis qu'elle se tenait debout, agrippée à un montant du lit. Elle grogna doucement quand une autre douleur la submergea.

— Ma dame ! cria Ylla, sa voix transperçant le brouillard de souffrance.

— Quoi ?

Endredi haleta alors que la douleur refluait. Elle regarda sa servante debout près d'elle. Elle avait envoyé Ylla sur les murs pour découvrir ce qu'elle pourrait de la bataille.

— Les Danois reculent.

Endredi hocha la tête et serra les dents quand la douleur revint.

— Ma dame !

— Gardez vos bavardages pour plus tard, lança Helmi d'un ton coupant.

— Laisse-la parler, intervint Endredi.

— Adelar est venu, mais...

Endredi ouvrit largement les yeux, puis, sans prévenir et sans y penser consciemment, elle fondit en larmes.

— Mais ? grommela Baldric.

— Je ne sais pas pour qui il se bat, dit Ylla. Il est arrivé de la ligne des Danois.

— Il ne se battra pas contre Bayard, affirma Endredi en ravalant ses sanglots, le croyant jusqu'au fond de son âme.

Peu importaient les mots âpres qui avaient été échangés, peu importait ce que le père d'Adelar avait été, Adelar ne l'avait pas abandonnée. Il était revenu alors qu'on avait le plus besoin de lui, ainsi qu'elle l'avait dit.

Puis elle cria, la douleur la submergeant.

— Otez-vous de là, gueuse ! cria impatiemment Baldric à Ylla. Ce bébé est pressé de naître. C'est le moment de pousser, ma dame.

43

La bataille dura très longtemps. Tout ce dont Adelar eut conscience après avoir tué Dagfinn fut la nécessité de se protéger et de frapper tous les Danois qu'il pouvait, les repoussant de plus en plus loin du *burh*. Il ne pensa pas aux hommes qu'il avait tués comme à des hommes semblables à lui. C'étaient des bêtes, essayant d'attaquer les gens qu'il aimait.

Aussi ne prêta-t-il pas attention aux morts, aux blessés, aux corps sur lesquels il trébuchait, ou aux membres qu'il tranchait. Il ne tint pas compte de son épuisement ou de la blessure de son côté. Parfois, il crut entendre le père Derrick qui lançait des imprécations ou les grognements des blessés, mais ce n'étaient que des bruits de fond.

Jusqu'au moment où il s'avisa qu'il ne lui restait plus personne à combattre. Les quelques Danois qu'il pouvait apercevoir s'enfuyaient entre les arbres, laissant derrière eux les morts et les agonisants.

Adelar se courba en deux et posa les mains sur ses genoux, tenant encore son glaive ensanglanté. Il entendit quelqu'un qui haletait, et au bout d'un moment il se rendit compte que c'était lui. Puis, lentement, il leva la tête et regarda autour de lui.

Le père Derrick n'était pas loin, agenouillé près de quelqu'un. Adelar plissa les paupières pour voir qui c'était.

Bayard. Bayard gisant sur le sol.

Oubliant sa douleur et sa fatigue, il se précipita vers son cousin. Une lance brisée sortait du côté de Bayard, et la terre autour de lui était rouge de sang.

Le prêtre acheva sa bénédiction, puis s'écarta quand Bayard agita faiblement la main.

— Je voudrais être seul avec Adelar, murmura-t-il, sa poitrine se soulevant et s'abaissant rapidement tandis qu'il luttait pour respirer.

Il essaya vaillamment de sourire.

— Ainsi, vous m'êtes revenu.

— Je serais venu plus tôt, si j'avais su.

— Vraiment, cousin ?

— Vraiment. Pardonnez-moi les paroles que je vous ai dites, Bayard. J'étais en colère, blessé, et...

— C'est vous qui devez me pardonner, cousin. Vous et Endredi.

— Je vous pardonne, Bayard, pour m'avoir donné ce que je désirais le plus au monde.

Ylla arriva en courant vers eux, regardant autour d'elle avec de grands yeux effrayés, puis contemplant Bayard avec terreur et pitié.

— Qu'y a-t-il ? demanda Adelar.

Ylla ne le regarda pas, mais s'agenouilla à côté de Bayard.

— Mon seigneur, vous avez un fils. Un beau fils, robuste et en bonne santé !

Adelar se remit debout.

— Endredi ? s'enquit-il. Comment va-t-elle ?

— Elle va bien aussi.

Bayard sourit pleinement, alors, et regarda Adelar avec des larmes dans les yeux.

— Entendez-vous ? Un fils !

Adelar se pencha sur lui.

— Bayard, ne parlez pas. Gardez vos forces.

— Je suis prêt à mourir, murmura-t-il. N'ayez point

pitié de moi, Adelar. J'ai une meilleure mort que ce que j'espérais. Meilleure, peut-être, que ce que je mérite.

— Emportez-le dans sa chaumine, ordonna Adelar à des fantassins qui arrivaient avec un brancard. Il faut qu'il voie l'enfant.

44

Endredi se releva sur ses coudes pour voir qui entrait dans la chaumine. Dans un berceau près du lit, son enfant, son fils, dormait paisiblement, serré dans son lange, sa tête duveteuse à peine visible.

C'était Adelar, son *byrnie* humide de sang et de boue, son visage maculé de terre et de sueur.

Il ne lui avait jamais paru plus merveilleux.

Malgré son épuisement et ses craintes au sujet de la bataille, une joie toute-puissante l'envahit.

— Adelar ! s'écria-t-elle doucement quand il s'empressa de venir à son chevet.

Il lui prit la main et pressa un baiser dans sa paume. Elle chassa des larmes de bonheur et regarda au-delà de lui.

— Bayard… ?

— Il est blessé, répondit calmement Adelar, de l'angoisse dans ses yeux sombres. Mortellement, j'en ai peur.

Avant qu'elle puisse saisir complètement le sens de ses paroles, un groupe d'hommes portant un brancard entra. Elle se mit debout avec difficulté, ignorant les protestations d'Helmi.

Le père Derrick arriva, aussi, marmonnant des prières tandis qu'Endredi allait à Bayard. Elle nota tout de suite son visage grisâtre, ses lèvres tirées, la marque de la mort sur son front.

Son époux ouvrit les yeux et regarda autour de lui en cherchant quelque chose.

— Le bébé ?

Endredi prit vivement l'enfant endormi et, en jetant un coup d'œil à Adelar, le mit dans les bras de Bayard.

— Cet enfant doit avoir toutes mes possessions, murmura celui-ci d'une voix rauque. Et cette terre, quand il en aura l'âge. C'est dans mon testament.

— Oui, mon seigneur, dit le père Derrick d'un ton paisible. Je m'assurerai que tout soit comme Dieu — et vous-même — l'avez souhaité.

— Endredi ?

Bayard lui tendit le bébé et elle le prit, le serrant tendrement contre elle tandis qu'elle s'agenouillait près du brancard. Il se tourna pour la regarder et elle sut qu'il n'avait plus que quelques instants.

— Merci, Endredi, pour cet enfant. Adelar ?

Son cousin s'agenouilla de l'autre côté.

— Donnez-moi votre main, Adelar.

Il obéit, et Bayard la posa sur sa poitrine.

— Vous aussi, Endredi.

Il joignit leurs mains sous la sienne, si faible.

— Il en est comme il doit être. Comme il aurait toujours dû en être, chuchota-t-il. Pardonnez-moi.

Et il mourut.

45

Quelques jours plus tard, Cynath assis dans la grand-salle de Bayard soupira profondément.

— Il est regrettable que Bayard soit mort si jeune, dit-il doucement. Il règne enfin une certaine paix dans notre pays, puisque ce sot d'Aethelwold est mort, même si j'étais prêt à maudire les gens du Kent pour se tenir en retrait.

— Oui. S'ils ne l'avaient pas fait, toutefois, et s'ils s'étaient rangés dans le camp ennemi, Aethelwold serait peut-être encore en vie, répondit Adelar.

A cette heure, ils savaient tous que l'attaque d'Oakenbrook n'avait été que la première d'une série d'attaques le long de la frontière par les Danois, les soldats de l'Essex et Aethelwold. Tandis qu'Adelar tenait Oakenbrook, Edward avait répondu par une invasion dans la partie de la Mercie occupée par les Danois. Il avait ordonné une retraite, mais les hommes du Kent, pour des raisons à eux, avaient tardé, et avaient dû affronter Aethelwold et l'armée danoise. Après une bataille féroce, Aethelwold était mort, ainsi que le roi des Danois, Eohric.

— Edward ne se satisfera pas de ceci, néanmoins, rumina Cynath. Son père s'en serait contenté, mais Edward est fait d'un autre bois. Je crois qu'il ne sera pas content tant que les Saxons n'auront pas repris le contrôle de la Danelaw.

— Il ne se débarrassera jamais des Danois, observa Adelar. Ils sont trop installés, maintenant.

— Alors, laissons-les rester, à partir du moment où ils obéissent au roi anglais et à la loi anglaise.

— Je pense qu'ils le feront, si nous n'interférons pas dans leur commerce.

— Vous êtes si sûr qu'ils sont plus intéressés par le commerce que par la guerre, Adelar.

— J'ai vécu chez les Vikings, mon seigneur. La plupart d'entre eux veulent la paix autant que quiconque.

— Bien, je dois m'en remettre à votre savoir supérieur, comme Bayard, n'est-ce pas ?

Ils restèrent assis dans un silence de bonne compagnie. Adelar espérait qu'il y aurait vraiment la paix, enfin. Il était las de la guerre et d'en parler. Il souhaitait seulement trouver le contentement, pourvu que ce soit dans les bras d'Endredi.

Depuis la mort de Bayard, elle l'avait traité sagement avec la déférence due à un *burhware*. Nul ne semblait remettre en question le fait qu'Adelar était le commandant en exercice, même s'il ne l'était pas en nom. Néanmoins, il avait souvent vu dans les yeux d'Endredi qu'elle tenait toujours à lui. Il attendait seulement le moment adéquat pour lui déclarer sa passion immortelle.

Cynath prit un long morceau de bois et piqueta le feu, si bien que les flammes bondirent dans l'obscurité.

— Votre père est mort, Adelar.

— Quand ?

— Il y a quinze jours.

— Comment ?

— Cerdric est revenu, et alors que Kendric passait son courroux sur lui, il a eu une attaque et est tombé mort.

Les yeux d'Adelar s'emplirent soudain de larmes qu'il chassa, surpris de ressentir quoi que ce soit à cette nouvelle.

Et cependant, tandis que Cynath parlait, il se remémora son père en des temps meilleurs, lui apprenant à monter à cheval et à chasser. Ces jours-là avaient été des jours heureux. Il devait s'assurer que *son* fils ait de tels souvenirs, et n'ait pas à subir la flétrissure de la honte.

— Cerdric fait valoir ses prétentions sur son *burh*. C'est prévu dans le testament de votre père.

Comme Adelar ne répondait pas, Cynath lui jeta un regard acéré.

— Allez-vous y retourner ? Vous êtes son fils, au regard de la loi.

— Non. Je dois loyauté à la veuve de Bayard. Il a été meilleur avec moi que mon père.

— Malgré le testament, le roi n'accordera peut-être pas le *burh* à Cerdric. Cette brute n'est qu'un ivrogne et un sot. Il se peut que les terres passent dans d'autres mains.

— Qu'il en soit ainsi, mon seigneur.

— Je dois vous demander ceci, Adelar : croyez-vous les histoires sur votre père ?

Adelar lui fit face.

— Elles sont toutes vraies, Cynath. Il était un traître.

— Vous n'êtes pas votre père, Adelar, déclara tranquillement Cynath. Bayard vous jugeait un homme de valeur et je le pense aussi. J'étais simplement curieux.

Il riva sur Adelar des yeux perçants.

— J'ai entendu d'autres rumeurs. Sur vous et la femme de Bayard.

— Ce ne sont que des rumeurs, affirma Adelar, prêt à mentir pour le bien de Bayard.

De fait, il ne révélerait jamais la vérité tant qu'il vivrait, afin de préserver la réputation de Bayard et celle de son fils.

— Quoi qu'il en soit, dit lentement Cynath, Bayard ne mérite que de l'honneur, vivant ou mort.

— Oui, mon seigneur.

Adelar fixa les flammes. La jovialité de son cousin lui manquerait, ses plaisanteries, sa sagesse.

— Au moins ma décision est-elle aisée.

— Quelle décision, mon seigneur ?

— Je sais qui je vais nommer *burhware* à la place de Bayard.

— Oh ?

Cynath eut un petit rire.

— Ne jouez pas les jouvencelles timides avec moi, Adelar. Vous êtes le choix évident. Vous aviez les faveurs de Bayard, et ce sot de Ranulf est mort. Une mort honteuse, en fuyant la bataille. Mais nous ne parlerons pas de lui. Qu'en dites-vous, Adelar ? Serez-vous le *burhware* d'Oakenbrook ?

Adelar ouvrit la bouche, dans l'intention de dire qu'il n'était pas intéressé par le commandement, ainsi qu'il l'avait dit maintes fois à Bayard. Il était même sur le point de suggérer que Dunstan, qui s'était battu vaillamment, soit nommé *burhware*.

Mais il ne le fit pas, car il comprit soudain qu'il désirait commander. Il était prêt, comme il ne l'avait jamais été auparavant, à prendre cette responsabilité.

— Merci, mon seigneur, dit-il. J'en serai honoré.

— Je pense que le roi n'hésitera point à approuver mon choix, surtout si vous épousez la veuve de Bayard.

— Mon seigneur ?

— C'est une femme de qualité. Pas aussi jolie que certaines, je vous l'accorde, mais je crois qu'elle est digne d'être l'épouse d'un *burhware*, surtout si, comme vous le dites, les Danois sont ici pour rester. En outre, je pense que vous élèveriez bien l'enfant de Bayard, et c'est important pour moi. J'aimais beaucoup votre cousin.

— Je sais, mon seigneur. Je vous donne ma parole que je le traiterai comme mon propre fils.

— Bien. Endredi lui a-t-elle donné un nom ?

— Elle a choisi de l'appeler Bayard, d'après son père.

— Espérons qu'il sera digne de son nom.

— Avec une telle mère, il le sera.

— Vous semblez l'admirer.

— Je l'admire.

— Alors, je ne vois pas de raison de retarder le mariage. Qui sait combien de temps cette paix durera ?

Adelar dévisagea Cynath, qui sourit largement.

— Préféreriez-vous attendre ?

— Pas du tout, mon seigneur, répondit Adelar avec franchise. Pas du tout. Mais peut-être le père Derrick et les autres penseront-ils que nous faisons preuve d'une hâte indue.

— Le père Derrick et les autres *thanes* n'oseront pas s'élever contre ma décision, assura Cynath.

Il décocha à Adelar un autre de ses regards perçants.

— Ne voulez-vous point de la femme ?

— Si, mon seigneur.

— Alors, il n'y a plus rien d'autre à dire. Je l'informerai de ma décision demain matin.

46

Une main d'homme remonta lentement le long du dos nu d'Endredi, endormie dans le lit. Elle s'éveilla aussitôt, et une exclamation étouffée s'échappa de ses lèvres quand elle se tourna pour frapper l'intrus.

L'homme s'empara de sa main. Puis la bouche d'Adelar couvrit la sienne en un baiser chaud et sensuel. Avec un gémissement sourd, elle l'enlaça de ses bras et l'attira à elle.

— Vous ne devriez point être ici, murmura-t-elle, ravie qu'il le soit.

Il lui avait tellement manqué, et elle avait tellement aspiré à l'avoir de nouveau avec elle. Néanmoins, il ne devrait pas être dans son lit.

— Je ne vous quitterai pas.

Il la couvrit de son corps nu.

— Je ne vous quitterai plus jamais. Endredi, voulez-vous être ma femme ?

— Adelar, nous avons commis tant d'erreurs...

Il l'interrompit en plaçant un doigt sur ses lèvres.

— Le passé est révolu, dit-il doucement. Notre vie commence maintenant. Ici. Tous les deux.

Elle perçut la tension dans son corps, et comprit qu'il n'était pas complètement sûr des sentiments qu'elle éprouvait pour lui. Elle décida de le rassurer.

— Vous êtes tout ce que j'ai jamais désiré, Adelar, chuchota-t-elle. Je vous aime plus que moi-même.

— Je vous aime aussi, Endredi. De tout mon être.

Elle leva la main et l'attira à elle pour un long baiser profond.

Bien qu'ils ne soient pas mariés devant la loi, ils savaient tous les deux que ce n'était qu'un détail. Enfin libres de s'aimer, ils entamèrent une lente et délicieuse danse de retrouvailles.

Adelar parcourut des mains et des lèvres le corps d'Endredi, insatiable, la dévorant de caresses et de baisers. Elle était plus précieuse pour lui qu'il n'aurait pu le dire, elle était la mère de son fils, et l'émotion lui nouait la gorge. Elle lui répondait avec une ardeur égale à la sienne, ne se rassasiant pas de toucher et d'embrasser son magnifique corps de guerrier, en proie au plaisir le plus vif qu'elle éprouvait toujours dans ses bras. Il était l'homme de sa vie.

— N'est-ce pas trop tôt après la naissance ? demanda Adelar en la caressant tendrement, avant de la posséder comme il brûlait de le faire.

— Je ne crois pas, répondit Endredi qui caressa à son tour ses épaules musclées. Je vous le dirai, si c'est le cas.

Il n'en était rien. Et ils s'aimèrent follement, transportés de bonheur, unis l'un à l'autre au rythme fiévreux de leur désir, puis dans la spirale de l'extase qui les emporta vers les sommets de la volupté. Rien ne pouvait être plus beau, ni plus fort que ce qu'ils partageaient.

Ils s'étaient enfin retrouvés, pour toujours.

Plus tard, tandis qu'ils reposaient dans les bras l'un de l'autre, repus et satisfaits, les pleurs du bébé vinrent aux oreilles d'Endredi.

— Il a faim, dit-elle d'un ton d'excuse, en se levant et en enfilant sa chemise.

— N'allez-vous point le gâter, si vous lui cédez chaque

fois qu'il émet un bruit ? demanda paresseusement Adelar, en lui prenant la main comme pour la retenir près de lui.

— Et ne vais-je point vous gâter, vous, si je suis vos conseils pour rester avec vous ? Combien d'enfants avez-vous élevés, messire ?

Il sourit largement.

— Aucun.

— C'est évident, mon seigneur, intervint Helmi en allumant une lampe. Ou vous sauriez que si un bébé pleure, il n'y a pas de raison de ne pas le nourrir.

Endredi s'arrêta net.

— Helmi ! D'où sors-tu ?

La chambrière prit l'enfant dans son berceau et le lui apporta.

— De ma place devant la porte. Heureusement qu'Adelar n'était pas là durant l'hiver, sinon mes articulations seraient raides. M'ordonner de dormir dans la grand-salle, vraiment, avec tous ces barbares saxons ! Ce n'est point mon idée. En outre, je sais où est mon devoir. Je me suis confectionné un lit douillet dans l'allée entre la grand-salle et la chaumine. Je suppose que vous êtes trop épris l'un de l'autre pour l'avoir remarqué ? C'est assez chaud au printemps et à l'automne, mais j'aurais péri de froid en hiver. Enfin, cela n'a point d'importance, maintenant, puisque tous ces rendez-vous clandestins doivent prendre fin.

Le bébé se mit à pleurer pour de bon. Endredi prit son fils, s'assit sur un tabouret et commença à le nourrir. Elle regarda d'un air craintif Adelar qui était toujours assis dans le lit.

— Ces rendez-vous clandestins ? releva-t-elle.

Helmi posa les mains sur ses hanches maigres et fronça les sourcils.

— Pensiez-vous que je ne savais pas ? Vous n'avez pas de secrets pour moi, ni l'un, ni l'autre. Et c'est ainsi qu'il doit en être. Vous ai-je donné une fois une raison de douter de moi ?

— Quels secrets ? demanda Adelar.

Helmi lui décocha un regard sardonique.

— Ce n'est pas la première fois que vous venez dans ce lit, messire.

— Que veux-tu dire ? s'enquit Endredi d'un ton sévère, en jetant un coup d'œil embarrassé à Adelar.

— Suis-je une sotte ? Une simplette aussi aveugle qu'une chauve-souris ? Non. Bien sûr, j'ai toujours su qu'Adelar était votre amant. Et je sais aussi que Cynath veut que vous vous mariiez. Un homme sage, pour un Saxon. Ylla le savait, également. Tout comme elle savait avec qui elle passait ses nuits, en réalité.

Endredi et Adelar étaient trop surpris pour répondre.

— Pensez-vous que nous soyons stupides ? insista Helmi.

— Non… non… C'est-à-dire… Quand Godwin nous a accusés et que Bayard t'a interrogée, tu n'as jamais dit…, balbutia Endredi.

— Est-ce pour cela qu'Ylla ne m'a pas parlé depuis que je suis revenu ? demanda Adelar. Je me posais la question.

— Vous ne lui avez rien dit non plus. Ne vous tracassez pas, messire. Elle n'est pas amoureuse de vous. Mais elle a versé bien des larmes à la mort de Bayard.

— Pourquoi avez-vous répondu toutes les deux comme vous l'avez fait quand Ranulf et Godwin ont parlé d'adultère ? voulut savoir Endredi.

— Croyez-vous que j'aurais dit la même chose que ce mécréant de Ranulf ? répliqua Helmi. S'il avait dit que le ciel était bleu, j'aurais dit qu'il était noir. Et vous savez que je n'ai nul désir de retourner dans un village où habite Bera. Quant à Ylla, vous attendiez-vous à ce qu'elle contredise Bayard, son seigneur, ou Adelar ?

— Que vas-tu faire, à présent ?

— Je vais vous aider à vous préparer pour votre coucher.

— Ce ne sera pas nécessaire, dit Endredi, soulagée et certaine qu'Helmi ne trahirait pas leur secret. Tu peux partir.

— Helmi, laisse-nous. Helmi, tu peux t'en aller, marmonna la vieille femme d'un ton sarcastique. Tout le monde me congédie toujours comme si l'on ne pouvait me faire confiance. Mais *vous,* messire, vous feriez bien de partir, avant que l'on ne remarque votre absence.

— Je sais que vous ne direz rien à personne de tout ceci, déclara Adelar en quittant le lit et en enfilant ses chausses et sa tunique.

— Certes non. J'aimais bien Bayard, mais il ne comprenait pas les Danois. Vous, si. Je pense que tous les deux, vous étiez destinés l'un à l'autre par les dieux.

— Et Ylla ?

Helmi eut un grand sourire.

— Avez-vous vu Baldric, récemment ?

— Oui, répondit Endredi, essayant de se rappeler quelque chose d'inhabituel au sujet du maître-chien, mais elle ne lui avait pas vraiment prêté attention.

— Vous n'avez rien remarqué ?

— Il est plus propre, répondit Adelar.

— Oui-da. Il veut Ylla et elle le fait danser sur sa chanson, je vous le dis.

— Ylla et Baldric ? releva Adelar, étonné.

— Qu'y a-t-il de mal à cela ? Et vous feriez mieux de vous garder de l'humeur de Merilda, ces jours-ci. Gleda et Duff vont se marier, mais qui sait quand ? Car il obtient ses faveurs pour rien, de toute façon, et…

Endredi décocha un regard sombre à Adelar. Elle avait la nette impression qu'Helmi avait l'intention de rester là et de jaser toute la nuit.

Adelar lui fit un clin d'œil et se racla la gorge.

— Helmi, allez dans la grand-salle et ne revenez pas avant le matin.

La servante s'arrêta au milieu de sa phrase et le dévisagea fixement.

— Après tout ce que j'ai dit ?

— Oui. En tant que *burhware,* je vous l'ordonne.

Helmi souffla d'un air indigné.

— C'est ici la chaumine de ma maîtresse, pour le moment, et…

— Helmi, laisse-nous, commanda Endredi.

— Mais…

— Laisse-nous, je te prie.

Le déplaisir inscrit sur son visage, Helmi finit par obéir.

Endredi sourit avec chaleur à Adelar.

— Vous donnez fort bien des ordres, pour un homme qui ne voulait pas de telles responsabilités.

Il vint à elle et contempla la femme qu'il aimait plus que tout et l'enfant qu'elle tenait.

— Devrais-je vous donner certains ordres, à vous aussi ?

— A quel sujet ?

Il jeta un coup d'œil malicieux au lit.

— Peut-être plus tard. Pour l'heure, notre fils requiert mon attention.

— Fort bien. C'est un beau garçon, n'est-ce pas ?

— Il est parfait.

Elle regarda Adelar avec de la tristesse dans les yeux.

— Vous ne pourrez jamais le reconnaître comme le vôtre.

— Nous aurons d'autres enfants, Endredi. Et dans mon cœur, je saurai toujours qu'il est mon vrai fils.

Endredi appuya le bébé presque assoupi contre son épaule et lui tapota le dos, avant de le remettre dans son berceau. Il s'endormit aussitôt.

Elle soupira doucement et caressa sa petite tête.

— Vous devez partir, à présent, Adelar.

— Je vais m'esquiver pour la dernière fois comme un voleur, dit-il en venant à elle et en la prenant dans ses bras. Cynath veut nous marier au plus vite. Je crois que je lui dirai que demain est un bon jour pour cela.

— Cynath a vraiment proposé notre mariage ?

Adelar sourit d'un air espiègle.

— Oui, bien qu'il ait admis que cela pourra être une épreuve pour moi. Je ne lui ai pas dit le contraire.

Elle lui jeta un coup d'œil méfiant.

— M'épousez-vous pour complaire à Cynath ?

— Qu'en pensez-vous, Endredi ?

Il l'attira à lui et l'embrassa passionnément, et elle n'eut plus à se poser de questions.

Ils étaient faits l'un pour l'autre depuis toujours et s'appartiendraient à jamais, comblés par leur amour.

Composé et édité par HarperCollins France.

Achevé d'imprimer en septembre 2018.

CPI
BLACK PRINT

Barcelone

Dépôt légal : octobre 2018.

Pour limiter l'empreinte environnementale de ses livres, HarperCollins France s'engage à n'utiliser que du papier fabriqué à partir de bois provenant de forêts gérées durablement et de manière responsable.

Imprimé en Espagne.